Treasures for Scholars Worldwide

哈佛燕京图书馆学术丛刊　第十三种
Harvard-Yenching Library Studies Series, No. 13

图书馆、出版与教育：
哈佛燕京学社在华中国研究史
（1928—1951）

Library, Publishing and Education:
A History of Chinese Studies of Harvard-Yenching Institute in China (1928–1951)

王蕾　著

广西师范大学出版社
GUANGXI NORMAL UNIVERSITY PRESS
·桂林·

感谢：哈佛燕京图书馆 哈佛燕京学社 对本研究的支持！

TUSHUGUAN CHUBAN YU JIAOYU
HAFO-YANJING XUESHE ZAIHUA ZHONGGUO YANJIUSHI（1928-1951）

图书在版编目（CIP）数据

图书馆、出版与教育：哈佛燕京学社在华中国研究史：1928—1951 / 王蕾著. —桂林：广西师范大学出版社，2018.4
ISBN 978-7-5598-0844-8

Ⅰ.①图… Ⅱ.①王… Ⅲ.①高等教育－国际合作－教育史－中国、美国－1928-1951 Ⅳ.①G648.9

中国版本图书馆 CIP 数据核字（2018）第 083192 号

广西师范大学出版社出版发行
（广西桂林市五里店路 9 号　邮政编码：541004）
　网址：http://www.bbtpress.com
出版人：张艺兵
全国新华书店经销
广西广大印务有限责任公司印刷
（桂林市临桂区秧塘工业园西城大道北侧广西师范大学出版社集团有限公司创意产业园内　邮政编码：541100）
开本：720 mm × 970 mm　1/16
印张：29.25　　字数：435 千字
2018 年 4 月第 1 版　2018 年 4 月第 1 次印刷
定价：128.00 元

如发现印装质量问题，影响阅读，请与出版社发行部门联系调换。

序

  国学(Chinese Learning)、汉学(Sinology)、中国研究(Chinese Studies),三者既相互联系,又相互区别,盘根错节,缠绕不清。由于研究群体及其研究目的、研究对象、研究范围、研究方法和研究历史的诸多差异,国学、汉学和中国研究各自经历了不同的产生与发展道路。

  国学,顾名思义,自然是中国人对本国学问的自称。这种称谓是清末民初西学东渐的产物。一般认为,中文"国学"一词源于1904年邓实、黄节、刘师培、章太炎等在上海发起成立的以"研究国学,保存国粹"为宗旨的国学保存会和1906年章太炎在日本组织的国学讲习会,其出发点是为了在学术文化上对抗西化。顾实在20世纪20年代时曾对这种对抗作过十分生动的阐述:"海禁洞开,外患荐至,精神文明失其抗拒力,物质文明闯入而横行。于是复有'中文''西文''中学''西学'相对抗之名词。最近国家观念普及于人人,凡若'国文''国语''国乐''国技''国粹''国故''国货'种种冠以国字之一类名词,不胫而走,有口皆碑。而'国学'一名词亦哇哇堕地产生。"(国学研究会编《国学研究会演讲录(第一集)·序》,上海:商务印书馆,1923年)正因为如此,国学这个词自诞生之日起就是一种带有情感色彩或者政治色彩的学术划界或者学术隔离的故意。这种故意使得情感和理性的调适从一开始就失去平衡,情感时常战胜理性,以致国学的概念从一开始就比较含糊,似是而非,充满不确定性。对此,钱穆在20世纪30年代时曾深有感触地说:"学术本无国界。国学一名,前既无承,将来亦恐不立,特为一时代的名词。其范围所及,何者应列国学,何者则否,实难判别。"(钱穆《国学概论·弁言》,上海:商务印书馆,1930年)

国学以"国"称学,自然与国家密切相关。国家主要由国土、民族、政府和文化等基本要素构成,是指拥有共同的语言、文化、种族、领土、政府或者历史的社会群体。虽然"国家"和"中国"这两个词在我国古已有之,但是,中国人的现代国家观念,乃至中国观念,则大抵是在清末民初时才逐步形成的。在西方现代国家观念传入中国初期,中国学人对国家的认知颇有几分盲人摸象的意味,多是从某个或者某几个侧面去理解国家,因此国家一词在概念和观念上也具有不确定性。这种不确定性在某种程度上是中文"国家"一词与生俱来的,当西方的现代国家观念传入中国后,中文的"国家"一词并不能完整地表达西方的国家观念,或者说中文的"国家"一词与西文的国家术语并不完全对应,时常具有多个指向。例如:英文中的"Country"、"State"、"Nation"在中文中都被译作国家,但是,这三个英文词在指向上实际各有侧重,"Country"侧重国土或疆域,"State"侧重政权或国家机器,而"Nation"则侧重国民或民族,因此,三者在用法上各有不同。可是,这三个英文词在中文中仅以"国家"一词笼而统之,自然会造成理解上的偏差或者不确定性。1910年,梁启超在解读国家一词时说:"国家者,在一定土地之上,以权力而组织之人民团体也。"(梁启超《宪政浅说》,见《饮冰室合集》文集22,北京:中华书局,1989年),把英文的"Country"、"State"、"Nation"三词的意义有机地糅进了中文"国家"一词的解释之中。简而言之,中国人对现代国家观念的认知是从多个侧面逐渐走向全面的,国学亦然。

20世纪20年代,国学研究开始进入大学,1922年北京大学成立研究所国学门,1924年东南大学成立国学院,1925年清华大学成立研究院国学门,1926年厦门大学成立国学研究院,1929年燕京大学成立国学研究所,其中以北京大学为最早,以清华大学为最盛。即使是大学的国学研究与教育机构对国学的理解也存在差异,甚至在校内也颇有质疑之声,例如:洪煨莲(洪业)对燕京大学设立国学研究所就颇不以为然,且一直持否定态度。虽然这些大学的国学研究机构在民国时期基本上是昙花一现,但是对于今天国学研究的复兴仍然具有深远的影响。以清华大学为例,清华研究院国学门1925年成立,1929年即停办,只有短暂的四年时间,但是影响深远。在时隔80年之后,清华大学于2009年成立国学研究院,正是其国学研究传统的赓续。

时至今日,国学的概念仍然剪不断理还乱。人们时常笼而统之地将国学分为广义的和狭义的两类:广义的国学是指中国的全部学术思想和文化;狭义的国学则是指传统的经史子集四部的学问,且以经学为首。这种归纳也不过是研究范围大小的区分,并没有厘清国学的本质。正因为如此,各种国学研究群体大多是自说自话,各走各路,且殊途未必同归。

在各种国学的发展道路中,清华大学的国学研究及其传统似乎更能够显示国学可以延续的意义。清华大学国学研究院陈来在研究院网站"院长致辞"栏目发表的《清华国学院的使命》一文中言:"'国学研究'就其内容而言即对于中国文化之研究。……清华大学国学研究院(简称清华国学院)的建立,就是要为中华文明的伟大复兴,为中国文化走向世界,为中国学术的卓越发展,为重振清华大学中国文化研究的雄风而尽其努力。……关于老清华国学研究院的宗旨和精神,吴宓在《清华开办研究院之宗旨及经过》中明确地指出:'惟兹所谓国学者,乃指中国学术文化之全体而言。而研究之道,尤注重正确精密之方法,并取材于欧美学者研究东方语言及中国文化之成绩,此又本校研究院之异于国内之研究国学者也。'……清华国学研究院对国学和国学研究的理解,始终是把国学作为一种学术、教育的概念,明确国学研究的对象即中国传统学术文化,以国学研究作为一种学术研究的体系;在研究方法上,则特别注重吸取当时世界上欧美等国研究中国文化的成果和方法。……清华国学研究院后来居上，声望和成就超出于其他国学院所，成为现代中国学术史的标志。究其原因，除了王国维等人本身是当时我国国学研究冠绝一世的大师外，主要有二，一是清华国学研究院以中西文化融合的文化观作为基础，在中国文化的研究方面，沉潜坚定，不受反传统的文化观念所影响；二是把国人的国学研究和世界汉学的研究连成一体，以追求创新和卓越的精神，置身在世界性的中国文化研究前沿，具有世界的学术眼光。"这种以中西文化融合的文化观为基础，以世界的学术眼光去研究世界性的中国文化，而不是囿于中国传统学术研究方法去研究中国的传统文化的国学，应该说才是国学应取之道。这也是国学从最初的与西方对抗最后走向与世界融合的必由之路。

汉学同样是一个有着不同指向的概念：一种是指明末清初兴起的以经学为中心，涉及小学、音韵、史学、天算、水地、典章制度、金石等等，研究与中国汉民族有关的经史、名物、训诂、考据之学，因其师法汉代人研究经学重名物、训诂之传统，故而得名；另一种则是指中国以外的学者对有关中国文化的各方面进行研究的一门学科，如欧洲汉学、美国汉学、东亚汉学等等。

中国的汉学在清朝鼎盛时曾经成为显学，清末时在西学的冲击下日渐式微，民国时一直在苟延残喘，但是已经病入膏肓，与近现代学术潮流格格不入。

外国的汉学（Sinology）则是欧洲对外扩张的产物。一般认为，外国的汉学萌芽于16、17世纪来华传教士的著述，迄今已有四百多年，其历史大致经历了发轫时期（16世纪末17世纪末）、确立时期（18世纪初19世纪初）、发展时期（19世纪中后期）和繁荣时期（20世纪）四个阶段。在发轫时期，有关中国的研究大多是传教士对中国的纪闻，流于表面，亦不系统。在确立时期，由于18世纪初清王朝和罗马教皇的仪礼之争，迫使西方各派传教士开始有计划地研究中国礼俗和文化，其中尤以法国国王路易十四时期法国科学院派遣来华的传教士成果最为突出。19世纪初，1814年12月11日，法国的雷慕沙（Jean

Pierre Abel Rémusat,1788—1832)在法国法兰西学院主持了第一个被称为西方汉学起点的汉学讲座。1818年,雷慕沙和德国的克拉勃罗德(Heinrich Julius von Klaproth,1785—1835)联合发起成立亚洲协会,发行期刊《亚洲学报》;1823年,英国皇家亚洲学会成立,刊行《皇家亚洲学会会报》,从此汉学作为一门学科在欧洲得以确立。在发展时期,西方试图将中国殖民化,各国纷纷加强对中国的研究,法国汉学一家独大的局面开始发生改变,英国、荷兰、德国、瑞典、奥地利、俄国涌现了一批卓有成绩的汉学家,其研究涉及中国社会和文化的各个方面,并且翻译了大量中国古代典籍。在繁荣时期,中国西部考古和敦煌遗书的发现极大地促进了汉学研究的发展,西方的一些大学纷纷设立汉学课程,成立专门的汉学研究机构,出版专门的汉学研究期刊,如法国巴黎大学高等中国研究所、荷兰汉学研究会、荷兰莱顿大学中国研究所、德国法兰克福中国学院、美国中国研究所、美国中国学会等,汉学开始成为国际化的中国学问。

  从地域上讲,外国的汉学又可分为东亚汉学、欧洲汉学和美国汉学。东亚汉学大抵因袭中国学术传统,与中国的传统学术差异不大。欧洲汉学则具有浓厚的西方学术色彩,其研究方法和研究观念与中国的传统学术存在着较大差异。欧美的汉学同样也存在差异,相对而言,欧洲的汉学更加注重中国古代文化的研究,而美国的汉学则更加注重现当代中国政治、经济、文化、社会的研究。

  英文的"Sinology"(汉学)一词由"Sino"(中国的)和"logy"(--学)构成,意为中国的学问。"Sinology"一词大概在鸦片战争以后才开始传入中国,被译作汉学,并且一直沿用至今。虽然西方汉学是以作为中国主体的汉民族、汉语言、汉文化等为主要研究对象,但是,把"Sinology"译作汉学总免不了名实不副,因为西方汉学的研究对象不只是汉民族,而且还包括了中国其他少数民族,特别是中国西部边疆的少数民族。换句话说,西方汉学研究的是整个中国的学问,而不单是汉民族的学问。因此,"Sinology"的意义应该是中国学,而不是汉学。然而,历史弄人,汉学一词也就一直将错就错沿用到今天。

西方的汉学以二战为界限大致可以分为古代汉学和现代汉学。就古代汉学而言，一方面，西方的汉学与中国的国学在研究对象和研究内容上大同小异，因此汉学与国学存在着彼此缠绕不清的问题。另一方面，西方的汉学与中国的国学在研究方法和研究观念上又颇为不同，因此汉学与国学又存在彼此似是而非的问题。在20世纪20、30年代国学兴起时，以清华大学国学研究院为代表的国学研究一直把中西文化融合作为其学术使命，且不断地糅合中国和西方的学术方法，以致中国的国学和西方的汉学颇有趋于大同之势。尽管如此，学术发展的历史还是造就了名词术语的诸多混乱和困窘：

　　在中文名上，同样是研究中国的学问，中国人做的叫国学，外国人做的叫汉学；中国有汉学，外国也有汉学，此汉学又非彼汉学，风马牛不相及。这种因人而异、因地而异区分学术名称的现象在世界学术之林大概绝无仅有。

　　在英文名上，中国传统的汉学自然不能译为 Sinology，因为二者截然不同，不可张冠李戴，究竟该如何翻译就各显神通了。国学的英译也难倒了中国学界，Sinology 自然不妥，于是，有的译作 Chinese Studies，有的译作 China Studies，可是，二者皆似是而非，混淆了中外的区别；有的译作 National Studies，实在是不知所云。如今清华大学国学研究院把国学译作 Chinese Learning，以区别于 Sinology、Chinese Studies 和 China Studies。这种翻译虽然也有歧义，但是目前似乎还没有比此更好的翻译，因为 Chinese Learning 尚且具有"中国的学问"的意义，也不会与西方的相关术语相混淆。这也是本序言在起首处将国学的英文标注为"Chinese Learning"的原因之所在。

　　中国研究（Chinese Studies）是20世纪以后汉学在美国兴起的产物。美国学界没有言必称学的陋习，有关国别的研究一般都称作某国研究，关于中国学问的研究一般称作 Chinese Studies 或者 China Studies，且不喜欢沿用欧洲的 Sinology 一词，美国的中国研究机构也很少在名称上出现 Sinology 一词。换言之，在美国学界看来，有关中国的研究只是一门学问，而非一个学科。这体现了美国学界的严谨科学态度,因为一国之内的学科是包罗万象的,而每一个研究领域都可以归入一个相应的学科,世界上不存在一个包罗万象之学。因此,中国学界时常将 Chinese Studies 和 China Studies 翻译为中国学,实在不然。

同时,美国对"国学"一词也不怎么认同。作为哈佛大学的合作伙伴,燕京大学于1929年模仿北京大学、清华大学成立国学研究所,时在美国的洪煨莲对此颇不以为然,反对使用"国学"一词,认为学问无国界,不能孤芳自赏,应按学科分归各院校,并坚持主张中国的学问应由有现代训练、有世界常识的人来研究。1930年洪业从美国返回中国后,力主解散国学研究所。1932年燕京大学终因多种原因不得不正式撤销国学研究所。

美国的中国研究大致经历了兴起时期(20世纪20—40年代)、发展时期(20世纪50—70年代)和繁荣时期(20世纪80年代以后)三个阶段。在兴起时期,美国的中国研究以私立大学为主导,以东亚图书馆的建立为基础,对于中国古代文化和现当代文化的研究二者并重。在发展时期,由于朝鲜战争和冷战的原因,有关中国现当代文化的研究成为迫切的现实需要,美国政府鼓励各大学开展中国研究,并提供相应的经费支持,于是东亚研究机构开始在各公立大学广泛设立,研究的重点迅速转向有关中国共产党与新中国、"文化大革命"和中国人民解放军的研究。在繁荣时期,80年代以后随着改革开放的深入,中国迅速崛起,美国的中国研究也不断深入,对现当代中国的研究更加全面、细致和丰富,不仅令欧洲各国难以望其项背,而且在诸多方面超过了中国。

欧洲的汉学发端于16世纪末有关中国古代文化的研究,美国的中国研究则兴起于20世纪以后有关中国现当代问题的研究,二者相距数百年。但是,美国的中国研究后来居上,在二战以后迅速超过欧洲汉学,成为西方的中国研究中心,且长盛不衰。究其原因,固然与美国的政治、经济、军事和文化等诸多因素相关,但是,最为显见的当是美国独特的中国研究发展道路。

在20世纪20—40年代美国的中国研究兴起时,美国的中国研究便开启了一条与欧洲汉学研究起步时迥然不同的独特发展道路。这条发展道路就是着力在美国和中国两地分别建立研究基地,以此为立足点和桥头堡,构建连接美国和中国的中国研究桥梁,并通过这座桥梁联合收集中国文献,共同培养研究人才,合作开展学术研究,协作进行学术交流,进而形成美国和中国两地的中国研究互为表里,遥相呼应,相辅相成,相得益彰的学术研究共同体。这个学术研究共同体的形成为20世纪美国的中国研究奠定了坚实的发展基础,是美国的中国研究在二战以后迅速崛起,并雄霸世界的根本之所在。

在20世纪20—40年代,美国在美建立的中国研究桥头堡是哈佛大学。由于霍尔遗产基金的原因,哈佛大学于1928年成立了独立的法人社团哈佛燕京学社,1929年与哈佛燕京学社共同成立了哈佛燕京学社图书馆(后更名为哈佛燕京图书馆,由哈佛大学和哈佛燕京学社共同管理和拥有)。与此同时,哈佛燕京学社还在哈佛大学建立了东亚系,创办了《亚洲研究》学术期刊。从此,哈佛燕京学社和哈佛燕京图书馆开始逐渐成为美国的中国研究基石和连接美国与中国的中国研究桥头堡。哈佛燕京学社负责中美两地中国研究的总体规划、组织和协调,哈佛燕京图书馆则负责中国研究的藏书建设,为美国的中国研究提供学术资源支持,二者犹如两个粒子组成的系统,虽然所处的中国研究学术空间不同,但是相互影响,共同构成了一个不可分割的学术共同体。这种哈佛燕京学社与哈佛燕京图书馆的"量子纠缠"效应使得在中国研究上几乎是白手起家的哈佛大学从1928年起步开始就充满了无穷无尽的能量。

在20世纪20—40年代,美国在华建立的中国研究桥头堡是燕京大学。哈佛大学在建立哈佛燕京学社和哈佛燕京图书馆的同时,又积极寻求与中国大学的合作,最终选定燕京大学作为合作伙伴。哈佛大学以燕京大学作为其在华的中国研究桥头堡和影子中枢,在燕京大学设立北平办事处负责协调哈佛大学中国研究的在华事务,在燕京大学图书馆设立哈佛购书处开展合作馆藏建设,在燕京大学设立引得编撰处负责中国研究资料索引的编制;在此基础上,重点在燕京大学开展中国研究本科和研究生教育,并以此为示范推进金陵大学、岭南大学、齐鲁大学、福建协和大学、华西协和大学等教会大学的中国研究教育。于是,哈佛大学与燕京大学虽然远隔重洋,但是在中国研究上犹如两个彼此关联的粒子,每一个粒子的行为都会影响另一个粒子的状态,共同构建了一个密不可分的独特的中美中国研究学术共同体。这种哈佛与燕京的"量子纠缠"效应与哈佛大学内部的"量子纠缠"效应又构成了一种相互关联的叠加态,遥相呼应,甚至一呼百应,使得美国的中国研究从起步开始就充满了颇有几分"蝴蝶效应"意味的能量,从而大放异彩。

20世纪80年代以来,美国的中国研究历史与现状一直是我国学术界的研究热点,哈佛大学的中国研究历史与现状自然成为热点中的重点,而燕京大学的中国研究历史与现状也备受关注,因此涌现了一批卓有成就的研究者和颇有影响的学术成果。有的着力于哈佛燕京学社的研究,有的专注于燕京大学的研究,更多的是着眼于某个领域或者某个学者的学术思想研究,有意无意地忽视了有关图书馆和图书馆人及其历史作用的研究。如今,图书馆学与文献学青年学者王蕾博士十年磨一剑完成了《图书馆、出版与教育:哈佛燕京学社在华中国研究史(1928—1951)》专著,正好弥补了这项学术阙如。

如前所述,在哈佛大学的中国研究历史中,哈佛燕京学社和哈佛燕京图书馆是一对彼此关联的粒子,二者组成了一个密不可分的系统。哈佛燕京学社扮演的是中国研究领导者和组织者的角色,而哈佛燕京图书馆扮演的则是中国研究的建设者和引导者的角色。哈佛燕京学社是通过项目申请和经费支持去延揽和集聚世界各国的优秀人才,共同开展中国研究,而哈佛燕京图书馆则是通过收集丰富的文献资源去支撑和服务哈佛大学乃至美国的中国研究。如果没有哈佛燕京图书馆,哈佛大学的中国研究就不会有如此辉煌的成就;如果没有馆长裘开明的卓越贡献,哈佛燕京图书馆也不会成为欧美最大的东亚图书馆。历史不容假设,然而,哈佛燕京图书馆在20世纪30年代以后迅速成为美国的中国研究学者景慕和向往的学术殿堂则是无可辩驳的事实。费正清不仅坦陈除了哈佛大学的名声和优厚的待遇以外,哈佛燕京图书馆和裘开明馆长是吸引他去哈佛大学开展中国研究的最重要原因,而且还把自己到哈佛大学后出版的两本著作题献给馆长裘开明,感谢裘开明为哈佛燕京图书馆和哈佛大学的中国研究所作出的卓越贡献,并发自肺腑地称裘开明博士为西方汉学的引路人。这不仅是对哈佛燕京图书馆和以裘开明馆长为代表的哈佛燕京图书馆同仁的高度肯定、赞许和敬重,而且也是对哈佛燕京图书馆在美国的中国研究中的重要地位和作用的高度肯定。所以,研究哈佛大学的中国研究历史,如果只关注哈佛燕京学社和与哈佛燕京学社相关的学者,而不重视或者忽视哈佛燕京图书馆,那就是不全面和不完整的。

同样,在民国时期,在美国的中国研究史上,哈佛大学与燕京大学也是一对密不可分的粒子,二者组成了一个密不可分的系统。哈佛大学的作用是通过哈佛燕京学社整体规划、组织和协调中美两地的中国研究,以项目申请和经费支持的方式将世界各地的中国研究学者延揽和集聚到哈佛大学,开展中国研究。燕京大学的作用则是通过哈佛燕京学社的资助,将一批中国的和外国的学者集聚到燕京大学,共同开展中国研究,人才培养,以此带动中国各地教会大学的中国研究人才培养,并利用中国学者的特长编纂哈佛燕京学社引得,为全球的中国经典研究提供学术参考工具和便利。

更为重要的是,燕京大学图书馆犹如哈佛燕京图书馆的在华影子,二者密不可分,共同构成了一个文献资源建设的整体和支撑美国中国研究的平台。

在图书馆的管理上,两个图书馆均采用哈佛燕京图书馆馆长裘开明编制的中文图书馆分类法和编目法,甚至在裘开明馆长来华做长期调研期间,燕京大学图书馆馆长田洪都还应邀赴美,两地互换图书馆馆长,由此可见两个图书馆的关系非同一般。

在藏书建设上,哈佛燕京图书馆在燕京大学图书馆设立购书处,利用顾廷龙等一批中国文献通,在中国各地收集文献,凡是使用哈佛燕京学社经费在中国购买的文献,一本藏于燕京大学图书馆,另一本则藏于哈佛燕京图书馆,如遇单本或者价格昂贵的珍本善本者则全部送往哈佛燕京图书馆。正是因为燕京大学图书馆哈佛购书处源源不断的文献资源输送,哈佛燕京图书馆才得以迅速建立起雄霸欧美的中文文献馆藏。因此,从某种程度上说,没有燕京大学图书馆及其哈佛购书处诸多中国学者的全力支持,哈佛燕京图书馆在20世纪50年代之前也不可能迅速崛起成为欧美东亚图书馆的翘楚。

在馆藏目录的编制上,哈佛燕京图书馆馆长裘开明负责编制哈佛燕京图书馆馆藏中文图书分类卡片目录,而燕京大学图书馆馆长田洪都则负责在北京印制哈佛燕京图书馆馆藏中文图书分类卡片目录,这项合作计划在中国全面抗日战争爆发后一直在延续,直到日本偷袭珍珠港美国对日宣战以后才被迫终止。哈佛燕京图书馆馆藏中文图书分类卡片目录的联合印制看似是一项不起眼的图书馆业务合作,但是,其学术作用和意义重大而深远,因为民国时期北美甚至欧洲的东亚图书馆普遍缺乏采访和编目专业馆员,于是燕京大学图书馆负责印制的哈佛燕京图书馆馆藏中文图书分类卡片目录一直是欧美东亚图书馆采购和编目中国研究文献资料的依据与范本,由此推动了欧美各东亚图书馆的发展,进而促进了欧美中国研究的发展。

上述史实及其相互关联在以往有关美国中国研究的历史研究中鲜有全面论述,如今王蕾博士出色地完成了这项学术使命,劳苦功高,值得赞赏!

王蕾博士对于哈佛燕京学社中国研究历史的研究兴趣源于十二年前参与编纂《裘开明年谱》之时,2009年她获得教育部社科基金的支持,开展"哈佛燕京学社北平办事处与民国时期中外文献交流"项目的专题研究,研究成果获得北京大学图书馆馆长朱强和学界的认可。其后,哈佛燕京图书馆馆长郑炯文先生特别邀请王蕾博士赴哈佛大学做一年的访问学者,专门研究哈佛燕京学社的中国研究历史。在哈佛大学访问期间,王蕾博士悉心查阅了哈佛燕京学社和哈佛燕京图书馆的全部档案,甚至翻阅了民国时期哈佛燕京图书馆的所有购书账册和清单,积累了十分丰富、全面而细致的研究资料。在此基础上,王蕾博士完成了这部学术专著。

综上所述,在美国的中国研究历史上,哈佛大学和燕京大学犹如远隔重洋的两个粒子,共同组成了一个中国研究的系统,具有"量子纠缠"的效应。王蕾博士的著作《图书馆、出版与教育:哈佛燕京学社在华中国研究史(1928—1951)》选择燕京大学作为主要研究对象,以极其丰富的档案史料和十分独到的学术视野,悉心地梳理千头万绪盘根错节的史实,第一次全面而系统地揭示了民国时期哈佛燕京学社在华的中国研究历史,阐述了哈佛燕京学社在华开展中国研究,以及与燕京大学中国教育、出版、图书馆等方面的各种错综复杂关系,见前人之所未见,发前人之所未发,既填补了过去研究美国中国研究历史的阙如,又开辟了今后研究美国中国研究历史的领域,具有不可忽视的重要历史价值和学术价值。自然而然,这种历史价值和学术价值也就同时具有显著的"量子纠缠"学术效应:既然明确了哈佛燕京学社在华的中国研究历史,那么也就可以大致知道哈佛燕京学社在美的中国研究历史。

今年是哈佛燕京学社成立90周年,《图书馆、出版与教育:哈佛燕京学社在华中国研究史(1928—1951)》的出版恰逢其时,可谓是中国学人的一份厚重学术献礼。

是为序。

程焕文
2018年4月
于中山大学康乐园竹帛斋

【程焕文,中山大学资讯管理学院教授,图书馆馆长,文献与文化遗产管理部主任,中国图书馆学会副理事长,国际图书馆协会联合会(IFLA)管理委员会委员】

前　言

承蒙哈佛大学哈佛燕京图书馆馆长郑炯文（James K. M. Cheng）先生的邀请和资助，我有幸于2015年8月赴哈佛燕京图书馆做一年的访问馆员，一方面参与郑炯文馆长领导的哈佛燕京图书馆中文古籍数字化项目工作，另一方面进一步开展有关哈佛燕京学社北平办事处的研究工作，完成本书的撰写，以便列入"哈佛燕京图书馆学术丛刊"出版。

我对哈佛燕京学社北平办事处的研究兴趣源于十年前参与《裘开明年谱》的编撰工作。2006年9月，我开始在职攻读中山大学历史系历史文献学专业博士学位，那时导师程焕文教授正在全力编撰《裘开明年谱》，以便向2008年哈佛燕京图书馆成立80周年纪念献礼。在2006年至2008年间，我一直在参与哈佛燕京图书馆档案资料的整理和《裘开明年谱》的编撰工作。导师程焕文教授应郑炯文馆长之邀于2000年开始从事哈佛燕京图书馆第一任馆长裘开明先生的研究工作，先后收集了几十个纸箱多达数万页有关裘开明先生的档案资料。这些档案资料来源于哈佛燕京图书馆、哈佛燕京学社、哈佛大学档案馆、哈佛学院图书馆和美国明尼苏达大学（University of Minnesota）东亚图书馆、香港中文大学图书馆，内容丰富而繁杂，都是极其珍贵的一手资料，每次翻阅都会令人不禁产生进一步探究的兴趣。

裘开明(Alfred K'aiming Ch'iu,1898—1977)是20世纪欧美东亚图书馆事业的伟大先驱者和学贯中西的图书馆学术大师。1918年考入私立武昌文华大学,1920年文华图书科成立后,师从"中国现代图书馆运动之皇后"韦棣华女士和"中国图书馆学教育之父"沈祖荣先生攻读图书馆学,成为中国第一届图书馆学专业本科生。1922年毕业后担任厦门大学图书馆第一任馆长,1925年赴美留学,先后获得纽约公共图书馆学校图书馆学硕士学位和哈佛大学哲学博士学位。在哈佛大学攻读博士学位时开始参与哈佛大学图书馆中文书籍的整理工作,自1928年起开始担任哈佛大学图书馆汉文文库主管(the Custodian of the Chinese-Japanese Collection)和哈佛大学汉和图书馆(the Librarian of Chinese-Japanese Library,后更名为"哈佛燕京图书馆")馆长,一手创办哈佛燕京图书馆,并将哈佛燕京图书馆发展成为西方最大的东亚图书馆。1965年退休以后创办美国明尼苏达大学图书馆东亚图书馆,1966年又创办香港中文大学图书馆。在图书分类学、编目学、目录学、版本学等领域融中国传统学术成就与西方近现代学术精华于一体,开创了兼容并蓄的东亚图书馆学术体系。

在整理和翻译有关裘开明先生的档案资料过程中,哈佛燕京图书馆、哈佛燕京学社在1928年至1951年间的发展历史引起了我极大的研究兴趣。哈佛燕京学社(Harvard-Yenching Institute)成立于1928年,是由哈佛大学与燕京大学合作组成的国际著名汉学研究机构,其经费来源于美国铝业大王查尔斯·马丁·霍尔(Charles Martin Hall,1863—1914)的遗产基金。本部设于哈佛大学,在燕京大学设立北平办事处,并设有燕京大学图书馆哈佛购书处、引得编纂处(1931年)等相关机构。哈佛燕京学社及其北平办事处的成立建立了哈佛大学与中国学术界的密切关系,促进了中美文化与学术的密切交流与合作,在东西方文化交流中占有重要地位,也是中美大学交流与合作的历史典范。哈佛燕京学社北平办事处主要负责管理哈佛燕京学社在中国的项目与活动联络和组织工作,并维持与哈佛燕京学社,以及岭南大学、金陵大学、华西协和大学、齐鲁大学、福建协和大学、华中大学等受资助之教会大学的联络。北平办事处历任执行干事有博晨光（Lucius Chapin Porter，1880—1958）、洪业、聂崇岐、梅贻宝、陈观胜。1948年北平办事处南迁位于广州的岭南大学，后迁香港，1950年迁哈佛大学，后被撤销，历经23个春秋。它在协助哈佛燕京学社在中国推进中国研究领域的本科与研究生教育和学术研究，中美汉学人才培养，哈佛燕京图书馆与燕京大学图书馆及其他中国教会大学图书馆的藏书建设与发展，中文古籍抢救、搜求、保存、整理与出版，中外文化学术交流等方面做出了十分重要的历史贡献。

2009年，我以"哈佛燕京学社北平办事处与民国时期中外文献交流"为题申请教育部人文社会科学研究项目，获得立项资助。后开始深入研究哈佛燕京学社北平办事处的历史及其在推动哈佛燕京图书馆、燕京大学图书馆发展中的历史作用与贡献，先后发表了系列论文，并向北京大学图书馆提交了研究报告，获得好评。

2014年，哈佛燕京图书馆馆长郑炯文先生与中山大学图书馆馆长程焕文教授协商决定选派我赴哈佛燕京图书馆访问一年，进一步开展我此前所做的有关哈佛燕京学社的研究，以期完成一部专著，充实有关哈佛燕京学社在华中国研究，以及哈佛燕京图书馆、燕京大学图书馆发展之研究。2015年8月27日至2016年8月31日，我在哈佛燕京图书馆正式访问一年，在此期间，我先后查阅、收集和整理了哈佛燕京图书馆档案、哈佛燕京学社档案，以及耶鲁大学神学院图书馆所藏亚洲基督教联合会（The United Board for Christian Higher Education in Asia）档案资料，资料累计达3万余页，这为我的研究奠定了充实的资料基础。

回国以后，我以哈佛燕京学社、哈佛燕京图书馆、燕京大学档案史料为研究基础，梳理哈佛燕京学社北平办事处的历史发展脉络，研究哈佛燕京学社北平办事处成立的缘起和过程、各阶段的历史活动、发展成就与特征。在研究中发现：哈佛燕京学社北平办事处虽然人少力薄且长期不被人重视，但是，作为美国哈佛燕京学社在华的组织协调机构，它一直似有似无时强时弱地扮演着哈佛燕京学社在华中国研究中心的作用,使哈佛燕京学社的中国研究得以在华延伸拓展,并形成了与哈佛燕京学社在美国的中国研究既相互关联又迥异其趣的特征。如是说来,1928年至1951年间哈佛燕京学社的中国研究也就大致可以分为在美的中国研究和在华的中国研究两个方面,这两个方面互为表里,相互作用,相辅相成,相得益彰,共同构成了哈佛燕京学社中国研究的完整历史画卷。在这幅历史画卷中,哈佛燕京学社北平办事处可以视为哈佛燕京学社在华中国研究之纲,而各教会大学的中国研究活动则可以视为目,把握了哈佛燕京学社北平办事处这个纲,就可以做到纲举目张,清晰地理解哈佛燕京学社在华中国研究的线索和脉络。根据这个基本认识,我从以下几个方面勾勒了哈佛燕京学社在华中国研究的大要。

其一,哈佛燕京学社在华中国研究之缘起。因为霍尔遗产基金,哈佛大学与燕京大学两个在大洋两岸原本毫无关联的大学走到了一起,并以哈佛燕京学社的建立为纽带,开启了美国和中国的中国研究。在此过程中,司徒雷登、洪业等贡献良多,洪业、博晨光于1929年起草和提交的《哈佛燕京学社备忘录》(Memoranda Harvard-Yenching Institute),既是哈佛燕京学社在第一个五年试验阶段的发展规划,也是哈佛燕京学社早期发展的重要指导纲领。

其二,哈佛燕京学社在华中国研究之组织。哈佛燕京学社北平办事处的成立缘于哈佛燕京学社在华中国研究的需要,其发展过程和活动事务反映的正是哈佛燕京学社在华中国研究的组织与管理情形。

其三,哈佛燕京学社在华中国研究之重心。研究生教育是哈佛燕京学社在华推进中国研究的重心,其依托机构为燕京大学。在哈佛燕京学社的支持和资助下,燕京大学实施了持久的中国研究研究生教育,在研究生教育的组织与管理制度、教育理念与培养目标、学制与学位、教师与研究员、硕士研究生资助与培养、硕士研究生课程体系建设、博士研究生培养机制等方面均颇有建树。

其四,哈佛燕京学社在华中国研究之基础。根据哈佛燕京学社的部署,金陵大学、岭南大学、齐鲁大学、福建协和大学、华西协和大学、华中大学等教会大学主要开展中国研究本科教育,旨在推广和普及中国研究的知识,为中国研究领域的研究生教育培养和储备优秀人才。

其五,哈佛燕京学社在华中国研究之传播。为了传播中国研究的学术成果,哈佛燕京学社资助、编辑出版了《燕京学报》《金陵学报》《岭南学报》《中国文化研究汇刊》《福建文化》等有关中国研究的期刊和哈佛燕京学社北平办事处丛刊,有效地传播了在华中国研究的学术成果。

其六,哈佛燕京学社在华中国研究之导引。1930年成立的哈佛燕京学社引得编纂处,经历了初期试验阶段、繁荣发展阶段、中法汉学研究所通检组阶段、内战恢复阶段四个阶段。哈佛燕京学社64种引得的编纂出版引进了西方的现代历史文献方法、索引方法,对中国研究具有学术引导的作用和价值。

其七,哈佛燕京学社在华中国研究之保障。哈佛燕京学社汉和图书馆和燕京大学图书馆是哈佛燕京学社中国研究的保障。哈佛燕京学社北平办事处一是通过经费资助支持燕京大学图书馆的藏书建设,二是通过在燕京大学图书馆设立哈佛购书处,协助哈佛燕京学社汉和图书馆在中国采购藏书,并且建立了两地图书馆联合购买中文书籍的长久机制,使得两个图书馆的中文馆藏迅速崛起,并因此极大地促进了中美间的中国研究之发展。

其八,哈佛燕京学社中国研究之门径。为了全面地揭示中国研究方面的藏书,在多方的支持下,哈佛燕京图书馆馆长裘开明以燕京大学图书馆和哈佛燕京学社北平办事处为基地,全力推广他创制的中文图书卡片目录,发起、组织、参与了哈佛燕京学社汉和图书馆与燕京大学图书馆联合印制中文卡片目录计划、洛克菲勒基金会哈佛燕京学社汉和图书馆书本式目录和卡片目录印刷计划、美国图书馆协会和研究图书馆协会中国合作采购与合作编印卡片目录计划,以及美国国会图书馆卡片目录再版计划。

其九,哈佛燕京学社中国研究之支持。大致同时,在哈佛燕京学社的资助下,燕京大学之外的其他六所教会大学的图书馆亦开展了有关中国研究的馆藏建设,有力地支持了各教会学校的中国研究本科教育和相关研究。

在本书撰写过程中,主要参考了以下重要档案资料与研究成果:(1)哈佛燕京图书馆档案(Harvard-Yenching Library Archives),(2)洪煨莲档案(Archives of William Hung)(1921—1948),(3)亚洲基督教高等教育联合会档案(The United Board for Christian Higher Education in Asia),(4)哈佛燕京学社档案(The Harvard-Yenching Institute Archives)(1925—1950),(5)燕京大学档案(Yenching University Archives)(1919—1952),(6)部分中英文专著:《燕京大学史稿1919—1952》、《燕大文史资料》(共十辑)、《洪业传》、《燕京大学1919—1952》、《中国教会大学史:1850—1950》、《哈佛燕京学社校际合作史》、《基督教教育与中国社会》系列丛书;*A Latterday Confucian, Reminiscences of William Hung*(1893-1980),*Yenching University and Sino-Western Relations, 1916-1952*,*Yenching University*(Edwards, Dwight Woodbridge),*The Harvard-Yenching Institute and Cultural Engineering: Remaking the Humanities in China, 1924-1951*等。

对于书中的英文人名,有中文姓名者或有通用中译姓名者,则采用中文名,并括注其英文全名;有多个中文译名者,则只选取其中一个中文名;无中文名或者暂不知是否有中文名者,则以英文姓名出现于正文,以免错误。书末附有中英文人名索引,中英文姓名以档案原件中出现姓名为准。

本书的撰著和出版得到了国内外多位专家学者、单位机构的大力支持和帮助。哈佛燕京图书馆馆长郑炯文先生邀请我前往哈佛燕京图书馆访问一年,为我提供经费资助,支持我利用哈佛燕京图书馆的学术档案资源开展研究,同时也极力支持我利用在美国的时间全面查找相关资源,鼓励我在一年的访问期内完成初稿的撰写,并联系广西师范大学出版社,以期作为"哈佛燕京图书馆学术丛刊"之一正式出版。哈佛燕京图书馆杨丽瑄(Sharon Li-Shiuan Yang)女士为我利用哈佛燕京图书馆档案提供多方协助。哈佛燕京学社裴宜理(Elizabeth J.

Perry)社长、李若虹副社长批准我查找和利用哈佛燕京学社部分档案。哈佛燕京学社 Susan Scott 女士具体帮助我查找相关资料并提供数字化复制文件。哈佛燕京图书馆王繫女士(Annie Wang)、马小鹤先生、Jennifer Chou 女士、高青女士、Wai Fan Leung 女士、邱玉芬(Yuh-Fen Chiou)女士等在我访问一年期间给予我工作、研究和生活上各种关心和帮助。我所工作的单位中山大学图书馆对我赴哈佛燕京图书馆访问给予全力支持,特藏部同人在我访问期间,分担我的管理和业务工作。在此,我谨向上述为我提供各种支持和帮助的专家、学者、领导、同事、同仁表示诚挚的感谢!

哈佛燕京学社在华中国研究的时间跨度较长、涉及范围较广、活动内容较多,本著仅从一个新的角度进行了研究,难免错漏,敬请专家学者批评指正。

王蕾　谨识
2017 年 10 月
于中国广州中山大学

目 录

第一章　霍尔遗产基金：哈佛燕京学社在华中国研究之缘起 … 1
　一、哈佛大学中国研究之起源 …………………………… 1
　二、哈佛燕京学社之缘起 ………………………………… 6
　三、哈佛燕京学社之成立 ………………………………… 16
　四、哈佛燕京学社备忘录 ………………………………… 20

第二章　北平办事处：哈佛燕京学社在华中国研究之组织 … 29
　一、北平办事处之成立 …………………………………… 30
　二、北平办事处之发展 …………………………………… 36
　三、北平办事处之事务 …………………………………… 42

第三章　研究生教育：哈佛燕京学社在华中国研究之重心 … 53
　一、发展阶段 ……………………………………………… 54
　二、培养制度 ……………………………………………… 71
　三、师资建设与课程发展 ………………………………… 77
　四、硕士研究生资助与培养 ……………………………… 114
　五、博士研究生资助与培养 ……………………………… 125

第四章　本科教育：哈佛燕京学社在华中国研究之基础 …… 129
一、燕京大学 …… 130
二、金陵大学 …… 157
三、岭南大学 …… 163
四、齐鲁大学 …… 179
五、福建协和大学 …… 194
六、华西协和大学 …… 196

第五章　编辑出版：哈佛燕京学社在华中国研究之传播 …… 205
一、《燕京学报》之编辑出版 …… 206
二、《哈佛燕京学社北平办事处丛刊》之出版 …… 234
三、其他教会大学刊物之编辑出版 …… 237

第六章　引得编纂：哈佛燕京学社中国研究之导引 …… 251
一、引得编纂处之缘起与设立 …… 252
二、引得编纂处之发展与变迁 …… 253
三、引得编纂处之组织与管理 …… 282
四、引得编纂之方法与程序 …… 286
五、引得编纂之类型与体例 …… 291
六、引得之学术价值与历史影响 …… 303

第七章　燕京大学图书馆：哈佛燕京学社在华中国研究之保障 …… 306
一、购书经费 …… 307
二、藏书发展 …… 311
三、西文采购 …… 313
四、古籍特藏 …… 315

第八章　哈佛购书处：哈佛燕京学社中国研究之协助 …… 320
一、成立经过 …… 321
二、发展变化 …… 323

  三、购书方针 …………………………………………… 325

  四、购书经费 …………………………………………… 327

  五、购书方式 …………………………………………… 332

  六、购书概况 …………………………………………… 337

第九章 卡片目录计划：哈佛燕京学社中国研究之门径 … 342

  一、哈佛大学中文图书编目法与中文卡片目录的创制 … 343

  二、哈佛大学与燕京大学联合印制中文卡片目录计划 … 347

  三、洛克菲勒基金会书本式目录和卡片目录印刷计划 … 350

  四、美国图书馆协会中国合作采购与编印卡片目录计划 … 357

  五、美国国会图书馆中日韩卡片目录再版计划 ………… 358

  六、裘开明的历史贡献 …………………………………… 360

第十章 教会大学图书馆：哈佛燕京学社在华中国研究之支持 …………………………………………………………… 362

  一、金陵大学图书馆 ……………………………………… 362

  二、岭南大学图书馆 ……………………………………… 367

  三、齐鲁大学图书馆 ……………………………………… 373

  四、福建协和大学图书馆 ………………………………… 375

  五、华西协和大学图书馆与博物馆 ……………………… 377

  六、图书馆学研究之推动 ………………………………… 381

参考文献 …………………………………………………… 384

人名索引 …………………………………………………… 412

图表目录

表3-1：1929—1930年度燕京大学研究院教育情况表 …… 63
表3-2：燕京大学研究生教育五年之情形 ………………… 64
表3-3：燕京大学本科生成绩评估系统 …………………… 71
表3-4：燕京大学1925—1930年研究生教育统计表 ……… 77
表3-5：燕京大学研究院1929—1930学年度统计表 ……… 77
表3-6：1927年燕京大学历史系研究生课程设置 ………… 80
表3-7：1929—1930年度燕京大学国文系课程设置 ……… 82
表3-8：1929—1930年度燕京大学历史系课程设置 ……… 82
表3-9：1930—1931年度燕京大学国文系课程设置 ……… 83
表3-10：1930—1931年度燕京大学历史系课程设置 …… 84
表3-11：1930—1931年度燕京大学哲学系课程设置 …… 85
表3-12：1932—1933年度燕京大学国文系课程设置 …… 89
表3-13：1932—1933年度燕京大学历史系课程表 ……… 90
表3-14：1932—1933年度燕京大学哲学系课程表设置 … 91
表3-15：1935—1936年度哈佛燕京学社研究成员研究计划
………………………………………………………… 93

表 3-16：1935—1936 年度哈佛燕京学社教研人员学术成果 …………………………………………………………… 94
表 3-17：1936—1937 年度哈佛燕京学社研究成员研究项目与成果 …………………………………… 96
表 3-18：1936—1937 年度哈佛燕京学社研究成员研究成果 …………………………………………………………… 97
表 3-19：1937—1938 年度燕京大学人文学院教职员统计表 …………………………………………………………… 98
表 3-20：1937—1938 年度哈佛燕京学社研究成员在研项目与出版计划 …………………………………… 99
表 3-21：1937—1938 年度哈佛燕京学社研究人员学术成果出版物 …………………………………… 100
表 3-22：1938—1939 年度哈佛燕京学社研究成员在研项目与出版计划 …………………………………… 100
表 3-23：1938—1939 年度哈佛燕京学社研究人员学术成果出版物 …………………………………… 101
表 3-24：1939—1940 年度哈佛燕京学社研究成员在研项目与出版成果 …………………………………… 103
表 3-25：1939—1940 年度哈佛燕京学社研究成员在研项目与出版成果 …………………………………… 104
表 3-26：1940—1941 年度哈佛燕京学社研究员出版物 …… 106
表 3-27：1941—1942 年研究成员未完成或未出版项目 …… 107
表 3-28：1944 年春燕京大学与中国研究相关课程 ……… 108
表 3-29：1946—1947 年燕京大学国文系课程 …………… 111
表 3-30：1946—1947 年燕京大学历史系课程 …………… 112
表 3-31：1932—1933 年度哈佛燕京学社研究生奖学金获得者 …………………………………………………………… 116

表 3-32：1933—1934 年度哈佛燕京学社研究生奖学金获得者
…………………………………………………………… 117
表 3-33：1934—1935 年度哈佛燕京学社研究生奖学金获得者
…………………………………………………………… 117
表 3-34：1935—1936 年度哈佛燕京学社奖学金获得者…… 119
表 3-35：1936—1937 年度哈佛燕京学社奖学金获得者…… 120
表 3-36：1937—1938 年度哈佛燕京学社奖学金获得者…… 121
表 3-37：1938—1939 年度哈佛燕京学社奖学金获得者…… 122
表 3-38：1939—1940 年度哈佛燕京学社奖学金获得者…… 122
表 3-39：1940—1941 年度哈佛燕京学社奖学金获得者…… 123
表 4-1：1932—1933 年度燕京大学国文系课程设置 …… 133
表 4-2：1933—1934 学年燕京大学国文系课程表 ……… 136
表 4-3：1934—1935 学年燕京大学国文系本科课程表 … 137
表 4-4：1935—1936 学年燕京大学国文系课程表 ……… 139
表 4-5：1936—1937 学年燕京大学国文系课程表 ……… 141
表 4-6：1937—1938 学年燕京大学国文系课程表 ……… 142
表 4-7：1938—1939 学年燕京大学国文系课程表 ……… 143
表 4-8：1946—1947 学年燕京大学国文系课程表 ……… 145
表 4-9：1949—1950 学年燕京大学国文系课程表 ……… 145
表 4-10：1936—1937 学年燕京大学国文系本科必修课程表
…………………………………………………………… 147
表 4-11：1934—1935 学年燕京大学历史系课程及学分表 … 150
表 4-12：1935—1936 学年燕京大学历史系课程及学分表 … 150
表 4-13：1936—1937 学年燕京大学历史系课程及学分表 … 151
表 4-14：1937—1938 学年燕京大学历史系课程及学分表 … 152
表 4-15：1938—1939 学年燕京大学历史系课程及学分表 … 152
表 4-16：1946—1947 学年燕京大学历史系课程 ………… 153

表 4-17：1949—1950 学年燕京大学历史系课程表 ………… 155
表 4-18：1932—1933 年度燕京大学历史学系本科建议课程
　　　　………………………………………………………… 157
表 4-19：1940—1941 年度金陵大学中国文化研究所课程
　　　　………………………………………………………… 161
表 4-20：1931—1932 年度岭南大学中国研究相关课程设置表
　　　　………………………………………………………… 165
表 4-21：1933—1934 年度岭南大学国文系课程设置表…… 166
表 4-22：1937—1938 年度岭南大学有关中国研究的
　　　　第一学期课程 …………………………………………… 168
表 4-23：1938—1939 年度岭南大学有关中国研究的
　　　　第一学期课程 …………………………………………… 169
表 4-24：1940—1941 年度岭南大学有关中国研究课程…… 170
表 4-25：岭南大学获得哈佛燕京学社限制性经费统计 … 174
表 4-26：1945—1946 年度岭南大学有关中国研究课程…… 176
表 4-27：1936—1937 年度齐鲁大学国学研究所研究成员
　　　　………………………………………………………… 181
表 4-28：1946—1947 年度齐鲁大学国学研究所薪酬开支人员
　　　　………………………………………………………… 186
表 4-29：1934—1935 年度齐鲁大学国学研究所课程 …… 188
表 4-30：1936—1937 年度齐鲁大学国学研究所课程 …… 189
表 4-31：1941—1942 年度齐鲁大学国学研究所课程 …… 190
表 4-32：1942—1943 年度齐鲁大学国学研究所课程 …… 191
表 4-33：1944—1945 年度齐鲁大学国学研究所课程 …… 192
表 4-34：1946—1947 年度齐鲁大学国学研究所课程 …… 193
表 4-35：1930—1948 年华西协和大学国文系
　　　　任职教师和学生统计表 ………………………………… 197

表 4-36：1935—1936 年度与 1937—1938 年度华西协和大学国文系教师表 …… 198

表 4-37：1936—1937 年度华西协和大学国文系课程设置表 …… 199

表 4-38：其他院系选修国文系课程 …… 200

表 4-39：1939—1940 年度华西协和大学国文系课程表 …… 201

表 5-1：《燕京学报》刊文学科类别统计表 …… 211

表 5-2：《燕京学报》刊载书评一栏表 …… 218

表 5-3：《燕京学报》"国内学术界消息"统计表 …… 228

表 5-4：《燕京学报》部分抽印本或单行本 …… 232

表 5-5：《燕京学报》专著一览表 …… 233

表 5-6：《哈佛燕京学社北平办事处丛刊》统计表 …… 235

表 6-1：中国字庋撷法五种字体之定体 …… 256

表 6-2：中国字庋撷法笔画号码 …… 257

表 6-3：1932 年至 1933 年 6 月引得编纂处引得出版一览表 …… 258

表 6-4：1932—1941 年哈佛燕京学社引得编纂处出版引得一览表 …… 263

表 6-5：1942—1945 年中法汉学研究所通检组通检出版一览表 …… 276

表 6-6：哈佛燕京学社引得丛刊"正刊"序言统计表 …… 295

表 6-7：哈佛燕京学社引得丛刊"特刊"序言统计表 …… 297

表 7-1：1932 年度燕京大学图书馆经费情况表 …… 307

表 7-2：燕京大学图书馆历年购书经费一览表 …… 308

表 7-3：燕京大学图书馆历年藏书价值统计表(1919—1933) …… 310

表 7-4：1933—1934 年全国大学图书馆藏书排名一览表 …… 311

表7-5:1919—1952年燕京大学图书馆历年藏书一览表…… 312

表7-6:燕京大学图书馆中西文图书比例统计表………… 315

表7-7:燕京大学图书馆图书展览会善本珍藏参展
　　　数量一览表……………………………………… 317

表8-1:哈佛燕京学社汉和图书馆1927—1950年度
　　　购书经费统计…………………………………… 327

表8-2:燕京大学图书馆哈佛购书处历年购书经费统计
　　　(单位:国币元)………………………………… 330

表8-3:燕京大学图书馆哈佛购书处购书联系单位/个人 … 332

表8-4:与燕京大学哈佛购书处有联系之出版机构、书店 … 333

表8-5:燕京大学哈佛购书处代购人员统计……………… 336

表8-6:燕京大学图书馆哈佛购书处年度购书统计……… 337

表8-7:哈佛燕京学社汉和图书馆1927—1950年
　　　中文藏书情况…………………………………… 338

表10-1:1929—1945年金陵大学图书馆历年经费
　　　 与藏书量统计…………………………………… 366

表10-2:1934—1941年岭南大学图书馆中文图书购置经费
　　　 统计表…………………………………………… 368

表10-3:1939年7月前华西协和大学博物馆藏品统计 … 379

第一章 霍尔遗产基金：
哈佛燕京学社在华中国研究之缘起

考察世界范围内的中国研究史，欧洲的中国研究大致起源于16世纪，经17世纪和18世纪的发展，到19世纪时开始成为显学，尤以法国、英国、俄罗斯、荷兰、瑞典、德国的中国研究最为显著，既各具特色又彼此呼应，影响广泛而深远。美国的中国研究起步比欧洲要晚许多，但是后来居上，在二战后迅速成为世界的中国研究中心。在这个过程中，哈佛大学以其独特的学术远见和气魄走在了美国中国研究的前列。1879年，哈佛大学聘请中国人戈鲲化教授中文，开设中文班，成为哈佛大学中国研究的先导。其后，哈佛大学曾有过数次开展中国研究的尝试，但是并不成功。直到大约50年后，因为霍尔遗产基金的原因，哈佛大学于1928年成立哈佛燕京学社，1929年成立哈佛大学汉和图书馆，哈佛大学的中国研究才开始崛起，并迅速成为美国的中国研究重镇和中心。

一、哈佛大学中国研究之起源

回顾哈佛大学的中国研究历史，1879年哈佛大学聘请中国人戈鲲化担任中文讲师无疑是哈佛大学乃至美国中国研究历史发端的里程碑，而促成哈佛大学聘请戈鲲化的最重要人物当是鼐德(Francis P.Knight)。

鼐德为美国麻萨诸塞州波士顿商人。1858 年中英签订《中英天津条约》,中国增开营口为通商口岸。1862 年,鼐德到营口经商,并与兄弟阿尔伯特·鼐德(Albert M. Kinght)等一起创办了营口旗昌洋行(Knight & Co.),经营进出口贸易兼佣金代理业务,代理十余家欧美和日本轮船、保险及其他公司的业务。自 1862 年开设旗昌洋行后,鼐德先是兼任美国驻营口代理领事,1864 年后又兼任瑞典、挪威、法国、荷兰驻营口领事,代理德国、日本驻营口的领事。1877 年 2 月,在中国生活了 15 年的鼐德,在得知欧洲大陆的许多大学和英国的牛津大学已经设立中文讲座,美国的耶鲁大学正打算仿效欧洲,聘请从中国退休返美的传教士卫三畏(Samuel Wells Williams,1812—1884)博士担任中文讲座教授后,致信哈佛大学校长查尔斯·埃利奥特(Charles W. Eliot,1834—1926)说:"过去 15 年在中国商场和官场的经历使我相信,旅居中国的外国人犯了大错,即他们在抵达中华帝国时没有掌握该国的语言,而是一直依靠所谓的'洋泾浜英语',与此伟大帝国的臣民交往。近几年,美国在华商务和外交利益日益增大,而且我相信它们还会继续增长,直到变得比在东方其他国家的同类利益更为重要。美国在华利益的增长,使得此错误最令人痛心地凸现出来。"因此,鼐德提出:募集一笔资金,在哈佛大学设立中文讲座,从中国聘请一两位土生土长的中国人担任中文教师,以为任何有决心学习中文的人提供学习条件,培养美国年轻人在中国担任高级职务以及在中国经商的能力,从而促进中美的商务往来。①

虽然诚如当时的哈佛大学图书馆馆长约翰·L.西布利(John L. Sibley)所言:鼐德提议在哈佛大学设立中文讲座的目的不是要教授中国文学,而是出于商业的目的教授中国语言。② 但是,鼐德的提议得到了哈佛大学校长埃利奥特的积极支持。埃利奥特于 1869 年出任哈佛大学第 21 任校长,在任 40 年。他上任后即抱定创建有史以来最高水准、最大规模的新型大学的目标,对科系和课程进行改革。鼐德的提议正好符合埃

---

① 樊书华. 鼐德方案与哈佛大学的汉学起源[J]. 中国社会科学院近代史研究所青年论坛,1999:369-401.
② 樊书华. 鼐德方案与哈佛大学的汉学起源[J]. 中国社会科学院近代史研究所青年论坛,1999:374.

利奥特校长的革新意图。于是,埃利奥特校长在1877年3月10日给萧德的复函中对萧德的提议表达了热烈的支持,并将萧德的提议提交哈佛大学董事会研究讨论。哈佛大学董事会同样积极支持萧德的提议,于是埃利奥特校长授权萧德进行筹备工作。

萧德欣然接受哈佛大学的委托,积极开展筹备工作,开始在中国寻找一位既适合又愿意到哈佛大学教授中文的教师。在当时的中国,要寻找这样一位中文教师并非易事,因为适合的未必愿意去,愿意去的未必适合,两全其美者鲜有,而非两全其美者不可。于是,萧德开始多方联系在华外交官、传教士和任职的外国人,如:英国外交官禧在明(Walter Caine Hillier,1849—1927),德国外交官、汉学家穆麟德(Paul Georg von Mollendorff,1848—1901),北京同文馆总教习丁韪良(William Alexander Parsons Martin,1827—1916),英国外交官达文波(Arthur Davenport,1836—1916)、固威林(William M. Cooper)、威妥玛(Sir Thomas Francis Wades,1818—1895),中国海关总税务司英国人赫德(Robert Hart,1835—1911),宁波海关税务司美国人杜德维(Edward Bangs Drew,1843—1924),在中国海关任职的美国人马士(Housea Ballou Morse,1855—1934)等。请求他们帮忙物色合适人选。这些在华外国人多是中西文化交流的主导者或者著名的汉学家,因此各自从不同的角度对萧德提出的请求表达了不同的看法:或者认为应该先在自己的国家学习中文,有了一定基础再来中国;或者认为应该来到中国以后再学习中文;或者认为应该在自己的国家接受本国人教授中文。总之,完全支持萧德提出聘请中国人到美国去教授中文的人并不多。在宁波海关税务司杜德维的帮助下,萧德终于在1879年选定了在宁波英国领事馆任职的戈鲲化。

戈鲲化(1836—1882),字砚畇,一字彦员,祖籍安徽休宁,1857年在美国驻上海领事馆工作,1865年移居浙江宁波,直至1879年被萧德选中赴美国哈佛大学担任中文教师。戈鲲化之所以被选中,有着多方面的原因:其一,戈鲲化具有长达十几年的外国驻华领事馆工作经验,了解西方和西方文化,时任英国驻宁波领事馆的翻译生兼中文教师,已成功地教出了一个法国学生、一个英国学生和一个美国学生(杜德维),具有教授外国学生学习中文的经验。因此,戈鲲化的中文学生杜德维对戈鲲化颇为称赞,积极推荐,并本着对母校哈佛大学的深厚感情,尽力予以推荐和帮忙筹集资金。其二,戈鲲化曾捐得候选同知衔,为宁波候选同知,蓝顶戴,同时著有《人寿堂诗钞》和《人寿集》,是个熟谙中国文化的作家、诗人和教师,其土生土长的南京口音官话也正好符合哈佛大学的要求。因此,鼐德认为戈鲲化是"一位有官衔的、在学术上很有造诣的中国绅士","是完美的、无可挑剔的"。其三,戈鲲化当时正因为在上海一家刊物上发表了批评官员行为的言论文章而面临遭到官府惩办的威胁,愿意离开是非地赴美执教。因此,英国驻宁波领事固威林对在其手下工作了近三年的戈鲲化也给予了极高的评价,认为戈鲲化是"中国罕见的那种优秀教师之一","作为一名老师,没有比戈先生更合适的人能担任现在这个职位了"。①

1879年5月2日,鼐德致电哈佛大学校长告知教师安排妥当,5月26日,鼐德代表哈佛大学校长及董事会与戈鲲化在上海签订了七款合同;6月26日,又订立了合同补加条款3款,具体内容如下:②③④

> 大美国驻牛庄领事官鼐德,代哈佛书院山长等,与寓居宁波之大清知府衔候选同知戈鲲化,议定条款,开列于后:
>
> 一、哈佛书院山长等言定,延请戈鲲化在书院教习官话三年,为期自一千八百七十九年九月初一日起,至一千八百八十二年八月三十一日止,每月束脩洋钱贰百元正。
>
> 二、哈佛书院山长等言定,戈鲲化携带一妻二子,住上等舱位,载至干姆白理嗤(剑桥城),又带一仆,住于下舱,路间除沽酒之外,所有一切船钱、房钱、车钱及应用行李等费,均有书院给发,俟三年满后,仍照此式送回上海。
>
> 三、戈鲲化如三年之内病故,应将其妻子、仆人,全数送回上海,一切

---

① 樊书华. 鼐德方案与哈佛大学的汉学起源[J]. 中国社会科学院近代史研究所青年论坛,1999:369-401.
② 《哈佛大学与戈鲲化之间立合同议据》及《哈佛大学与戈鲲化之间合同补加条款》,合同刊载于《近代史资料》第97号,1999.8:65-66,68.
③ 庄建平主编. 近代史资料文库 第9卷[M]. 上海:上海书店出版社,2009.
④ 张宏生编著. 戈鲲化集[M]. 南京:江苏古籍出版社,2000.10.

盘川,戈氏不须花费。

四、山长言定,画押之时,先支壹月束脩贰百元,以此合同作为收钱之据。一到干姆白理嗤,再支束脩贰百元,自开馆日起一年后,即一千八百八十年九月一日,按月扣除壹百元,连接四个月除清。

五、戈鲲化言定,哈佛书院课程,学生多寡,教法章程,均候山长主裁。

六、每月束脩贰百元,作戈鲲化一切花费,此外各项杂用,概不得向山长另支。

七、合同内如英汉文义字句有意见不符处,言定以英文为主。

今将合同缮就,英汉文合璧,一式叁纸,在大美国驻沪总领事衙门当堂书押盖印,各执壹纸存照。

一千八百七十九年五月二十六日
签字:鼐德　戈鲲化

附:哈佛大学与戈鲲化之间合同补加条款

兹再议定,又加三女,住上等舱;又加一仆,住下等舱。其章程与第二款同,惟三年后,仍照现在所搭捷径之舱,送回上海,又照。

一千八百七十九年六月二十六日
签字:鼐德　戈鲲化

1879年7月2日,戈鲲化与妻子、五个孩子和两名女佣一起搭乘英国"格仑菲纳斯"(Glenfilnas)号轮船,从上海启程赴美,于8月底抵达美国麻省剑桥,寓居剑桥街717号。作为第一位在美国大学中担任中文教职的中国人,戈鲲化到达哈佛大学任职,在哈佛大学乃至波士顿都是一件大事,波士顿的《每日图画报》和《哈佛名册》(Harvard Register)对此均有报道和记载。

哈佛大学中文班原定于1879年9月开课,但是由于最初只有1名学生报名,无法开课,因此,直到年底报名学生增加到5人时才开始上课。哈佛大学中文班的课程安排是每周五天,每天1小时授课,2至3小时自学。尽管中文班的学生很少,戈鲲化还是每天非常认真地上课,并且自编了《华质英文》(Chinese Verse and Prose)中文教材,其中收录有戈鲲化个人的诗作15首,并附有英文译文。这本教材后来被哈佛大学称为"有史以来最早的一本中国人用中英文对照编写的介绍中国文化尤其是中国诗词的教材"。①

不幸的是,由于不适应波士顿寒冷的气候,戈鲲化不幸患上肺炎,医治无效,于1882年2月14日下午4时在剑桥街717号寓所逝世。2月17日,哈佛大学在阿普尔顿教堂为他举行了隆重的遗体告别仪式,哈佛大学校长埃利奥特、司库胡珀(E. W. Hooper)等众多哈佛师生参加了仪式。戈鲲化的突然逝世使哈佛大学引进中国教师教授中文的尝试戛然而止,也给许多关心哈佛大学中文班的人留下了深深的遗憾。《波士顿周日晨报》《波士顿每日广告报》《每日图画报》等媒体连续刊发了戈鲲化逝世的消息及回忆、纪念他的文章。尽管戈鲲化未能完成教授中文的三年使命,但是哈佛大学聘请戈鲲化开设中文班却开启了哈佛大学中国研究的先导,具有开创性的重要历史意义。

戈鲲化逝世以后,哈佛大学曾几度酝酿开展中国研究的可能性,但是均未能成功。直到戈鲲化逝世22年后的1904年,柯立芝(Archibald C. Coolidge)教授在哈佛大学开设第一门有关近代远东历史的课程——"1842年以来的远东历史",才部分涉及中国历史,但是,哈佛大学的中国研究并未展开。

二、哈佛燕京学社之缘起

查尔斯·马丁·霍尔(Charles Martin Hall,1863.12.6—1914.12.27),出生于美国俄亥俄州汤普森小镇的一个传教士家庭。1885年毕业于奥柏林学院(Oberlin College)大学,获文学学士学位。1886年发明用电解提炼铝矾土的方法,创办美国铝业公司,在纽约州、宾夕法尼亚州等地区经营铝业生意。1914年12月27日,霍尔在美国佛罗里达州代托纳

---

① 樊书华. 萧德方案与哈佛大学的汉学起源[J]. 中国社会科学院近代史研究所青年论坛,1999:369-401.

(Daytona, Florida)去世,留下约 1100 万美元遗产。①

霍尔逝世后,霍尔的律师兼遗嘱起草人霍默·约翰逊(Homer J. Johnson)和霍尔遗嘱的执行人美国铝业公司董事长阿瑟·戴维斯(Arthur V. Davis)成立了霍尔遗产董事会,根据霍尔在逝世前的 1914 年 11 月 1 日立下的一份计有 14 条的遗嘱,将遗产主要分为几部分:一小部分赠予亲人、朋友、仆役及个别慈善机构;80 万美元赠予母校奥柏林学院。剩余的遗产分为三份:三分之一赠予奥柏林学院;六分之一赠予美国肯塔基州的伯里亚学院(The Berea College),六分之一赠予美国基督教协会(The American Missionary Association);三分之一用于建立"霍尔教育基金"(The Charles Martin Hall Educational Fund),用于日本、亚洲大陆、土耳其和欧洲巴尔干半岛地区的教育事业,资助或设立符合宗旨的任何团体或教育机构,包括教育机构的设立、发展、支撑或维持。②③④ 这些教育团体和机构要求是美国或英国教会机构的世俗教育事业。⑤

霍尔遗嘱对亚洲的关注,部分原因来自对中国的好感。19 世纪至 20 世纪 20 年代,欧美海外传教活动及通过世俗教育达到传教目的的活动在中国蓬勃发展,曾任哈佛燕京学社北平办事处执行干事的博晨光(L. C. Porter)在有关哈佛燕京学社基金委员会成立经过的报告中曾言:霍氏有姐在山西做传教士,故霍氏生时,对中国曾有相当兴趣;彼死后,遗产数百万。易箦时,语其家人曰:"吾愿汝等将吾大部分之财产,移作发展东方文化之用,但须归纯粹之教育机关经营,不借手于传教会为宜。"⑥

正是因为霍尔遗嘱的规定和霍尔教育基金的设立,哈佛燕京学社才得以成立,并不断发展。

---

① Letter from Eric M. *North to Prof. Derk Bodde*, *Pennsylvania Univ.*, June 30, 1961, Eric M. North Papers, Harvard-Yenching Institute Archives (hereafter abbrev. as HYI Archives) //樊书华. 燕京大学与哈佛-燕京学社的建立[J]. 美国研究,1999(1):70-94.
② 樊书华. 燕京大学与哈佛-燕京学社的建立[J]. 美国研究,1999(1):70-94.
③ 颜芳. 近代学术转型视野下的燕京大学国学教育[D]. 北京师范大学,2011:139.
④ (美)艾德敷. 燕京大学[M]. 珠海:珠海出版社,2005:138.
⑤ Charles Martin Hall. Last Will and Testament of Charles Martin Hall, Nov. 1, 1914, Charles Martin Hall Papers, Oberlin College Archives (hereafter abbrev. as O. C. A.) // 樊书华. 燕京大学与哈佛-燕京学社的建立[J]. 美国研究,1999(1):70-94.
⑥ 博晨光. 纪念周博教授报告纪要[N]. 北京:燕京大学校刊,第 2 卷第 8 期.

1.哈佛大学与霍尔遗产基金

1914年,哈佛大学艺术系教师兰登·沃纳(Langdon Warner,1881—1955)在考察中国、越南以及欧洲大学与博物馆后,曾向设在华盛顿特区的史密森学会(The Smithsonian Institution)提交了一份考察报告,阐述在北京建立美国考古学校的可行性。①

《东方教育与研究所计划案》主要内容为:

(1)哈佛大学在北京建立和维持一个东方教育研究所,作为哈佛大学在整个远东地区的活动总部,并尽快在东京、君士坦丁堡及其他适合地区建立分社。

(2)东方教育研究所旨在运用西方的科学方法调查东方文明,而非将西方教育体系强行植入东方国家。

(3)东方教育研究所工作重点在于开展人文科学教育与研究,尤以艺术、考古教育研究为重点,包括搜集、选择、保存和研究东方文献书籍、碑志、艺术品、古代墓碑等。同时,运用西方先进方法培训东西方各国学者,尤其是青年学者,增强他们对东方文明的认识。

(4)学社不干涉远东或美国的政治问题。该所派往东方的美国学者应是从事纯学术研究的学者。②

然而,沃纳提交给史密森学会的考察报告,也就停留在报告层面,其建议并未得到实施。

十年后的1924年,哈佛大学为筹建艺术系博物馆与化学系试验室向外界募集资助。化学系与艺术系筹集资金委员会获知霍尔教育基金后,开始积极通过多种办法和渠道争取获得该基金的资助。起初,因不符合霍尔遗产基金资助范围未能成功。时任哈佛大学商业经济管理学院研究生部主任、化学系与艺术系筹集资金委员会主席的董纳姆(Wallace B. Donham)考虑为符合霍尔遗产基金的相关规定,尤其是基金在资助亚洲、土耳其、巴尔干半岛等地区的教育机构的设立和发展之规定,提出了"创办并管理一个东方研究机构"的建议③,即哈佛大学东方研究所(Harvard

---

① 樊书华. 燕京大学与哈佛-燕京学社的建立[J]. 美国研究,1999(1):70-94.
② 樊书华. 燕京大学与哈佛-燕京学社的建立[J]. 美国研究,1999(1):70-94.
③ (美)艾德敷. 燕京大学[M]. 珠海:珠海出版社,2005:53.

Oriental Institute)计划。1924年5月,募集资金委员会正式向霍尔遗产董事会提交《东方教育与研究研究所计划案》(*A Proposed Institute of Oriental Education and Research*),并接受霍尔遗产基金两位执行人的建议:若委员会能在东方寻找到一所愿意参与合作研究的大学研究机构,则向霍尔遗产基金的申请较为容易批准。① 于是,哈佛大学开始寻求合适的中国合作机构。

事实上,早在霍尔立遗嘱时,美国公理会外国部干事、燕京大学托事部成员巴顿(James L. Barton)就曾建议霍尔遗产基金会向燕京大学提供资助。受此影响,霍尔遗产基金会向哈佛大学提出把中国的燕京大学作为合作考虑的对象。② 因为化学系与艺术系筹集资金委员会提交的《东方教育与研究研究所计划案》实际上脱胎于1914年哈佛大学艺术系教师兰登·沃纳提交给华盛顿史密森学会的考察报告,因此,哈佛大学化学系与艺术系筹集资金委员会与霍尔遗产董事会决定委派哈佛大学艺术系兰登·沃纳前往中国考察合作机构。

2.燕京大学与霍尔遗产基金

燕京大学是1919年由北京的多个在华教会学校合并成立的教会大学。1916年,由基督教美以美会于1870年在北京创办的汇文大学(Peking University)和由基督教公理会、长老会、伦敦会于1869年联合创办的华北协和大学(The North China Union College,前身为潞河书院)开始协商合并事宜。1917年4月4日,汇文大学和华北协和大学选举刘海澜(H. H. Lowry)博士为代理校长,校址设于北京盔甲厂汇文大学,校名初为"Peking University",但因校名、发展观念分歧,人事纷争严重,两校合并事宜一度陷入僵局。1918年底,美国校董会经考察决定聘请在中国拥有较高声望、了解中国思想和社会的司徒雷登(John Leighton Stuart,

---

① 张寄谦.哈佛燕京学社[G]//燕大文史资料编委会编.燕大文史资料 第六辑.北京:北京大学出版社,1992:38-60.

② HYI Archives: *Wallace B. Donham. Memorandum of Meeting with Hall Trustees. Oriental Research*, April, 1952:p. 2, W. B. Wallace Papers; Letter from Eric M. North to Prof. Derk Bodde, Pennsylvania Univ., June 30, 1961, Eric M. North Papers // 樊书华.燕京大学与哈佛-燕京学社的建立[J].美国研究,1999(1):70-94.

1876—1962)博士担任校长。

司徒雷登在1919年初来京考察了两校现状和合并进展后,犹豫不决,原因不仅是两校在师资、设施、教学体制等方面远不具备大学发展资质,而且学校赤字严重,前景堪忧。在中华基督教协进会会长诚敬一建议校名取名燕京,以区别于国立北京大学(Peking University)后,司徒雷登看到了问题解决的希望,乃向校董会提出了异地建校和另聘学校筹款人的建议,并获得了董事会的支持。于是,司徒雷登正式决定接受校长一职的聘请。① 1919年,燕京大学正式成立。其后,华北女子协和大学(The North China Union College for Women)与华北协和神学院(The School of Theology of North China)相继并入燕京大学。

建校初期,燕京大学赤字严重、资金紧缺,不仅要筹资购买地皮,还需要资金聘请教师,改善教学条件。司徒雷登四处奔波,寻募捐款,并任命其好友路思义(Henry Winter Luce,1868—1941)博士为副校长及纽约托事部副主席,负责筹集建校资金。路思义博士与当时在美国即将受聘燕京大学的洪业一起积极展开募资活动,但成效甚微,举步维艰。司徒雷登只能在其后的十余年间,亲自参与募捐,并与美国洛克菲勒基金会等知名基金会建立联系,寻求支持。② 在此过程中,司徒雷登获知霍尔遗产基金,并产生了浓厚的兴趣。博晨光在哈佛燕京学社基金委员会成立经过的报告中曾记录:本校司徒校务长闻之,曾向其遗产管理委员会接洽,并呈请拨巨款资助。后该委员会委员达卫氏(Arthur V. Davis,阿瑟·戴维斯)来华,校务长伴之游太和殿及故宫博物院,语之曰:"中国文化,如此伟大,吾等宜设法保存而广大之。"达氏受此暗示,即怡然大悦曰:"此正吾人所拟进行之工作也。"于是由中国之建筑而联想到中国之国学。达氏返美,曾有哈佛大学代表……而哈佛燕京学社于焉成立。③ 司徒雷登为争取霍尔遗产基金支持,连续数年始终保持与两位遗产基金执行人的联系,路思义等人亦参与推动。1920年,霍尔遗产基金会向燕京大学捐赠52,500美元。1922年,燕京大学开始在北京海淀之北建筑新校舍,霍尔

---

① 罗义贤. 司徒雷登——燕京大学之父[J]. 纵横,2002(8):58-61.
② 罗义贤. 司徒雷登——燕京大学之父[J]. 纵横,2002(8):58-61.
③ 博晨光. 纪念周博教授报告纪要[N]. 北京:燕京大学校刊,第2卷第8期.

遗产基金会的这笔捐赠中166,500美元用于建筑新校舍、供电和供暖系统,22,000美元则为建筑住宅之用。①

1924年底,受哈佛大学化学系与艺术系筹集资金委员会和霍尔遗产董事会委托,兰登·沃纳与哈佛大学福格博物馆派出的赴中国敦煌考古队一起,启程前往中国考察哈佛大学"东方教育与研究研究所"的合作机构,1925年初抵达北京。沃纳此行的首要任务是考察燕京大学和北京的教育条件,其次是赴敦煌考古,然而,因为中国民族主义运动的高涨,中国社会各界强烈反对哈佛大学考古队赴敦煌,考古之事乃中途夭折。沃纳起初对燕京大学并不看好,认为哈佛大学应该选择一所在中国拥有一定社会影响的公立大学,或以中国文化研究为主旨的外国在华教育机构合作。因此,沃纳对国立北京大学、华北协和华语学校(The North China Union Language School)有所倾斜。② 沃纳多次致信哈佛大学的筹集资金委员会,阐述当时中国民族主义运动和反基督教运动的形势,分析国立北京大学的发展优势和私立燕京大学的劣势,认为燕京大学发展条件差,教育目标以传播宗教和西方文化、科学知识为主,与哈佛大学"东方教育与研究研究所"的目标和理念并不一致,强调为避免被贴上灌输西方文化、传教性质等标签,建议选择国立北京大学。③ 沃纳还推荐了华北协和华语学校。该校由英美两国基督新教各差会团体及外国在华公使馆、商行等于1913年联合出资兴办,但学校性质并不属于宗教性质,校长裴德士(William Bacon Pettus)与沃纳是旧识,积极主张发展中国人文科学教育

---

① 张寄谦. 哈佛燕京学社[G]//燕大文史资料编委会编. 燕大文史资料 第六辑. 北京:北京大学出版社,1992:38-60.

② HYI Archives;*Letter from Langdon Warner to Homer H. Johnson*, Feb. 12, 1925; Letter from Langdon Warner to Arthur V. Davis, Feb. 4, 1925; Letter from Langdon Warner to Edward Forbes, Feb. 6, 1925; L. Warner Papers; Susan Chan Egan. A Latterday Confucian; Reminiscences of William Hung (1893-1980)(Cambridge, MA; Harvard East Asian Monograph, No. 131, Harvard Univ. Pr., 1987), p.115.//樊书华. 燕京大学与哈佛-燕京学社的建立[J]. 美国研究,1999(1):70-94.

③ 樊书华. 燕京大学与哈佛-燕京学社的建立[J]. 美国研究,1999(1):70-94.

与研究,聘请中国教师,与中国学者保持密切合作。①

面对沃纳对燕京大学的质疑和不利影响,司徒雷登倍感焦虑,在1925年初与沃纳面谈时表达了合作的诚意。然而,沃纳仍无法改变对燕京大学的看法。此时,司徒雷登自沃纳在中国的翻译——燕京大学的一名学生口中得知沃纳领导的敦煌考古队与北京大学合作考古失败之事。他将此事辗转告知中国教育部次长,由教育部知会中国外交部,由外交部以沃纳违反国际法为由向美国驻北京公使提出抗议,致使哈佛大学对沃纳及北京大学产生不满。② 同时,司徒雷登迅速委托燕京大学纽约托事部积极斡旋,以期与哈佛大学有合作的希望。燕京大学纽约托事部诺斯(Eric M. North)等人迅速与哈佛大学建立直接联系,通过交流积极促成合作。

此时,随着中国民族主义运动、反基督教运动的进一步发展,司徒雷登在1925年3月向燕京大学董事会提交的校长报告中分析了中国当时的政治、社会局势,发表了对反基督教运动的看法,阐释了将燕京大学发展成为一所中国的大学的思想。司徒雷登提出从以下四个方面将燕京大学更加中国化:一为教职员,二为董事管理成员,三为中国政府的承认,四为财政资金。③ 其后,司徒雷登领导燕京大学展开了一系列"中国化"和"去基督化"的变革,成效显著。这一变化改变了沃纳对燕京大学的看法,于是,沃纳建议燕京大学与华北协和华语学校合并,以增强实力,合并后的华语学校更名为"燕京华文学校"(The Yenching School of Chinese Studies)。1925年五卅运动爆发后,国立北京大学拒绝与哈佛大学合作,进一步促成了燕京大学与哈佛大学的合作。同年,霍尔遗产基金鉴于燕

---

① HYI Archives:Letter from L. Warner to Homer H. Johnson, Jan. 20, 1925; Letter from L. Warner to Paul Sachs, Jan. 29, 1925; Letter from L. Warner to Arthur V. Davis, Feb. 4, 1925; Letter from L .Warner to Edward Forbes, Feb. 6, 1925; Letter from L. Warner to Homer H. Johnson, Feb. 12, 1925; from Peking, L. Warner Papers//樊书华.燕京大学与哈佛-燕京学社的建立[J]. 美国研究,1999(1):70-94.

② 张玮瑛,王百强,钱辛波.燕京大学史稿 1919—1952[M]. 北京:人民中国出版社,1999:389-399.

③ Leighton Stuart. Report of President J. Leighton Stuart, March 1925, Board of Trustees of Peking University[A].亚联董档案:RG-11-299-4654:433-437.

京大学的发展,意欲捐赠 500,000 美元给该校,建立研究生院。① 1926年,霍尔遗产基金向燕京大学捐赠了 350,000 美元,资助其购买书籍、建盖住宅和发电厂。②

3.哈佛大学与燕京大学之合作

沃纳与燕京大学谈判初步达成合作意向后,哈佛大学与燕京大学加快推进了合作程序。1925 年 6 月 5 日,燕京大学派遣詹姆斯·博伊顿(James L. Barton)、埃里克·M.诺斯(Eric M.North)赴哈佛大学,与哈佛大学举行第一次正式会议,会议内容涉及两校与霍尔遗产董事会的合作形式、燕京大学与华北协和华语学校的合并事宜、学社驻北京人事安排,以及基金管理方式等。会议协商达成如下事项:③

(1)设立东方文化研究研究生院(A Graduate School for the Study of Oriental Culture),开展包括语言、文学、哲学、艺术、考古、历史等学科的教育与研究。研究生院分别在中国北京、美国剑桥设立中心,每个中心的成员由 1 名外国人,2 至 3 名经过培训的中国人负责工作。北京中心承担研究生院主要工作,接受世界范围的学生申请;哈佛中心承担中西方研究中国文化学者的培训,培训以西方科学方法和历史批判手段为主。

(2)燕大与华北协和华语学校合并,原华语学校设为燕京华文学校。

(3)研究生院驻北京代表配合支持研究生院方案,住宿、待遇由研究生院拨款资助。

(4)设立基金管理董事会,基金委托哈佛大学司库掌管。

1925 年 9 月 10 日,燕京大学校长司徒雷登、华语学校校长裴德士、哈佛大学校长劳伦斯·洛厄尔(A. Lawrence Lowell)三方与霍尔遗产董事会

---

① HYI Archives:*Letter from John L. Stuart to Franklin Warner*, Trustee of Peking University, Jan. 15, 1925, from Peking, J. L. Stuart Papers//樊书华. 燕京大学与哈佛-燕京学社的建立[J]. 美国研究,1999(1):70-94.

② 陈观胜著,熊大绛译. 哈佛燕京学社与燕京大学之关系[M]//陈明章. 学府纪闻:私立燕京大学. 台北:台北南京出版社,1982:54.

③ HYI Archives:*Wallace B. Donham. Memorandum of a Conference with the Trustees of Peking Univ.*, June 5, 1925; Eric M. North. Memorandum of a Conference concerning the Relations of the Hall Estate, Harvard Univ. and Peking Univ., June 5, 1925 // 樊书华. 燕京大学与哈佛-燕京学社的建立[J]. 美国研究,1999(01):70-94.

在哈佛大学举行学社筹建会议,达成初步决议,形成《哈佛-燕京中国研究社备忘录》(Revised Memorandum of Conference September 10, 1925 Harvard-Peking Institute for Chinese Studies)。备忘录的主要内容如下:①

(1)"霍尔遗产基金每年可提供60,000美元建立哈佛-北京中国研究学社(The Harvard-Peking Institute for Chinese Studies)。学社目的是通过哈佛大学与燕京大学及中国其他大学、机构之间的合作,为中国文化以及学社董事可能批准的其他中国研究领域提供研究、教学和出版的便利。学社在中国设立一个中心,为研究生的培养,及与中国其他教育和学术机构合作提供协助和指导。鉴于建立这一中心要求与西方教育思想观念紧密联系,故学社在美国另设一中心,承担对中国学者的培训工作。计划在哈佛大学建立此中心,同时也是学社的美国总部。"②学社基金优先支持中国文学、艺术、历史、语言、哲学、宗教等学科研究,在美国的学术兴趣和现代批评研究方法的鼓励下,共同促进中国的东方研究。学社的目标不是资助西方学生从职业出发学习基本的中国语言,而是在西方学者和哈佛大学教育资源的帮助下,在燕京大学设立一所进行中国研究的研究院,培养中国和其他国家的学生,推动中国文化的传播和保护。③

(2)按照马萨诸塞州法律成立一个社团法人,掌管学社的基金、管理各项事务。设立董事会,由9名董事组成:3名由哈佛大学选定,3名由燕京大学董事选定,3名由霍尔遗产董事会提名。董事继任者暂由其他成员选择。董事会有权提名成立北京管理委员会(Administrative Committee in Peking),委员会多数成员应为燕京大学管理委员会委员,此外还有权提名一个设于剑桥的教育顾问委员会(Advisory Educational Committee in Cambridge)。④

(3)哈佛大学或学社对在北京从事教学研究的客座教授和研究学者

---

① Harvard-Peking Institute for Chinese Studies. Memorandum of Conference, September 10, 1925[A]. HYI Archives:File:HYI- Preliminary to Establishment [Oriental Research Institute],1927.
② Minutes of the Meeting of the Board of Trustees of Peking University, September 24, 1925[A]. 亚联董档案:RG011-299-4655:500.
③ 陈滔娜. 哈佛燕京学社校际合作史[M]. 南京:江苏人民出版社,2014(8):101.
④ Minutes of the Meeting of the Board of Trustees of Peking University, September 24, 1925[A]. 亚联董档案:RG011-299-4655:500-501.

的任命,应征得燕京大学同意。学社所有与燕京大学有关的活动应置于燕京大学总体监管之下。燕京大学应尽快制定详细的参与学社管理的协定。①

燕京大学托事部随即成立了"哈佛-北京中国研究学社特别委员会",并于1925年10月召开会议,授权燕京大学校方根据本年9月10日会议主旨,开展学社筹建工作。该委员会与"哈佛-北京中国研究学社地方委员会""燕京大学执行委员会"等燕京大学校内负责筹建学社的相关机构协作,与霍尔遗产董事会、哈佛大学就学社筹建工作进行了长达两年的深入协商讨论,最后达成如下一致意见:

(1)采纳司徒雷登校长的建议,即学社筹建工作须考虑中国当时形势,不进行公开媒体宣传,推迟正式注册时间,及至合适时间,在哈佛和北京同时公开。

(2)1926年6月,哈佛大学、燕京大学在征得霍尔遗产董事会同意后,决定在美国麻州暂时成立哈佛—北京信托(Harvard-Peking Trust),负责管理霍尔遗产赠予学社的基金及相关收益,以便于学社相关工作的开展。② 学社在五年内正式注册成立。

(3)学社董事会成员及继任董事任命方案遵从1925年9月10日决议。其中霍尔遗产董事会3名继任董事由哈佛大学任命。

(4)学社基金分配方案为:基金收入的主要部分不能用于哈佛,除与学社有关系的1至2名哈佛职员外,哈佛其他职员、图书馆和其他项目的开支从他处筹集;资助燕京大学推荐的燕京大学、岭南大学(Lingnan University)、福建协和大学(Fukien Christian University)、金陵大学(University of Nanking)、山东齐鲁大学(Shandong Christian University)、华

---

① HYI Achieves: *Memorandum with Reference to a Suggested Oriental Institute. A Draft Read by Harvard Group at Conference on Sept. 10, 1925; Memorandum with Reference to a Suggested Oriental Institute-Harvard-Peking Institute for Chinese Studies: Memorandum of Conference of Sept. 10, 1925. As Revised and Approved by Harvard Univ. and Peking Univ.*// 樊书华. 燕京大学与哈佛-燕京学社的建立[J]. 美国研究,1999(1):70-94.

② 樊书华. 燕京大学与哈佛-燕京学社的建立[J]. 美国研究,1999(1):70-94.

西协和大学（West China Christian University）。①② 霍尔基金资助学社的经费自1926年1月正式开始使用，而学社相关计划自1926年9月开始执行。

（5）在哈佛大学提出选择一名欧洲或美国汉学家担任社长，而燕京大学提出由一名德高望重的中国学者担任社长的分歧下，会议讨论决定暂时选用中国学者担任学社负责人，初定人选是具有西方留学背景，同时在中国学术界、文化界极具声望的胡适。

（6）学社名称沿用1925年9月10日会议决定的名称"哈佛—北京中国研究学社"，并随燕京大学英文名称变化而相应更改。

1927年，三方议决，将学社的名称正式确定为"哈佛—燕京中国研究学社"，英文名称为"The Harvard-Yenching Institute for Chinese Studies"。③

1927年12月12日，燕京大学的"哈佛—燕京学社特别委员会"与燕京大学执行委员会召开联合会议，同意哈佛大学起草的哈佛—燕京学社协定、规章等文件，④哈佛燕京学社的筹备工作遂告完成。

三、哈佛燕京学社之成立

1928年1月4日，哈佛燕京学社在哈佛大学正式成立。学社第一次董事会议表决通过了系列决议，包括：选举哈佛大学伍兹（James H. Woods）、查斯（George H. Chase）、柯立芝（Archibald C. Coolidge），燕京大

---

① HYI Archives: *Letter from Arthur V. Davis to W. B. Donham*, Jan. 6, 1926; Letter from W. B. Donham to Homer H. Johnson, Nov. 12, 1926; Letter from Eric M. North to John L. Stuart, Jan. 16, 1926 // 樊书华. 燕京大学与哈佛-燕京学社的建立[J]. 美国研究, 1999(1): 70-94.

② Letter from John L. Stuart to Eric M. North. July 1, 1927; Letter from Eric M. North to Arthur V. Davis, Dec. 17, 1927, Eric. M. North Papers, Decree of Surrogate's Court, Niagara County, New York, Dated 26, 1928. pp. 20-22, in Action by Board of Trustees on Nov. 5, 1951 Terminating Charges upon Income of Restricted Funds // 樊书华. 燕京大学与哈佛-燕京学社的建立[J]. 美国研究, 1999(1): 70-94.

③ HYI Archives: *Letter from D.S. Edsall to Wallace B. Donham*, Sept. 22, 1926; Letter from D.S. Edstall to W. B. Donham, Nov. 10, 1926 // 樊书华. 燕京大学与哈佛-燕京学社的建立[J]. 美国研究, 1999(1): 70-94.

④ 樊书华. 燕京大学与哈佛-燕京学社的建立[J]. 美国研究, 1999(1): 70-94.

学博伊顿、巴贝尔（George G. Barber）、诺斯,霍尔遗产基金董事会董纳姆（Wallace B. Donham）、博登（Roland W. Boyden）、格林（Roger S. Greene）9人为董事会董事,博伊顿担任第一届董事会主席,以及董事会会计、职员；选举了5人执行委员会和5人教育委员会,并决定正式成立北平管理委员会（Administrative Committee）,设立教师委员会（Faculty Committee）。执行委员会委员由哈佛大学和燕京大学共同任命,教育委员会成员由哈佛大学任命,北平管理委员会成员由燕大校长司徒雷登提名。① 其中,北平管理委员会的职责是制定学社在中国的开支预算,负责学社在燕京大学和中国的各项事务。会计负责银行开户,户名法人为马萨诸塞州剑桥哈佛信托公司。所有寄往燕京大学的汇款领取人均为燕京大学在纽约的会计员。决议还通过向燕京大学汇寄 8,000 美金,用于支持燕京大学研究生工作的薪金费用。

1928年1月5日,《哈佛燕京学社章程》正式公布,内容如下：②

> 联合起来以哈佛—燕京学社的名称建立一家机构,目标如下：开展和提供中国和/或亚洲大陆和日本其他地方,和/或欧洲土耳其和巴尔干国家方面的文化研究、教学和出版,其方式是通过和/或全部或部分支持来创立、发展、支持、维护和/或进行一个或多个教育机构,与其他已建立或此后建立的机构共同经营或以附属形式加入；此后不受前述情形限制；(1)对准备充分的中国和西方学者,进行适合艺术和科学研究生的研究和教育工作,到目前为止,作为权宜之计,可以让学者准备接受学生的工作,通过其他机构在中国开展本科生教学；探索、发现、收集和保存文化物品和文物,或协助博物馆及其他机构从事这方面的工作；(2)获取、持有、出售和处置建筑物、房地产和其中任何利益,兴建建筑物；(3)为了筹措资金而产生的相关问题,可以抵押或质押任何或所有公司的财产；(4)持有、出售和处置捐赠给机构的投资和在投资基金、股票、证券

---

① HYI Archives: *Minutes of Trustees' Meeting of Harvard-Yenching Institute*, Jan. 4, 1928; "By-laws of Harvard-Yenching Institute" and "Special Act Conference Certain Additional Powers"//樊书华. 燕京大学与哈佛-燕京学社的建立[J]. 美国研究,1999(1):70-94.

② 陈滔娜. 哈佛燕京学社校际合作史[M]. 南京：江苏人民出版社,2014(8):103.

以及机构获得的其他资产;(5)向其他慈善机构或个人无条件捐款,或以信托形式有条件地提供捐款,不过,在没有马萨诸塞州联邦法院特别授权的情况下,本协议所载任何应授权机构不得持有超过200万美元动产和不动产。

并在这种情况下遵守联邦法令章程的规定,如机构证书得到正式批准,依法纳税,合法注册。

因此,现在,我,马萨诸塞州联邦秘书,弗雷德里克·库克特证明:
博登、查斯、诺斯、巴贝尔、董纳姆、A. Lawrence Lowell、博伊顿
其联营机构和接班人是合法组织,并以哈佛燕京学社名称成立,享有法律规定的权力、权利和特权,受到法律规定的限制、职责和约束。
我的签名、马萨诸塞州联邦大印章为见证。

联邦秘书 F. W. COOK

在章程之外,还有一份联合协议,用以指导和规范哈佛燕京学社的相关管理事务,内容包括董事会成员的构成和空缺递补方式、机构名称的改变规定、机构的解散和资产的转移处理方式等。哈佛燕京学社来自哈佛大学、燕京大学、霍尔遗产基金会三方机构的9名董事会成员及继任者必须获得各机构的校长、董事会同意,每个职位至少要有3名候选人,各机构有权在任何时候终止成员的资格。每名成员原则上除死亡、辞职、免职外,终身任职。哈佛燕京学社的解散须得到所有成员至少三分之二的赞成票。①

1928年4月9日和4月26日,哈佛燕京学社分别与哈佛大学和燕京大学签署合作协定。其中,学社与燕大的协议规定:在学社董事会同意下,燕京大学可任命教职员,不含学社在北京的西方职员及在剑桥的职员;燕京大学无偿为学社提供教学、研究、行政工作的建筑场地,不含居住性质的场地。②

---

① Agreement of Association. Harvard-Yenching Institute Basica Documents //陈滔娜. 哈佛燕京学社校际合作史[M]. 南京:江苏人民出版社,2014(8):104.
② HYI Archives:Agreement between Harvard-Yenching Institute and Peking Univ., April 26, 1928// 樊书华. 燕京大学与哈佛-燕京学社的建立[J]. 美国研究,1999(1):70-94.

1928年10月1日,学社执行委员会会议决议:除学社执行委员会或董事会成员有其他指示,学社会计被授权负责根据自己的判断进行资金支付工作。支付方式规定为:(1)不超过500美元的账单、收据或付款单据由查斯或董纳姆会签,超过500美元的账单、收据或付款单由任意两位董事会成员共同签署;(2)超过预算的账单、收据或付款单由上述人员会签后生效,已由执行委员会或董事会签署的除外。①

1928年12月,霍尔遗产基金董事会制定了国外教育基金的最终分配方案,总额超过1400万美元,其中760万美元分配给了霍尔遗嘱指定的东方20所研究机构。中国6所教会大学获得的经费分别是:燕京大学100万,岭南大学70万,华西协和大学20万,金陵大学30万,山东齐鲁大学15万,福建协和大学5万。剩余640万分配给哈佛燕京学社。②

哈佛燕京学社获得霍尔遗产基金640万美元捐款分限制性基金和非限制性基金。非限制性基金主要用于学社在哈佛和燕大两地的研究和行政费用,其中在哈佛大学的中心主要用于建立东亚语言系、汉和图书馆,出版学术刊物《亚洲学报》,另有部分用于奖学金;限制性基金以190万美元每年所得之收益(每年8万多美元),按照特定比例分配给6所教会大学,支持这些教会大学的中国研究和教育发展。③④

1929年2月8日,学社董事会特别会议决议通过:向6所指定的中国教会大学的资助,旨在促进这些学校在汉语语言、文学、历史方面的教学与课程发展,以及这些学校治理委员会的其他附加目标;向印度阿拉哈巴德农业研究所(Allahabad Agricultural Institute)拨付的专项基金收益用于该机构的常规发展目标;学社每年2月1日、5月1日、8月1日、11月1日定期按指定比例向上述机构拨款。具体比例为:燕京大学5/19,岭南

---

① HYI Archives: *Harvard-Yenching Institute Copies of Votee Bearing on the Treasurer Ship from Minutes of First Meeting of Board of Trustees*, January 4, 1928 [A]. HYI Trustees and Executive Committee, 1928—1932 Harvard-Yenching Institute. Cambridge, Mass.

② 张寄谦. 哈佛燕京学社[G]//燕大文史资料编委会编. 燕大文史资料第六辑. 北京:北京大学出版社,1988:38-60.

③ 陈观胜著,熊大绛译. 哈佛燕京学社与燕京大学之关系[G]//燕大文史资料编委会编. 燕大文史资料第三辑. 北京:北京大学出版社,1990(3):19.

④ 陈观胜,熊大绛. 哈佛燕京学社与燕京大学之关系[M]//陈明章. 学府纪闻:私立燕京大学. 台北:南京出版有限公司,1982:18-21.

大学 3/19,华西协和大学 3/19,金陵大学 3/19,福建协和大学 2/19,齐鲁大学 2/19,印度阿拉哈巴德农业研究所 1/19;每一财政年,相关机构的基金收益须进行年度评估,每一财政年结余将归入该财政年最后一次付款中;上述机构须提交有关付款工作人员的证明;学社雇用普莱斯(Price)、沃特豪斯(Waterhouse)和孔帕尼(Company)为审计人员。①

四、哈佛燕京学社备忘录

1929 年初,在司徒雷登的安排下,燕京大学教授,同时也是哈佛燕京学社建立的重要推动者——洪业和博晨光,先后受邀赴美国哈佛大学做访问讲师,并与哈佛燕京学社本部商谈学社在燕京大学和中国的具体发展计划。司徒雷登在致洪业的信中言:"下个学期你将赴美,届时将在哈佛讨论学社在两所大学的具体工作,我希望你早做准备,以便能充分利用在哈佛的机会给你和哈佛学者群一个互相了解的机会。我知道你会竭尽全力扩大合作。这不仅是学社这一机构的利益,而应是促进在西方理解中国文化和在中国理解中国文化的机会。"②

1929 年 4 月 5 日,洪业和博晨光起草并向哈佛—燕京学社董事会提交了《哈佛燕京学社备忘录》(*Memoranda*: *Harvard-Yenching Institute*)(以下简称《备忘录》)。该备忘录系统阐述了学社未来五年的发展规划,最终获学社董事会会议决议通过。

《备忘录》充分考虑学社在美国、中国的发展环境与条件,遵守霍尔遗产基金资助原则,尊重学术研究与发展规律,突出发展重点与特色,试图通过试验与探索,寻找正确的发展之路。

《备忘录》第一部分为概要与说明(Summary and Explanation),阐明学社发展内容的文化性、方法的科学性及目的的教育性是哈佛燕京学社工作与活动的基本指导原则。学社发展的前五年为第一阶段,即试验性

---

① Harvard-Yenching Institute Copies of Votee Bearing on the Treasurer Ship from Minutes of First Meeting of Board of Trustees, January 4, 1928[A]. HYI Trustees and Executive Committee, 1928-1932 Harvard-Yenching Institute. Cambridge, Mass.

② John Leighton Stuart to Mr. William Hung. December 14, 1928[A].联董档案号:335-5117-187-188.

阶段,发展特性侧重于项目的联合统一性、组织体系的简单性以及财务开支的经济节约性。工作要点包括:

(1)五年试验性阶段的年度经费支出不超过学社每年资金收益总额的三分之二;

(2)董事会有项目批准和变更等权力;

(3)学社在美国剑桥哈佛大学和中国北京燕京大学设置之最小机构应含交换办事处。办事处在董事会授权下,负责处理日常事务,收集数据、批评意见、建议,为董事会成员提供决策参考;

(4)设置相应的图书馆,使用统一的分类法与系统,为学术研究提供大量的书目工具;

(5)试验性学习和研究领域包括:历史学、语言与文学、哲学与宗教、艺术与考古学。学社配置基本的教职员;

(6)隶属哈佛燕京学社的教师和学生,与哈佛大学、燕京大学相关院系、学科建立紧密的交流和合作;

(7)试验性出版项目包括:2种学术期刊,2种及以上之专题丛书;

(8)高水平的学术训练:最低限度包括2至4年的研究生学习,根据程度的不同,精通4至5种语言,具备在比较(欧洲)研究领域里进行研究工作的能力和在专门(中国)研究领域进行研究的能力;

(9)试验性地向品学兼优且经济贫困、需要资助的学生提供奖学金;

(10)在博物馆、考古探险、外国学生北京总部等方面逐步展开初步调查和报告。①

《备忘录》从项目规划、领域界定、五年计划、地域分配、组织机构、图书馆、资料收集、学生培养、奖学金9个方面详细阐述了学社的发展规划。

1.项目规划

《备忘录》提出学社的项目规划应从以下几方面着手制定:其一,从最初就应界定学社活动与研究范围为中国研究,并应了解和掌握研究领域及研究领域内之重点;其二,制定五年发展规划,明确学社的各类资源,

---

① Memoranda. *Harvard-Yenching Institute Summary and Explanation*. April 5, 1929 [A]. Harvard-Yenching Institute Archives: Yenching University Annual Report 1928-1947. in China:9-10.

包括人员、经费、设施等,并设立一个合理的规划执行评价尺度,以之为主要发展目标;其三,统一规划项目之不同工作与研究部分的地理分配,及处理不同阶段人员配置与任命。第一个五年阶段应建立在试行性、预备性基础之上,项目规划之地理分配与人事任命为暂行性。探索与训练良性的经费支出方式,节省支出提高收益;其四,规划设立监管检查机构,确保学社项目运行的内在统一性,检查项目进展,完整收集项目数据,形成决策参考资料。①

2.领域界定

《备忘录》建议学社暂定中国研究领域为:历史与宗教历史、哲学与宗教哲学、语言与文学、艺术与考古学。以此为基础,可进一步细分为7个领域与部门,或重组为其他形式。

学社以上述4个研究领域为基础,将目标致力于文化性、科学性与原创性之贡献,拒绝开展有关现行政治或经济问题之研究,亦不从事普及性工作。

文化性指学社只关注那些中国既有的、有关社会生活、思想与体系的文明文化;科学性指运用观察、调查研究、陈述等现代批评方法;原创性指排除所有的著名学者发表于杂志的研究成果,或具有批判性或说明性的通俗性陈述。

此外,学社倾向于能提供适当正确的已编辑过的成果,或旨在提供工具或参考帮助的,能使调查研究工作更加容易的研究主题。前者的成果类型允许是英译汉文献,或者翻译为汉语的欧洲原创性汉学著作;后者包括参考书、文献目录、报告、目录以及方法论指南、手册等。②

3.初期五年

《备忘录》建立了第一个五年发展阶段的轮廓。具体为:建立经费开支限制机制,暂定年度经费开支为学社资金年度收益之三分之二。五年内的预算制定,通过制定年度预算方差来实现逐年进步。

---

① Memoranda. *Harvard-Yenching Institute Summary and Explanation*. April 5, 1929 [A]. Harvard-Yenching Institute Archives:Yenching University Annual Report 1928—1947. in China:11.

② Memoranda. *Harvard-Yenching Institute Summary and Explanation*. April 5, 1929 [A]. Harvard-Yenching Institute Archives:Yenching University Annual Report 1928—1947. in China:12.

学社在第一个五年阶段的主要工作目标包括文献资料搜集与收藏、成果出版、人员培训。经费分配及研究领域的优先次序建立在对比项目的紧迫性,以及研究潜在的回报价值判断基础上。

文献资料收藏是本阶段的第一要务。资料类型广泛涵盖书籍、手稿、图片、照片、模型等,这些资料不仅是调查研究不可或缺的资料,也是哈佛燕京学社永久的资产。在文献采购过程中,应确立各类型资料收集及其重要性之标准。

出版工作方面,建议讨论创立一种中文期刊和一种英文期刊。期刊不仅发表学术论文、简短的专题性学术成果,还可发表中国、美国、日本、欧洲等地区当时有关中国研究的著作之摘要或学术评论。鉴于学术期刊在搜选高质量学术成果方面,以及在控制期刊内容规模及容量方面有较大的不确定性,建议在确立期刊规模与出版周期问题上避免冒太大风险。

学生培养方面,可尝试建立一个二元性的教育方法,辅以有效、合适的考试机制。一方面,鼓励中国的青年人对中国文化产生兴趣,按照最现代的科学标准去重新学习研究它;另一方面提升对美洲大陆的中国研究学者的评价,对他们给予理解尊重,这些学者未来将与亚洲日益紧密地联系在一起。有鉴于此,尽管在试验性阶段,学社仍需要一大批教职员工,这样才能够在中国开展相关工作。①

4.地域分配

《备忘录》对第一个五年试验性阶段的工作与资源的地域分配提出建议,认为最好将多数学社工作分配到剑桥与燕京大学两地,使其地域化,尽可能实现由哈佛大学、燕京大学提供教育设施。

在哈佛和燕京大学分别建立哈佛燕京学社的图书馆。在哈佛的学社图书馆要以增强中文文献资源为主要目标,在燕京大学的图书馆则以加强欧洲汉学文献资源的搜集为主要任务。针对博物馆发展,《备忘录》认为申请在哈佛大学的某个图书馆获得艺术与考古学专题资料展示空间的做法具有一定的可行性。鉴于北京已有很多博物馆,不需要另行建立此

---

① Memoranda. *Harvard-Yenching Institute Summary and Explanation*. April 5, 1929[A]. Harvard-Yenching Institute Archives:Yenching University Annual Report 1928-1947. in China:13.

类博物馆,因而可向北京地区之博物馆提供部分经费或相关资助,为调查研究者增加或更新设备。

建议学社开始有关在中国开展考古工作可能性的调查,委任一位长于考古的中国学者赴几个考古可能性较大的地区进行前期考古条件调查,并形成报告。如有考古项目可确定,建议学社寻求西方考古学家在技术上提供帮助,如人员培训等。

建议学社拟创办之中文期刊和英文期刊,或中英文著作、专集等,中文出版编辑工作集中于北京,英文出版编辑工作集中于剑桥。

建议学社设立四类奖学金,资助对象包括:(1)毕业论文主题为有关中国研究的燕京大学中国学生;(2)在中国研究领域已有显著成绩,并获得赴哈佛进修之奖学金资格的中国研究生;(3)在哈佛从事中国研究,并需要经费资助之美国研究生;(4)获得赴燕京大学进修之奖学金资格的美国研究生。

关于教职员配置,建议:(1)在北京燕京大学设置2名历史学教授,2名哲学和宗教学教授,2名语言和文学教授,1名考古学教授和1名艺术学教授,并增设1名教授,负责监管那些获得奖学金前往中国学习的美国学生;(2)在剑桥哈佛大学则根据课程需要以及教师允许的规模而设定。

5.组织机构

哈佛燕京学社设立社长职位与董事会。董事会在哈佛下设教育委员会,在北京则建立管理委员会(Administrative Committee)与教职员委员会(Faculty Committee)两个委员会。这种组织结构较为简单,建议在北京设立哈佛燕京学社的办事处,设置1名主席和1名执行秘书,以及1名办公室书记员。这将有助于提升学社在中国开展相关事务的效率。办事处由一个委员会提供顾问和指导,名为哈佛燕京学社中国教育委员会。该委员会应由哈佛燕京学社董事会任命。委员会应设立主席和秘书,执行哈佛燕京学社在燕京大学的分支机构的相关事务。鉴于第一阶段为试验性阶段,因此设立此教育委员会并非不智之举,原因在于该委员会将负责学社在燕京大学及燕京大学之外其他机构的事务。

鉴于当时燕京大学已组建和任命了一委员会主席之事实,建议教育委员会(The China Educational Committee)主席兼任北平哈佛燕京学社的主席之职,并另外任命1名秘书。主席负责学术研究与教育问题和事务,秘书负责各项事务的具体开展,检查项目工作,兼管赴中国学习的美国研究人员。

作为一项基本原则,学社任命的教授和资助的学生应与相关大学之相关院系建立密切的关系。学社聘请的中国哲学教授应为哲学系成员,其他学科亦然。学社聘请的教员定期与委员会主席、秘书会面,旨在共同参与和分享学社研究活动,促进相互间中国研究课程的发展。

在美国剑桥和中国北京的学社机构应建立档案归档制度,保存所有学社的出版物和资料。两个办事处应致力于收集各类相关评论性文献资料、新闻等,以及学社出版物、学社教职员著述。这将为学社董事会教育委员会提供参考和指南。两地教育委员会成员每年应提交一份工作报告,并以中英文形式出版。

在试验性发展阶段,董事会应良好地履行职员任命、预算制定、项目设立和更改等职责。教育委员会将负责收集建议,提交计划,学社秘书具体运作所有获董事会决议通过的各项事务。这种集中制组织管理模式有利于顺应形势不断改变。

6.学社图书馆

《备忘录》对学社图书馆发展进行了规划,建议投入40,000至50,000美元采购书籍。针对学社在燕京大学的图书馆发展,建议藏书建设重点为:(1)欧洲汉学著作;(2)中国地方文献;(3)别集;(4)丛书;(5)珍本书籍;(6)其他类书籍。建议每年分配25,000美元预算用于购置上述各类经典书籍。其中,分配15,000美元预算用于购买欧洲汉学著作,这是燕京大学的图书馆在文献收藏的薄弱部分,同时也藉此使学生更多地了解欧洲汉学发展。其余类别图书的采购经费分配取决于书籍获得的可能性。上述采购重点建议可作为一项购书指南。哈佛大学图书馆已购买了相当数量的欧洲汉学著作,因此有关中文书的采购,可遵循哈佛学社下属委员会的决议。

建议讨论设立一个书目办事处(Bibliographical Bureau),负责联络哈佛和燕大的图书馆,集中开展以下三项事务:(1)在两个图书馆开展中文和西文书刊的联合目录编撰工作。遵循统一的分类法系统,分类法由两馆馆长负责制定;(2)设于北京的书目办事处完成期刊、别集、笔记中论文题名的分析索引卡片,副本供哈佛的学生在哈佛的学社图书馆使用;(3)设于哈佛的书目办事处可将汉学著作、评论和论文的简介加注于卡片上,副本送往学社在燕京的图书馆使用。建议在下一个发展阶段出版这些文献的分析目录,提供给其他图书馆使用。

7. 资料收集

学社对资料收集的宗旨应坚持教育性,而非古文物研究性。因此,建议优先考虑高品质的复制本而非珍稀书籍和手稿。艺术与考古学发展目标以教育性为特征,建议同时在剑桥和北京两地设立一套图片和模型复制品。建议首先搜集制定一个中国国画精品目录,收录范围为目前在中国国内外博物馆或私人收藏中可见藏品的目录。建议尽早制定对这些藏品进行彩色照片复制的计划。另外中国部分商业公司有一些高品质的画作收藏,这些画作收集对中国国画历史课程教学有很大的价值。

关于青铜器和其他艺术与考古器物,建议首先请容庚教授提供一份北京地区博物馆所藏已经鉴定为真品之器物目录,进而雇用富有技术经验的艺术家根据器物重要性顺序制作模型。这对哈佛教学有很大的参考价值。

8. 学生培养

建议培训学生范围限定于已完成本科毕业论文的研究生。针对中国部分相对年长、在某些中国研究领域取得显著成绩,但没有获得大学教育的学者给予优待,可视他们为特别的学生,但有限定数量。对于学生的职业培养方向,建议限定为以下领域:有关中国研究的教师职位、大学和学院从事中国研究的教育和指导的教授、博物馆工作者、图书馆员、自由作家或艺术家。

关于学位,建议设置硕士学位和博士学位。针对上述五类职业,鼓励学生攻读博士学位,尽管对中国研究教师、博物馆工作者、图书馆员和自由作家或艺术家职业而言,硕士学位已可满足工作需要。没有获得过高等教育的特殊学生没有资格获得研究生学位。硕士学位研究生学制两年,博士学位研究生学制四年。

对计划攻读硕士学位的中国学生之语言要求,除中文口语和写作能力外,还须具备英语阅读和写作能力,以及法语、德语、日语中任一种语言的阅读能力;对美国学生而言,要求其具备英语、法语和德语的阅读能力,中文则应能够阅读简单的语文,掌握一般的日常中文写作。

学社对博士研究生的要求,除了上述硕士研究生要求之外,规定中国学生应该掌握法语、德语和其他多种语言,如俄语、希腊语、拉丁语、梵文、藏文、满文、蒙古文、波斯语、阿拉伯语、叙利亚文、希伯来文等,视学生的专业研究需要而定;美国学生应正确地掌握标准中文的阅读、口语和写作,掌握日语、法语、德语的阅读,还应根据他所从事的专业研究领域需要掌握其他相关语言。中国学生的学习课程建议前两年在燕京大学修满9门课程,其中4门课程应为外语,如法语和日语,剩余五门课程全部为中国研究相关课程,其中必须有一门为欧洲汉学发展历史和方法。如果两年学习合格,且论文达标后便可获得硕士学位。在燕京大学完成两年学习后,优秀者可派往哈佛大学进一步接受培养,学习时间至少两年,并修满9门课程。其中3至4门课程应为欧洲领域研究的课程,欧洲历史或欧洲哲学,应包括至少一次研讨会。剩余课程应为语言学课程和学生自己的研究方向的课程。通过考试,以及学社和学生所在院系教授的论文考核后,则授予学生博士学位。

美国学生在哈佛的前两年学习,三分之二时间为中文阅读和写作学习,三分之一时间为个人之中国研究专题。如果学生需要加强法语或德语学习,相关课程应被计入9门课程之内。建议美国学生硕士学位不必提交论文,但所修相关课程必须得到学社认可。美国学生在哈佛经过两年学习后,优异者将被派往燕京进一步学习两年。在此两年时间中,应学习8至9门课程,其中一半的时间用于语言学习,另一半时间则为学生个人的中国研究领域之学习。学生毕业论文必须得到学社及其所在燕京大学院系的认可。

9.奖助学金

建议设立三个等级的助学金与奖学金:第一等级为资助学生的学费,第二等级为资助学生的所有支出,第三个等级是资助包括学生之家庭的费用。对于在燕京的学生,建议三个等级额度分别为 50 美元、250 美元、500 美元;对于在哈佛的学生,建议三个等级额度为 500 美元、2000 美元、

3000美元至4000美元。鉴于学生购书需求,第二、第三等级额度高于平均额度。对选派往北京学习的学生而言,2000美元一个人和4000美元一个家庭的资助,包含了其旅费和购买书籍的费用。

《哈佛燕京学社备忘录》是哈佛燕京学社成立初期发展的重要指导纲领。部分基础性、原则性内容更成为哈佛燕京学社成立后二十余年间中国研究的基本指导原则。

第二章 北平办事处：
哈佛燕京学社在华中国研究之组织

1928年1月哈佛燕京学社成立时，学社董事会决议成立北平管理委员会，委员会成员由燕大校长司徒雷登提名。但北平管理委员会并非实体组织机构，委员皆为兼任，一定程度上制约了哈佛燕京学社实际工作的有效开展。在学社成立后的两年中，关于学社在中国究竟设立何种具体有效的机构，以何种管理方式展开活动和工作，始终是学社和燕京大学探索的重要问题。其间，在学社的同意和燕京大学的主导下，北平管理委员会尝试对学社在燕京大学的组织形式和机构进行改革，组建了国学研究所，并在研究所下设立相应的委员会，以期能有效地开展学社在中国有关中国研究的研究和教育工作。但不及三年，国学研究所的发展日渐式微，难以发挥应有的作用，为此学社和燕京大学不得不再次展开机构改革和重组工作。在经历了北平管理委员会重组为中国顾问委员会（The Advisory Committee in China）和国学研究所的撤销等变革后，哈佛燕京学社最终于1933年成立哈佛燕京学社北平办事处（Harvard-Yenching Institute Peiping Office①，以下简称"北平办事处"），系统负责学社在中国

---

① 当时的名称实为"Peiping Office"，当代因"北平"已改称"北京（Peking）"，故今人也多用"Peking Office"。

的相关联络工作,及协调开展有关中国研究的教学、研究和出版、图书资料建设等活动。

一、北平办事处之成立

1.北平管理委员会

1928年1月4日,哈佛燕京学社正式成立,学社董事会随之成立设在北平燕京大学的管理委员会(Administrative Committee),职责是制定在中国的开支预算,负责学社在中国的各项事务等。

1928年4月9日和4月26日,哈佛燕京学社分别与哈佛大学、燕京大学签订协议。其中哈佛燕京学社—燕京大学协议规定:在征得学社董事会的同意后,燕京大学负责任命除学社在哈佛大学外的所有职员及在北平的西方职员(包括研究人员)之外的其他教职员;燕京大学对于学社使用其拥有或管理的用于教学、研究或行政工作的房屋,不收取租金,但对于居住性质的,则予收取。①

1929年北平管理委员会的成员包括:燕京大学校务长司徒雷登(主席)、协和医院(PUMC)负责人顾临(R. S. Greene)先生、燕京大学洪业教授、美国驻北京公使詹森(Hon. Nelson T. Johnson)先生、南京国民政府工商部孔祥熙、杭州美国圣公会吴德施(Logon H. Roots)牧师、丁文江博士、周贻春(Y. T. Tsur)博士、颜惠庆(W. W. Yen)博士,以及马慕瑞(J. V. A. McMurray)先生。另有列席成员:燕京大学校长吴雷川、国学研究所所长陈垣、执行秘书博晨光(Lucius C. Porter)。② 刘廷芳被聘为执行干事。因北平(行政)管理委员会并非实体组织机构,委员皆为兼任,一定程度上制约了哈佛燕京学社实际工作的有效开展,为此学社之后又设立了一个教职员委员会(Faculty Committee)。

---

① "Agreement between HYI and Peking University, April 26, 1928", Signed by George H. Chase and C. A. Evans, HYI Archives // 陶文钊,陈永祥主编. 中美文化交流论集[G]. 北京:中国社会科学出版社,1999:188—209.

② 燕京大学教职员姓名录1929—1930,北京大学档案馆.

2.燕京大学国学研究所

1928年下半年开始,在燕京大学校长司徒雷登主持下,北平管理委员会对哈佛燕京学社在燕大的组织形式和机构进行改革重组。执行干事刘廷芳力促燕京大学模仿国立北京大学、清华大学国学研究的发展模式成立国学研究所。1928年9月,北平管理委员会在燕京大学组织成立了国学研究所临时委员会,吴雷川和冯友兰分任主席和书记,陈垣、容庚、黄子通等任委员。1929年秋,燕京大学国学研究所(Research School of Chinese Studies of the Harvard-Yenching Institute Foundation)正式成立,①旨在进一步明确燕京大学的研究工作与其他工作之关系,同时与哈佛燕京学社董事会在研究工作领域及哈佛燕京学社北平管理委员会之间建立密切的联系。②

国学研究所主任由北平管理委员会推举,经燕京大学行政执行委员会同意后,由燕京大学校长聘任。陈垣教授担任主任,主任之下设秘书两名,协助主任开展研究所事务。中文秘书刘廷芳,西文秘书博晨光。其中西文秘书职责为:国学研究所对国外之关系,外国研究员研究工作及生活事务管理,西文文字工作。③ 西文秘书之设置,反映了燕京大学国学研究所不同于其他公立大学研究所之发展特色,即研究生教育与西方汉学研究有更密切的联系、交流与合作。④

国学研究所组建后,同时成立了两个委员会,代替最初负责制定研究成员工作计划的单一委员会形式。两个委员会是事务委员会(The Business Committee)和学术委员会(The Academic Committee)。事务委员会由国学研究所主任,燕京大学校务长、校长,以及国学研究所中、英文秘书组成,负责教职员任命、财务管理,以及其他相关行政管理事务。该委员会的提案要求提交给燕京大学行政执行委员会(The General Faculty

---

① 陈毓贤.洪业传[M].台北:联经出版社,1992:157.
② Yenching University Research School of Chinese Studies Report for the Academic Year Ending June 30, 1930[A]. Harvard-Yenching Institute Archives:Yenching University 1928-1931. Christian Colleges in China,Cambridge, Mass.
③ 陈大白主编.北京高等教育文献资料选编[G]. 北京:首都师范大学出版社,2002:616.
④ 颜芳.近代学术转型视野下的燕京大学国学教育[D].北京师范大学,2011:156.

Executive Committee of Yenching University)①审查。学术委员会由国学研究所主任、研究教授,以及燕京大学与中国研究有关之院系主任组成。负责指导研究所成员的研究工作、管理研究所的学生,为图书馆选书,以及开展其他有关学术研究之工作。②

1929年10月,国学研究所成立后,公布了《燕京大学国学研究所所章》,对研究所组织机构、研究所成员聘任及职务职责、工作内容与方式等做了全面的规定,内容大致如下:

名称:私立燕京大学国学研究所。

宗旨:本所以研究中华国学、沟通中西文化为宗旨。

组织:本所由哈佛燕京学社设立,其工作隶属燕京大学学术组织之一部分。

职员:所长,本所设所长一人,主持一切所务。所长由北平管理委员会推举,取得燕京大学行政执行委员会同意,议决通过后由燕大校长聘任。本所一切经费支出由所长签字负责。秘书,本所设中、西秘书各一人,襄助所长办理事务。西文秘书主要职务为:(甲)本所对国外关系。(乙)本所之外国研究员之研究工作及生活事务。(丙)本所西文文字工作。

研究员:本所研究人员分为:(A)导师及研究员,(B)编译员,(C)研究生,(D)特别研究员。导师及研究员:本所聘请国内学者若干名为本所导师及研究员。导师及研究员由本所提名,得大学执行委员会同意,请管理委员会议决通过,由校长聘任,并由本所所长于聘书副署。导师及研究员职责如下:负责指导研究生研究工作;选择有关国学之专门问题,作有系统具体之研究,每年将研究成绩著论集演讲;遇必要时,在燕京大学内与国学有关之各学系兼任教师或讲师,授课若干小时;出席本所学术会

---

① 1929—1930年,燕京大学行政执行委员会成员为:吴雷川、徐淑希、司徒雷登、刘廷芳、赵紫宸、陆志韦、陈意、马鉴、全绍文、梅贻宝、费宾闱臣(Mrs. M. S. Frame)、宓乐施(Miss C. Mills)、高厚德(Howard S. Galt)、苏路德(Miss R. Stahl)、徐宝谦(P. C. Hsu)、韦尔巽(S. D. Wilson)。

② Yenching University Research School of Chinese Studies Report for the Academic Year Ending June 30, 1930[A]. Harvard-Yenching Institute Archives: Yenching University 1928-1931. Christian Colleges in China, Cambridge, Mass.

议;本所议决各项应办事项,需要导师及研究员合作者,经议决定,由所长通知各导师及研究员负责分任。① 编译员:本所设编译若干名,由所长提名,经本所事务会议议决,再经大学执行委员会通过后,由所长聘任。编译员承受所长指派担任学术工作。研究生:本所招研究生若干名,招生细则另定之。特别研究员:本所得斟酌情形,设特别研究员若干名。国内外学者,有专门问题欲来本所研究者,经本所学术会议与事务会议认可,得在一定时期内,在本所做研究工作,惟其成绩须报告本所。

会议,事务会议:本所至少每月开事务会议一次,讨论本所一切事务。事务会议由所长召集之。事务会议以本所所长为主席,大学校长、校务长及本所中、西两秘书为委员。遇必要时,本所所长得特约本所研究员或本所大学教授列席。事务会议议决事项,凡与燕大行政有关系者,须经大学执行委员会议决通过后执行之。学术会议:本所至少每月开学术会议两次,讨论本所学术事务。学术会议由所长召集之。学术会议以本所所长为主席,全体研究员为当然委员,中、西两秘书为列席委员。遇必要时,本所所长得聘请本校各学系教授若干名,为本所特约会员,列席学术会议。所长得随时邀请特别研究员列席学术会议。学术会议议决事项,凡与本大学教授规程有关者,须经所长提出,大学校务会议征求同意,通过后执行之。②

国学研究所在成立后的三年间,聘请了包括张星烺、郭绍虞、冯友兰、许地山、顾颉刚、容庚、黄子通等在内的多位著名学者来做研究工作,并招收研究生。每年举办4次学术会议,由研究成员报告各自研究工作与进展,学生受邀参加这些会议,扩大了学术研究问题讨论的分享范围。这种形式在国学研究所成立后第二年扩展至将从事学术研究的学生,学生在向指导教师提交研究报告的同时,在讨论会上进行报告和分享研究内容与进展。③ 研究成员之演讲具备较高水平的学术性,如陈垣《耶律楚材之

---

① 陈大白主编.北京高等教育文献资料选[G].北京:首都师范大学出版社,2002:616.
② 陈大白主编.北京高等教育文献资料选[G].北京:首都师范大学出版社,2002:616.
③ Yenching University Research School of Chinese Studies Report for the Academic Year Ending June 30, 1930[A]. Harvard-Yenching Institute Archives:Yenching University 1928-1931. Christian Colleges in China,Cambridge, Mass.

生卒年》、顾颉刚《泰皇泰帝泰一考》、张星烺《南洋殖民者林凤》、许地山《掌中论》、黄子通《戴东原哲学》、博晨光《高本汉的左传考》、容庚《金石书评》等。① 但是,国学研究所的实际工作成绩并不理想,注册学生人数有限且逐年减少。顾颉刚曾言:"燕大研究所虽有巨款而无成绩,且无计划……自应成官僚化矣。"②这显示当时国学研究所的规模和声望并未形成。更为重要的是,作为哈佛燕京学社成立与发展的重要推进者,洪业历来就反对国学概念推广与实践。国学概念发端于20世纪初,蔡元培主导北京大学创立国学门,倡办国学研究生教育,此后影响颇广。1928年哈佛燕京学社成立后,旨在推进中国研究发展,时任哈佛燕京学社执行干事之刘廷芳,着力于利用学社经费模仿北京大学、清华大学成立国学研究所。而洪业对国学概念甚为反对,他认为学问无国界,不能孤芳自赏,应按学科分归各院校,坚持主张中国的学问应由有现代训练、有世界常识的人来研究。1929年洪业在剑桥时,聂崇岐曾去函询问自己是否应申请加入国学研究所,洪业鼓励其申请,然而聂崇岐并未被录取,显现了当时洪业与国学研究所一派之矛盾。

1930年洪业归国后,力主解散国学研究所,刘廷芳随后辞去执行干事职位。③ 1931年下半年,陈垣辞去国学研究所所长职务,离开燕大。1932年,因国学理念分歧、招生不理想,研究所及招生制度未正式报国民政府教育部备案,且当时中国尚无有关硕士学位的相关条例,国学研究所的硕士研究生学位属非正式性质等原因,国学研究所正式撤销。

尽管如此,这一时期,哈佛燕京学社的在华中国研究之组织仍有一定成效。在哈佛燕京学社的资助下,1927年创刊的《燕京学报》学术影响日渐扩大。在洪业的组织和推动下,哈佛燕京学社引得编纂处于1930年秋正式成立,开启了其后十余年的引得丛刊编纂事业。

3. 北平办事处之设立

1930年11月,哈佛燕京学社董事会根据燕京大学的建议决定重组北平管理委员会,将北平管理委员会改名为中国顾问委员会(The

---

① 颜芳. 近代学术转型视野下的燕京大学国学教育[D]. 北京师范大学,2011:157.
② 顾颉刚. 顾颉刚日记卷二[M]. 北京:中华书局,2010:461.
③ 陈毓贤. 洪业传[M]. 台北:联经出版社,1992:157.

Advisory Committee in China),由董事会委派7至11人担任委员会的委员,并委派一名执行秘书来中国负责顾问委员会以及中国其他机构和个人与董事会的沟通事宜。① 哈佛燕京学社顾问委员会在北平的办公室只承担燕京大学所获基金分配中心的职能,教职员和学生划归燕京大学管理。同时,学社在接受研究生申请时,要依照燕大研究院标准进行审核。这是哈佛燕京学社和燕京大学在经过最初几年的实践后,发现的利用学社基金推进中国研究发展和学生培养之最有效方式。

1931年10月,哈佛燕京学社组织中国六所受资助的教会大学代表在北平召开特别会议,会议制定了哈佛燕京学社中国顾问委员会内部章程,章程规定:委员会的成员由学社董事会委派,从每个代表机构里选取两名代表,分别负责不同的工作,一名管理财政,另一名负责中国学研究工作的开展;建立一个执行委员会(Executive Committee),由在北平的5名成员组成,职责由顾问委员会授权,负责人为执行委员会主席;董事会应尊重委员会的政策,委员会的职责包括向董事会建议奖学金和教授人选,制定年度工作计划和经费预算,提交中国研究报告等;董事会指派一名执行秘书作为顾问委员会的秘书,处理董事会与顾问委员会的沟通事宜。②③ 这是北平办事处的雏形。

1932年4月,燕京大学国学研究所撤销。原国学研究所教师及研究成员转至燕京大学相关院系任教和开展研究,这种情况使他们的工作与大学其他领域的工作有了更好的协调与联系。

1933年4月,哈佛燕京学社董事会议正式批准"哈佛燕京学社北平办事处"作为学社在北平办公室的名称使用,但是该名称将不用作学社在中国活动的名称。④ 办事处负责人设定为执行干事(Executive Secretary),由美国人担任。因办事处属非独立性教育机构,附设于燕大,故其行政管理权由哈佛燕京学社直接控制。学社在中国的各项工作和活

---

① 哈燕学社关于成立中国顾问委员会会议日程及有关会议记录[A].燕京大学档案 YJ31009,北京大学档案馆藏.
② 哈燕学社关于成立中国顾问委员会会议日程及有关会议记录[A].燕京大学档案 YJ31009,北京大学档案馆藏.
③ 颜芳.近代学术转型视野下的燕京大学国学教育[D].北京师范大学,2011:141.
④ 程焕文编.裘开明年谱[M].桂林:广西师范大学出版社,2008:97-98.

动名义仍为哈佛燕京学社,由此也导致部分人误以为燕大内另有一个"哈佛燕京学社"。事实上,哈佛燕京学社只有一个,就是在美国的剑桥,哈佛燕京学社在中国的机构也只有一个北平办事处,并没有一个所谓燕大的哈佛燕京学社。办事处虽设于燕大,却不只代表燕大;虽不具备独立行政权,但其职能是作为哈佛燕京学社联络六所中国教会大学的机构。①

在哈佛燕京学社董事会授权下,哈佛燕京学社北平办事处执行干事拥有制定、修改以及追加年度预算等多项财政权力,同时又负责监管燕京大学等六所大学在学社经费资助下的活动,对学社在中国特别是燕京大学的资助计划的制定、实施、监督及经费分配等享有较大的权力。哈佛燕京学社北平办事处的建立是哈佛燕京学社在中国之组织机构形式改革的结果,为哈佛燕京学社与燕大及其他大学在中国研究领域的交流与合作提供了依托和保障。

1934年,国民政府教育部颁行《大学研究院暂行组织规程》,规定:大学为招收大学本科毕业生研究高深学术,并供给教员便利起见,得依《大学组织法》第八条规定设研究院。② 燕京大学遵照规定正式设立研究院。于是,哈佛燕京学社北平办事处与燕京大学研究院开始了研究生教育的深入合作。

二、北平办事处之发展

1933年,哈佛燕京学社北平办事处成立后,哈佛燕京学社在中国的各项计划逐一得到推动,发展比较顺利。1937年抗日战争全面爆发后,日寇侵占北平,燕京大学的处境渐渐艰难,学术和教育工作受到较大的阻碍,但仍能勉强维持。1941年,太平洋战争爆发后,日寇占领燕京大学,一些教授西迁成都,组织战时燕京大学,恢复学校教学,办事处亦随之转移至成都,并由当时的代理校长梅贻宝兼任执行干事。

---

① 陶飞亚,梁元生. 哈佛燕京学社补正[J]. 历史研究,1999(6):157-164.
② 大学研究院暂行组织规定[EB/OL]. http://pedia.cloud.edu.tw/Entry/Detail/? title=%E3%80%94%E5%A4%A7%E5%AD%B8%E7%A0%94%E7%A9%B6%E9%99%A2%E6%9A%AB%E8%A1%8C%E7%B5%84%E7%B9%94%E8%A6%8F%E7%A8%8B%E3%80%95,2016-09-5.

西迁成都后,学社通过办事处向燕京大学提供资助维系其教育与研究。鉴于燕京大学、齐鲁大学、金陵大学和华西大学齐聚成都办学,哈佛燕京学社制定了一个备忘录以协调各校的中国研究活动。备忘录强调这些大学应该首先注重培养本科人才,要在战后为全国学校输送"根据现代方法训练的合格国学教员"。同时,备忘录还提出四所大学应该有一个平衡的国学教研计划,在中国研究范围内应有语言、文学及历史课程,至少要有一门地理学或考古学课程。对于学术研究,则只有利用当地原始材料且能够完成的研究才能得到资助。历史学家陈寅恪和语言学家李方桂,曾获哈佛燕京学社7000美元的资助,用于开展研究工作。① 其后,在成都的这几所教会大学成立了国学研究委员会。②

1941年,在哈佛燕京学社的建议下,华西大学、齐鲁大学和金陵大学的中国研究机构成立联合出版委员会,并在哈佛燕京学社赞助下出版《中国文化研究汇刊》,两年后燕京大学亦加入其中。在战时的中国研究中,《中国文化研究汇刊》享有与《中央研究院历史语言研究所集刊》同样的重要地位。③

抗战胜利后,燕京大学于1945年10月10日在北平复校,办事处亦随之迁回北平。1948年12月,办事处从北平迁至广州岭南大学,翌年又迁至香港。1951年春,燕京大学改为公立,次年并入北京大学,北平办事处亦随之撤销。

北平办事处自正式成立后,设执行干事一人,负责管理学社在中国的事务,维持哈佛燕京学社与同在中国之六所相关大学的联络、监督和分配款项等工作。根据哈佛燕京学社规定,执行干事每年3月、9月向社长提交两次正式报告,第一次报告以办事处下半年预算和本年度工作计划为主要内容;第二次报告是上年度工作总结或追加预算申请。④

---

① 陈观胜著,熊大绛译.哈佛燕京学社与燕京大学的关系[M]//陈明章.学府纪闻:私立燕京大学.台北:南京出版有限公司,1982:53-57.
② 陶飞亚,刘家峰.哈佛燕京学社和齐鲁大学的国学研究[J].文史哲,1999(1):97-103.
③ 傅吾康. Sinological Research Work in Free China during the War Period 1937-1945[J].中国文化研究汇刊,1946(6):137-172.
④ 聂崇岐.简述"哈佛燕京学社"[G]//《文史资料选辑》编辑部.文史资料精选第2辑.北京:中国文史出版社,1990:360-370.

最初,哈佛燕京学社规定执行干事必须由美国人担任。首任干事博晨光,1939年离职返美,继由洪业代任,直至1941年燕京大学因日军占领关闭。1941年4月14日,哈佛燕京学社董事会通过决议任命司太雷(Charles Clarkson Stelle)博士为北平办事处1941至1942年度副执行干事。1941年至1945年燕京大学西迁成都时期,代理校长梅贻宝兼履执行干事之职。1945年,燕京大学复校,洪业教授复任此职。1946年春洪业赴哈佛讲学,聂崇岐先后于1946至1947年夏,1948年夏至1948冬代理执行干事一职。最后一任执行干事为陈观胜,自1947年夏任职至1951年。1948年,因华北局势紧张,陈观胜携家眷离开北平,北平办事处由燕大校务委员会暂代兼管了两个多月。1949年春,聂崇岐再次被委派为执行干事①。历任执行干事的基本情况如下:

1.博晨光(1933—1939年任执行干事)

博晨光(Lucius Chapin Porter,1880—1958)出身美国公理会的传教士世家,生于天津,1897年进入威斯康星的贝洛伊特学院(Beloit College),获文学士学位。后相继进入耶鲁大学和哥伦比亚大学学习,获神学学士和文学硕士学位。1909年返回中国,在通州协和大学任教。后参与组建燕京大学,并任燕京大学哲学系教授,讲授西洋哲学史等课程。1928年和1931年,两度受聘哈佛大学,任客座教授,主讲中国哲学,并力促哈佛燕京学社的建立。博晨光曾于1928—1931年间担任哈佛燕京学社执行秘书,曾与洪业一起为北平办事处的成立和发展做了很多推动工作。1933年出任北平办事处首任干事,任职时间直至1939年。博晨光还参与燕京大学校务会议,担任图书馆委员会和古物展览委员会委员等职,为燕京大学的发展做出了较大的贡献。同时,他在推动西方基督教、中国哲学等中美文化交流方面的贡献也颇值得肯定。②

2.洪业(1940—1945年任执行干事)

1939年,博晨光辞去北平办事处执行干事后,司徒雷登向哈佛燕京

---

① 张寄谦.哈佛燕京学社[M]//章开沅,林蔚主编.中西文化与教会大学.武汉:湖北教育出版社,1991:138-163.

② 张玮瑛,王百强,等,主编.燕京大学史稿[M].北京:人民中国出版社,1999:662-664.

学社提名洪业继任执行干事。学社社长叶理绥对此未表示异议,但中国人担任此职终属特例,因此,叶理绥于1940年委派了刚获得博士学位的美国人司太雷来华担任副执行干事。

洪业(William Hung, 1893—1980),谱名正继,字鹿岑,号煨莲,福建侯官县人。1915年赴美留学,先后获得俄亥俄州韦斯良大学文学学士学位、哥伦比亚大学文学硕士及神学士学位。1923年,受聘任燕京大学历史系教授,后兼任燕京大学文理科科长、图书馆馆长、哈佛燕京学社北平办事处执行干事、引得编纂处主任、燕京大学研究院历史学部主任和研究生导师等职。洪业早期就参与了哈佛燕京学社的筹建,为哈佛燕京学社发展提出了许多颇具前瞻性的建议。1929年,洪业与博晨光联合起草并获学社通过的《哈佛燕京学社备忘录》,为哈佛燕京学社制定了第一个五年发展规划和重点,在促进学社、哈佛大学、燕京大学的中国研究领域的学术发展、图书资料建设、硕博士教育发展等方面起到了重要的作用,影响深远。[①] 1940年,洪业出任北平办事处执行干事期间向学社提出《哈佛燕京学社有关燕京大学之研究生教育与学术研究五年计划建议案》(*Suggestions for a Harvard-Yenhcing Institute Five Year Plan for Graduate Teaching and Research at Yenching University*),建议在燕京大学建立和发展博士研究生教育制度,获得学社通过。遗憾的是,当时太平洋战争爆发迫使这一计划搁浅。此外,洪业在担任燕京大学图书馆馆长期间,对发展燕京大学图书馆馆藏做出了重要贡献。[②] 洪业对学社的另一巨大贡献在于组建了哈佛燕京学社引得编纂处,创制中国字庋撷法检字法,与引得编纂处成员共同探索出一套科学规范的引得编纂方法和程序,组织编纂和出版引得丛刊达64种81册。

1940年秋,洪业赴美接受俄亥俄州韦斯良大学授予神学博士与文学博士学位,并赴哈佛大学为筹建来华留学生馆舍向哈佛燕京学社董事会申请经费资助。其间,北平办事处事务由西文秘书海松芬女士(Miss Hilda L. Hagne)代理。翌年初,洪业返回北平,同年12月燕大校园被日

---

① 陶飞亚,梁元生. 哈佛燕京学社补正[J]. 历史研究,1999(6):157-164.
② 魏泉. 洪业与二三十年代中国现代学术的转型——以燕京大学、哈佛燕京学社为中心的考察[J]. 浙江社会科学,2010(9):99-103.

军占领,洪业被捕入狱半年。1945年日本投降,燕京大学复校,洪业回校复任历史系教授及北平办事处执行干事,①并着手恢复引得与《燕京学报》的出版。1946年春,洪业赴美国讲学,后国内战争开始,归期一再推迟,自此再未回到燕园。在燕京大学的20余年间,洪业与燕京大学和哈佛燕京学社同仁筚路蓝缕,苦心经营,为燕京大学、哈佛燕京学社北平办事处的发展做出了重大的贡献。

3.梅贻宝(1942—1946年任代理执行干事)

梅贻宝(1900—1997)于1928年4月任职燕京大学,历任注册课主任、教务处主任、文学院院长等职。1941年太平洋战争爆发,燕京大学停办,梅贻宝与转移到四川后方的广大校友积极筹备复课。1942年10月1日燕京大学在成都复校,梅任代理校长,同时代理办事处执行干事,直至1946年。他尽心竭力,因陋就简,组织起转移师生,并通过哈佛燕京学社的资助延揽了一批著名学者如陈寅恪、萧公权、李方桂、吴宓等到校兼课,在当时艰难的条件下成绩斐然。抗战胜利后,梅贻宝于1946年秋回北平,任哲学研究教授,兼任文学院院长。1948年底,内战局势紧张,北平动荡,办事处撤往广州,在岭南大学挂单,梅贻宝本想跟随,未果,改往上海暂住。1949年5月以后定居美国。② 梅贻宝因为"临危受命"的代理性质,与其他几位干事相比,于任上并没有做出太多实质性的贡献,但他在抗战时期有限的条件下利用哈佛燕京学社的支持保障燕大的教学与研究,保证了哈佛燕京学社在中国活动的持续进行,也是相当不易,功不可没。

4.聂崇岐(1946—1949年任执行干事)

聂崇岐(1903—1962),字筱珊。1903年10月9日生于直隶蓟州(今河北蓟县)马道村。1911年入小学,1917年就读于宝蓟中学,1921年考入燕京大学。聂崇岐虽出生于富裕家庭,但因家道中落,经济困厄,求学之路颇为艰辛。大学初修天算,后转入历史系,与翁独健、冯家昇同为洪

---

① 翁独健,王钟翰.洪煨莲先生传略[J].中国史研究动态,1981(8):13-16.
② 梅贻宝.大学教育五十年[G]//全国政协文史资料委员会编.文史资料存稿选编第24辑.北京:中国文史出版社,2002:996-1006.

业门下弟子。因经济困顿,聂崇岐半工半读,一度辍学,七年方完成大学学业。1928年毕业后任教于汇文中学,兼任中国地学会《地学杂志》编辑。1930年秋,哈佛燕京学社引得编纂处成立,聂崇岐受洪业之邀任该处编辑。1933年,任编纂处副主任,承担编纂处日常主要编辑工作,直至1941年底燕京大学沦陷。1940年担任燕京大学历史讲师,洪业前往哈佛大学访问期间,聂崇岐任引得编纂处代理主任。1942年秋转入北平中法大学汉学研究所,任研究员,兼通检部主任。1945年底,复任哈佛燕京学社引得编纂处主任、历史系副教授、教授。1946年春,洪业赴美后,聂崇岐代理北平办事处执行干事。1948年赴美国哈佛大学东方语言系作短期讲学。1949年2月代理燕京大学教务主任,并在陈观胜离京后再次代理执行干事,至1951年办事处撤销结束。1952年,任中国科学院历史研究三所(今中国社科院近代史研究所)工作,主持该所史料编辑室工作,编纂《中国近代史资料丛刊》十余种。1958年兼任中国科学院历史研究三所工具书组长,及国务院古籍整理出版规划小组成员。后参与《资治通鉴》《宋史》等点校工作,在宋史研究领域,涉及《宋史》之地理志、艺文志考证增补,及科举、职官、衙役及宋辽关系等,颇具学术影响。1962年4月17日,因心脏病逝世,享年59岁。①② 聂崇岐在北平办事处虽属代理之职,并未取得耀眼的成就,但他在引得编纂工作上为学社做出了重要的贡献。

5.陈观胜(1947—1950年任执行干事)

美国华裔佛教史学者陈观胜(Kenneth K. S. Chen, 1907—?),生于夏威夷檀香山,曾先后获得夏威夷大学学士学位、燕京大学硕士学位,后获得哈佛燕京学社奖学金入哈佛大学攻读佛学及印度语文学,1946年获博士学位。1947年至1950年任北平办事处执行干事。但由于1949年国内局势不稳,乃离开中国赴美国任教,此后办事处执行干事就交由聂崇岐

---

① 邹新明、孙金娟.聂崇岐:从哈佛燕京"引得"到中法汉学研究所"通检"的关键人物[J].大学图书馆学报,2004(5):83-86.

② 冰心,萧乾主编.燕大文史资料第十辑[G].北京:北京大学出版社,1997:249.

兼任。① 陈观胜因当时与学社的渊源而成为执行干事最合适的人选,但他最主要的成就是以研究中国佛教史而享誉英语佛学界,在任干事期间除负责处理学社日常事务外,还教授佛教史等课程。1948年曾与海陶玮(J. R. Hightower)一起访问其他几所教会大学,重点关注各校的图书馆建设和国文历史系的情况。② 陈观胜在任内后期因常在美国讲学的原因并未顾及太多的学社事务,同时因为当时复杂的国内外局势,办事处的活动一度并无太大进展。

三、北平办事处之事务

哈佛燕京学社通过北平办事处在中国开展的事务主要有几方面:一是以燕京大学为依托,支持和促进中国研究领域的研究生教育。哈佛燕京学社指定燕京大学为唯一受学社资助的研究生教育中心。学社通过高薪聘任文史哲领域优秀学者专家在燕京大学开展研究生教学和学术研究工作,设立奖学金,资助优秀的研究生学习研究等方式,推进中国有关中国研究的学术研究和研究生培养的发展。二是支持和推动燕京大学和其他六所教会大学中国研究领域的本科教育发展,加强学生对中国传统历史文化遗产的了解和传承。三是为教学研究需要的图书资料建设及教学、展览用文物等提供资助。四是支持和组织学术编辑出版,加强对中国经典古籍的整理,及促进学术研究成果的交流与推广。五是针对个别汉学机构和合作机构或专项项目提供资助,如对中印研究所、北平图书馆出版项目、故宫古物陈列所、翻译委员会、考狄计划委员会等的资助。其中,有关中国研究的研究生教育、编辑出版等活动主要集中于燕京大学,有关中国研究的本科教育、图书资料建设在燕京大学和其他受资助教会大学普遍开展。

---

① 慧门.陈观胜先生其人其书[M]//鹰谷俊之.东西佛教名人传.台北:华宇出版社,1985:357-362.

② 哈佛燕京学社北平办事处1947-48年度报告[A],燕京大学档案YJ47024,北京大学档案馆藏.

1.燕京大学之相关事务

根据霍尔遗产基金会经费分配方案与哈佛燕京学社所获霍尔遗产基金分配方案,燕京大学1924年获得霍尔遗产基金1,500,000美元的直接捐赠,每年哈佛燕京学社获得一定数额的非限制性基金资助,以及每年20,000美元左右的限制性基金资助。燕京大学将哈佛燕京学社非限制性基金主要用于有关中国研究的学术研究、出版、研究生教育如奖学金等,限制性基金主要用于有关中国研究的本科教育、教师薪金、图书资料建设、古物购买等。①②

(1)开展本科、研究生教育

中国研究硕士研究生教育是哈佛燕京学社在燕京大学资助和开展的重要活动。为此,哈佛燕京学社联合燕京大学积极延揽文史哲领域的中外优秀学者,担任哈佛燕京学社教研成员,每年平均保持在5至8人位,这些学者既是学社的研究成员,也是燕京大学文史哲相关院系的任职教师。陈垣、容庚、郭绍虞、黄子通、博晨光、洪业、邓之诚、顾颉刚、许地山、张星烺、冯友兰、钢和泰(Baron Alexander von Staël-Holstein)、郑振铎、马鉴、张尔田、顾随、张东荪、邓嗣禹、容媛、齐思和、翁独健、聂崇岐、鸟居龙藏等人都曾担任学社研究成员。他们在任职期间,开设本科、研究生课程,指导本科生、研究生论文,组织学术讨论会议,培养人才。他们的课程和研究指导方向皆是各自的专长研究领域,课程注重教授学生科学的研究方法,以及学术前沿知识和动态。与此同时,学社还资助研究成员的研究项目和学术出版,促进他们的学术成果的广泛传播。

哈佛燕京学社设立有研究生奖学金,依照燕京大学研究院标准对研究生申请进行审核。凡在燕大研究院学习中国历史、宗教学、考古学、美术学的研究生都可以向学社申请奖学金,平均每年资助学生5至12人。学社还从优秀硕士研究生中选拔学生,提供奖学金资助赴哈佛大学深造,培养学生对现代研究方法的学习和运用,推动中国文化教育研究的发展

---

① 陈观胜著,熊大绛译.哈佛燕京学社与燕京大学之关系[G]//燕大文史资料编委会.燕大文史资料第三辑.北京:北京大学出版社,1990(3):19.

② Harvard-Yenching Institute Archives.Early History.HYI Trustees and Executive Committee, 1928-1932[A]. Harvard-Yenching Institute Archieve,Cambridge, Mass.

和人才培养。齐思和、翁独健、郑德坤、黄延毓、林耀华、周一良、蒙思明、王伊同、陈观胜、杨联陞等人先后获资助赴哈佛大学攻读博士学位。北平办事处还负责接待和管理来自哈佛燕京学社总部的研究生与学者。自1929年始，哈佛方面派遣魏鲁男、戴德华、卜德等研究生和顾立雅、费正清、赖肖尔、芮沃寿等学者来燕京大学访问学习，为美国本土的汉学研究储备了一大批学术人才，奠定其成为美国中国研究研究中心的基础。

(2) 出版《燕京学报》

1927年6月，在哈佛燕京学社正式成立之前，燕京大学即利用霍尔遗产基金创办了《燕京学报》(Yenching Journal of Chinese Studies)。哈佛燕京学社北平办事处成立后，该刊正式成为学社资助出版刊物。《燕京学报》为半年刊，累计出版40期，1951年6月停刊。

容庚、顾颉刚、齐思和先后担任《燕京学报》主编。《燕京学报》出版初期，出版者一直署为"燕京大学燕京学报编辑委员会"，由燕京大学图书馆发行，自1929年6月第5期开始署名为"燕京大学国学研究所燕京学报编辑委员会"。1932年12月第12期开始署名为"燕京大学哈佛燕京学社北平办事处(Peiping Office)"。

《燕京学报》"以发表研究中国学术之译著为主旨"，①刊登以燕大文史哲三系师生的研究论文为主，译著较少。论文作者约计148人，多为当时文史哲学术界优秀的学者，如陈垣、郭绍虞、许地山、冯友兰、冰心、翦伯赞、王国维、陈寅恪、郭沫若、俞平伯等人，也有崭露头角的青年学者、学生及外国学者。《燕京学报》所登论文，以四万字为限，超出者则出专号，共出版专号23种。

《燕京学报》共发表学术论文300余篇，体裁有研究考证、注疏校雠、考察报告、史料传记、人物评介、读书笔记等，涉及的学科领域以文史哲为主。《燕京学报》为中国学术的现代转型做出了重大的贡献，为学术界学术交流提供了优质的学术空间和媒介，促进了一大批优秀学术成果、学术理念、学术思想的传播，在近现代期刊史上占据着重要地位。

---

① 《燕京学报》编辑部.《燕京学报》简章[J].燕京学报,1927(1).

(3) 发展图书馆藏书

1925年燕京大学图书馆藏书不足万册,后洪业任燕京大学图书馆馆长,制定图书馆科学的管理制度,采购国内外新出版的书刊杂志以及明清史志善本图书,并通过个人关系向美国朋友募捐书刊,扩大馆藏。自1928年获得哈佛燕京学社支持后更尽力补充中国古籍。1929年燕大图书馆的中文图书已经增加到140,000册。1933年中外文藏书达到220,000余册(包含30,000余册西文图书)。至1940年时已经收集了大部分清代丛书和20,000册地方志。①

同时,哈佛燕京学社汉和图书馆为充实中文藏书,在燕大图书馆设立购书处,就近在北平市场购书。洪业规定,燕大在购置中日韩文图书时,也要为哈佛购置一份。如系善本、珍本或抄本,通常送到哈佛,而燕大则以影印办法留存。因此汉和图书馆的中文藏书质佳量丰,到1950年时藏书已达400,000册。② 燕大以哈佛燕京学社为渠道,通过中西学者的访问、培训以及协助,充实燕大和汉和图书馆两馆中国东方古籍的收藏规模,为推动与提高对中国文化的研究以及中西文化的交流,创造了一种有利的合作形势。

(4) 开展古物研究

北平办事处成立后,为教学和研究目的,采购了一些文物,设立古物研究及展览室(Archaeological Laboratory Museum)。古物收购范围较广,有上古鼎彝、殷墟甲骨、周秦戈镞、历代明器等,长期供人参观并不定期举行古物展览,还号召教职学生加入古物研究。③ 古物的购藏为史学考古等提供了某些参考价值,如1933年国文学系容庚与瞿润缗合著《殷栔卜辞》,就是由容庚从办事处1929年购得的徐坊旧藏甲骨中选取800余片,与瞿润缗共同考释编撰而成。④ 1933年郑德坤、沈维均合编之燕京学报专号《中国明器》内容颇为丰富,末附图版28幅,也多为办事处所藏古物

---

① 陶飞亚,吴梓明.基督教大学与国学研究[M].福州:福建教育出版社,1998:140.
② 张寄谦.哈佛燕京学社[M]//章开沅、林蔚主编.中西文化与教会大学.武汉:湖北教育出版社,1991:138-163.
③ 哈佛燕京学社展览所藏古物[N].燕京新闻,1936-10-30(2).
④ 介绍《殷栔卜辞》[N].燕京大学校刊,1933-10-14(2).

明器。① 古物研究及展览室于1936年秋正式开放并加入了中国博物馆协会,容庚任主任,容媛和海松芬任保管员。② 该室为哈佛燕京学社研究员及学者等人提供了极好的文物研究资源,是办事处的重要事务之一。

2.哈佛燕京学社引得编纂

哈佛燕京学社引得编纂处成立于1930年9月,由洪业力主设立。在1930年至1951年间,哈佛燕京学社引得编纂处共编纂出版经、史、子、集各种引得与综合引得(Concordance)64种81册(其中41种正刊,23种特刊),③成为20世纪上半叶研究中国文化重要的参考书。

哈佛燕京学社引得编纂处有规范的组织结构,设主任一人,由洪业总司其职;编辑三人,分任编校引得;经理一人,经营管理一切杂务;书记五人,处理抄录引得稿件等。此后又设副主任一人,由聂崇岐担任,辅佐主任处理日常事务。1933年又成立了引得校印所,李书春任编辑及校印所主任,专理引得校印所事务;田继综、赵丰田等先后任编辑,马锡用为经理,下设助理2人:关长庆、贵增祥;抄录员8人。1940年人员极盛时达15人。所有的选书、钞片、排片、送印、校印等工序都有专人负责,并设有专门的印刷厂,其组织规模之完整、专业队伍之精干,在当时属佼佼者。编纂处在哈佛燕京学社的资助下长期有着稳定的经费支持,开始的两年,经费为每年6000美元,后美国经济萎缩,经费被削减至每年4000美元。但即使在战乱时代,每年相对稳定的经费仍保证了校印、印刷工作的顺利进行。④

1941年燕大关闭后,编纂处停止工作,校印所被撤销。是时,中法汉学研究所(Centre Franco-Chinois d'Etudes Sinologiques)成立通检组,聂崇岐带着编纂处的部分工作人员进入通检组,延续引得编纂处的工作,至1946年撤回引得编纂处,共完成《通检丛刊》前八种,使通检组成为中法研究所成果最丰硕的下属机构。1945年燕大复校时,北平办事处和引得

---

① 《中国明器》出版[N].燕京大学校刊,1933-3-3(2).
② 哈燕学社在华工作报告[A].燕京大学档案 YJ37005,北京大学档案馆藏.
③ 张何清.哈佛燕京学社引得编纂处及其所编引得分析[J].河南图书馆学刊,1999(2):45-51.
④ 陈大白主编.北京高等教育文献资料选编[G].北京:首都师范大学出版社,2002:783.

编纂处也随之恢复,校印所也重新设立。1950年12月,编纂处出版了最后一部引得《孝经引得》,编纂工作即告终结。

编纂处所编引得系统性强,学术价值较高,如十二经的引得、二十四史中的前四史引得、《宋人文集篇目综合引得》《杜诗引得》等。① 每部引得自刊后,行销国外者甚多,得到西方汉学家的重视。引得编纂处为我国的古籍索引编纂事业做出了重要贡献,其经验直到现在仍对古籍索引编纂具有参考价值。

3.教会大学之相关事务

哈佛燕京学社北平办事处承担学社与其他受资助之教会大学的联络事务。六所教会大学每年获得学社限制性基金。这笔基金原则上必须用于中国研究,具体使用原则为:一是基金必须放在美国,将所得利息按年拨发;二是必须专门用于中国研究与教育;三是须接受哈佛燕京学社的监督指导。由此哈佛燕京学社与教会大学建立起了中国研究与教育上的合作关系。虽然哈佛燕京学社处于合作中的主导地位,但教会大学有很多自主权。具体的运作方式是:教会大学就每年文、史、哲方面的教学和研究制定计划和预算,在每年11月前提交哈佛燕京学社。哈佛燕京学社董事会议对各校报告进行审议和投票表决,确定修改意见和拨款数额。哈佛燕京学社强调燕京大学之外的教会大学以本科教育为主,但其他教会大学对此存在异议,以致各校在发展中与哈佛燕京学社之间产生一些摩擦。② 1931年10月,办事处执行干事博晨光由北平南下调查该社附属机关,不久各校代表齐聚燕京大学商酌中国研究发展事宜。③ 这些教会大学的中国研究教育工作虽在程序上受办事处监督和指导,但实际上除燕京大学之外,如聂崇岐所言:"其他几所教会大学承用款项,也是要受执行干事监督的,但他们一向都直接同学社社长联系,对于执行干事都是少通

---

① 朱积孝.哈佛燕京学社所编引得评介[J].天津师大学报,1985(4):95-97.
② 陶飞亚,吴梓明.基督教大学与国学研究[M].福州:福建教育出版社,1998:189-190.
③ 彭小舟.论哈佛燕京学社的组织特征[J].河北大学学报(哲学社会科学版),2003(2):87-90.

或者不通音问。"①

1930年秋,齐鲁大学利用哈佛燕京学社经费组建了国学研究所,由栾调甫任所长,研究所发展目标为:促进齐鲁文化研究,提高本校学生国文素养,加强国学教育。随着研究人员的不断充实,研究工作得到发展,研究成果在学术界得到肯定。1952年,随着齐鲁大学撤销,研究所也随之撤销,前后共持续22年。尽管齐鲁大学国学研究所发展重点与哈佛燕京学社加强本科教育的方向有些分歧,但总体而言,其中国研究取得了很大的进展。②

1930年,金陵大学在霍尔遗产基金和哈佛燕京学社的资助下成立中国文化研究所,该所教育与科研并重,培养了一批国学人才,同时出版了《金陵学报》等在学术界有广泛影响的学术刊物。研究所学术组织较为稳定,在哈佛燕京学社充裕的经费支持下,成果斐然。研究所创立之初即成立了执行委员会,规划所务,任命徐养秋为主任委员,刘乃敬、贝德士、刘国钧、吴景超等为委员,并设立图书委员会,李小缘、贝德士、刘国钧等为委员,负责选购图书事宜。1931年10月在博晨光调查该研究所时,言:"如有新计划或十分巨大之稿本,尚可额外请款,彼极愿从中赞助之。"③显示哈佛燕京学社北平办事处对金陵大学中国文化研究所的重视。

华西协和大学哈佛燕京学社委员会监督和指导本校国学教育与研究,重点对有关中国研究的学系、图书馆和博物馆予以支持。但由于该校国学基础薄弱,师资力量欠缺,成绩并不突出。

岭南大学早在霍尔去世前就曾与霍尔联系,希望获得资助。1920年5月,霍尔遗产基金会开始每年向岭南大学资助50,000美元,1925年额外增加了50,000美元。1927年12月,岭南大学获得300,000美元,作为中国研究的资助基金。至1928年12月,岭南大学实际接受了700,000

---

① 聂崇岐.简述"哈佛燕京学社"[G]//《文史资料选辑》编辑部.文史资料精选第2辑.北京:中国文史出版社,1990:360-370.
② 王雪玲.齐鲁大学国学研究所初探[D].上海:华东师范大学,2007:4-10.
③ 南京大学高教研究所校史编写组.金陵大学史料集[G].南京:南京大学出版社,1989:47.

美元。1929年3月,哈佛燕京学社通知岭南大学将获得有限制性规定的300,000美元信托基金,7月,最后明确告知这些基金仅能用于加强中国研究。① 在之后的发展中,岭南大学因与学社在经费使用方面意见分歧,在发展中国研究方面成效不太明显。

福建协和大学虽有计划加强师资重新组织国文系课程,开展学术研究,进行图书馆建设等,但是由于学校实力不强,具体实施的难度较大,成果也有限②。

4. 其他相关事务

(1) 中印研究所

1927年,俄国著名汉学家钢和泰在北平成立了中印研究所(Sino-Indian Institute),初期,研究所发展资金不足,多方寻求捐助。1929年,钢和泰被哈佛大学聘请担任教授,中印研究所因研究范围符合哈佛燕京学社资助条件,遂开始受哈佛燕京学社资助。中印研究所受哈佛燕京学社专款资助,经费开支由北平办事处负责监管,研究所每年须向哈佛燕京学社提交年度财务预算和发展报告。

研究所承担为哈佛燕京学社搜购相关的研究资料、开展中印研究计划与项目,并对哈佛燕京学社派往中国的留学生提供培训和指导等工作,③因此在某些事务方面与北平办事处存在功能上的相似之处。钢和泰在研究所除为研究助理和来华留学生授课外,还组织开展相关研究成果的出版活动,出版有《哈佛中印研究丛书》等。钢和泰还曾担任燕京大学国学研究所客座教授。④ 1937年,钢和泰逝世,由哈佛燕京学社资助来华进修的柯立夫(Francis Woodman Cleaves)代理中印研究所管理事务。全面抗日战争期间,研究所停止了相关活动。抗日战争结束后,研究所由来华进修的哈佛大学东方语文系研究生海陶玮(James Robert Hightower)

---

① Linnan University and Harvard-Yenching Institute of Chinese Studies: Basic Information[A]. 联董档案号:183-3275-0944//转引自:陈滔娜. 哈佛燕京学社校际合作史[M]. 南京:江苏人民出版社,2014(8):177-178.
② 陶飞亚,吴梓明. 基督教大学与国学研究[M]. 福州:福建教育出版社,1998:192-223.
③ 王启龙,邓小咏. 钢和泰学术评传[M]. 北京:北京大学出版社,2009:189-196.
④ 燕京大学国学研究所. 燕京大学国学研究所学则[N]. 燕京大学校刊,1929-12-13(1).

代理管理事务。1946年7月,中印研究所迁至北平喜雀胡同,更名为"美国亚洲学研究所"(American Institute for Asiatic Studies),仅为进修机构,已无具体研究计划。1951年,研究所撤销,藏书转入燕京大学。①

(2) 翻译委员会

1936年,博晨光向时任燕京大学校长的陆志韦建议成立翻译委员会,在此之前博晨光曾与邓嗣禹合作翻译《颜氏家训》,因邓中途患病而未能完成。博晨光建议由委员会挑选一些传统的中文典籍翻译成英文,供研究中国文化的外国学生使用,并可对中国国内其他机构的翻译工作起到示范作用。哈佛燕京学社翻译委员会(Harvard-Yenching Institute Translation Committee)由此正式成立。1936年7月翻译委员会召开了第一次会议。博晨光任主席,司徒雷登、陆志韦和洪业等出席了会议,通过了"燕京大学翻译书单""翻译奖金""译者会议"等决定,②其后因全面抗日战争爆发而终未有后续发展。

(3) 考狄计划委员会

1939年4月,洪业提交了一份"1938—1939年度计划A试验备忘录",备忘录中提出了一项计划A,包括了两方面内容:一方面是对考狄(Henri Cordier)的《中国学书目》(Bibliotheca Sinica)③进行增补;另一方面是为1904—1908年版4卷本《中国学书目》、1924年补编版及当时正在编辑的增补版所有书目编制索引。博晨光极为赞同该项计划,于本年7月与洪业一同发起成立考狄计划委员会(Cordier Project Committee of the Harvard-Yenching Institute Peiping Office),对《中国学书目》增补的目录及编制索引的问题进行了详尽讨论,决定利用办事处1938—1939年度的尚未使用的预算经费开展这一计划,由 Rudolph Lowenthal 担任顾问并

---

① 聂崇岐.简述"哈佛燕京学社"[G]//《文史资料选辑》编辑部.文史资料精选第2辑.北京:中国文史出版社,1990:360-370

② 哈燕学社翻译委员会会议纪要[A],燕京大学档案 YJ36001,北京大学档案馆藏.

③ 亨利·考狄(Henri Cordier,1849—1925),法国著名汉学家,出生于美国的新奥尔良。1869—1876年间旅居中国上海,回国后任巴黎东方语言学院教授,曾任亚洲学会会员、皇家学会荣誉会员和法兰西学院会员,创办东方学刊物《通报》。考狄被认为是西方汉学家中最伟大的先驱者之一,一生著述甚丰,主要著作有《中国学书目》5卷(1881—1924)、《中国与西方列强关系史》(3卷,1902)、《中国通史》(4卷,1920)等。

聘请文书人员。① 该项计划将中国文化置于世界范围内考察,对中国文化的传播和中国学研究的发展颇有意义,展现了洪业在推进中国学研究发展中的见识,然而,与他提出的学位制度计划一样,最终因各种原因该计划未能执行。

(4) 与其他机构之合作

哈佛燕京学社在成立的最初几年,积极与其他机构展开合作。例如,学社曾与中国国家历史博物馆合作。1929—1930 年度,学社与斯文·赫定中国西北考察项目(Sven Hedin Expedition to the Northwest)合作考察和整理文物。同年,学社还与故宫古物陈列所合作开展故宫古青铜器目录的出版工作。1931—1932 年度,学社对北平国家图书馆《宋会要》的出版资助 2500 美元。

哈佛燕京学社作为一个体系比较严整的学术机构,在致力中国乃至东亚文化领域的研究方面发展稳健,在东西文化交流史上具有举足轻重的地位。北平办事处作为哈佛燕京学社在中国的执行机构,在近现代中西方文化交流史上的贡献良多,哈佛与燕大两所大学的合作历史也为我们提供了直到今天仍可借鉴的中西文化交流合作经验。

北平办事处负责学社在中国的事务开展,秉承学社的成立宗旨,在中国研究领域的教育、研究,出版各类学术刊物及培养研究生等方面都做出了卓越的贡献。哈佛燕京学社具有纯学术性、严整性及独立性等组织特征,北平办事处作为附属机构得益于此,它有着明确的目标,按章循例规范地开展各项学术活动,各教会大学作为主体之间的合作也较为平等、规范,既是双向互补,又是全方位的。办事处成立时期,正是民国学术研究较之以往出现新的起点与重大转向的时机,作为中西方文化交流的产物,同时立足于燕大独特的宽松的教学环境,在接受西方新式研究方法、探寻中国文化领域方面有着较大的优势,对中西方学术交流和近代学术转型的发展起了关键性推动作用,扩大了学术研究的领域与资料范围,拓宽了

---

① 哈佛燕京学社北平办事处 Cordier 计划委员会备忘录及计划 A 情况报告[A],燕京大学档案 YJ39004,北京大学档案馆藏.

研究视角与深度,培养了众多既继承中国传统文化又具西方治学方法的新式青年学者。

办事处取得了显著成就,但也存在某些方面的发展不足。首先,它选送出国的研究生并不多,并因抗战而中断。其次,由于国内的紧张局势,办事处后期的学术活动一度处于低迷状态,执行干事人选的更迭也导致活动开展的障碍加大,尤其是洪业在就任后没多久就遭遇巨变,未能开展博士学位制度计划及考狄书目计划,这不得不说是一个遗憾。再次,办事处的成立目的包括与其他教会大学的联系与监督事宜,这有利于强化办事处的权威与地位,但在此后开展的实际工作中,依托于燕大的办事处并未对其他教会大学学术活动的开展拥有足够的权利与义务,一定程度上未能进一步促进六所教会大学之间开展更加紧密的合作。

虽然哈佛燕京学社北平办事处由于战乱及复杂的国内外形势等历史政治因素,仅在历史上存在了短短的二十余年,不可与学社同日而语,但半个多世纪过去,岁月风尘抹不去它在中国文化史上留下的轨迹。

第三章 研究生教育：
哈佛燕京学社在华中国研究之重心

哈佛燕京学社遵循霍尔遗产基金的资助原则,致力于推进中国研究之教育发展、人才培养,对中国受资助的教会大学的基本部署是:重点推动中国研究研究生教育和学术发展。燕京大学是研究生教育和学术研究中心,其他教会大学主要加强本科教育,培养优秀本科毕业生,选送至燕京大学攻读硕士研究生。哈佛大学是中国研究博士研究生教育和学术研究中心,培养中国研究领域优秀的师资力量。

哈佛燕京学社依托燕京大学开展的中国研究领域研究生教育与学术研究活动经历了早期燕京大学文科研究所、国学研究所和北平办事处三个时期。第一个时期较为短暂,为国学研究所发展积累了基础;国学研究所以国学教育为目标,在文学、历史、哲学、考古、艺术等领域培养专门的人才,发扬和传承中国传统的文化学术;北平办事处时期,哈佛燕京学社依托燕京大学研究院和各相关院系开展研究生教育活动。

哈佛燕京学社对研究生教育的资助和支持,主要强调研究生对现代研究方法的掌握和运用,重视研究生教育质量的提升。研究生教育分硕士研究生教育和博士研究生教育。燕京大学为硕士研究生教育中心,哈佛大学实际为博士研究生教育中心。学社规定:"在中国进行研究活动,最终目的是完成博士论文的完整研究生学习,或者是在中国达到同等水平。但这样的工作更强调在中国进行研究,而不是以取得学位作为最重要的目的,燕大是目前进行研究生教育活动的唯一中心,但另一中心可以稍后建立。"①②

燕京大学的研究生工作预算从限制性资金中单列,以便使它成为一个中国研究的中心,并成为学社在中国支持的唯一充分发展的研究生机构。③ 最初,学社限制基金中用于研究生教育的经费为20,000美元,主要用于购买图书、文物、印刷出版《燕京学报》、聘请中国文化研究方面的名师专家、设立研究生奖学金等活动。④

一、发展阶段

1.燕京大学研究生教育之发展基础

研究生教育是西方现代大学制度的重要组成部分。1910年代,在学习仿效西方现代大学制度进程中,北京大学有筹设研究所之举,为中国公、私立大学研究生教育发展提供了示范。蔡元培是中国大学研究生教育的主要推动者。在蔡元培的推动下,国民政府颁布《教育规程》,针对研究生教育作了初步设计。《教育规程》规定:大学院为大学教授与学生极深研究之所。大学院下分不同学院,各以研究之专门学命名;大学院以本门主任教授为院长,由院长延聘其他教授或绩学之士为导师;大学院不设讲座,由导师分任,各类于每学期之始提出条目,令学生分条研究,定期讲演讨论;大学院之讲演讨论,应记录保存;大学院生经院长许可,得在大学内担任讲授或实验;大学院生自认研究完毕欲受学位者,得就其研究事项提出论文,请求院长及导师审定,由教授会议决遵照学位令授以学位;大学院生如有新发明之学理或重要之著述,得由大学评议会议决,遵照学

---

① Program of the Harvard-Yenching Institute in Relation to the Correlated Program for the Christian Higher Education in the China 1936[A]. 联董档案号:011-0258-0886.
② 陈滔娜. 哈佛燕京学社校际合作史[M].南京:江苏人民出版社,2014(8):254.
③ Memorandum on the Policy on the Proceed of Harvard-Yenching Institute concerning Education in China[A]. Harvard-Yenching Institute Archieve, Cambridge, Mass.
④ 陈滔娜. 哈佛燕京学社校际合作史[M].南京:江苏人民出版社,2014(8):256.

位令授予学位。① 此大学院规划实即研究院雏形。

1917年,蔡元培出任北京大学校长,开始实践研究院思想,创立北京大学研究所,包括文、理、法三个研究所,研究所主任由校长任命。研究所以高年级学生自愿为准则,须经研究所主任许可,选定科目,由教授指导开展研究,学习研究年限不定。研究所教育方式为:由各门教员制定研究科目,指导教员负责主讲;举办定期研究报告会,学生交流、分享各自研究之进展、心得与问题,与教员讨论,提出意见;定期、不定期之学术讲演会。②

1917年11月,北京大学《文科研究所办法》公布,③系统规范了研究所工作程序、方法与规范等,为其他大学研究所之创设与发展提供了借鉴经验。1921年,北京大学又公布《北京大学研究所简章布告》。同年12月,又起草通过《国立北京大学研究所组织大纲》,为将来设立大学院铺设基础。限于条件,北京大学直至1922年仅成功开设国学门。1922年3月,北京大学颁布《国立北京大学研究所国学门研究规则》,促进国学门发展。国学门研究领域规定为中国文学、历史、哲学、语言学、考古学等领

---

① 左玉河. 中国现代大学研究院制度的创建[J]. 北京大学教育评论,2010(03):51-64,189.

② 左玉河. 中国现代大学研究院制度的创建[J]. 北京大学教育评论,2010(03):51-64,189.

③ 《文科研究所办法》内容规定:一、研究科由教员指定所欲设之研究科目;每学年之始,各研究员须择定愿研究之科目,随时由教员指定书籍,自行参考;每项研究科每周或数周开会一次;开会时由本科教员演讲,本科研究员亦得讨论质问。二、特别研究方面,由研究员自择论题,经教员认可,或由各教员拟定若干题,听研究员选择之;择题既定,由各自行研究,随时得请本科各教员指示参考书及商榷研究方法,即以所得结果做一篇论文;论文成立后,由本研究所各教员公共阅看,其收受与否,由各教员开会定之;所收受之论文,由本研究所交付大学图书馆保存,或节要采登月刊;其未经收受者,由各教员指出应修改之处,付著作者自修正之。三、主科与副科方面,凡研究员特别研究论题所在之科,为其主科;主科之外可择一副科,其副科之范围,或为本门之一种(如哲学之专治论理学者,可择中国哲学史为副科),或为与主科有关之他科(如治数学者,可择物理学或哲学为副科);研究员于主科除特别研究之论题外,仍可习关于主科之研究科,于副科则唯选定关于副科之研究科,不为特别研究。四、教员共同研究方面,本门教员皆得提出特别问题,邀集同志教员共同研究;本校毕业学生,经主任职员特别许可亦得加入共同研究;研究之结果,或随时由月刊发表,或另刊专书。五、本科月会方面,本门教员及研究员每月开会一次;开会时由研究员一人或二人报告其特别研究之结果(即论文材料之一部分),报告毕各教员及各研究员可自由讨论;本科月会亦得延请所外名人讲演。见:左玉河. 中国现代大学研究院制度的创建[J]. 北京大学教育评论,2010(03):51-64,189.

域,并设立编辑室、考古研究室、歌谣研究会、风俗调查会、明清史料整理会、方言调查会等机构,研究科目为文学、史学、哲学、文字学、考古学等。①

至1925年,设立有研究生教育的国立大学有北京大学、清华大学、中央大学和中山大学。教会大学则属燕京大学起源最早。燕京大学自1919年三校合组成立开始,就十分注重促进学术研究的发展和研究生教育。这与其教会大学办学背景有深刻关系,它直接践行着英美现代大学教育制度和发展理念。在此条件下,它同时也吸收了北京大学研究所之实践经验,尤其是在国学领域。初期,燕京大学以哲学专业为先行,1922年第一个硕士研究生毕业。后逐年增设其他学科之研究生教育,待成一定规模,始设立研究生部。

1925年,燕京大学因争取霍尔遗产基金资助,与哈佛大学逐步开始展开合作,也正式开始建设研究生教育制度,设立研究生教育委员会,负责筹备研究院。

1929年7月,国民政府颁行《大学组织法》,第八条规定:大学得设研究院。全国各公、私立大学纷纷筹设研究院。燕京大学研究院设有文、理、法三个研究所。其中,文科研究所包括历史、文哲、心理教育三部;理科研究所包括理化、生物两部;法学研究所包括政治、社会学两部。研究院以招收大学本科毕业生研究高深学术为宗旨,学制两年。

文科研究所入学资格规定:对选择学习研究之专门学科有充分准备,可用中文做明确畅达的文章,对与所研究学科有密切关系之外国语有相当造诣,至少可阅读相关之外语原版书籍;毕业于国立、省立或立案之私立大学、独立学院,须经公开考试,并审查其在原毕业学校之各科成绩,须达合格。② 研究生选择学科专业之程序为:研究所各部主任负责为学生选定。研究生学习期限至少两年。如研究生无法全日制投入学习研究工作,期限须延长,至总计时间等于两年。③

---

① 左玉河.中国现代大学研究院制度的创建[J].北京大学教育评论,2010(03):51-64,189.
② 颜芳.近代学术转型视野下的燕京大学国学教育[D].北京师范大学,2011:129.
③ 颜芳.近代学术转型视野下的燕京大学国学教育[D].北京师范大学,2011:129.

2.哈佛燕京学社初期之中国研究活动

1928年哈佛燕京学社成立,在1929年9月之前,因学社尚未形成一个基本的研究生教育发展规划,学社在中国的工作,尤其是作为联络中心的燕京大学的工作没有明确的机构和形式来组织。因此,燕京大学的文科研究所是学社资助的主要对象和推动中国研究活动的具体依托机构。

文科研究所早期以国学教育为旗号,开展广博而精深的国学教育。1928年研究所国学课程有:容庚主讲考古文字,沈尹默主讲苏诗研究、陶诗研究,黄子通主讲语录文研究,诚质怡主讲荀子哲学,冯友兰主讲道家哲学,陈垣主讲中国史学目录,张星烺主讲西北史地等文、史、哲课程。①

为配合哈佛燕京学社,燕京大学在文科研究所的基础上组建与中国研究相关之国学研究所,主要活动为资助和开展中国研究在中国文学、语言学、哲学、历史等领域的教学活动和学生培养,设立奖学金。②

国学研究所研究生入学资格规定:大学毕业,经燕京大学国学研究委员会考试或审查资格为合格,对中国历史、哲学、文学三科,每科至少须有与燕京大学六至八学分课程相当之程度,以历史系之国学鸟瞰、哲学系之中国哲学史、国文系之文学史和文字学等课程为标准。如拟专门研究某一科,至少须有与燕京大学十个学分课程相当之程度,并具备至少一种外语阅读能力。③研究生入学后须补习本科课程,无必修课程和必修学分规定。修业一年后,须完成学位论文,获审查通过方可获得硕士学位或修业证书。学位论文审查标准是:发表思想能力、研究心得、研究方法,具备独立研究并运用科学方法的能力与水平。学生须证明自己对所专门研究之科目有较深广之普通知识,对论文有辩护之能力。④

哈佛燕京学社聘任部分文史哲领域的教师,同时也属于燕京大学的教师,成员包括:(1)陈垣,曾任民国北京政府教育部次长,历史学专业;

---

① 燕京大学本科课程一览[A].燕京大学布告第21号第11届,1928.67-96//颜芳.近代学术转型视野下的燕京大学国学教育[D].北京师范大学,2011:129.
② Report to the Administrative Committee of the Harvard-Yenching Institute[A]. Harvard-Yenching Institute Archives:Yenching University Annual Report 1928-1947,Cambridge, Mass.
③ 陈大白主编.北京高等教育文献资料选编[G].北京:首都师范大学出版社,2002:572.
④ 陈大白主编.北京高等教育文献资料选编[G].北京:首都师范大学出版社,2002:572.

(2)容庚,古青铜器、甲骨文研究专家,《燕京学报》主编;(3)许地山,毕业于燕京大学,首位获得牛津大学文学学士学位之中国留学生,从事佛教的比较宗教学研究;(4)冯友兰,毕业于美国哥伦比亚大学,师从杜威(John Dewey)教授,主研中国哲学,博士论文为 A Comparative Study of Life Ideals(《人生理想之比较研究》,又名《天人损益论》)。这四位老师同时为南京社会科学院(The Academy of Philosogical and Historical Research in Nanking)成员。

另有三位老师,分别是:黄子通,多伦多大学哲学博士毕业,研究中国封建社会科举考试体系,教授逻辑学与中国文学,并开展宋、元、明代中国哲学史研究;张星烺,1906年赴美国哈佛大学化学系学习,获哈佛大学科学学士学位,中国最早攻读生物化学研究生者,著名地理学家张相文之子,后转为中西交通史研究,开展中欧早期关系史研究,译作有《马可波罗游记》;郭绍虞,研究领域为中国文学,包括中国古典文学、中国文学批评史、中国语言学等研究,讲授中国文学。

1928—1929学年,共有14名研究生主修中文,学生同时还可主修与中国研究有关之其他学科。另有67名本科学生选修中文课程。学生人数反映了中国研究兴趣的提高。顾敦鍒(Ku Tun-jou)、Lo Ken-tse 和郭寿林三人获得哈佛燕京学社奖学金。前两人分获奖学金500美元,郭寿林获300美元。

此外,学社还致力于寻求合适的人员、机构开展考古探险活动,如支持斯文·赫定(Seven Hedin)博士牵头的中国—图库斯坦考古探险活动,以及由许地山教授带队组织的赴福建南部考察当地原住民活动。

1929—1930学年,哈佛燕京学社提名顾颉刚为中国历史学教授、博晨光博士为执行秘书,后者承担哈佛燕京学社在哈佛大学和燕京大学之间的西方联络员责任,负责安排和管理来华外国学生的日常生活、学习、学分等,了解、发现和推荐对西方读者有影响力之中国研究领域或研究主题,管理中英文翻译工作,及此类译著之出版。

哈佛燕京学社总部提名的首批前往燕京大学学习的奖学金候选人有：①

（1）毕乃德（Knight Biggerstaff），来自哈佛研究生院，1928年到华，曾在北方联合语言学校（North China Union Language School）学习；

（2）卡尔·舒斯特（Carl Schuster），曾在哈佛大学学习中文，并在钢和泰教授指导下开展研究工作；

（3）厄恩斯特·迭斯（Ernst Diez）教授，美国宾夕法尼亚州布林茅尔学院（Bryn Mawr College）教授，从事亚洲艺术领域研究，曾开展波斯、印度及中亚艺术研究活动。

终过两年的实践，哈佛燕京学社董事会与燕京大学校方达成初步的共识，学社未来在中国的活动与发展应制定一个科学的规划，作为学社试验性发展阶段的纲领。教育发展政策应是：为中国研究制定和提供特定研究领域或主题的课程，领域包括语言与文学、历史、哲学与宗教、考古与艺术等；鼓励和支持特定研究领域的教研人员开展研究和出版成果。学社任命的教师与资助之学生是燕京大学整体不可分割的一部分。总之，学社将限定于明确的文化目标之内，通过现代科学方法训练，以创造原创性成果为目标。这意味着学社拒绝中国研究涉及政治和经济领域，致力于通过西方比较、批判研究方法，协助中国传统文化遗产获得充分的认知、传承，亦使西方学生对中国传统文明有更深入的了解。②

3.哈佛燕京学社初期之五年发展

1929年4月5日，洪业和博晨光起草并向哈佛燕京学社董事会提交《哈佛燕京学社备忘录》，获得通过。《备忘录》明确提出了推进中国研究领域学生培养、学术研究和研究生教育发展的基本计划。③ 1929年秋，伍兹（James H. Woods）教授再次就哈佛燕京学社资助支持中国研究之研究

---

① Report to the Administrative Committee of the Harvard-Yenching Institute [A]. Harvard-Yenching Institute Archives: Yenching University Annual Report 1928-1947, Cambridge, Mass.

② Report to the Administrative Committee of the Harvard-Yenching Institute [A]. Harvard-Yenching Institute Archives: Yenching University Annual Report 1928-1947, Cambridge, Mass.

③ Memoranda. Harvard-Yenching Institute Summary and Explanation. April 5, 1929 [A]. Harvard-Yenching Institute Archives-Yenching University Annual Report 1928-1947. Christian Colleges in China, Cambridge, Mass:13.

生教育的发展计划提出建议,即《哈佛燕京学社在燕京大学开展之研究生教育与学术研究五年计划建议案》(Suggestions for a Harvard-Yenching Institute Five Year Plan for Graduate Teaching and Research at Yenching University,以下简称《建议案》),该建议案提出:

  哈佛燕京学社不做任何终极的承诺,尤其是在试验发展阶段。可以大胆地预测到,学社目前开始的工作未来将有极大的发展和扩展。学社将主要在有关中国文学、语言、哲学、心理学、历史、宗教、艺术和考古等领域为学者和研究生培养提供支持,发挥重要功能。这些领域的专家将开展极具学术价值的研究,研究生将在他们的指导下开展研究。①

  哈佛燕京学社也将致力于学术著作与期刊的出版。在剑桥和北平分别建立和发展独立完善的汉学图书馆。图书馆书籍隶属于学社财产,存于燕京大学图书馆和哈佛大学怀德纳(Widener)图书馆。同时将在剑桥和北平两个中心建立收藏中国古物之博物馆。②

  因哈佛大学研究生教育具有很高的水准,在学术研究领域有长期的实践经验和成果,霍尔遗产基金会希望哈佛大学对亚洲相关领域的教育机构给予指导和展开合作。哈佛大学中国研究领域的本科生和研究生培养也将在哈佛燕京学社的资助下得到加强和发展。为实现这一目标,哈佛大学即将建立一个独立的中国研究学系。不过,绝大多数工作将通过或与燕京大学国学研究所联系在中国展开。③

  需要明确的是哈佛大学与燕京大学没有直接的合作关系。两所大学在相关项目获得审议通过后,由哈佛燕京学社提供资助。哈佛燕京学社是一个独立的机构。④ 每个机构的教师和学生将保持他们在原有机构的状态,但在其他机构工作。尽管多数工作将在中国展开,学者和学生将间

---

① Suggestions for a Harvard-Yenching Institute Five Year Plan for Graduate Teaching and Research at Yenching University,1940[A]. 亚联董档案:RG011-315-4823:721.
② Suggestions for a Harvard-Yenching Institute Five Year Plan for Graduate Teaching and Research at Yenching University,1940[A]. 亚联董档案:RG011-315-4823:722.
③ Suggestions for a Harvard-Yenching Institute Five Year Plan for Graduate Teaching and Research at Yenching University,1940[A]. 亚联董档案:RG011-315-4823:722.
④ Suggestions for a Harvard-Yenching Institute Five Year Plan for Graduate Teaching and Research at Yenching University,1940[A]. 亚联董档案:RG011-315-4823:722.

或被送往欧洲或剑桥开展研究。尤其需要把握的是,学社既不关注现代教育的发展,也不开展经济学和社会学领域的研究和项目。①

这意味着当美国教育对中国年轻一代的影响显现于他们面向未来,迫切希望获取西方在应用学科、现代主体商业与工程、战争与外交等领域的知识时,当这些知识使他们能够带领旧中国走向现代化时,哈佛燕京学社却从容不迫地鼓励一部分年轻人回头看中国的过去和历史,重新去发现和保存、保护那些历史文化遗产中所蕴藏的永久的价值。这一独特的任务由在中国指定的教会大学实现,燕京大学则为研究生培养的中心。燕京大学有着良好的国际合作关系,与多所大学合作实施多项计划,如洛克菲勒基金支持燕京大学理学院开展医学研究,牛津大学与燕京大学合作发展现代经学,燕京大学政治学系开设有普林斯顿—燕京大学社会学课程等,在中国大学发展中占据有显耀的位置。如果哈佛大学高水平的研究生教育在燕京大学形成一个示范的话,对中国许多大学的研究工作可产生巨大的影响,哈佛燕京学社的教研人员与哈佛大学教员有着紧密的联系,他们开始接受哈佛教员的教育和研究方法、哈佛的教育精神与教育技术。②

《备忘录》及《建议案》全面而系统地阐明了学社研究生教育的目标、理念、资助活动内容、组织管理模式等,对哈佛燕京学社研究生教育发展提供了重要指导。燕京大学是学社在中国推进中国研究领域研究生教育发展的中心。中国基督教联合委员会认为,燕京大学是中国基督教高等教育学术研究以及研究生教育中心,"燕京大学承担的任务是在研究生教育领域扮演领导角色"。③

1929年12月13日,《燕京大学国学研究所学则》规定:国学范围为中国历史、中国文学、中国哲学、中国文字学、中国考古学、中国宗教、中国美术。研究生类别及入学资格为:"甲、大学毕业有相当著作者,得为本所

---

① Suggestions for a Harvard-Yenching Institute Five Year Plan for Graduate Teaching and Research at Yenching University, 1940[A]. 亚联董档案:RG011-315-4823:722.

② Suggestions for a Harvard-Yenching Institute Five Year Plan for Graduate Teaching and Research at Yenching University, 1940[A]. 亚联董档案:RG011-315-4823:722-723.

③ The Corelated Program for Christian Higher Education in China in Relation to the Harvard-Yenching Institute, May 15, 1933[A]. 联董档案号:336-5129-0032-0033.

正式研究生;乙、非大学毕业而有专门著作者,得报名为本所特别研究生。"此届国学研究所职员为:①

  所长 陈垣
  英文秘书 博晨光
  中文秘书 刘廷芳
  助理 施友忠
  教员:
    导师研究员:容庚 顾颉刚 黄子通 许地山 郭绍虞 张星烺
    客座导师:哈佛驻燕京客座导师研究员 钢和泰
    燕京驻哈佛客座导师研究员 洪业
  事务会议委员:
    主席、本所所长 陈垣
    委员、大学校长 吴雷川
    委员、大学校务长 司徒雷登
    委员、本所英文秘书 博晨光
    委员、本所中文秘书 刘廷芳
  学术会议委员:
    主席、本所所长 陈垣
    委员、本所导师研究员 容庚
    委员、本所导师研究员 顾颉刚
    委员、本所导师研究员 黄子通
    委员、本所导师研究员 许地山
    委员、本所导师研究员 郭绍虞
    委员、本所导师研究员 张星烺
    委员、本所客座导师研究员 钢和泰(特约)
    列席委员、文学院国文系主任 马鉴
    特约列席委员、文学院代理历史系主任 王克私

---

① 燕京大学编.本校国学研究所学则[N].燕京大学校刊,1929-12-13(V.2,No.14):第一版.

列席委员、大学校长　　吴雷川

列席委员、大学校务长　　司徒雷登

列席委员、本所英文秘书　　博晨光

列席委员、本所中文秘书　　刘廷芳

1930年6月燕京大学研究院委员会的报告称:本校之有委员会管理研究事宜者已有五六年,至有研究院委员会之组织为在研究院未正式成立以前,执行院长职务者则迄今只有二年。本学年,研究院委员会委员计有九名:徐淑希博士(主席)、博爱理博士、费宾闰臣博士、陆志韦博士、梅贻宝博士、戴乐仁先生、王克私博士、王素意博士、韦尔逊博士。本校研究院现尚在草创期,所授学位仅限于硕士,参加学系亦只有本校各系之半数,然课目、学生与毕业人数年见增加。兹先将本学年学系教员、课目、学生、待位生五者书目列为第一表,再将五年来五者之比较列为第二表:①

表3-1:1929—1930年度燕京大学研究院教育情况表②

学系	教员(名)	课目(个)	学生(名)	待位生(仅标国文、历史、哲学)
生物	4	43	8	
化学	4	47	12	
物理	3	37	3	
哲学	5	38	2	施友忠
国文	7	38	3	杜奉符　凌景埏
历史	8	55	2	
教育	2	12	3	
新闻	2	20	2	
经济	5	18	11	
政治	6	58	14	

① 研究院委员会报告.1930.6.21[A].亚联董档案:RG011-315-4827:856.
② 研究院委员会报告.1930.6.21[A].亚联董档案:RG011-315-4827:857.

续表

学系	教员(名)	课目(个)	学生(名)	待位生(仅标国文、历史、哲学)
社会	11	83	2	
心理	2	22	3	

表3-2:燕京大学研究生教育五年之情形①

年份	学系(个)	教员(名)	课目(个)	学生(名)	待位生(名)
1925—1926	6	20	130	15	1
1926—1927	8	30	156	24	1
1927—1928	7	31	240	33	7
1928—1929	10	56	432	56	12
1929—1930	12	59	476	65	12

1934年,国民政府教育部颁行《大学研究院暂行组织规程》,规定:大学为招收大学本科毕业生,研究高深学术,并供给教员便利起见,得依《大学组织法》第八条规定设研究院;研究院分文、理、法、教育、农、工、商、医各研究所,凡具备三研究所以上者,始得称研究院;各研究所依其本科所设备系设若干部,称某研究所某部。设置研究院、研究所之大学,须具备下列各条件:(1)除大学本科经费外,有确定充足之经费专供研究之用;(2)图书、仪器、建筑等设备,堪供研究工作之需;(3)师资优越:大学研究院设院长一人,得由校长兼任,各研究所及所属各部各设主任一人;招收研究生时,以国立、省立及立案之私立大学与独立学院毕业生经公开考试及格者为限,并不得限于本校毕业生;在外国大学本科毕业者,亦得应此项考试。在学位法未颁布前,各研究生研究期限暂定为至少二年,期满考试成绩及格,由大学发给研究期满考试及格之证书;今前项考试应有由部核准之校外人员参加;研究生应习之课程及论文工作,由各校详细拟定,

---

① 研究院委员会报告.1930.6.21[A].亚联董档案:RG011-315-4827:858.

呈经教育部核定;研究生不得兼任校内职务,成绩优异者得给予奖学金。①

1935年,燕京大学遵照规定正式设立研究院,并获国民政府教育注册备案。研究院下属三个研究所、四个研究生部,分别是历史部、化学部、生物部、政治学部。研究生工作由国文系、教育系、哲学系、物理系、心理学系、社会学系具体承担。② 哈佛燕京学社北平办事处与燕京大学研究院深入开展研究生教育合作,成为燕京大学、哈佛燕京学社研究生教育的重要转折点。

4.1940年洪业之五年计划建议

1940年,哈佛燕京学社北平办事处执行干事洪业拟定《哈佛燕京学社有关燕京大学之研究生教育与学术研究五年计划建议案》(*Suggestions for a Harvard-Yenhcing Institute Five Year Plan for Graduate Teaching and Research at Yenching University*)③。该建议案系统阐述了燕京大学建立和发展博士研究生教育的基础、可行性、重要性、五年计划与条件等内容。

建议案提出:在哈佛燕京学社资助下,燕京大学可开展的博士研究生培养领域包括:语言、文学、艺术、考古、历史、哲学与宗教。这些可在文科研究所内四个研究生部展开:国文部、艺术与考古部、历史部、哲学与宗教部。上述4个研究生部在哈佛燕京学社非限制基金的支持下至少需要设置12至15位教授。为了更好地实现本科生教育与研究生教育之间的衔接,研究生教师教授本科生课程的机制应继续施行,但最好建立一种指导原则,即研究生教师参与本科教学的时间不超过三分之一。换言之,研究生教师必须有三分之一时间用于研究生教学,三分之一时间用于学术研究。学社中国研究之研究生教育项目须获得燕京大学校内其他研究生和

---

① 伍振鹫.大学研究院暂行组织规定[M/OL][2016-12-23]. http://pedia.cloud.edu.tw/Entry/Detail/? title=%E3%80%94%E5%A4%A7%E5%AD%B8%E7%A0%94%E7%A9%B6E9%99%A2E6%9A%AB%E8%A1%8C%E7%B5%84E7%B9%94E8%A6%8F%E7%A8%8B%E3%80%95.

② Yenching University. *Yenching University Bulletin Announcement of Courses* 1940-1941[A]. Yenching University, 1941.1:144.

③ Suggestions for a Harvard-Yenching Institute Five Year Plan for Graduate Teaching and Research at Yenching University, 1940[A]. 亚联董档案:11-315-4823;717-744.

本科生教员的密切合作。例如,条件允许的话,致力于中国研究本科教育的教员可以从事部分研究生教育工作。又如,研究生可要求自西语系获得帮助。学社间或可就某些特定研究领域与燕京大学理学院等院系展开合作。哈佛燕京学社研究生培养项目自燕京大学其他学科获得之协作与帮助,完全有可能补偿哈佛燕京学社研究生教师为本科生教学所做的贡献。①

是时,学社研究生导师仅有4位,建议案提出未来五年逐步增加8至11位教员。1940—1941年度,可增加翁独健、高名凯、王静如、于道泉四位教员。此外,学社还需要新增4至7位教员。周一良在哈佛获得博士学位后可能会加入。如果哈佛燕京学社支持此项计划,应该立即着手物色合适的年轻学者、教师人选,选择3至6位由哈佛燕京学社奖学金资助赴哈佛接受培训。1941年度派选人员数量尚不确定,取决于学社是否能够找到合适的人员,以及是否可在很短的时间内提供拉丁文课程。②

教师遴选是未来五年需要逐步解决的一个问题。历史系相对而言比其他学科具备更好的博士研究生教育条件。顾颉刚离职三年,但有齐思和将担任下一年的系主任。如果翁独健到来的话,可使历史学研究生教学工作得到加强。文学研究工作集中于中国文学史和文学批评领域,可扩展至语言学、比较文学领域。有关中国古代、中世纪中国散文、诗歌作者之高级课程,可能需要依靠一部分老一辈的中国学者。这类学者没有科学的学术训练,对包括逻辑思维、历史研究方法、文献形式等在内的现代学术路径经常持反感态度。研究生指导最好委托自哈佛返回燕京大学的周一良等学者,希望周一良能够在中国文学领域承担学生指导工作,以及将来的日本史、日本文学史等领域课程。在比较文学教育中,研究生要求修习西语系高级课程。未来还须要考虑是否要提供有关韩国之中国文学史课程。燕京大学颇费周折地开始了中文语言与音韵学研究生课程,几个试验性计划已与研究生院主席陆志韦博士商讨过,希望1940—1941

---

① Suggestions for a Harvard-Yenching Institute Five Year Plan for Graduate Teaching and Research at Yenching University, 1940[A]. 亚联董档案:11-315-4823:717-744.

② Suggestions for a Harvard-Yenching Institute Five Year Plan for Graduate Teaching and Research at Yenching University, 1940[A]. 亚联董档案:11-315-4823:728-729.

年度在哈佛燕京学社非限制基金资助下可邀请王静如担任全职教员。待高名凯抵达燕京后,这些计划需要进行核查,本科生和研究生课程需要规划。如果于道泉被聘任,可以有一半的时间从事语言学研究生梵文、藏文方面教育工作,并在哲学与宗教系担任研究生和本科生有关佛教课程的讲授。容庚已从事汉字字形研究多年,曾与学校多位教员合作展开希腊文、拉丁文及其他西语研究工作,可开展一项有关写作和口语培训之试验性项目。①

至1940年,哈佛燕京学社尽管在中国哲学领域开设有部分课程,但尚未对哲学专业教育提供过支持。燕京大学中国哲学研究和教育发展闻名于中国。李世繁被送往燕京大学接受中国哲学研究生教育,为之后赴欧洲留学做准备。目前尚未能就哲学系受哈佛燕京学社非限制基金资助的教师人选提出合适的建议,可考察严群在下一年的工作表现。中国哲学博士研究生教育计划可以考虑待博晨光自美国返回燕京大学后开始制定。如果于道泉来燕校,可在佛教研究生课程是否需要增加的决策上给予帮助。②

艺术与考古学科比较薄弱,至1940年,尚未建立实体系,尚未有系统的博士研究生培养计划。容庚教授专长于中国金石文字研究,担任燕京大学考古研究博物馆主任,为研究生教育提供过相关的帮助;宗教系李荣芳博士曾在巴勒斯坦开展过考古工作,与历史系联合开设了初级考古学课程;访问学者鸟居龙藏博士在卡尔根开展过考古工作。学社董事会应支持建立该领域的博士研究生教育体系,选送一部分年轻人前往哈佛接受培训,为上述领域博士研究生教育建设作准备。建议董事会蔡斯(George Henry Chase)主席和叶理绥社长对他们在前往哈佛之前应作出的准备提供建议。③

建议案总结了学社在燕京大学的研究生教育发展已具备的条件。

---

① Suggestions for a Harvard-Yenching Institute Five Year Plan for Graduate Teaching and Research at Yenching University, 1940[A]. 亚联董档案:11-315-4823:729-730.
② Suggestions for a Harvard-Yenching Institute Five Year Plan for Graduate Teaching and Research at Yenching University, 1940[A]. 亚联董档案:11-315-4823:731-732.
③ Suggestions for a Harvard-Yenching Institute Five Year Plan for Graduate Teaching and Research at Yenching University, 1940[A]. 亚联董档案:11-315-4823:732-733.

(1)燕京大学的哈佛燕京学社研究成员拥有博士研究生培养经验

哈佛燕京学社在燕京大学的研究所尚有数位教员拥有博士学位论文指导、实施常规和毕业考试等博士研究生教育实践经验。学社亦可允许部分研究成员间或担任哈佛临时教职,使这部分人员获得哈佛博士研究生教育之经验。对此,学社董事会成员须关注学社对燕京大学教授在美国学术休假提供资助方面的益处。1933 年 11 月 13 日,学社董事会议决议 T308 显示:哈佛燕京学社每年提供一个经费资助名额,承担学社燕京大学研究生教授(导师)在美国之学术休假费用,金额不超过教授个人原有薪水额度。决议通过后,因为汇率的快速上涨,尚无人能够利用此项资助。建议学社对此项决议予以修改。①

(2)图书馆文献资源保障

哈佛燕京学社中日文、西语汉学文献资源建设经过十二年的发展取得较大的成绩,馆际互借服务促进了资源的利用和共享,燕京大学图书馆与国立北平图书馆、国立清华大学图书馆之间开展了馆际互借服务,国立北平图书馆拥有丰富的中文古籍资源,国立清华大学图书馆拥有丰富的西文文献,该项服务极大地方便了师生获取资源。1937 年,哈佛燕京学社面临艰难时刻,为保证学术活动持续开展,实施了几项改进措施:在过去两年间,哈佛燕京学社获得了几批珍贵藏书或寄存之藏书,如馆藏章钰藏书、李文田藏书等。因战争原因,许多私家藏书流向市场,学社购买了大量珍贵的书籍。但总体而言尚未达到 1929 年伍德教授所提出的目标。为满足中国历史与文学博士研究生教育需求,学社藏书资源须持续采购数年,同时需要对那些无法从书籍市场购买的孤本文献制作缩微胶卷和照片。② 蒙古文、满文和藏文文献资料收藏较为薄弱,无法与哈佛燕京学社汉和图书馆馆藏相比,若开展博士生研究项目,学社应对这些领域之文献建设给予经费支持。③ 此外还需加强朝鲜文、安南语文献建设。日文、

---

① Suggestions for a Harvard-Yenching Institute Five Year Plan for Graduate Teaching and Research at Yenching University, 1940[A]. 亚联董档案:11-315-4823:733-734.

② Suggestions for a Harvard-Yenching Institute Five Year Plan for Graduate Teaching and Research at Yenching University, 1940[A]. 亚联董档案:11-315-4823:735-736.

③ Suggestions for a Harvard-Yenching Institute Five Year Plan for Graduate Teaching and Research at Yenching University, 1940[A]. 亚联董档案:11-315-4823:736.

西文汉学著作和期刊已建立一定馆藏规模,未来需要加强日本历史与文学文献资源之收藏。在欧洲汉学文献领域,已收藏多数重要的东亚研究期刊。已购得贾德纳(Charles S. Gardner)博士所列《美国图书馆藏西文汉学经典著作目录》(*A Union List of Selected Western Books on China in American Libraries*)(1938年第二版)中超过350种重要西文汉学著作。①学社1932年4月11日董事会议曾通过决议,原则上通过在燕京大学建立一座哈佛燕京学社的图书馆建筑,一旦学社资金允许即实施此事。学社需新建立一个独立的学社图书馆建筑,改善目前燕京大学图书馆馆藏空间紧缺问题。

哈佛燕京学社资助中国教育机构的年度报告,及本科教育顾问委员会之成立资料显示,哈佛燕京学社为试图消除重复建设和浪费,将中国研究研究生教育与本科教育中心分立。然而,尽管学社通过燕京大学提供了一定数量的研究生奖学金,但实践显示,其他受学社资助、承担中国研究本科教育发展的教会大学鲜少利用这一研究生培养机会。② 原因在于这些学校设置的许多课程,多由不具备现代科学训练、素质的学者授课,导致本科生被要求学习大量不科学的中国历史、文学、哲学课程,而在英语、法语、日语、逻辑学、心理学、欧洲历史和文学,乃至数学、地理及其他自然科学领域无法获得足够的训练。换言之,这些学生学习太多中文课程,缺乏其他学科领域的知识培养,既不具备文科科学方法和水平,又不具备研究生研究之工具方法,申请研究生教育的论文常常缺乏科学的历史研究方法、逻辑思维和文献规范等。③ 因此,中国研究领域的本科教育应坚持保持文科和其他学科之间的课程协调,鼓励这些大学将学社资助的部分资金用于加强文科之外其他学科的发展。学社本科教育顾问委员会应尽可能发挥作用,促进这些问题的解决。学社在燕京大学的博士生教育项目需要本科教育水平的整体提高。而科学的本科教育课程体系的

---

① Suggestions for a Harvard-Yenching Institute Five Year Plan for Graduate Teaching and Research at Yenching University, 1940[A]. 亚联董档案:11-315-4823:737.

② Suggestions for a Harvard-Yenching Institute Five Year Plan for Graduate Teaching and Research at Yenching University, 1940[A]. 亚联董档案:11-315-4823:739.

③ Suggestions for a Harvard-Yenching Institute Five Year Plan for Graduate Teaching and Research at Yenching University, 1940[A]. 亚联董档案:11-315-4823:740.

建设与发展,唯有在学社聘请的中国研究教职员具备博士学历水平和全面的本科教育科学能力前提下才能实现。学社资助的教会大学面临的问题是如何激励教员致力于本科教育工作、促进教员开展个人学术研究活动。解决办法之一是由学社为这些学校的教员提供研究机会。①

建议案提出,哈佛燕京学社可在不同的机构设立研究生教育中心,如燕京大学为中国研究中心,金陵大学为农业科学研究中心。对此哈佛燕京学社是有机会在那些重要领域建立相关关系的。②

1933年4月24日,哈佛燕京学社曾通过T274决议:福建基督教大学、岭南大学、金陵大学、山东齐鲁大学、华中协和大学应为本校教师从哈佛燕京学社资助之限制基金中提供奖学金或出国学习经费。如果此决议可切实实施,未来哈佛燕京学社资助之机构的教师可有机会赴海外学术休假,可以赴哈佛访问研究。

此外,建议案强调哈佛燕京学社在燕京大学的设施对其他学社资助之机构开放利用。教授假期可适当延长,便于他们来北平参加哈佛燕京学社的学术研究活动。《燕京学报》应进一步发展为更具学术影响力的中文汉学研究杂志。学社资助之机构的教授可参与中国古典文献研究丛书、汉学引得丛刊、中印研究丛书等学社出版物的编纂工作。如果可行的话,学社可组织夏季会议召集相关机构之不同领域的研究成员参会,促进交流。也可以安排机构间的教师互访。通过多种方式促进哈佛燕京学社在中国支持发展之项目成为一个更紧密相连的和谐而高效的有机整体。③

1946年,洪业教授再次提出在燕京大学发展博士研究生教育之建议,然终未能执行,成为燕京大学研究生教育发展历史上的遗憾。

---

① Suggestions for a Harvard-Yenching Institute Five Year Plan for Graduate Teaching and Research at Yenching University, 1940[A]. 亚联董档案:11-315-4823;741.

② Suggestions for a Harvard-Yenching Institute Five Year Plan for Graduate Teaching and Research at Yenching University, 1940[A]. 亚联董档案:11-315-4823;742.

③ Suggestions for a Harvard-Yenching Institute Five Year Plan for Graduate Teaching and Research at Yenching University, 1940[A]. 亚联董档案:11-315-4823;743.

二、培养制度

1.招生条件

燕京大学硕士生录取的条件和程序如下:

(1)申请程序

填写申请表,连同相关个人照片、推荐信等相关材料,于每年8月1日前提交管理部。逾期者如院系同意,最晚不超过8月15日。申请者材料须经研究院(the Graduate Division)审核。①

(2)准入条件

申请者须达到以下条件:①本科成绩相当于燕京大学人文学院学士学位水平;②对个人选择的研究领域有充分的准备;③具备准确而清晰的中文语言表达能力,外国学生则具备其母语表达能力;④具备能够满足专业学习需要的英语能力;⑤申请者须提供超过平均水平的能力证明和研究目的。这要求申请者提供本科成绩和研究计划,申请者的教学经验或其他学术资格,以及推荐信等。符合上述条件者,经研究员评审通过,则被承认为正规研究生(regular graduate)。其他处于本科生或其他条件边缘者则为特殊研究生(special graduate students)②

在此,燕京大学本科生成绩的优劣根据燕京大学评分系统评估其绩点(General Grade Ratio, GGR),绩点不低于1.30。③

表3-3:燕京大学本科生成绩评估系统

等级	百分比范围(%)	绩点(个)
E(优秀)	91-100	2
G(良好)	81-90	1.5

---

① Yenching University. *Yenching University Bulletin Graduate Annoucement 1932-1933*[A]. 亚联董档案:RG011-315-4827:922.

② Yenching University. *Yenching University Bulletin Graduate Annoucement 1932-1933*[A]. 亚联董档案:RG011-315-4827:922-923.

③ Yenching University. *Yenching University Bulletin Graduate Annoucement 1932-1933*[A]. 亚联董档案:RG011-315-4827:922-923.

续表

等级	百分比范围(%)	绩点(个)
M(中等)	71-80	1
P(及格)	61-70	0.5
F(不可补考的不及格)	小于61	0

1940年,《燕京大学布告》(Yenching University Bulletin)公布燕京大学研究院研究生教育规定,内容包括:

(1)入学考试:申请入燕京大学研究院攻读硕士研究生的学生须通过研究生入学考试。

(2)学制:研究生攻读硕士学位至少须在燕京大学内修习两年。在此期间,学生必须全日制在校。遇有特殊情况或经研究院执行委员会批准,学生才能赴田野调查学习。因故需休学者,学生须向研究院主席申请,休学时间最长不超过三年。

(3)课程:研究生可选修课程,或由导师指定修习特定课程。

(4)综合考试:研究生第一学年结束时须参加和通过所学专业领域之综合考试。

(5)毕业论文:毕业论文及摘要,除外国留学生从事非中文研究主题者外,其余皆须以中文撰写。论文与摘要须在毕业当年的5月1号前由导师提交给研究院院长,由研究生考试委员会宣读。任何未经研究院主席和主修院系主任批准的论文或论文的任何一部分均不能公开发表或出版。[1]

(6)研究生考试和学位:当毕业论文及摘要获研究生考试委员会受理后,研究生学位申请者获同意参加研究生考试。考试分两部分:专业考试和论文答辩。专业考试形式可为笔试或口试,或两者兼有,论文答辩形式为口试。学生通过两项考试后,可获得文学硕士学位或科学硕士学

---

[1] Yenching University. *Yenching University Bulletin Announcement of Courses 1940-1941*[A]. Yenching University,1941.1:144.

位。①

2.学制学位

燕京大学国学研究所时期,研究生教育的学制和学位规定如下:

硕士研究生至少在学校修习一年,修满 18 个学分,提交一篇至少5000 字的论文,论文能体现个人的学术研究和相当于 6 个学分的研究生课程学习之水平。同时,必须有专门的学习领域和研究主题:①能够掌握清晰的、具有强烈说服力的表达能力;②掌握个人学习和研究主题所在学科领域的普遍知识;③精通主修领域的学术研究方法;④具备查找学术研究文献资料的能力、原创思维及科学判断能力;⑤研究生除修习完成所选研究生课程外,还必须通过以下测试:主修方向所属学科领域之笔试和论文答辩。

硕士学位申请者必须达到上述要求才可获得学位。学位授予时间为每年 6 月份。学生必须在每年的 5 月 1 日前向研究生委员会主席提交论文,而提交研究生导师初稿的时间则再提前一个月。②

1929 年洪业、博晨光起草之《备忘录》规划对硕士、博士生培养方案提出改革性建议,具体为:

(1)硕士生要求:中国学生除中文口语和写作能力外,还须具备英语阅读和写作能力,以及法语、德语、日语中任一种语言的阅读能力;美国学生要求其具备英语、法语和德语的阅读能力,中文则应能够阅读简单的语文,掌握一般的日常中文写作。③

中国学生的学习课程建议应在燕京大学修满 9 门课程,其中 4 门课程应为外语,如法语和日语,剩余五门课程全部为中国研究相关课程,其中须有一门为欧洲汉学发展历史和方法。两年学习合格者,将在论文达

---

① Yenching University. *Yenching University Bulletin Announcement of Courses* 1940-1941[A]. Yenching University, 1941.1:145.

② Yenching University. *Yenching University Bulletin Graduate Annoucement* 1927-1928[A]. 亚联董档案:RG011-315-4826:819.

③ Memoranda.*Harvard-Yenching Institute Summary and Explanation*. April 5, 1929[A]. Harvard-Yenching Institute Archives.: Yenching University Annual Report 1928-1947, Christian Colleges in China, Cambridge, Mass.

标后获得硕士学位。①

美国学生在两年硕士学习时间中,三分之二时间为中文阅读和写作学习,三分之一时间为个人之中国研究专题。如果学生需要加强法语或德语学习,相关课程应被计入9门课程之内。建议美国学生硕士学位不必提交论文,但所修相关课程必须得到学社认可。

(2)博士生要求:除了上述硕士研究生要求之外,中国学生应该掌握法语和德语和其他多种语言,如俄语、希腊语、拉丁语、梵文、藏文、满文、蒙古文、波斯语、阿拉伯语、叙利亚文、希伯来文等,视学生的专业研究需要而定;美国学生应正确地掌握标准中文的阅读、口语和写作,须掌握日语、法语、德语的阅读,还应根据个人所从事的专业研究领域需要掌握其他相关语言。②

中国学生在燕京大学完成两年硕士学习后,优秀者可派往哈佛进一步接受博士研究生培养,学习时间至少两年,并修满9门课程。其中3~4门课程应为欧洲领域研究的课程,欧洲历史或欧洲哲学,应包括至少1次研讨会。剩余课程应为语言学课程和学生自己的研究方向的课程。通过考试,以及学社和学生所在院系教授的论文考核后,则授予学生博士学位。③

美国学生在哈佛经过两年硕士研究生学习后,优异者将被派往燕京大学进一步学习两年。在此两年时间中,应修习8~9门课程,其中一半的时间用于语言学习,另一半时间则为学生个人的中国研究领域之学习。毕业论文必须得到学社及其所在燕京大学院系的认可。④

---

① Memoranda.*Harvard-Yenching Institute Summary and Explanation*. April 5, 1929 [A]. Harvard-Yenching Institute Archives.:Yenching University Annual Report 1928 – 1947, Christian Colleges in China,Cambridge, Mass.

② Memoranda.*Harvard-Yenching Institute Summary and Explanation*. April 5, 1929 [A]. Harvard-Yenching Institute Archives.:Yenching University Annual Report 1928 – 1947, Christian Colleges in China,Cambridge, Mass.

③ Memoranda.*Harvard-Yenching Institute Summary and Explanation*. April 5, 1929 [A]. Harvard-Yenching Institute Archives.:Yenching University Annual Report 1928 – 1947, Christian Colleges in China,Cambridge, Mass.

④ Memoranda.*Harvard-Yenching Institute Summary and Explanation*. April 5, 1929 [A]. Harvard-Yenching Institute Archives.:Yenching University Annual Report 1928 – 1947, Christian Colleges in China,Cambridge, Mass.

总结而言,学社研究生培养模式即硕士研究生两年,优异者选拔进入博士生学习阶段,时间至少为两年。

1932—1933年度,燕京大学对硕士研究生的要求进一步提高,规定:研究生至少在学校修习一年,修满18至22个学分,每门课程必须达到M(中等),最低绩点必须达到1.30。提交一篇论文,论文能体现个人的学术研究和相当于8至12个学分的研究生课程学习之水平。同时,必须获得至少30学分课程和论文。此外,硕士研究生在专业领域和毕业论文上必须达到的条件未变。对于特殊类研究生,必须在一年内弥补自身所有不足。一年后未达到正规研究生条件者则自动退学。①

3.教学制度

燕京大学早在哈佛燕京学社成立之前就开始积极吸收和借鉴西方现代研究生教育制度的经验,注重研究生教学管理制度的建立和规范化建设。哈佛燕京学社成立后,学社积极促进哈佛大学研究生教育体系的经验在燕京大学研究生教育中的应用。燕京大学研究生教学管理制度具体由选课制度、学分制度、导师制度、学位申请与考核评价机制组成。

(1)选课制度

燕京大学研究院在每学年初公布本年度各院系课程方案,供全校学生设计个人修习课程计划,选修课程。不论本科生教育,还是研究生教育,学生除必修课程之外,均可任意选修本系其他课程,还可跨系、跨专业选修课程。研究生根据个人所学专业和研究兴趣与方向,在导师的指导下设计个人修习课程计划,选修课程。这种选课制度极大限度地促进了通识教育和专业教育的良好结合,既保证了学生对基本与核心专业课程知识的学习和掌握,又满足了学生个人的学习和研究兴趣的差异化选择,有助于拓展学生知识视野,提高学生的综合素质。

(2)学分制度

燕京大学研究生课程实施学分制度,不同课程有不同的学分配置,学生须按照研究生教学规定修满一定学分。燕京大学国学研究所时期,研

---

① Yenching University. *Yenching University Bulletin Graduate Annoucement 1932-1933*[A].亚联董档案:RG011-315-4827:923.

究生必须修满 18 个学分,1932—1933 年度,硕士研究生要求进一步提高,必须修满 18 至 22 个学分。

燕京大学研究生教育与美国部分高校实现了学分互通,合作的大学之间相互承认学生在本校选修课程之学分,尤其是哈佛燕京学社资助下的研究生教育,燕京大学与哈佛大学两校学分实现了互认。

(3) 导师制度

燕京大学研究生教育实施导师培养制度,哈佛燕京学社研究成员多数为研究生导师。研究生导师负责指导学生学习如何开展专业研究和撰写论文。导师根据学生的专长,指导学生选择研究方向,教授学生科学的研究方法。通过课程讲授、讨论会等多种形式,对学生展开研究训练。在这个过程中,这些学者多数拥有中西方双重的知识和学术研究背景,能够将中国传统的学术知识、治学方法和西方科学的研究方法和知识体系融于一体,导师的研究领域、治学经验与方法、治学态度对学生的学术视野、学科思维、研究方法产生了深刻的影响。如洪业注重对学生历史研究方法的培养,翁独健、聂崇岐、侯仁之等皆是其培养出来的卓越的历史学家,他们在史料的搜集、整理和运用方面获得了系统的训练。

(4) 考核评价

燕京大学研究生考核评价机制借鉴外国经验,设置综合考试、毕业考试、毕业论文等。研究生第一学年末须参加并通过所在研究领域的综合考试,在申请获得硕士学位前须提交研究生论文,论文须具备完整的英文摘要和中文正文,每年 5 月 1 日前由研究生导师提交给研究院院长。当论文获得研究院委员会评议通过后,研究生方可获得学位申请资格。学位申请由专题考试和论文答辩两部分组成。专题考试有笔试或面试,或两者结合方式,论文答辩则为面试方式。研究生通过上述两个考试即可获得硕士学位。①

---

① Yenching University. *Yenching University Bulletin 1935 - 1936*:*The Graduate Yuan* [A]. Yenching University, 1937:111

三、师资建设与课程发展

1.文科研究所时期

燕京大学在 1920 年开始研究生教育,其后因先后获得霍尔遗产基金和哈佛大学的合作与资助,研究生教育逐步开始发展,尤其是在文科领域获得较快的提升。1930 年 6 月 21 日燕京大学研究院委员会报告中列有 1929—1930 年度各院系研究生教育情况,及五年发展情况统计与对比表,从中可见燕京大学研究生教育在教师人数、学生人数、课程设置等方面逐年发展,①成为中国公私立大学中研究生教育的佼佼者。

表 3-4:燕京大学 1925—1930 年研究生教育统计表②

目类 学年	学系(个)	教员(名)	课目(个)	学生(名)	待位生(名)
1925—1926	6	20	130	15	1
1926—1927	8	30	156	24	1
1927—1928	7	31	240	33	7
1928—1929	10	56	432	56	12
1929—1930	12	59	476	65	12

表 3-5:燕京大学研究院 1929—1930 学年度统计表③

目录 学系	教员(名)	课目(个)	学生(名)	待位生(名)
生物	4	43	8	2
化学	4	47	12	1

① Yenching University. *Yenching University Bulletin Graduate Annoucement* 1929-1930[A].亚联董档案:RG011-315-4827:856.
② Yenching University. *Yenching University Bulletin Graduate Annoucement* 1929-1930[A].亚联董档案:RG011-315-4827:858.
③ Yenching University. *Yenching University Bulletin Graduate Annoucement* 1929-1930[A].亚联董档案:RG011-315-4827:857.

续表

学系\目录	教员(名)	课目(个)	学生(名)	待位生(名)
物理	3	37	3	0
哲学	5	38	2	1
国文	7	38	3	2
历史	8	55	2	0
教育	2	12	3	0
新闻	2	20	2	0
经济	5	18	11	2
政治	6	58	14	2
社会	11	83	2	2
心理	2	22	3	0

燕京大学每年公布研究生课程方案，并载于《燕京大学布告》中，内容包括当年度研究生行政办公室、管理委员会、各院系主任名单，招生简介，研究生资格准入条件，注册规定，毕业条件与程序，学费及课程表。

课程表由课程序号(编号)、课程名称、课程简介、学分、选课学生人数、授课教师姓名、学术报告和会议安排信息，及论文要求等组成。其中课程序号(编号)采用系别、科目编号组合而成。各院系、专业之科目编号自成体系。学分一般有4种级别。学生根据自己的兴趣修习相关课程。课程分主系和副系(辅系)，即每个学生于主修院系之外，须跨学院修习其他两个学院各一门基础课，以扩大知识面。①

燕京大学根据课程的性质与学习要求将课程分成6类，"甲种课程"为一学期修完之课程，科目编号仅为一个。单数为上学期课程，双数为下学期课程。"乙种课程"是上学期及下学期均开设之课程，以两个连续号数加"或"字表示。"丙种课程"是一学年修完之课程，要求学生上下两学

---

① 张玮瑛,王百强,钱辛波.燕京大学史稿1919—1952[M].北京:人民中国出版社,1999.

期连续修完才有学分,编号为在两个连续号间用"—"表示。"丁种课程"为学年课程,可只修上学期,不过若不修上学期,则不能修下学期,编号方式是在"丙种课程"编号后加"*"。"戊种课程"为可修任何一学期之学年课程,编号方式是在两个序号之间加"及"。"己种课程"是两学年修完方予学分之课程。

研究生课程又分必修课程与选修课程,同时又在部分学年(如1929—1930年度)将课程分为 A、B 两类,其中 A 类课程是研究生专门课程,B 类课程是高级课程(Senior College),研究生可通过选修获得学分,此类课程须经系主任批准并由导师负责指导。①

另外还有一种课程似是"自修课程",自 1931 年开始试行,其宗旨是学生在某种科学范围(某种思想或某种活动)以内得有深切的经验。具体课程方式是:学生与所在院系主任商讨并选定个人之自修题目,并选定一定教师为研究导师,随即开始自由研究,导师给予指导,导师及学生至少每周聚会一次,学生报告研究进展,与导师共同讨论。学生至少每月提交研究报告一篇,年终设置总考试。②

哈佛燕京学社早期依托燕京大学文科研究所推进研究生教育,教师与开设课程包括:容庚主讲古青铜器、古文字研究;郭绍虞主讲魏晋诗家专集研究、散文演变研究;黄子通主讲中国哲学史、中国哲学家专集研究;博晨光主讲欧美学者研究汉学诸问题;洪业主讲远东近世史、历史研究方法;邓之诚主讲明清史学、制度沿革;顾颉刚主讲中国上古、中国历史地理、经学研究;许地山主讲中国礼俗史、佛教史、道教史;张星烺主讲辽金元史、中世纪中国与欧洲关系史等。③ 在学社教研成员之外,燕京大学各系还有多名优秀的导师授课。如 1927 年,历史系研究生导师包括:洪业副教授兼系主任、王桐龄教授、王克私副教授、谢迪克(Harold E.

---

① Yenching University. *Yenching University Bulletin Graduate Annoucement* 1927-1928[A]. 亚联董档案:RG011-315-4826;834.
② 试行自修课程[N]. 燕京大学校刊,4 卷 1 期,1931 年 9 月 10 日//颜芳. 近代学术转型视野下的燕京大学国学教育[D]. 北京师范大学,2011.
③ 颜芳. 论燕京大学国学教育的课程体系[J]. 文教资料,2012(5):142-144.

Shadick)、Myrtle A. Cline 女士、孟世杰、夏尔孟(H. B. Sharman)名誉讲师。① 研究生课程设置如下:

表3-6:1927年燕京大学历史系研究生课程设置②

课程编号	课程名称	学分	授课教师
历史 115-116	英国民主主义发展	3-3	谢迪克
历史 117-118	美国史	3,3	Myrtle A. Cline
历史 125-126	印度史	2-2	王克私
历史 129	西方至公元前300年之古代史	4	王克私
历史 130	罗马帝国与中世纪欧洲	4	王克私
历史 139+140	十九世纪历史	2+2	王克私
历史 143+144	中国史	3+3	孟世杰
历史 145+146	中国史	2+2	孟世杰
历史 149-150	中国史	2-2	孟世杰
历史 151,152	欧洲经济史	3,3	谢迪克
历史 170	国家联盟的兴起与发展	3	洪业
历史 182	历史研究方法	3	洪业
历史 184	历史教学	2	洪业
历史 201-202	中国史研讨会	2-2	王桐龄
历史 203+204	西方文明对东方的影响	2+2	Myrtle A. Cline
历史 205-206	耶稣研究资料	2-2	夏尔孟
历史 207	高级历史研究方法	3	洪业
历史 211-212	基督教历史	4-4	洪业

---

① Yenching University. *Yenching University Bulletin Graduate Annoucement 1927-1928*[A]. 亚联董档案:RG011-315-4826:822.

② Yenching University. *Yenching University Bulletin Graduate Annoucement 1927-1928*[A]. 亚联董档案:RG011-315-4826:822-823.

续表

课程编号	课程名称	学分	授课教师
历史213	十九至二十世纪的基督教	2	王克私
历史215	基督教在中国	2	洪业

2.国学研究所时期

1928年,燕京大学研究院成立,设立由徐淑希(主席)、马季明、王克私、王素意、韦尔巽(Stanley D. Wilson)、胡经甫组成的委员会。1930年至1931年,委员会成员调整为:徐淑希(主席)、博爱理(Alice M. Boring)博士、费宾闰臣(Murray Scott Frame)博士、陆志韦博士、梅贻宝博士、戴乐仁(John Bernard Tayler)先生、王克私(Philipe de Vargas)博士、王素意博士、韦尔逊博士。"①②③

研究院下属文科研究所的研究生课程主要有:容庚"考古文字",沈尹默"苏诗研究""陶诗研究",黄子通"语录文研究",诚质怡"荀子哲学",冯友兰"道家哲学",陈垣"中国史学目录",张星烺"西北史地"等课程。④ 其中,国文系教员包括:教授马鉴、容庚、郭绍虞,讲师周作人、顾随、黎锦熙⑤、杨振声,哲学系教授黄子通与宗教学院副教授许地山兼课。历史系教员包括:教授王克私(兼系主任)、陈垣、顾颉刚,副教授张星烺,讲师瞿宣颖,另有燕大女子学院教授费宾闰臣、中文系教授容庚兼任该系课程。课程设置如下:

---

① Yenching University. *Yenching University Bulletin Graduate Annoucement* 1929-1930[A]. 亚联董档案:RG011-315-4827:856.
② Yenching University. *Yenching University Bulletin Graduate Annoucement* 1929-1930[A]. 亚联董档案:RG011-315-4826:832.
③ Yenching University. *Yenching University Bulletin Graduate Annoucement* 1930-1931[A]. 亚联董档案:RG011-315-4827:865.
④ 燕京大学本科课程一览[A].燕京大学布告第21号第11届,1928.67-96.
⑤ 黎锦熙(1890—1978),字邵西,湖南湘潭人,汉语言文字学家、词典编纂家、文字改革家、教育家。

表 3-7:1929—1930 年度燕京大学国文系课程设置①

课程类型	课程编号	课程名称	学分	授课教师
A 类	国文 201	文史研究	2	郭绍虞
	国文 204	陶集研究	2	郭绍虞
	国文 205	语录文研究	2	黄子通
	国文 207-208	佛教文学	2-2	许地山
	国文 221	说文研究	3	容庚
	国文 222	甲骨钟鼎文字之研究	3	容庚
	国文 227-228	近代语研究	3-3	黎锦熙
	国文 231-232	校勘学	2-2	本年度不开设
B 类	国文 163-164	笔记分类研究	2	马鉴
	国文 167	中学国文教学法	2-2	马鉴
	国文 171-172	骚赋研究	2-2	顾随
	国文 173	唐诗与西洋诗的比较研究	2	黄子通
	国文 174	宋诗与西洋诗的比较研究	2	黄子通
	国文 175-176	近代文学之比较研究	2-2	杨振声
	国文 181-182	翻译文之研究	2-2	周作人

表 3-8:1929—1930 年度燕京大学历史系课程设置②

课程类型	课程编号	课程名称	学分	授课教师
A 类	历史 211-212	中国古代史	3-3	顾颉刚
	历史 219-220	宋辽金元史	2-2	张星烺
	历史 241-242	东北历史与地理	3-3	张星烺
	历史 243-244	东北历史与地理	3-3	张星烺

① Yenching University. *Yenching University Bulletin Graduate Annoucement* 1929-1930[A]. 亚联董档案:RG011-315-4826:838-840.
② Yenching University. *Yenching University Bulletin Graduate Annoucement* 1929-1930[A]. 亚联董档案:RG011-315-4826:842.

续表

课程类型	课程编号	课程名称	学分	授课教师
A类	历史261-262	基督教在中国历史研究	1-1	陈垣
	历史337-338	基督教历史	3-3	王克私
	历史373-374	中国历史文献书目	1-1	陈垣
	历史375-376	中国重要历史著作评论研究	2-2	陈垣
	历史386	中国史考古资料	3	容庚
B类	历史57-58	历代风俗制度	2-2	瞿宣颖
	历史65-66	中国的文艺复兴	2-2	王克私
	历史119-120	近东地区国际敌对外交史	2-2	王克私
	历史167	高级历史研究方法	2	费宾闰臣
	历史178	西方历史学家	2	费宾闰臣

1930—1931年度,国文系研究生导师有:马鉴、容庚、郭绍虞三位教授,顾随、黎锦熙、杨振声三位讲师,另有哲学系黄子通教授、宗教学院许地山副教授兼课。① 历史系研究生导师有:洪业兼系主任、陈垣、顾颉刚、王克私、费宾闰臣、副教授张星烺,及中文系容庚教授兼课。哲学系研究生导师有:教授黄子通兼系主任、博晨光、张东荪,宗教学院院长赵紫宸、物理学系教师 W. Band、梅贻宝兼课。

表3-9:1930—1931年度燕京大学国文系课程设置②

课程编号	课程名称	学分	授课教师
中文163-164	笔记分类研究	2	马鉴
中文167	中学国文教学法	2-2	马鉴

① Yenching University. *Yenching University Bulletin Graduate Annoucement 1930-1931*[A]. 亚联董档案:RG011-315-4827:880.
② Yenching University. *Yenching University Bulletin Graduate Annoucement 1930-1931*[A]. 亚联董档案:RG011-315-4827:880-882.

续表

课程编号	课程名称	学分	授课教师
中文 171-172	骚赋研究	2-2	顾随
中文 173	唐诗与西洋诗的比较研究	2	黄子通
中文 174	宋诗与西洋诗的比较研究	2	黄子通
中文 175-176	近代文学之比较研究	2-2	杨振声
中文 201	文史研究	2	郭绍虞
中文 204	陶集研究	2	郭绍虞
中文 207-208	佛教文学	2-2	许地山
中文 221	说文研究	3	容庚
中文 222	甲骨钟鼎文字之研究	3	容庚
中文 227-228	近代语研究	3-3	黎锦熙
中文 231-232	校勘学	2-2	
	论文		

表 3-10：1930—1931 年度燕京大学历史系课程设置①

课程编号	课程名称	学分	授课教师
历史 11-12	中国古代史研究	3-3	顾颉刚
历史 13-14	中国古代史研究	3-3	顾颉刚
历史 19-20	宋辽金元史	2-2	张星烺
历史 41-42	西北史地学	2-2	张星烺
历史 43-44	西北史地学	2-2	张星烺
历史 61-62	中国基督教历史研究	2-2	陈垣
历史 137-138	基督教历史	2-2	洪业
历史 145-146	国家联盟的起源与发展	3-3	王克私

① Yenching University. *Yenching University Bulletin Graduate Annoucement* 1930-1931[A]．亚联董档案：RG011-315-4827：890-891．

续表

课程编号	课程名称	学分	授课教师
历史 167	高级历史方法	2	洪业
历史 173-174	中国历史文献书目	1-1	陈垣
历史 175-176	中国重要历史著作评论研究	2-2	陈垣
历史 177-178	西方历史学家	2-2	费宾闰臣
历史 186	中国历史考古资料	3	容庚
历史 196	历史教学	2	洪业
	论文(硕士论文工作应在导师指导下至少占两个学期)		

表3-11:1930—1931年度燕京大学哲学系课程设置①

课程编号	课程名称	学分	授课教师
哲学 3-4	科学哲学	2-2	Band
哲学 5-6	哲学问题	2-2	黄子通
哲学 7-8	中西方比较哲学	2-2	博晨光
哲学 23-24	逻辑学	2-2	黄子通
哲学 27-28	认识论与形而上学	2-2	黄子通
哲学 29-30	当代哲学中的逻辑问题	2-2	黄子通
哲学 63-64	伦理学	2-2	梅贻宝
哲学 127-128	逻辑学历史	2-2	黄子通
哲学 151-152	当代哲学	2-2	张东荪
哲学 183-184	柏拉图哲学	2-2	黄子通
哲学 187	斯多葛学派和伊壁鸠鲁派	2	黄子通
哲学 191-192	斯宾诺莎与莱布尼兹	2-2	黄子通
哲学 195-196	休姆哲学	2-2	黄子通

① Yenching University. *Yenching University Bulletin Graduate Annoucement 1930-1931*[A]. 亚联董档案:RG011-315-4827:894-897.

续表

课程编号	课程名称	学分	授课教师
哲学 197—198	康德哲学	2-2	黄子通
哲学 211—212	柏格森哲学	2-2	张东荪
哲学 221—222	宗教哲学	2-2	赵紫宸
哲学 227—228	当代哲学的宗教含义	2-2	赵紫宸
哲学 271—272	研究课程（研究生的伦理、科学哲学、逻辑与形而上学高级课程）		
哲学 273—274			
哲学 275—276			
哲学 277—278	研究课程（专修柏拉图、亚里士多德、康德的学生课程）		张东荪、黄子通
哲学 279—280			
哲学 281—282			
	论文（学生硕士论文撰写必须能够显现其所从事的研究工作能力和其研究领域的全面知识和独创性）		

在课程设置体系中，各门课程均有简介说明。以 1930—1931 年度国文系课程为例，"笔记分类研究"介绍为"本课选授各时代之笔记，讨论其文学上之价值，并分类搜集材料以为研究各种学术之资"。"中学国文教学法"介绍为"本课由教育学系与国文学系合办，其内容为：一、研究并讨论教材之选择及支配；二、研究并实习教授方法"。"骚赋研究"介绍为："本课选授骚赋代表作品，使学者得赏味并审识古人神思形貌之所在，藉以明散文与韵文之关系"。"近代文学之比较研究"介绍为"此课纯系研究班性质，就各种文辞中如戏剧，小说，诗歌，散文等，择取欧洲各国之名著与中国之作品作比较的研究，其目的在参证外国文学作品，以求中国新文学之创造，凡能读英文较易及有志新文学之研究者可入此班"。"文史研究"介绍为"本课程专研究中国文学批评之书籍，以昔时目录家所著于文史类或诗文评类者为范围，而复益以词话曲话之属，从事于考订、校勘、

辑佚、疏解等项之研究"。① 可见这些课程讲授的内容视角新颖,注重学术史和基础理论知识的传授,并注重运用比较、实践等科学的方法启发学生学习,培养学生掌握基础知识的同时,融通各领域的学术史概貌,同时又学习运用科学的研究方法。

燕京大学为进一步配合哈佛燕京学社开展研究生教育工作,在1928—1929年间成立了国学研究所,研究成员多数为原文科研究所导师,包括:陈垣、容庚、顾颉刚、郭绍虞、黄子通、许地山、张星烺、冯友兰等,另聘请钢和泰为客座导师研究员。这些学者的研究领域集中于文学、语言、历史、哲学等。②③ 1929年,洪业赴哈佛任客座导师研究员。1930—1931学年,除主任陈垣外,研究所仅有容庚、顾颉刚、黄子通三位教授及张星烺一位讲师。洪业自哈佛返回燕大后旋即担任燕京大学图书馆委员会主席,负责图书馆中外文图书采购,组建并兼任哈佛燕京学社引得编纂处主任。④

国学研究所成员积极开展文史哲学科领域的研究工作,并结合个人学术专长开设研究生课程,例如:⑤⑥

陈垣致力于《四库全书》索引、中国(历史)人物传记索引、丛书子目著作索引、佛经章节题名索引等的编制,以及元蒙史专题研究,开设研究生课程"中国重要历史文献著作"与"中国基督教发展史"。

---

① Yenching University. *Yenching University Bulletin Graduate Annoucement* 1930-1931[A]. 亚联董档案:RG011-315-4827:880.

② Yenching University Research School of Chinese Studies Report for the Academic Year Ending June 30, 1930[A]. Harvard-Yenching Institute Archives:Yenching University 1928-1931. Christian Colleges in China,Cambridge, Mass.

③ Yenching Univesity: *Dedication on New Site. Opening* 1929[A]. Harvard-Yenching Institute Archives:Yenching University 1928-1931. Christian Colleges in China,Cambridge, Mass.

④ Yenching University Research School of Chinese Studies Report for the Academic Year Ending June 30, 1931[A]. Harvard-Yenching Institute Archives:Yenching University 1928-1931. Christian Colleges in China,Cambridge, Mass.

⑤ Yenching University Research School of Chinese Studies Report for the Academic Year Ending June 30, 1930[A]. Harvard-Yenching Institute Archives:Yenching University 1928-1931. Christian Colleges in China,Cambridge, Mass.

⑥ Yenching University Research School of Chinese Studies Report for the Academic Year Ending June 30, 1931[A]. Harvard-Yenching Institute Archives:Yenching University 1928-1931. Christian Colleges in China,Cambridge, Mass.

容庚致力于中国古代青铜器与铭文研究,开展《宝蕴楼彝器图录》(1929)、汉以来七百余种青铜铭文研究(中研院)、《武英殿彝器图录》,及基于哈佛燕京学社购藏甲骨文献研究整理之《殷契卜辞》等的整理出版。他还担任图书馆委员会委员,参与图书馆中文书籍选购工作,与顾颉刚赴安阳、开封、济南等黄河流域开展考古挖掘和文物收藏调查,主讲研究生课程"中国哲学与《说文》研究",后增设有关甲骨文、石刻文献、钟铭、青铜器铭文基础知识课程。

顾颉刚致力于中国古史研究,如统治者头衔起源历史,及神话传说等。他利用大量商代青铜铭文资料开展研究,开辟新的研究方法和学术领域,发表《周易卦爻辞中的故事》《论易系辞传中观象制器的故事》等成果,推动了中国上古史研究发展。此外,他还致力于西汉历史文献古今对比研究、汉后期及三皇时期天谴论、儒学思想建立与发展研究。担任《燕京学报》编辑,开设研究生课程"中国古代历史研究"。

郭绍虞任国学研究所秘书,从事中国文学史、文学批评史研究,开设研究生课程"文学批评史"。

黄子通兼任哲学系主任,从事中国哲学研究,运用西方学者在中国史料研究中发展起来的史学原理和传记研究方法,致力于开展宋代哲学家研究。开设多门有关西方哲学课程。

许地山从事佛教研究,计划编纂梵文—中文字典,并用蒙古文、藏文增加佛教条目,并开展佛教逻辑研究,发表《陈那以前中观派与瑜伽派之因明》。开设研究生课程"比较宗教学"和"佛教文献"。

张星烺致力于中古时期中外关系史研究。

3. 与燕京大学研究院合作时期

1931—1932学年度,哈佛燕京学社机构重组,原国学研究所撤销,正式成立哈佛燕京学社北平办事处。陈垣因受聘辅仁大学校长而离职,原国学研究所教研人员被分配到相应的学科院系,归为燕京大学研究院,继续开展教学和研究工作。实践证明,学社的教研工作与燕京大学的教研工作得到更好的协调,研究成员通过院系教学工作和燕京大学研究院整体协调,有更多机会深入接触和了解优秀学生的学术专长,从而鼓励和培养优秀学生从事学术研究,申请学社研究生奖学金。此次重组进一步推动了研究生的培养工作,由学社资助和培养的研究生在考试、学分、学习内容等方面被要求必须达到燕京大学研究生相关规定,这意味着部分优秀的学生可确保选修到燕京大学所有的研究课程。此外,研究生必须至少具备一种西语能力。由学社资助和培养的研究生受燕京大学研究生院和研究生部统一管理,学社的职能则变更为哈佛燕京学社基金的分配中心。如此,哈佛燕京学社的教研人员和研究生管理成为燕京大学的一部分。

1932—1933年度,燕京大学研究院委员会成员是:主席高厚德(Howard S. Galt),成员博爱理博士、H. C. Chou、徐淑希、梅贻宝、桑美德(Margaret Bailey Speer)、韦尔巽、吴文藻。国文系教师有:教授郭绍虞、郑振铎、容庚、马鉴,讲师张尔田、顾随、黎锦熙、魏建功,另有历史系许地山兼授本系课程。历史系教师包括:庆美鑫(Monona L. Cheney)讲师兼系主任,教授王克私、洪业、陈垣、顾颉刚、邓之诚、张星烺。哲学系教师有张东荪、黄子通、博晨光,另有宗教学院院长赵紫宸及梅贻宝兼课。

表3-12:1932—1933年度燕京大学国文系课程设置①

课程序号	课程名称	学分	授课教师
国文152	陶渊明	2	郭绍虞
国文153	李义山诗	2	张星烺
国文154	清真词	2	张星烺
国文155-156	苏辛词	1-1	顾颉刚
国文157	敦煌俗文学	1	不开
国文158	宋元及明初戏文	1	郑振铎
国文160	宋元话本	1	郑振铎
国文161	佛教文学	2	不开
国文162	佛教翻译文学	2	不开

① Yenching University. *Yenching University Bulletin Graduate Annoucement* 1930-1931[A]. 亚联董档案:RG011-315-4827:934-937.

续表

课程序号	课程名称	学分	授课教师
国文 171	甲骨钟鼎文	3	容庚
国文 172	说文研究	3	不开
国文 173	声韵转变研究	2	魏建功
国文 174	古音系研究	2	魏建功
国文 175-176	近代语研究	2-2	黎锦熙
国文 181	中学国文教学法	2	
国文 182	笔记分类研究	2	马鉴
	论文		

表 3-13：1932—1933 年度燕京大学历史系课程表①

课程编号	课程名称	学分	授课教师
历史 11-12	中国古代史研究	3-3	顾颉刚
历史 13-14	中国古代史研究	3-3	顾颉刚
历史 15-16	秦汉史	2-2	邓之诚
历史 17-18	魏晋南北朝史	2-2	邓之诚
历史 19-20	隋唐五代史	2-2	邓之诚
历史 21-22	宋辽金元史	2-2	张尔田
历史 23-24	明清史	2-2	邓之诚
历史 41-42	早期中西交通史	2-2	张尔田
历史 47-48	东北史地	2-2	
历史 61-62	基督教在中国历史研究	2-2	陈垣
历史 65-66	中国现代化	3-3	王克私
历史 79-80	南太平洋历史与地理	2-2	张尔田

① Yenching University. Yenching University Bulletin Graduate Annoucement 1932-1933[A]. 亚联董档案：RG011-315-4827：946-949.

续表

课程编号	课程名称	学分	授课教师
历史 137-138	基督教历史	3-3	王克私
历史 145-146	国家联盟的起源与发展	3-3	王克私
历史 167	高级历史方法	2	洪业
历史 175-176	中国重要历史著作评论研究	2-2	陈垣
历史 196	历史教学	2	洪业
	论文(硕士论文工作应在导师指导下至少占两个学期)		

表 3-14:1932—1933 年度燕京大学哲学系课程表设置①

课程编号	课程名称	学分	授课教师
哲学 7-8	中西比较哲学	2-2	博晨光
哲学 25-26	逻辑学	2-2	黄子通
哲学 29-30	认识论与玄学	2-2	谢迪克
哲学 43-44	当代伦理学理论	2-2	张东荪
哲学 45-46	价值论	2-2	梅贻宝
哲学 III	朱熹与王阳明哲学	2	黄子通
哲学 121-122	柏拉图哲学	3-3	张东荪
哲学 133-141	斯宾诺莎与莱布尼茨哲学	2-2	博晨光
哲学 142	休姆哲学	2	黄子通
哲学 142-143	康德哲学	3-3	黄子通
哲学 148-149	叔本华哲学	2-2	张东荪
哲学 150-151	柏格森哲学	2-2	张东荪
哲学 161-162	宗教哲学	2-2	赵紫宸
哲学 167-168	当代哲学流派	2-2	赵紫宸

---

① Yenching University. *Yenching University Bulletin Graduate Announcement 1932-1933*[A]. 亚联董档案:RG011-315-4827:952-954.

课程编号	课程名称	学分	授课教师
哲学 201-202、203-204、205-206、207-208	研究课程	2-2	哲学系教师
哲学 211-212	研究课程	2-2	哲学系教师
	论文		

哈佛燕京学社研究成员中,顾颉刚从事《尚书》学研究,自大英博物馆和英国国家图书馆搜集到敦煌手稿复制件,开展古代经学文献研究,负责《禹贡》学刊编辑。容庚《殷契卜辞》出版,并开展《武英殿彝器图录》编辑整理。许地山开展佛藏子目引得研究和中文—藏文字典编纂。黄子通致力于中西方哲学重要问题比较研究,及宋以来中国绘画发展史研究。另有历史学教授邓之诚、张星烺,中国文学张尔田,哲学教授冯友兰、艺术学滕固①先生在燕大开展中国研究,开设研究生课程。

1933—1934 年度,许地山赴印度开展佛教研究,顾颉刚着力开始历史地理学研究,发表数篇论文,担任《禹贡》半月刊、《燕京学报》编辑工作。容庚完成《武英殿彝器图录》的出版工作,并计划继续出版第二卷,以期完成故宫博物院藏古代青铜器完整目录,继续通过甲骨文、青铜器铭文开展古文字研究,还与博晨光前往黄河流域考古调查,开展自开封到西安的地志、地形学调研,为燕京大学史前历史博物馆收集资料。邓之诚完成了《中华两千年史》第一卷撰著出版工作。②

1934—1935 年度,张东荪教授受聘哈佛燕京学社。张东荪自 1933 年 12 月起担任燕京大学哲学系主任,1934 年 12 月赴广州任学海书院院长,两广事变后返回燕大,任哲学系教授。讲授有关中国社会与政治思想课

---

① 滕固(1900—1980),字白也。江苏奉贤(今属上海市)人。现代雕塑家、画家。经燕京大学司徒雷登推荐,获燕京大学奖学金,入哈佛大学研究院进修博士学位,获哈佛大学奖学金。1932 年回国,任燕大文学系美术史论讲师。

② Report of Graduate Work Conducted at Yenching University on the Harvard-Yenching Institute Foundation for the Academic Year 1933-1934 [A]. Harvard-Yenching Institute Archives: Yenching University Annual Report 1928-1947.

程,从事中西方伦理与哲学观念、理论之比较研究,本学年陆续发表《从西洋哲学观点看老庄》(《燕京学报》1934 年 12 月第 16 期)、《唯物辩证法之总检讨》(《唯物辩证法论战》,1934 年 10 月)、《孔子论仁》(《新民月刊》1935 年第 1 卷第 1 期)、《最近社会学研究之趋势》(《出版周刊》1935 年第 115 期)。此外还利用中国传统思想展开伦理体系研究,重视现代科学之发现。①

1935—1936 年度,许地山辞职赴香港受聘任香港大学国文系主任。1936 年春,黄子通辞职,受聘任湖南大学文理学院院长。顾颉刚受聘任国立北平研究所史学研究所主任,1936 年秋返回燕大。尽管学社研究成员时有变动,但仍保持有活跃的学术研究态势。研究成员每年均有清晰的研究计划和研究任务,研究成果日益丰富。

表 3-15:1935—1936 年度哈佛燕京学社研究成员研究计划②

姓名	项目名称	出版者、出版时间
张星烺	马可波罗游记(中译本)	商务印书馆
洪业	基督教历史	
容庚	汉武梁祠画像录	1936 年 10 月出版
顾颉刚	《尚书》通检	2 月后出版
顾颉刚	《尚书》文字合编(宋以前《尚书》写本刻本合于一编)	1 年内出版
顾颉刚	标准本《史记》全文标点分段	国立北平研究院印、2 月内出版
邓之诚	清会要	2 年内出版
邓之诚	明清史(两千年中国史第二卷)	2 年内完成
博晨光	中国思想脉络	本年度完成

---

① Harvard-Yenching Institute Archives. *Report of Graduate Work Conducted at Yenching University on the Harvard-Yenching Institute Foundation for the Academic Year 1935-1936* [A]. Yenching University Annual Report 1928-1947.

② Harvard-Yenching Institute Archives. *Report of Graduate Work Conducted at Yenching University on the Harvard-Yenching Institute Foundation for the Academic Year 1935-1936* [A]. Yenching University Annual Report 1928-1947.

续表

姓名	项目名称	出版者、出版时间
博晨光 邓嗣禹	颜氏家训	本年度完成
杨荫浏 郭绍虞	中国音乐百科全书	
容媛	汉魏石刻目录	本年度完成

表 3-16：1935—1936 年度哈佛燕京学社教研人员学术成果①②

姓名	成果名称	出版刊物
张东荪	《关于名学的性质》	《正风半月刊》1935 年第 1 卷第 12 期
	《关于逻辑的性质》	《哲学评论》1935 年第 1 卷第 12 期
	《从我们所谓的哲学看唯物辩证法（摘要）》	《哲学评论》1935 年第 7 卷第 1 期
	《怎样研究哲学》	《出版周刊》第 173-174 期
	《彭基相译笛卡尔方法论序》	《文哲》1936 年第 1 卷第 6 期
	《关于宋明哲学之性质》	《文哲》1936 年第 1 卷第 6 期
	《序姚〈秦汉哲学史〉》	《晨报·思辨》1936 年第 42 期
	《我亦谈谈梁任公辛亥革命以前的政论》	《自由评论》1936 年第 19 期
	《十年来之哲学界》	《光华大学月刊》1936 年第 3 卷第 9-10 期
	《〈现代哲学之科学基础〉序》	《出版周刊》1936 年第 193 期
张星烺	《德文译本阿梨·艾可伯尔志〈中国志〉(Kitay Name)》	《地学杂志》，1936 年

---

① Harvard-Yenching Institute Archives. *Report of Graduate Work Conducted at Yenching University on the Harvard-Yenching Institute Foundation for the Academic Year 1935-1936* [A]. Yenching University Annual Report 1928-1947.

② 张耀南编. 知识与文化——张东荪文化论著辑要[M]. 北京：中国广播电视出版社，1995：459.

续表

姓名	成果名称	出版刊物
洪业	《史通》第十五章重校	《史学年报》,1936 年
	《考利玛窦的世界地图》	《禹贡》半月刊,1936 第五卷,第三、四合期,
	《礼记引得序——两汉礼学源流考》	《史学年报》,1936 第二卷第三期
容庚	《燕京学报》第十八、十九期编辑	《燕京学报》,1935.12,1936.6
	《善斋彝器图录》	哈佛燕京学社北平办事处,1936 年
	《容庚古镜影》	哈佛燕京学社北平办事处,1936 年
	《二王墨影》	考古学社,1936 年
顾颉刚	《崔东壁遗书》十六册	上海亚东图书馆出版
	《三皇考》(哈佛燕京学社与杨向奎合作研究)	《燕京学报》特刊
	《汉代学术史略》	上海亚细亚书局,1935 年
	《三统说之演变》	浙江图书馆《文澜学报》二卷一期
	《战国秦汉间人的造伪与辨伪》	《史学年报》二卷一期
	《禅让传说起于墨家考》	《国立北平研究史学集刊》第一期
	《汉以前人的世界观念及域外交通的故事》	《禹贡》半月刊五卷三四合期《利玛窦地图》专号
邓之诚	《汪悔翁乙丙日记》	私人出版,1936(一说 1935)年
容媛	《金石书录目》	商务印书馆,1930 年

1936—1937 年度,燕京大学研究院执行委员会成员调整为:主席陆志韦,成员洪业、胡经甫、徐淑希、窦维廉(William H. Adolph)、陆侃如、吴文藻。国文系教员及研究生课程主要为:陆侃如主讲小说、戏剧与诗词;

郭绍虞主讲中国文学史、历史评论;刘节主讲古文;钱穆主讲中国思想史;顾随主讲词曲;陶希圣主讲中国社会与经济史;汤用彤主讲佛教哲学。① 哲学部张东荪主讲希腊哲学史、现代哲学认识论、中国古代哲学,博晨光主讲哲学史。② 历史系教员及研究生课程主要为:洪业主讲远东现代史、历史研究方法、年表、目录学,王克私主讲西方史、基督教史,容庚主讲考古学、金石学,张星烺主讲辽金元史、中西交通史,顾颉刚主讲中国古代史、中国经典典籍史、中国地理史,邓之诚主讲明史、清史、中国政治经济制度史,张尔田主讲中国中古史、中国文学史、中国佛教史。③ 受聘哈佛燕京学社的研究成员,还开展各类研究项目,深入推动中国研究的发展。

表 3-17:1936—1937 年度哈佛燕京学社研究成员研究项目与成果④

姓名	项目名称	备注
张星烺	清以来中西交通史研究	
张东荪	康德《纯粹理性批判》(*Kritik dor Reinon Vermmft*)译注	未刊稿
	有关中国文明整体的中国哲学	
洪业	《春秋经传引得序》	《哈佛燕京学社引得丛刊》第十一号专号
容庚	重订《金文编》	中央研究院出版
	《殷周礼乐器考》	
顾颉刚	《尚书》文字合编	

---

① Yenching University. Yenching University Bulletin Annoucement of Courses 1936-1937[A]. Beijing:Yenching University,1936.12:115.

② Yenching University. Yenching University Bulletin Annoucement of Courses 1936-1937[A]. Beijing:Yenching University,1936.12:115.

③ Yenching University. Yenching University Bulletin 1935-1936:The Graduate Yuan[A]. Yenching University,1937:112-113.

④ Report of Graduate Work Conducted at Yenching University on the Harvard-Yenching Institute Foundation for the Academic Year 1936-1937[A]. Harvard-Yenching Institute Archives:Yenching University Annual Report 1928-1947.

续表

姓名	项目名称	备注
邓之诚	《清会要》丛考	
	《明清史》	二千年史第二卷
容媛	《燕京大学图书馆金石目录》	
博晨光	中国哲学思想综述	
	《颜氏家训》译本	

表 3-18：1936—1937 年度哈佛燕京学社研究成员研究成果①②

姓名	成果名称	出版者、出版时间
张东荪	《从言语构造上看中西哲学的差异》	《东方杂志》1936 年第 33 卷第 7 号
	《多元认识论重述》	《东方杂志》1936 年第 33 卷第 19 号
	《思想自由问题》	《文哲月刊》1937 年第 1 卷第 10 期
洪煨莲	《礼记引得序》	《哈佛燕京学社引得丛刊》第二十七号
容庚	《燕京学报》	第二十、二十一期编辑出版
	《武梁祠画像录》	《考古学社专集》第十三种
	《简体字典》	哈佛燕京学社北平办事处
顾颉刚	《史记》（点校史记白文）	国立北平研究院史学研究会出版
	《尚书通检》	哈佛燕京学社北平办事处
	《夏史三论》	燕京大学《史学年报》第二卷第三期
	《九州之戎舆戎禹》	《禹贡》半月刊第七卷第六七合期
	《春秋时代的县》	《禹贡》半月刊第七卷第六七合期
容媛	《金石书录目》	国立中央研究院历史语言研究所

① Report of Graduate Work Conducted at Yenching University on the Harvard-Yenching Institute Foundation for the Academic Year 1936-1937[A]. Harvard-Yenching Institute Archives：Yenching University Annual Report 1928-1947.

② 张耀南编.知识与文化——张东荪文化论著辑要[M].北京：中国广播电视出版社，1995：459.

续表

姓名	成果名称	出版者、出版时间
杨荫浏	《平均律算解》	《燕京学报》第二十一期

1937—1938年度,受日本全面侵华战争影响,燕京大学教职员大幅度减少。《燕京大学人文学院1937—1938年度报告》显示:1937年全校教师总数68人,1938年减少至49人(见表3-19)。如顾颉刚、陈梦家等因战争原因无法返校,陆侃如、沈国华等因特殊环境辞职;还有一部分兼职讲师因离开北平或者学校经费不足的原因离职;博晨光春季学期赴波莫纳(Pompna)学院访问演讲。①

表3-19:1937—1938年度燕京大学人文学院教职员统计表②

	中文	西文	历史	哲学	心理	教育	音乐	新闻	总计
教授	2(2)	3(3)	3(4)	2(3)	1(2)	2(3)			13(17)
副教授	2(4)	1(3)	1				2(2)	1(1)	7(10)
讲师		1(3)	(1)			2(2)	(1)		3(7)
兼职讲师	4(5)	3(1)	4(7)			1(1)		2(6)	14(20)
助教	1		3(2)		1(1)	1			6(3)
研究助理	(2)	(1)	1(1)	(1)	1(1)	4(4)		(1)	6(11)
总计	9(13)	8(11)	12(15)	2(4)	3(4)	10(10)	2(3)	3(8)	49(68)

(注:括号中数字为1937年数字)

① Annual Report of the College of Arts and Letters for the Academic Year 1937-1938 [A]. Harvard-Yenching Institute Archives:Yenching University Annual Report 1928-1947:259-260.
② Annual Report of the College of Arts and Letters for the Academic Year 1937-1938 [A]. Harvard-Yenching Institute Archives:Yenching University Annual Report 1928-1947:259.

哈佛燕京学社研究成员在这种环境下不可避免受到影响,但仍保持着高水平的教学和研究工作。

表 3-20:1937—1938 年度哈佛燕京学社研究成员在研项目与出版计划①

姓名	研究项目/计划
张尔田	佛教哲学研究
张星烺	欧洲国家藏光绪年间中国内阁大臣赴欧洲考察之中文档案记录丛刊
	哈辛格(Hassinger)著《中国纪行》(*Die Geographischen Grundlagen der Geschichts*)中译
	波斯军队驻泉州叛乱研究
齐思和	历史编纂学与中国制度研究
	《战国策》研究
	中国古代发明
	战国制度考与通鉴研究
洪煨莲	《史通汇校集释选评》
	《图书大辞典》
容庚	《金文编》
	《颂斋吉金续录》
	《商周彝器通考》
邓之诚	《明清史》(《两千年中国史》系列)
	《清会要》
	《官制述要》

---

① Annual Report of Harvard-Yenching Institute Peking Office Yenching University Restricted Fund 1937-1938 [A]. Harvard-Yenching Institute Archives:Yenching University Annual Report 1928-1947.

表 3-21:1937—1938 年度哈佛燕京学社研究人员学术成果出版物①

姓名	成果名称	类型	出版单位
张尔田	《清列朝后妃传稿》	修订版	
齐思和	《封建制度与儒家思想》	论文	《燕京学报》第 22 号
	《美国史书目举要》	论文	《史学年报》第 2 卷第 4 期
	《洪业教授〈春秋〉研究评论》	论文	《燕京社会研究》第 1 卷第 1 期
洪业	《春秋经传注疏引书引得序》	序	《哈佛燕京学社引得丛刊》第 11 号,1937 年 12 月
容庚	《燕京学报》编辑工作	期刊编辑	1937 年 12 月第 22 号;1938 年 6 月第 23 号
	《鸟书三考》	论文	《燕京学报》第 23 号

表 3-22:1938—1939 年度哈佛燕京学社研究成员在研项目与出版计划②

姓名	研究项目/计划
张尔田	佛教哲学
张星烺	Die Geographischen Grundlagen der Geschichts 翻译
齐思和	战国社会政治发展研究,侧重于封建制度的衰弱和瓦解
	通典、通志、通考、会要等研究
	汉代封建主义的复兴和繁荣
	《战国策》校注
	中国史学中的正统或正史

---

① Annual Report of Harvard-Yenching Institute Peking Office Yenching University Restricted Fund 1937-1938 [A]. Harvard-Yenching Institute Archives:Yenching University Annual Report 1928-1947.

② Annual Report of Harvard-Yenching Institute Peking Office Yenching University Restricted Fund 1938-1939 [A]. Harvard-Yenching Institute Archives:Yenching University Annual Report 1937-1939:196-197.

续表

姓名	研究项目/计划
洪业	《史通》研究
	中国目录学百科全书/辞典
	基督教历史
容庚	《商周彝器通考》
博晨光	《颜氏家训》
	中国哲学词汇表
邓之诚	《清会要》研究
	官制研究

表 3-23：1938—1939 年度哈佛燕京学社研究人员学术成果出版物①

姓名	成果名称	类型	出版单位
张尔田讲稿，王钟翰序录	《清史稿纂修之经过》	论文	《史学年报》1938 年第 2 卷第 5 期
张尔田	《1899—1911 偶记》	论文	
张星烺	Die Ankunft der Portugiesen in China	译文	Forschungen und Fortschritte, 1938—1939
齐思和	《战国制度考》	论文	《燕京学报》1938 年第 24 号
	《战国宰相表》	论文	《史学年报》1938 年第 2 卷第 5 期
	书评：孙念礼《班昭》	书评	《中国社会及政治学报》1938 年第 22 卷第 2 期
	书评：夏斯克《人类能力之研究》	书评	《燕京社会学界》

---

① Annual Report of Harvard-Yenching Institute Peking Office Yenching University Restricted Fund 1938-1939 [A]. Harvard-Yenching Institute Archives: Yenching University Annual Report 1937-1939:194-195.

续表

姓名	成果名称	类型	出版单位
洪业	《史学年报十年来之回顾》	书评	《史学学报》1938年第2卷第5期
	《阎贞宪先生遗稿五种》	论文	《史学年报》1938年第2卷第5期
	《研究论文写作建议》	论文	燕京大学研究院,1939年4月
容庚	《燕京学报》	期刊编辑	1939年第24号
	《金文编》修订版	编著	上海商务印书馆,1939年
	《八十一刻兰亭记》	论文	《文学年报》,1939年第5号
邓之诚	《明清史》(中华两千年史)	著作	燕京大学历史系,1939
	官制沿革备论(论秦以后无真宰相上)	论文	《历史年报》1938年第2卷第5期
容媛	《国内学术界消息》	新闻	《燕京学报》1938年第24号
	《经籍要目问答》	论文	《史学年报》1938年第2卷第5期

  1939—1940年度,燕京大学研究院执行委员会成员调整为:陆志韦、洪业、胡经甫、徐淑希、陆侃如、窦维廉、吴文藻。① 导师与研究生常举行不定期会议,会议要求研究生用外语发表论文演讲,一方面训练学生的使用外语演讲的能力,一方面则培训学生筹备、撰写论文的能力。如博晨光《〈论语〉之道》(*Tao in the Lun Yü*),程明洲《〈清德宗宝录〉研究》,洪业《中国文学传统中的砚台》(*The Inkslab in Chinese Literary Tradition*),王世

---

① 张玮瑛,王百强,钱辛波.燕京大学史稿1919-1952[M].北京:人民中国出版社,1999:1284-1285.

襄《纠正姚最〈续画品〉中的一个错误》(Correcting a Misprint in Yao Tsui's Hsü hua p'in),鸟居龙藏(Ryuzo Torii)《下花园之北魏石窟》,陆志韦《汉语之全浊声母》(The Voiced Initials of the Chinese Language),刘选民《〈尼布楚条约〉文本之出入》(The Discrepancy in the Texts of the Treaty of Nerchinsk)。

本年度,哈佛燕京学社教研人员包括承担研究生指导和学术研究工作的洪业、容庚、邓之诚、鸟居龙藏(人类学访问教授)、齐思和(历史学助理教授),另有张尔田、张星烺两位教授兼职教员。张尔田每周组织研究生召开论文写作风格指导。因学社虽已聘请翁独健,但其本年度因在西南地区开展有关中国西南地区伊斯兰教的研究而暂时未能到任,故已受聘福建协和大学的张星烺兼职承担宋辽金元史讲授和学生指导工作。博晨光教授担任北平办事处执行干事和学社研究成员多年,因本年度忙于宗教哲学课程,并代赵紫宸院长负责部分宗教学院行政事务,故不再兼任学社教研成员。本年度,学社研究成员克服战乱影响,继续各自的研究工作,取得了一定的成果。

表3-24:1939—1940年度哈佛燕京学社研究成员在研项目与出版成果①

姓名	研究项目/计划
张尔田	小乘佛教哲学研究
张星烺	《读史方舆纪要》与《方舆考证稿》比较研究
齐思和	目录辞典编辑,含古代经学、文学、哲学及金石拓片等领域的历史名称,完成1000种目录卡片;结合清代学者研究成果进行《世本》校订
洪业	《史通》研究;中国目录学百科全书;《杜甫引得》
容庚	《商周彝器通考》;《兰亭五记》(文学年报)
邓之诚	《西园闻见录》;《清会要》研究;《清史稿》校订

① Annual Report to the Directors and the Board of Trustees of the Harvard-Yenching Institute on Chinese Studies Supported on the Restricted Fund 1939-1940[A]. 亚联董档案:11-315-4823:688-690.

表 3-25：1939—1940 年度哈佛燕京学社研究成员在研项目与出版成果①

姓名	成果名称	类型	出版单位
张尔田	《清故学部左丞柯君墓志铭》	论文	《史学年报》,1939 年 2 月第 3 卷第 1 期
	《清故朝议大夫湖南知县汪君墓志铭》	论文	
齐思和	《孙子著作时代考》	论文	《燕京学报》1939 年 12 月第 26 号
	《先秦农家学说考》	论文	《燕京大学经济学报》1940 年 6 月第 1 期
	《甘鹏云经学源流考》	论文	《史学年报》1939 年 12 月第 3 卷第 1 期
	《食货志十五种综合引得》	引得	《哈佛燕京学社引得丛刊》1940 年 2 月第 32 号
洪业	The Inkslab in Chinese Literary Tradition（《中国文学传统中的砚台》）	论文	Occasional Papers《专题选刊》1940 年 8 月第 3 期

这一时期，哈佛燕京学社还重点推动燕京大学语言学的研究与教育。学社叶理绥社长曾于 1937 年春访问燕京大学，积极鼓励语言学研究与教育的开展。当时，陆志韦博士已开始致力于古代汉语音韵学研究，并计划在国文系开展一个中等规模的语言教学与研究项目，研究重点为中国文学，研究内容包括：(1)唐代以前字母缩写的来历（词源），(2)切韵字母系统的重建。除了在《燕京学报》上发表论文之外，还在一次学社研究生和研究员会议上选读了他一篇英文论文，题为：The Story of the Voiced Initials of the Chinese Language（汉语全浊声母之故事）。此外，中法大学王静如受邀讲授两门语言学课程，并帮助图书馆拟定了一份有关汉语研究的西文图书目录，还协助陆志韦教授后续研究工作。另有燕京大学 1938 年硕士葛启扬帮助陆志韦教授整理和研究中国古代语音学方面的问题，初步完成了关于《广韵》与《经典释文》关系的研究。葛启扬经顾立雅（Herrlee

---

① Annual Report to the Directors and the Board of Trustees of the Harvard-Yenching Institute on Chinese Studies Supported on the Restricted Fund 1939-1940[A]. 亚联董档案：11-315-4823：688.

G. Creel)推荐,自1940年秋季开始赴芝加哥大学担任中国语言与历史教职。

燕大组建了一个语言学教学和研究的筹备委员会。这是一个临时委员会,讨论和处理国文系、西语系、心理学系、物理系几个院系如何开展合作,以及实验室设备问题、课程设置问题等。该委员会认为语言学教育主要有三方面,因此至少需要三名教师开展这些项目。委员会请国文系分配一部分场地用于中国语言学工作。中国语言学问题研究主要涉及三个方面:容庚教授领导词法、词形、词态学研究,负责中国历代汉字的字形演变问题;王静如领导音韵学、语言学研究;高名凯领导语法、语义学研究。待高名凯从法国回国,将负责两门课程,分别是语言学概论和汉语语法研究,后者为研究生课程。此外还将开展有关汉语古代语法和中国方言的语法与语义研究。1940年秋,高名凯如期顺利返回燕大。陆志韦教授则准备将研究关注点转移到方言和语言心理学研究方面。本年度,物理系为国文系语言部提供设备方面的帮助,国文系语言部亦与欧语系商讨合作。①

1940—1941年度,燕京大学文科研究所历史部教师及授课情况为:洪业主讲历史研究方法、目录学;王克私主讲西方史、基督教史;容庚主讲考古学、金石学;邓之诚主讲中国中古史、中国政治经济制度史;张尔田主讲中国文学史、中国中古史;齐思和主讲中国古代史、西方史;翁独健主讲亚洲史。② 国文系研究生课程主要有:郭绍虞开设历史评论、中国文学史;容庚开设考古学、金石学;顾随开设中国文学、中国文学史;董璠开设语法、中国佛教史;王静如开设语言学、音韵学;Ling Ching-yen 开设中国戏曲史。③ 哲学系研究生课程主要有:Yen Chün 讲授希腊哲学,张东荪讲

---

① Letter from William Hung to Elesseff. June 5th, 1940 [A]. Harvard-Yenching Institute Archives: William Hung. Yenching University Correspondence, 1940-1947.
② Yenching University. *Yenching University Bulletin Announcement of Courses* 1940-1941[A]. Yenching University, 1941.1:145.
③ Yenching University. Yenching University Bulletin Announcement of Courses 1940-1941 [A]. Yenching University, 1941.1:147.

授中国哲学史、中国古代哲学,博晨光讲授哲学史。①

本年度,哈佛燕京学社教研人员包括:洪业、容庚、邓之诚、鸟居龙藏(访问教授)、齐思和、王静如、翁独健、高名凯。另有兼职成员张尔田、张星烺。②

表 3-26:1940—1941 年度哈佛燕京学社研究员出版物

姓名	成果名称	出版机构
齐思和	《燕吴非周封国说》	《燕京学报》1940 年 12 月第 28 号
	《牛耕之起源》	《达仁学院经济季刊》第 1 卷第 1 期
	《皮鹿门沈寐叟二年谱》	《史学年刊》1940 年第 3 卷第 11 期
容庚	《商周彝器通考》	《燕京学报》(专刊)1941 年第 2 卷第 17 期
	《兰亭五记》	《文学年报》1940 年 11 月第 6 期
	《颂斋读书记》	《文学年报》1941 年 6 月第 7 期
高名凯	《怎样研究中国的文法》	《文学年报》1941 年 6 月第 7 期
王静如	《论开合口》	《燕京学报》1941 年 6 月第 39 号
翁独健	《新元史蒙兀儿史记爱薛传订误》	《史学年报》1940 年 12 月第 3 卷第 2 期
	《斡脱杂考》	《燕京学报》1941 年 6 月第 29 号
鸟居龙藏 (Ryuzo Torii)	《契丹黑山黑岭考》	《燕京学报》1940 年 12 月第 28 号
	《契丹之角觚》	《燕京学报》1941 年 6 月第 39 号
洪业	《杜诗引得序》	《哈佛燕京学社引得特刊》第 14 号
	The Chinese Picture of Life	Asia,1931 年 9 月卷 31 第 9 期再版

---

① Yenching University. *Yenching University Bulletin Announcement of Courses* 1940-1941[A]. Yenching University,1941.1:147.

② Annual Report to the Directors and the Board of Trustees of the Harvard-Yenching Institute on Chinese Studies Supported on the Restricted Fund 1940-1941[A].亚联董档案:11-315-4823:755.

表3-27:1941—1942年研究成员未完成或未出版项目

姓名	项目名称
张尔田	小乘佛教哲学研究
齐思和	中国古代人物传记字典资料收集、分类、人物小传编撰
	《世本》重订
	中国古代农业发展研究
容庚	完成《商周彝器通考》。着手研究青铜器铭文
高名凯	完成论文《汉语语法研究方法》《中文语法结构》
	计划建立语音学实验室
	研究计划:(1)撰写中文语法研究论文,包括中文限定性虚词"ti",中文动词的性质,汉语方言中最后的虚词;(2)语音研究工作,包括与陆志韦和C. J. Wang先生合作开展有关中国语音体系发展史的资料收集工作
邓之诚	《清会要》编辑资料收集,《清史稿》考证,清史专题研究、滇语
王静如	古汉语发展初期,古汉语的音韵体系,汉语藏语比较研究。与C.W. Luh和高名凯合作开展有关西方学者研究汉语音韵学研究
翁独健	1.元典章研究:(1)元代特殊的"排华"方式;(2)元典章译语集释 2.元史研究:(1)元代蒙古封建制度体系;(2)《元史》编辑资料与历史 3.与引得编纂处人员合作,开展《辽金元传记三十种综合引得》编撰 4.新版《元史》编辑计划:版本鉴定考证、点校、行数编号、引得编纂
鸟居龙藏	辽代墓碑研究专题论文,拟1941年冬出版;带领考古队赴山东进行为期八周的考古调查,有大量重要的发现。相关公告发表于《燕京学报》第29号,1941年6月。有关重新探测这些地方和进一步研究的计划正在制订
洪业	上半年赴美访问,下半年从事教学和执行干事事务,设立一个私人专藏。完成《史通》考证等研究

这一时期,学社在推进研究工作过程中,发现了一些问题。北平办事处在向学社提交的年度报告中指出:有关中国研究的课程,不全由哈佛燕京学社限制基金资助;学社需要经常性地评估其他学科领域是否有足够

的课程可供本科生选择。① 而比较紧迫的问题在于:一方面,如果学社的学生在申请燕京大学研究院的研究生考试中失败的话,这种失败通常在于非中国研究领域,如何建议中国研究的本科生,使他们在相关领域的考试相对比较成功是一个亟待解决的问题。② 另一方面,自然科学和社会科学的本科生经常拒绝选修中国文化领域的课程。这使得他们与中国传统文化遗产渐行渐远。大一新生和二年级学生要求修习国文课程对缓和这种问题有所帮助。或许只有学社研究生教师队伍得到良好的训练才能解决上述问题。

表 3-28:1944 年春燕京大学与中国研究相关课程

院系	课程名称	授课教师	职称	学分	人数
国文系	国文公文	马鉴	教授	2	17
	文学评论			2	4
	语言学	李方桂(Li Fang Kuei)	教授	2	5
	元白诗	陈寅恪	教授	2	31
	一年级国文 C	Miss H. K. Tseng	助理教授	3	29
	中国文学经典阅读			3	4
	一年级国文 A	杨明照	讲师	3	25
	经典阅读			3	11
	一年级国文 B	Huang Ju-Wen	讲师	3	23
	传记			3	7
	中国文学			3	6
	中国诗	Miss C. Cheng	讲师兼职	3	5
	词			2	4

① Annual Report to the Directors and the Board of Trustees of the Harvard-Yenching Institute on Chinese Studies Supported on the Restricted Fund 1940-1941[A]. 亚联董档案:11-315-4823:745-752.

② Annual Report to the Directors and the Board of Trustees of the Harvard-Yenching Institute on Chinese Studies Supported on the Restricted Fund 1940-1941[A]. 亚联董档案:11-315-4823:745-752.

续表

院系	课程名称	授课教师	职称	学分	人数
历史系	两晋南北朝史	陈寅恪	教授	3	38
	商周史	徐中舒	教授	3	9
	明清史			3	15
	中国史	Miss H. K. Tseng	助理教授	3	29
	中国史（2部分）	王钟翰	讲师	3	109
		论文			2
哲学系	逻辑学	Shi Yu Chung	教授	2	81
	伦理学			2	57
	哲学导论			3	81
政治系	中国外交关系史	吴其昱（Wu Chi-Yu）	教授	3	25
	中国政治思想史	萧公权（Hisao Kung-Chuan）	教授	3	40
	中国政体	谭春林（T'an Chun-Lin）	教授	3	
社会学系	人类学	林耀华（Lin Yao Hue）	教授	3	12
	社会制度			3	15
	社会调查			3	6
	中国边疆社会问题			2	14
	中国边疆社会				14
	中国考古	郑德坤	教授	3	7

1945年10月10日，燕京大学复校。哈佛燕京学社北平办事处随之恢复工作。燕京大学研究院恢复招收研究生，齐思和担任主任，教师有洪业、邓之诚、齐思和、翁独健、聂崇岐、贝卢思、王克私、陈观胜、史考特等。① 学社研究成员包括洪业、邓之诚、齐思和、翁独健、鸟居龙藏、高名

---

① 颜芳. 近代学术转型视野下的燕京大学国学教育[D]. 北京师范大学, 2011: 109.

凯。此时,燕京大学教师紧缺,学社教研成员不得不承担更多的教研工作。而在燕京大学被日军占领的四年期间,燕京大学图书馆遭受巨大损失,导致复校后研究工作难以顺利地恢复至正常状态。

洪业担任燕京大学管理委员会委员,负责规划和指导燕大复校工作,并受邀计划赴美国访问演讲,研究工作暂时搁置。邓之诚专注于研究生教学和指导申请本科学位的回校学生论文,鸟居龙藏致力于辽代文化研究,及中国北方考古发现报告,发表《石面雕刻之渤海人风俗与萨珊式胡瓶》(《燕京学报》第30期)、《中国石棚研究》(《燕京学报》第31期)等。齐思和承担本科高年级和研究生课程、学生论文指导工作,从事中国古代史研究,发表《西周地理考》(《燕京学报》第30期),并在《当代中国历史编纂学》发表数篇论文,筹备编撰出版西周历史。翁独健从事元代典章制度研究,发表《元典章释语集释》(《燕京学报》第30期),开展元代法典汇编研究,计划开始《元史》目录和元代学者文集整理。此外承担欧洲史课程,指导学生论文。高名凯担任国文系主任,研究发表《汉语的人称代名词》(《燕京学报》第30期)和《汉语句终词的研究》(《燕京学报》第31期)。①

1946—1947年度,聂崇岐接替陈观胜担任哈佛燕京学社执行干事,学社研究员有鸟居龙藏、邓之诚、齐思和、翁独健、高名凯、周一良,及兼职教员陈寅恪。鸟居龙藏在女儿协助下撰写辽代文化与考古发现报告,发表英文论文《从考古视野看辽代文化》(The Culture of the Liao Dynasty from the Viewpoint of Archeology)、《史前中国》、《奴儿干都司考》。邓之诚开设秦汉六朝史、隋唐五代史课程,指导研究生及毕业论文。齐思和继续担任历史系主任,讲授中国古代史、高级历史研究方法、当代西方史、西方史学研讨会等课程,指导研究生毕业论文,发表《周代锡命礼考》(《燕京学报》第32期),还开展《战国策》考证及注释重订研究项目。翁独健主讲俄国史、亚洲史概论、远东近代史、辽金元史、历史研究方法,并指导学生论文。周一良讲授中国佛教文学和初级日语课程,发表《能仁与仁祠》(《燕京学报》第32期),后转聘清华大学。陈寅恪则参与组织有关六朝、

---

① Annual Report of Harvard-Yenching Institute Peking Office Yenching University Restricted Fund 1946-1947 [A]. Harvard-Yenching Institute Archives: Yenching University Annual Report 1928-1947.

隋唐历史研究主题的研究生讨论会。①

1946—1947年度哈佛燕京学社北平办事处年度工作报告载：哈佛燕京学社限制性基金主要用于资助燕京大学人文学院中国研究的发展和促进工作。燕京大学的方针和主要运作方式是：人文科学的中国学生接受海外培养，并且展开汉语言与文学的本科教育。值得注意的是新闻、历史、西方语言学均隶属人文学院，这些学科领域的学生均从其中受益。燕京大学将开设高质量、高水平的中文本科课程。同时，也将持续推动研究生教育和科研项目发展。这两方面是相依相存、缺一不可的。燕京大学目前面临的问题之一是如何吸引汉语言文学专家来校任教。学校必须探索有效的方法，保持一定的教育和研究水平，保持领导地位，吸引和邀请有能力的教师。国文系必须运用激励措施促进中国传统经典研究的兴趣和吸引力增长。因为现实状况是本科生很容易被自然科学和社会科学吸引，经常忽视本国的传统文化发展的重要性。燕京大学委员会现在正在研究制定新的燕京学术项目。战争已使研究的重点和必修课程产生变化。燕京大学现在有必要仔细审视目前的学术环境，尤其是在收入锐减，以及有可能削减一些领域的经费情况下。我们将面临两种选择，其一是根据更多的公共课和一般的大学课程而言，重新调整大学课程体系，其二是在部分特别的学科领域和院系建立一种非常专业化的项目体系。学校目前正沿着这两种思路研究课程体系建设和改革。但不论如何变化，燕京大学希望能继续发展哈佛燕京学社工作，提供一系列本科课程，以进一步强化中国研究领域的研究生教育项目。

表3-29：1946—1947年燕京大学国文系课程

序号	课程名称	学分	任课老师	注册学生	
				秋季	春季
225	左传	3	梁启雄	27	
227	史记	3	梁启雄	46	

① 同上。

续表

序号	课程名称	学分	任课老师	注册学生 秋季	注册学生 春季
230	汉书选读	3	梁启雄		27
238	论孟选读	3	梁启雄		35
255-256	陶杜诗研究	3&3	赵紫宸 姚莐	14	15
259-260	中国文学史	2-2	朱自清	40	31
263-264	语言学	3-3	高名凯	7	7
333-334	中国佛教文学	2-2	周一良	4	10
345	韩非子	3	梁启雄	13	
346	荀子选读	3	梁启雄		17
368	中国音韵学	2	陆志韦		3
391-392	汉语语法研究	3-3	高名凯	4	4
498	论文				1

表3-30：1946—1947年燕京大学历史系课程

序号	课程名称	学分	任课老师	注册学生 秋季	注册学生 春季
101-102	中国通史	3-3	聂崇岐	74	70
145	西洋通史	3	贝卢思	38	
146	西洋通史	3	贝卢思		29
153&154	西洋现代史	3	齐思和	120	147
205	商周史	3	齐思和	24	
206	春秋战国史	3	齐思和		25
209	秦汉史	3	邓之诚	20	
212	魏晋南北朝史	3	邓之诚		17
213	隋唐五代史	3	邓之诚	7	

续表

序号	课程名称	学分	任课老师	注册学生 秋季	注册学生 春季
215	宋史	3	聂崇岐	31	
218	辽金元史	3	翁独健		14
220	明清史	3	邓之诚		23
226	中国官制史	3	聂崇岐		39
231	亚洲史概论	3	翁独健	34	
232	远东近代史	3	翁独健		82
259—260	俄国史	2-2	翁独健	77	
271	历史方法	2	翁独健	21	
365—366	基督教史	2-2	王克私	5	3
375—476	高级历史方法	2-2	齐思和	3	2
497—498	四年级生毕业论文		本系教授	4	5
501—502	中国史学研究	2-2	邓之诚	2	2
503—504	西洋史学研究	2-2	齐思和	2	2
598	研究员毕业论文		齐思和		1
	为外国学生讲授历史	3	翁独健	4	

注：贝卢思(Lucy Marian Burtt,1893—1968)

1949—1950年度，哈佛燕京学社教研人员包括：齐思和、邓之诚、翁独健、聂崇岐、高名凯、周一良。齐思和教授同时担任人文学院院长、历史系主任，授课科目为西方历史，以及近现代欧洲史，并负责组织一次历史学研究生的西方历史研讨会。聂崇岐教授主讲宋史之外，还兼授近现代中国史。翁独健致力于俄国与苏联史研究，在本年度上学期开设俄国史、历史哲学与历史方法，实际讲授马克思主义的概念与发展、马克思恩格斯共产主义宣言；下学期开设苏联史、马克思列宁著作选读。邓之诚教授主讲秦汉史学、隋唐五代史，负责组织中国史研讨会。高名凯教授开设语言学与汉语语法课程。周一良教授原定教授日本史，但因只有一名学生选修,故此课程取消。这些教研成员在1948年因时间关系和各种教导会议,耗费太多精力,严重影响了各自的研究进展。齐思和教授本年发表论文《近百年来中国史学的发展》(燕京社会学报》1949年1月第2期)、《毛诗谷名考》(《燕京学报》(1949年12月第36期,齐思和主持的中国早期农业发展研究项目的成果之一),此外还在编辑一本有关第一次鸦片战争(英中战争)的文献资料著作,指导1名研究生Liu K'un-yi女士,论文题目是《1849至1882年间美国华人移民研究》。聂崇岐教授已完成中国职官系统第一阶段的研究,搜集并分类整理了正史职官志及九通职官考的所有职官。邓之诚教授继续开展清初诗集与散文集研究,研究诗、文集在清顺康时期的发展历史,并指导1名研究生Wang Chien-ying,论文题为《明代的奴隶制度》。翁独健教授1950年1月担任北平市人民政府委员兼市教育局局长,及国家民族事务委员会委员,他奔波于学校和政府机构,相关研究工作暂停。正史职官志及九通职官考,各辑已抄校。《中国官制词典》完成初步工作。又《庆元条法事类》已校雠一遍,校记将在《燕京学报》发表。

1949—1950年度,北平解放,中共中央政府进驻北平,燕京大学继续发生着变化,包括学校学分制度和课程设置。在新的课程体系中,一门课程设为4个学分,一周4个小时课时。半学年课程设为2个学分,一周2个小时课时。每个学生允许选修4门全学年课程。全体教员被要求教授2门全学年课程,每周教学时间为8个小时。如果教员身兼一些管理职位,则可仅授1门全课程。这种新的教学体系导致课程数量的减少和选修课程人数的减少。

四、硕士研究生资助与培养

哈佛燕京学社设立奖学金资助燕京大学中国研究领域硕士研究生培养。自1928年至1952年,先后资助学生人数达70人。这些学生所获资助分半年期至三年期不等,视学生的研究主题、进展,及学社的综合评估而定。资助金额也有差异,一般每年300或500美元,这为学生提供了较为充足的生活与研究经费,对学生学习和研究发展提供了条件。哈佛燕京学社每年资助学生人数不等,一方面取决于申请人数多寡,另一方面根据学生研究主题、计划的学术价值与可行性而定。最高峰时期,学社每年资助学生人数达12人。1941年至1945年燕京大学西迁期间,学社仅资助学生1人。

1.文科研究所时期

1928—1929学年间,共有14名研究生主修中文,并还可同时主修与中国研究有关之其他学科,另有67名学生选修中文课程。学生人数反映了学生中国研究兴趣的提升。其中,顾敦鍒、Lo Ken-tse和张寿林三人获得哈佛燕京学社奖学金。前两人每人获奖学金500美元,张寿林获300美元。哈佛燕京学社的学生奖学金工作正式开始。

2.国学研究所时期

国学研究所1929—1930学年度有6位学生获得哈佛燕京学社奖学金资助,包括:(1)张长弓,从事魏晋六朝诗歌研究;(2)张寿林,从事诗经评论研究;(3)牟传凯,从事中国历代外国人姓名研究;(4)班书阁,从事书院考试机制研究;(5)白寿彝,从事宋明哲学家研究;(6)Huang Yuan Tse,从事地方志研究。

1930—1931学年,国学研究所第一次自研究生中遴选研究助理,参与导师的研究项目。本学年,研究生的学术研究普遍有较大的进步,如张寿林对《诗经》中联绵字进行了全面调查研究分析,牟传凯重点对中国历史文献中出现的外国名称予以关注,研究和编制历代外国人名索引。班书阁从事书院组织与结构体系研究,初步完成报告初稿,并对很多参考资料的重要内容做了标注。白寿彝从事朱熹研究,注重对朱熹哲学中受其老师与佛教影响的研究。Tung Yun-Hui从事地方志中有关清史的研究。李安宅协助瑞恰兹(Ivor Armstrong Richards)教授开展汉语逻辑语法问题研究,尤以孟子"心性论"为对象,还协助黄子通教授开展有关《墨子》研究。

1931—1932年度,国学研究所研究生及研究主题为:郑德坤《水经注及水经注引得》,冯家昇《辽史经籍志补正》和《辽史引得》,罗香林《客家研究》,顾廷龙《宋代著录金文集释》,吴世昌《汉译西洋文学著作考订》,翁独健《蒙古史研究》,张维华《明史佛郎机和兰意大里亚三传考证》,李晋华《明代结社考》等。

3.北平办事处时期

自 1932 年始,哈佛燕京学社与燕京大学研究院密切合作。研究生奖学金资助人数不断上升,逐步扩大了人才培养的规模。其中部分优秀的学生,或研究主题具有更高的学术价值和意义的学生,学社亦延长了资助年期,推动学生在中国研究领域逐步开拓更具学术价值和延续性的研究。以下是 1932—1952 年度,学社奖学金获得者及其研究情况。

(1) 1932—1933 年度

学社在每学年向每个获得奖学金候选资格的研究生提供法币 500 元的资助,1932—1933 年度受资助研究生有 8 位:

表 3-31:1932—1933 年度哈佛燕京学社研究生奖学金获得者

姓名	学历	研究主题	指导教授
郑德坤	1930 年燕京大学/本科	《水经注》版本研究,与沈维均合作发表《中国明器》	顾颉刚
冯家昇	1931 年燕京大学/本科	辽代与秦、新旧五代史文本比较研究中的典型错误和变化实例	洪业
顾廷龙	1930 年持志大学/本科	秦汉魏时期古文、古典文献研究;汉魏时期迄今印章的文字特色之发展变化	容庚
罗香林	1930 年清华大学/本科	客家史研究	顾颉刚 洪业
李晋华	1929 年中山大学/本科	明史编撰研究	顾颉刚
张维华	1927 年齐鲁大学/本科	明史佛郎机吕宋和兰意大里亚传注释	洪业
翁独健	1932 年燕京大学/本科	元代律法制度研究,元代历史文献资料研究,尤其是元代道教之发展	顾颉刚 洪业
吴世昌	1932 年燕京大学/本科	中国文学批评研究	

(2) 1933—1934 年度

本年度哈佛燕京学社研究生奖学金候选人名额从 8 名增至 12 名,除张维华、冯家昇、顾廷龙、翁独健 4 位上年度获资助的研究生继续获得奖学金资助外,新的奖学金获得者见表 3-32:

表 3-32:1933—1934 年度哈佛燕京学社研究生奖学金获得者①②

姓名	学历	研究主题	指导教授
陈家骥	西南联合大学本科/1931	古代《诗经》评注评论	郭绍虞
郑侃燨	燕京大学本科/1931	清代小说研究	郑振铎
高贻衍	燕京大学本科/1931	数世纪以来中国女性文学创作	马鉴
葛启扬	燕京大学本科/1931	中国古代家庭体系	顾颉刚
李素英	燕京大学本科/1933	诗经与民歌比较研究	顾颉刚
李延增	燕京大学本科/1932	汉代官制研究	顾颉刚
谭超英	燕京大学本科/1931	《红楼梦》描述语言的特色	郑振铎
邓嗣禹	燕京大学本科/1932	唐代官制研究	洪业

(3) 1934—1935 年度

表 3-33:1934—1935 年度哈佛燕京学社研究生奖学金获得者③

姓名	学历	资助年份	研究领域与工作	指导教授
李素英	燕京大学本科/1933	第二年	古代民间文学研究	顾颉刚

---

① Report of Graduate Work Conducted at Yenching University on the Harvard-Yenching Institute Foundation for the Academic Year 1933-1934[A]. Harvard-Yenching Institute Archives:Yenching University Annual Report 1928-1947:111-112.
② 燕京大学. 燕京大学校刊[J],北京:燕京大学,1932-09-08.
③ Report of Graduate Work Conducted at Yenching University on the Harvard-Yenching Institute Foundation for the Academic Year 1934-1935[A]. Harvard-Yenching Institute Archives:Yenching University Annual Report 1928-1947.

续表

姓名	学历	资助年份	研究领域与工作	指导教授
顾廷龙	持志大学本科/1930 燕京大学硕士/1932	第三年	中国汉字演变	容庚
邓嗣禹	燕京大学本科/1932 燕京大学硕士/1935	第二年	唐代至清代官制研究	洪业
翁独健	燕京大学本科/1932 燕京大学硕士/1935	第三年	元代史料研究，尤其是元代道教发展	洪业
陈家骥	西南联合大学本科/1931 燕京大学硕士/1935	第一年	汉代郑玄研究	容庚
李子魁	Ming Kuo 大学/1932 燕京大学硕士/1935		汉代郡县制研究	Ru Chien-kang
严群	燕京大学本科/1931 燕京大学硕士/1934		宋明哲学与西方哲学比较研究	博晨光 黄子通
于海晏	河南大学本科/1931		汉、魏、六朝音韵学研究	闻宥

(4) 1935—1936 年度

1935 年，哈佛燕京学社第一次提名学社研究员，候选人每年获得资助金额达法币 1200 元，这类研究员资助主要面向那些研究项目需持续多年开展的学者。此类研究员级别介于研究学者和研究教授之间。资助基金来源于燕京大学所获哈佛燕京学社限制性基金。第一批研究员提名候选人是邓嗣禹和杨荫浏(Ernest Y. L. Yang)。邓嗣禹 1928 年考入燕京大学，师从洪业、顾颉刚、邓之诚三位导师，1932 年任燕京大学历史学会主席，1935 年获历史学硕士学位，并留校担任讲师，编纂出版《〈太平广记〉篇目及引书引得》(1934)、《燕京大学图书馆目录初稿·类书之部》(1935)，1936 年与美国青年汉学家毕乃德(Knight Biggerstaff)合作编撰《中国参考书目解题》。此外，还从事《颜氏家训》研究与翻译。杨荫浏，中国音乐家，从事中国音乐史研究，研究领域为中国音乐(主音)基调与音阶系统的发现与发展。

1936年,《燕京大学哈佛燕京学社奖学金简则》正式公布,内容如下:

1.奖学金每年若干名,每名约给国币五百元,年分四期发给。

2.请求奖学金者须:(1)得燕京大学研究员许可入学为研究生(研究院另有简章,详列报名手续),其所选研究范围,以下列七门为限:中国文学,中国文字学,中国历史学,中国哲学,中国宗教学,中国美术学,中国考古学。(2)得本社教授社员一人许可指导其研究工作(此项可由本社代商)。(3)送交研究范围之说明,及已出版或未出版之研究著作若干篇,以便本社考核(请求者如欲此类著作退还本人,交时应付写明通信处之纸袋)。

3.凡已得本社奖学金之研究生,如再得其他奖学金者,须先得本社之许可,否则本社即行停止给予该生奖学金。

4.本社奖学金之给予,每年于本校毕业典礼后一星期内选定之,凡请求书应于其前一星期内以前寄来本社委员会(请求书封面书寄北京海淀燕京大学哈佛燕京学社北平办公处干事收)。

5.奖学金以一年为限,成绩优良者得继续请求由本社斟酌续给一年。

本年度学社研究生奖学金新获得者有10人,另有1人为第三年资助。

表3-34:1935—1936年度哈佛燕京学社奖学金获得者①

资助年期	姓名	专业	学历	研究领域
第一年	张家驹	历史	燕京大学本科/1935	中国南方之发展
	张玮瑛	历史	燕京大学本科/1935	晚明文学流派详考
	陈梦家	中文	国立中央大学/1932	从古文中考见上古史迹
	周昊	中文	东陆大学本科/1933	唐音考

---

① Harvard Yenching Insititute Annual Report - Yenching University 1935-1936. *Harvard - Yenching Institute Scholarships of Yenching University* [A]. Harvard - Yenching Institute Archives:Yenching University Annual Report 1935-1936:103.

续表

资助年期	姓名	专业	学历	研究领域
第一年	周一良	历史	燕京大学本科/1935	日本历史资料辑要之秋山缣藏日支交涉史话译补
	朱宝昌	哲学	燕京大学本科/1935	唯识宗之研究
	邝平樟	历史	西南联合大学本科/1933 燕京大学硕士/1935	唐代边疆研究
	刘选民	历史	燕京大学本科/1935	东三省清人设治始末
第三年	李素英	中文	燕京大学本科/1933	歌谣研究
一年期部分奖学金	蒙思明	历史	西南联合大学本科/1933	中国史家的历史的方法
一学期全额奖学金	高名凯	哲学	燕京大学本科/1936	中国哲学史中的太极

(5) 1936—1937年度

本年度哈佛燕京学社研究生奖学金候选人新增2人,共7人,其中语言与文学3名,哲学与历史各2名。同时,学社还继续资助上一年度奖学金获得者邓嗣禹和杨荫浏。杨荫浏发表论文《平均律算解》(《燕京学报》第21号),完成七弦琴研究,并与郭绍虞教授合作编撰《中国音乐百科全书》,还收集不同版本的世界著名歌剧、西方室内音乐。

表3-35:1936—1937年度哈佛燕京学社奖学金获得者①

资助年期	姓名	专业	学历	研究领域
第一年	李文郁	语言与文学	山西大学本科/1930	中国诗学之分析研究
	陈竞明	语言与文学	华南大学本科/1934 燕京大学硕士/1935	六朝至唐中国文学所受印度之影响

---

① Report of Graduate Work Conducted at Yenching University on the Harvard-Yenching Institute Foundation for the Academic Year 1936-1937[A]. Harvard-Yenching Institute Archives: Yenching University Annual Report 1928-1947.

续表

资助年期	姓名	专业	学历	研究领域
第二年	张玮瑛	语言与文学	燕京大学本科/1935	清朝漕运
	朱宝昌	哲学	燕京大学本科/1936	据唯识谈宇宙之秩序及认知之能力
	高名凯	哲学	燕京大学本科/1936	中国思想史中的太极
	刘选民	历史	燕京大学本科/1935	东三省清人设治始末
	蒙思明	历史	西南联合大学本科/1933	元代社会阶级制度

(6) 1937—1938 年度

1937—1938 年度，哈佛燕京学社奖学金候选人原计 10 人，其中 5 人因故无法到校，另 3 名备选学生获得资助，最终共有 8 名学生获得资助。

表 3-36：1937—1938 年度哈佛燕京学社奖学金获得者①

姓名	专业	学历	研究领域
张玮英	语言与文学 历史	燕京大学本科/1935 燕京大学硕士/1938	清代漕运
刘选民	历史	燕京大学本科/1935 燕京大学硕士/1938	东三省清人设治始末
蒙思明	历史	西南联合大学本科/1933 燕京大学硕士/1938	元代社会阶级制度
葛启扬	历史	燕京大学本科/1931	六书解说史
陆钦墀	历史	燕京大学本科/1931	英法联军之役
曹诗成	历史	燕京大学本科/1930	毛诗食物考
杨明照	语言与文学	国立四川大学本科/1936	文心雕龙研究

① Harvard Yenching Insititute Annual Report – Yenching University 1937 – 1938. *Harvard - Yenching Institute Scholarships of Yenching University* [A]. Harvard - Yenching Institute Archives：Yenching University Annual Report 1937-1938.

续表

姓名	专业	学历	研究领域
余焕栋	语言与文学	燕京大学本科/1937	唐宋传奇之研究

(7) 1938—1939 年度

表 3-37：1938—1939 年度哈佛燕京学社奖学金获得者①

姓名	学历	专业	研究主题
侯仁之	燕京大学本科/1936	历史学	天下郡国利病书补山东之部
葛启扬	燕京大学本科/1931	历史学	六书解说史
曹诗成	燕京大学本科/1930 燕京大学硕士/1939	历史学	毛诗食物考
杨明照	四川大学本科/1936 燕京大学硕士/1939	文学与语言学	文心雕龙研究
王钟翰	燕京大学本科/1938	历史学	清代署则例
王锡昌	燕京大学本科/1936	文学与语言学	唐代佛教文学之影响
王世襄	燕京大学本科/1938	文学与语言学	中国画论研究
王伊同	燕京大学本科/1937	历史学	六朝门阀考

(8) 1939—1940 年度

表 3-38：1939—1940 年度哈佛燕京学社奖学金获得者②

姓名	学历	专业	研究主题
程明洲	燕京大学本科/1939	历史	

---

① Annual Report of Harvard-Yenching Institute Peking Office Yenching University Restricted Fund 1938-1939 [A]. Harvard-Yenching Institute Archives：Yenching University Annual Report 1937-1939：198.

② Annual Report to the Directors and the Board of Trustees of the Harvard-Yenching Institute on Chinese Studies Supported on the Restricted Fund 1939-1940[A]. 亚联董档案：11-315-4823：691.

续表

姓名	学历	专业	研究主题
侯仁之①	燕京大学本科/1936 燕京大学硕士/1939	历史	天下郡国利病书续补山东之部
葛力	燕京大学本科/1939	哲学	中国哲学中数种重要名词之研究
杜洽	燕京大学本科/1939	历史	
王钟翰②	燕京大学本科/1939 燕京大学硕士/1940	历史	清代则例与政法之关系
王锡昌	燕京大学本科/1935	语言与文学	唐代佛教文学之影响
王世襄	燕京大学本科/1938	语言与文学	中国画论研究
王伊同	燕京大学本科/1937	历史	六朝门阀考
杨敏如	燕京大学本科/1939	语言与文学	宋人词律考
闫简弼	燕京大学本科/1939	语言与文学	宋人词集考
蓝铁年	北京大学本科/1939	哲学	梵文和藏语
曹诗成	燕京大学本科/1930 燕京大学硕士/1939	历史	西园闻见录

(9) 1940—1941 年度

表 3-39：1940—1941 年度哈佛燕京学社奖学金获得者

姓名	学历	专业	研究主题
王伊同	燕京大学本科/1937	历史	六朝门阀考
程明洲	国立清华大学本科/1939	历史	清德宗宝录研究
杜洽	燕京大学本科/1939	历史	清代野史纪事丛征

---

① 1940 年秋被聘为燕京大学历史系研究助理。
② 1940 年秋被聘为燕京大学历史系研究助理。

续表

姓名	学历	专业	研究主题
葛力	燕京大学本科/1939	哲学	中国哲学中数种重要名词之研究
闫简弼	燕京大学本科/1939	汉语言与文学	王肃反切与广韵反切之比较以探求汉魏音系之研究
王世襄	燕京大学本科/1938	汉语言与文学	中国画论研究
陈挚	燕京大学本科/1940	历史	锡良别录（The Writings of Hsi-liang）
林树惠	燕京大学本科/1940	历史	张居正辑传
叶家璋	燕京大学本科/1940	汉语言与文学	汉语言，研究主题尚未明确
蓝铁年	燕京大学本科/1939	哲学	中国禅宗研究
刘家驹	辅仁大学本科/1939	哲学	道家哲学史

(10) 1941—1952 年

1941—1945 年,因日本占领燕大校园,燕京大学被迫关闭并迁往西南,学校教学科研受到严重影响,四年全校共招收硕士生 33 人,哈佛燕京学社仅资助 1 名研究生,即历史学王伊同,其研究题目为"六朝门阀考"。

1945—1952 年间,燕京大学共招收 81 名文理硕士研究生。哈佛燕京学社对文科中国研究硕士生的奖学金资助共 7 人,约占 11.6%。1945—1946 年度,仅有 1942 年毕业于辅仁大学的万心蕙获得资助,导师为邓之诚与翁独健,研究题目为"总理衙门考"。1946—1947 年度,哈佛燕京学社研究生奖学金资助者共 4 名,除万心蕙外,包括:刘适(Liu Shih,石泉),1944 年毕业于成都燕京大学历史系本科,同年秋考入燕大研究院历史部,指导教师陈寅恪,论文主题为"中日战争期间清廷的政治环境";①许大龄,毕业于辅仁大学,1945年考入燕京大学研究院历史部,论文题目为"清代捐纳制度";李文瑾女士,毕业于辅仁大学,1947年春获得学社奖学金资助。1947—1948年度,哈佛燕京学社研究生奖学金资助万心蕙《总理衙门考》、陈舒永《仡佬话的记录和分析》、万秋芳《巴黎和会》。1949—1950年度,奖学金资助学生及研究为刘适《中日甲午战争前后中国之政局》、李文瑾《九一八之外交》。

五、博士研究生资助与培养

燕京大学研究生培养始终有个目标是博士研究生培养。对此,学社给予肯定和支持。"在研究生教育领域,燕京大学被要求开展教师训练,课本和参考书提供,在中国开展研究……最终的目标是进行包括博士学位或者大体相当的整个研究生教育,这一工作应该强调在国内研究问题而不是大量授予学位。燕大是目前承担研究生工作的中心,不过,如果可能,随后可以建立另一个中心。"②但这一计划始终未能开展起来,博士研究生培养中心始终依托哈佛大学。

---

① 1946年夏,访医欧美未果的陈寅恪失意归国,于10月回清华大学任教。11月,他又被燕大校长陆志韦聘为研究导师,继续指导石泉的学位论文。陈寅恪总是告诫石泉:"为弄清史实真相,什么材料都可用,只要你会不会用。""假中有真,真中有假之史料,随处都有,要在善于鉴别。"1947年春,石泉正式提笔撰写论文,次年夏完成。论文倾注了陈寅恪大量的心血,据石泉回忆:写作过程中,进行每一章之前,皆曾向陈师说明自己的初步想法,经首肯,并大致确定范围后,始着笔。每完成一大节或一小章(各章各节大小不等),则读与陈师听,详细讨论后,定稿。陈师对史料之掌握极为严格:首先必须充分占有史料,凡当时闻悉并能见到者,皆须尽力设法搜集、查阅,不容有丝毫遗漏;而选用于学位论文时,则又尽量筛选,力求精炼。其次则尤注意史料之核实,同一史事,尤其是关键性的记载,彼此有出入者,必须认真加以鉴定,确定其某一部分为史实后,始得引以为据。在观点方面,则持之尤慎,必以史实为立论之基础。论文中每有分析性之论点提出,陈师必从反面加以质询,要求一一作出解答,必至穷尽各种可能有的歧见,皆予澄清之后,始同意此部分定稿。1997年,石泉之硕士论文改名为"甲午战争前后之晚清政局",这是陈寅恪生平指导的唯一一篇关于中国近代史的论文。

② Program of the Harvard-Yenching Institute in Relation to the Correlated Program for the Christian Higher Education in the China 2/3/1936[A]. 联董档案号:336-5132-0190//陈滔娜. 哈佛燕京学社校际合作史[M]. 南京:江苏人民出版社,2014:255.

1.赴美留学人员

受哈佛燕京学社资助赴美国哈佛大学攻读学位或研究之学生包括齐思和、翁独健、郑德坤、林耀华、黄延毓、周一良、陈观胜、蒙思明、王伊同、王钟翰、邓嗣禹、杨联陞。①

齐思和,1931年至1935年赴哈佛大学研究院攻读博士学位。后任燕京大学历史系教授、主任。

翁独健,1935年至1938年赴哈佛大学学习,获博士学位,后任燕京大学历史系教授。

林耀华,1937年至1940年赴哈佛大学攻读博士学位,获人类学哲学博士学位。后任燕京大学社会学系教授。

黄延毓,硕士毕业于岭南大学,后获哈佛大学博士,并返回中国任教,后返美工作。

郑德坤,1938年至1941年赴哈佛大学攻读博士学位,毕业后回国任教,后至英国剑桥大学、香港中文大学工作。筹办了香港中文大学东方文化研究所,任所长。

周一良,1939年至1944年赴哈佛大学远东语文系攻读博士学位,1944年至1946年任哈佛大学日语教员,后回国任教燕京大学、清华大学、北京大学等。

陈观胜,1946年获哈佛大学博士,曾任哈佛燕京学社北平办事处干事,后在加州大学洛杉矶分校东方语言系、普林斯顿大学宗教系任教。

蒙思明,燕京大学历史学硕士,1944赴哈佛大学攻读博士学位,后在华西大学任教。

王伊同,燕京大学本科、硕士毕业,曾在金陵大学任教,后赴哈佛大学攻读博士学位,曾在芝加哥大学、威斯康星大学、加拿大不列颠哥伦比亚大学、匹兹堡大学任教。

王钟翰,燕京大学硕士,后赴哈佛大学攻读博士学位,曾任教于燕京大学历史系,及哈佛燕京学引得编纂处编辑。1952年后任教于中央民族学院历史系。

杨联陞毕业于清华大学经济系,后赴美攻读硕士、博士学位,后在哈

---

① 陈滔娜.哈佛燕京学社校际合作史[M].南京:江苏人民出版社,2014:271-272.

佛大学任教。

2.来华学习人员

哈佛燕京学社为培养中国研究学者、专家,资助了许多美国学生、学者前往中国进行长期学习或不定期研究访问。例如:①

贾德纳(Gardner Charles Sidney),1925年至1928年、1938年至1939年来华,先后在哈佛大学、宾夕法尼亚大学、哥伦比亚大学任教,在耶鲁大学图书馆任中国史顾问,致力于中国政治史、文化史,以及康熙时期中国的亚洲邻国史研究。

魏鲁男(James Roland Ware),1929年至1932年来华,致力于中国六朝史研究,对《论语》《孟子》《庄子》等作翻译和注释。后历任哈佛大学中文讲师、副教授、教授。

卡尔·舒斯特(Carl Schuster),1929年至1932年来华,主要从事人类艺术的比较研究。回国后任费城艺术博物馆中国艺术馆助理馆长等职。

戴德华(George Edward Taylor),1930年至1932年来华,后任华盛顿州立大学东方学院教授兼院长。致力于中国现代政治发展研究。著有《为华北而斗争》《变化中的中国》等。

西克门(Laurence Sickman),1930至1935年来华,致力于中国绘画、雕刻、青铜器研究,后任密苏里美术馆东方艺术馆馆长等职。

1931—1932年度,哈佛大学还选送 Derk Bodde,梁思永,G. Taylor,Owen Lattimore,G. T. Bowles 前往燕京大学开展中国研究。

其后,先后有施维许(Earl Swisher)、毕乃德(Knight Biggersaff)、卜德(Derk Bodde)、顾立雅(Horrlee Glessner Greel)、戴德华(George Edward Taylor)、赖肖尔(Edwin O. Reischauer)、芮沃寿(Arthur Frederick Wright)、饶大卫(David Nelson Rowe)、倪维森(Devid Shepherd Nivison)、费正清(John King Fairbank)、柯睿格(Edward Augustus Kracke, Jr.)、柯立夫(Francis Woodman Cleaves)等来华学习研究。②

---

① 3 Status of Chinese Research Work at Yenching University as Conducted under the Auspices of the Harvard-Yenching Institute[A]. Harvard-Yenching Institute Archives:Yenching University 1932-1934:32.

② 张玮瑛,王百强,钱辛波. 燕京大学史稿 1919—1952 [M].北京:人民中国出版社,1999:398—401.

施维许(Earl Swisher),1931年至1934年来华,后任科罗拉多大学讲师、副教授、教授,主研中国现代史、当代史等。

毕乃德(Knight Biggersaff),1930年至1935年来华,先后在华盛顿大学、康奈尔大学任教,曾任康奈尔大学远东研究系主任。著有《中国最早的近代官办学校》等。

卜德(Derk Bodde),1931年至1935年来华,后任教于美国宾夕法尼亚州大学,主研中国哲学。有多部有关中国文化传统的著作。

顾立雅(Horrlee Glessner Greel),1931年至1935年来华,后任教于芝加哥大学历史系、东方语言文学系,历任讲师、教授。主要从事中国古代史、中国哲学史、中国政治制度研究及考古研究。著有《中国的诞生》《孔夫子其人和神话》《中国思想:从孔子到毛泽东》。

费正清(John King Fairbank),1932年来华,1932、1933年份获哈佛燕京学社奖学金资助,历任哈佛大学远东语文系讲师、副教授、教授。

赖肖尔(Edwin O. Reischauer),1933年至1938年间,先后在法国、日本、中国等地从事日本语言与历史,以及中国史研究。曾与费正清合作撰著《东亚文明史》《东亚:传统与变革》。

芮沃寿(Arthur Frederick Wright),分别于1939年至1940年、1941年至1947年来华,从事中国佛学、儒学等哲学思想研究,先后任斯坦福大学、耶鲁大学教授。

饶大卫(David Nelson Rowe),1938年以洛氏基金资助来华,受哈佛燕京学社洪业指导学习,后任教普林斯顿大学、耶鲁大学等校。

倪维森(Devid Shepherd Nivison),从事中国思想史,如中国儒学、马克思主义哲学等研究,先后在斯坦福大学教授中文、中国哲学等课程。

柯睿格(Edward Augustus Kracke, Jr.),曾任芝加哥大学东方语言和文明系的中国文学和制度的助理教授、副教授、教授,从事中国政治史、中国城市、宋史研究。著有《宋初文官制度》《中国思想和制度》《中国遗产》等。

柯立夫(Francis Woodman Cleaves),主研蒙古史。出版有多部有关蒙古史、伊朗史的著作。

第四章　本科教育：
哈佛燕京学社在华中国研究之基础

哈佛燕京学社研究生教育注重不同培养层次的衔接和互通，建立了一个既比较科学，又符合当时中国高等教育实际条件的学生培养路径。这一路径是全面支持和加强各受资助教会大学的本科教育，发现培养优秀学生，选送至燕京大学攻读硕士学位，通过燕京大学中西兼具的硕士研究生教育培养，资助优秀学生至哈佛大学攻读博士学位。

学社始终坚持认为，本科教育是研究生教育的基础，只有做好本科教育的发展工作，才能为研究生教育培养和储备优秀人才。因此，哈佛燕京学社根据分配比例，每年向燕京大学、岭南大学、金陵大学、华西协和大学、齐鲁大学、福建协和大学、华中大学（1937年开始获得资助）提供经费，支持这些学校加强中国研究本科教育发展。这些学校利用学社的经费，积极聘请许多优秀教授、兼职教师、讲座教授等来校任教。他们或具备海外留学经历，或属中国当时学术界优秀学者，拥有广阔的学术视野，掌握科学的研究方法，对国内外学术发展和前沿有深入的了解。与此同时，这些学校借鉴西方大学课程建设经验，积极开展课程改革，努力建设理论与实践结合、课堂与田野结合、讲授与学术讨论结合，以及文理课程兼修的课程体系模式。尽管各校与学社的合作程度不一，教育理念无法取得完全一致，实际成效不同，但总体而言，这些学校的本科教育，尤其是在中国研究领域,取得了较大的进步,为学社的研究生教育培养了优秀的储备人才。

一、燕京大学

哈佛燕京学社对中国研究的范围界定纯粹限于中国传统历史文化,内容包括历史、宗教、哲学、语言、文学、艺术、考古、人类学,不涉及政治、经济,致力于通过东西方比较、批判研究方法,①促进中西方文明与历史的深入了解与交流,促进西方汉学的发展,并与中国当时整理国故风潮相呼应,推动中国传统学术文化发展与传承。这种思想在燕京大学得到了较为充分的实践。

燕京大学具有良好的中国研究教育发展基础。上世纪20年代,在反基督教运动和收回教育权运动风潮中,司徒雷登校长敏锐地意识到,教会大学原有的发展路径与发展模式再难以行通。司徒雷登在中国出生和成长,对中国社会与民众思想较为熟悉,对中国近代长期深陷外国入侵,民族独立、爱国主义思想日趋高涨的趋势有深刻的察觉,因此,他力主燕京大学改革,顺应中国社会潮流。司徒雷登一方面推动燕京大学取消宗教意识和宗教必修课,减少宗教课老师,改神学院为宗教学院,强化其学术研究性质;另一方面加强中国传统文化学术领域的教育和课程改革。②除司徒雷登之外,燕京大学还有一批校领导、教授,如高厚德、洪业、刘廷芳、吴雷川、陆志韦等,对中国历史文化教育和研究十分重视,在推动该校中国研究教育和研究发展中起到了积极的作用。

燕京大学践行"中西一治"的理念。1935年,司徒雷登讲"燕京大学中西一治"言:燕京目的,在将中西学识熔于一炉、各采其长,以求多获益处。因此参用西学,乃使学生获得广阔之训练,而为将来进取之准备。同时,对于国际情形,既能洞悉无疑,则爱国热忱,自不难油然而生。吾人所

---

① Report to the Administrative Committee of the Harvard-Yenching Institute[A]. Harvard-Yenching Institute Archives:Yenching University Annual Report 1928-1947, Christian Colleges in China,Cambridge, Mass.

② 罗义贤. 司徒雷登与燕京大学[M]. 贵阳:贵州人民出版社,2005:102.

同心企望者,固在本校如何始能对中国有所贡献,而欲求对中国有贡献,则必须训练一般人材,对中西情形,皆有相当了解,然后方能成竹在胸,应付裕如。①"中西一治"体现于以下几方面:① 学术研究和教育内容:在中国化基础上,兼对西方文化学术之钻研、传授,以及语言学的重视。② 专业、学科建设:突出在中西文化学术之比较研究方面加强发展。③方法:中国传统治学方法、西方现代科学方法综合运用。④ 研究生课程体系与教学管理,深入借鉴西方现代研究生教育实践经验,建立标准的课程体系、评价标准和科学的教学管理制度。② ⑤ 师资队伍建设:燕京大学教师既有前朝翰林,传统之国学大师,又有具备西方教育背景,掌握西方现代科学治学方法和教学方法之学者。⑥国际交流:与美国普林斯顿大学、卫尔斯利女子学院、密苏里新闻学院、哈佛大学、英国牛津大学等建立了教育合作关系,合作设置专业课程、派遣学生出国留学、邀请国外学者来中国开展教学和研究等。③

哈佛燕京学社成立后,燕京大学利用学社每年分配的固定的限制性基金积极推动中国研究本科教育发展,重点加强国文、历史、哲学三系的名师聘请和本科教学课程改革。以下重点就国文系、历史学系发展予以介绍。

1.国文系

燕京大学国文系自 1920 年代后期至 1930 年代,汇集了许多知名教授。

1928 年,马鉴任国文系主任,教授有吴雷川、周作人、沈士远、容庚、黄子通,副教授有郭绍虞、杨振声,另聘请有马裕藻、沈尹默、徐祖正、谢婉莹、俞平伯、熊佛西等为讲师,许地山、冯友兰等兼职授课。

1930 年,钱穆获聘讲师,张尔田、马太玄、傅仲涛、溥西园、朱自清等兼任讲师。

1931—1932 年度,郭绍虞任系主任,教授有郑振铎、容庚、马鉴和吴雷川,另有教师 16 人,包括祝廉先、张尔田、奉宽、傅仲涛、侯堮、熊佛西、

---

① 司徒雷登讲"燕京大学中西一治"[N]. 燕京新闻,1935-09-24(2 卷 6 期).
② (美)艾德敷著,刘天路译. 燕京大学[M]. 珠海:珠海出版社,2005:211.
③ (美)艾德敷著,刘天路译. 燕京大学[M]. 珠海:珠海出版社,2005:211.

顾随、黎锦熙、陆侃如、马太玄、沈启无、魏建功、谢婉莹等,以及助教张寿林等。①

1932—1935年度,国文系授课教师有祝廉先、张星烺、马鉴、郭绍虞、容庚、张尔田、顾颉刚、傅仲涛、邓之诚、郑振铎、侯仁之、马太玄、魏建功、许地山、赵紫宸等人。②③

1935—1936年度,国文系授课教师有郭绍虞、钱穆、陆侃如、董璠、刘节、黄子通、容庚、刘盼遂、奉宽、李镜池、闻一多、于式玉等人。④

1937—1939年度,国文系授课教师有容庚、郭绍虞、陆侃如、刘盼遂、吴雷川、沈国华、王西徵、顾随、谢婉莹、萧正谊、董璠、赵紫宸、周作人、郑骞、凌景埏等。

1946—1947年度,国文系授课老师有梁启雄、赵紫宸、姚茭、朱自清、高名凯、周一良、陆志韦等。

1949—1950年度,国文系授课教师有林焘、陈舒永、邓懿、闫简弼、孙铮、卢念苏、俞敏、孙铮、于省吾、赵紫宸、林庚、陈梦家、张伯驹、高名凯、鸟居幸子、梁启雄等。

国文学系的培养目标是希望学生对国学或文学有所贡献,或成为中学良好的国文教员。在课程设置上,基础性与专业性课程并重、理论与实践课结合。课程内容包括:

(1)中国历代文学发展与历史,如中国文学史,古代诗歌,汉魏六朝散文,唐宋诗词与散文,元明戏曲,明清诗歌、小说、散文,以及宗教文学,文学批评史等;

(2)中国语言与文字学,如修辞学、语法、音韵学、词源学、甲骨钟鼎文、中国古文书学、古音系、说文研究、近代语研究、训诂学、简笔字等;

---

① 颜芳. 近代学术转型视野下的燕京大学国学教育[D]. 北京师范大学,2011:89.
② Yenching University List of Courses in the Department of Chinese 1932-1933[A]. Harvard-Yenching Institute Archives:HYI Trustees and Executive Committee 1933-1938.
③ Harvard-Yenching Institute Archive:Report to the Administrative Committee of the Harvard-Yenching Institute[A]. Harvard-Yenching Institute Archives-Yenching University Annual Report 1928-1947. Christian Colleges in China.
④ Harvard-Yenching Institute Annual Report Yenching University 1935-1936[A]. Harvard-Yenching Institute Archives:Yenching University Annual Report 1935-1936:108-110.

(3) 写作，如文言文习作、白话文习作、公牍文习作等；

(4) 外语课程。燕京大学以"通才教育"为宗旨之一。国文系设置了初、高级日文课程。

国文学系历年课程设置如下：

表 4-1：1932—1933 年度燕京大学国文系课程设置①

课程序号	课程名称	学分	人数	授课教师
中文 1-2	第一年中文	2	104	祝廉先 张星烺 马鉴
中文 3-4	第一年中文（自然科学学生）	1	115	祝廉先 张星烺 马鉴
中文 11-22	修辞学	2	21	郭绍虞
中文 13-14	比较语法	2	38	黎锦熙
中文 15-16	中国文学史	2	19	郭绍虞
中文 21-22	文学批评	2	26	郑振铎
中文 23-24	语言学	2	15	容庚
中文 25	音韵学	2	32	Pei
中文 27	词源学	2	31	郭绍虞
中文 41-42	古代诗歌	1	27	张星烺
中文 43	早期中国文学 I	2	35	马鉴
中文 44	早期中国文学 II	2	39	马鉴
中文 45	汉魏六朝散文	2	18	张尔田
中文 46	汉魏六朝诗歌	2	40	顾颉刚
中文 47	唐宋散文	2	4	郭绍虞

① Harvard-Yenching Institute Archives. *Yenching University List of Courses in the Department of Chinese* 1932-1933[A]. HYI Trustees and Executive Committee 1933-1938.

续表

课程序号	课程名称	学分	人数	授课教师
中文 51	唐宋诗歌	2	51	顾颉刚
中文 52	唐宋诗歌 II（词）	2	52	顾颉刚
中文 53	元明诗歌 II（曲、戏剧）	2	11	郑振铎
中文 54	明代小说	2	34	郑振铎
中文 55	元明杂剧	2	18	郑振铎
日文 1-2	初级日语	4	39	傅仲涛
日文 3-4	高级日语	3	14	傅仲涛
艺术 2	中国艺术鉴赏	3	8	邓之诚
艺术 9	中国艺术技术方法	2	8	邓之诚
艺术 10	室内装潢	2	7	邓之诚
艺术 14	比较艺术	1	10	邓之诚
艺术 8	花卉画	2 或 3	15	
艺术 20	中国画原理	2 或 3		
中文 62		1	26	
中文 56	自昆剧出现以来的明代传奇	2	28	郑振铎
中文 57	清代散文	2	12	侯仁之
中文 81	中国古典文献历史	2	2	侯仁之
中文 91	中国文学书目研究	2	3	马太玄
中文 101	唐宋时期的传奇或戏剧小说	1	22	郑振铎
中文 105	清代散文 II（古典文学）	2	11	祝廉先
中文 106	清代散文 III（对立与平行）	2	5	张尔田
中文 108	清代诗歌 I	2	13	祝廉先
中文 109	清代诗歌 II	2	6	顾颉刚
中文 111	清代小说	2	31	郑振铎
中文 112	清代戏剧	2	16	郑振铎
中文 113	公文写作	2	75	吴雷川

续表

课程序号	课程名称	学分	人数	授课教师
中文 121	中世纪文学批评	2	16	郭绍虞
中文 122	现代文学批评	2	8	郭绍虞
中文 132	文本研究	2	6	马太玄
中文 143-144	中英文诗歌比较	2	3	吴雷川
中文 152	陶渊明	2	11	郭绍虞
中文 153	李义山诗歌	2	8	张尔田
中文 154	清真词	2	14	张尔田
中文 155-156	苏辛词	1	16	顾颉刚
中文 157	敦煌俗文学	1	17	郑振铎
中文 158	宋元及明初戏文	1	16	郑振铎
中文 160	宋元话本	1	22	郑振铎
中文 161	佛教文学	2		本年不开设
中文 162	佛教翻译文学	2	9	许地山
中文 171	说文研究	3		本年不开设
中文 171	甲骨钟鼎文	3	6	容庚
中文 172	中国古文书学	3	6	容庚
中文 173	声韵转变研究	2	7	魏建功
中文 174	古音系研究	2	4	魏建功
中文175 176	近代语研究	2	4	黎锦熙
中文 181	中学国文教学法	2	17	马鉴
中文 182	笔记分类研究	2	21	马鉴
中文 199-200	论文写作	2-6	9	

表 4-2:1933—1934 学年燕京大学国文系课程表①

	序号	课程名称	学分	人数
中文	1-2	一年级国文	3-3	121
	21-22	文艺评论/文学批评	2-2	33
	23-24	哲学	2-2	6
	25-26	音韵学	2-2	13
	27	语源学	2	13
	28	哲学研究导论	2	4
	41-42	古代诗歌	2-2	39
	44	中国早期文学 II	2	25
	49-50	唐宋诗歌 I	2-2	30
	51-52	唐宋诗歌 II	2-2	9
	55	元明杂剧	2	57
	56	明代传奇	2	33
	59	过去三十年间中译文学	1	73
	61-62	散文(二年级中文)	2-2	69
	101	唐宋传奇或戏剧	1	20
	108	清代诗词 I	2	15
	110	清代诗词 III	1	53
	111	清代小说	2	46
	121	中国文艺评论/文学批评史	2	6
	145-146	中国宗教文学研究	1	17
	151	陶渊明	2	10
	153-154	清真词疏	2-2	15
	157	敦煌俗文学	2	8

① Report to the Administrative Committee of the Harvard-Yenching Institute [A]. Harvard-Yenching Institute Archive: Yenching University Annual Report 1928-1947. Christian Colleges in China.

续表

	序号	课程名称	学分	人数
中文	158	宋元和明代早期戏剧	1	25
	160	宋元白话小说	1	29
	171	说文研究	3	10
	172	中国古文字学	3	7
	173—174	古汉语音韵系统	2-2	4
	182	中学语文教学方法	2	10
	199—200	高级论文	2-6	4
日文	1-2	初级日语	4-4	37
	3-4	高级日语	3-3	6
		外国留学生国文补习	3	12

表 4-3：1934—1935 学年燕京大学国文系本科课程表

	序号	课程名称	学分	人数	授课教师
中文	1-2	一年级中文	3-3	110	马鉴，郑振铎，闻一多
	3-4	一年级中文	3-3	65	马鉴，吴雷川，祝廉先
	11-12	修辞学	2-2	10	郭绍虞
	14	比较语法	1	50	吴雷川
	15-16	中国文学史	2-2	16	郭绍虞
	21-22	文艺评论/文学批评	2-2	4	郑振铎，郭绍虞
	23-24	哲学	2-2	8	容庚
	25-26	哲学	2-2	10	闻一多
	27	语源学	2	10	郭绍虞
	43-44	早期中国文学	2-2	44	马鉴
	45 a-b	汉魏六朝散文	2-2	25	张尔田
	46 a-b	汉魏六朝诗歌	2-2	59	顾颉刚

续表

序号		课程名称	学分	人数	授课教师
中文	47	唐宋诗歌	2	22	马鉴
	51-52	唐宋诗歌,I	2-2	5	祝廉先
	55	元明戏剧	2	17	郑振铎
	59	现代文学	2	9	吴雷川
	61-62	散文	2-2	48	马鉴,祝廉先
	82	中国古典文学史	2	23	Ch'ien
	101	唐宋传奇	1	9	郑振铎
	105	清代散文	2	8	祝廉先
	108	清代诗歌	2	14	祝廉先
	111	清代小说	2	18	郑振铎
	113 a-b	公文书的组成	2	28	吴雷川
	121	中世纪中国文学批评	2	8	郭绍虞
	145-146	中国宗教文学研究	1-1	16	赵紫宸
	152	陶渊明	2	14	郭绍虞
	155-156	苏轼和辛弃疾词研究	1-1	29	顾颉刚
	157	敦煌民众文学	1	10	郑振铎
	163-164	哲学研究导论	1-1	6	闻一多
	171	《说文》研究	3	3	容庚
	172	中国古文书学	3	7	容庚
	173-174	古代中文音韵系统	2-2	6	闻一多
	183	杜甫诗词	2	10	闻一多
日文	1-2	初级日语	3-3	20	于式玉
	3-4	高级日语	3-3	5	于式玉

表 4-4:1935—1936 学年燕京大学国文系课程表①

序号	课程名称（中英文）	学分	人数		授课教师
			秋季	春季	
1-2	名著选读兼作文	3-3	39	35	陆侃如
			40	43	董璠
			37	20	刘节
			13	23	李镜池
			40	34	董璠
			35	34	李镜池
			34	27	刘盼遂
			47	39	董璠
			50	53	李镜池
3-4	文言文习作	2-2	14	49	董璠
5(6)	语体文习作	2	6	6	董璠
7(8)	公牍文习作	2	45	47	奉宽
11-12	目录学	1-1	11	6	刘节
13-14	国故概要	2-2	30	18	刘节
47-48	中国哲学史		4	4	黄子通
49(50)	老子庄子淮南子				黄子通
21-22	文字形义学	2-2	16	12	容庚
32	简笔字	3		20	容庚
25-26	声韵学	2-2	6	4	王力
28(27)	训诂学	3		6	刘盼遂

① Harvard-Yenching Institute Archives：Harvard-Yenching Institute Annual Report Yenching University 1935-1936[A]. Yenching University Annual Report 1935-1936：108-110.

续表

序号	课程名称（中英文）	学分	人数 秋季	人数 春季	授课教师
35-36	满蒙文	2-2	3	3	奉宽
61-62	古代文	2-2	16	5	刘节
63-64	汉魏六朝文	2-2	6	14	刘盼遂
73-74	清代学术文	2-2	8	6	钱穆
79(80)	唐宋诗	3	33		顾随
82(81)	五代两宋词	3		45	顾随
91-92	文学史纲要	3-3	17	11	郭绍虞
94(93)	小说戏曲史	3		37	陆侃如
95(96)	戏曲史	3	25		陆侃如
97-98	中国文学批评史	2-2	2	2	郭绍虞
99-100	中国宗教文学	1-1	22	25	赵紫宸
103(104)	中国文学概论	3		17	郭绍虞
105(106)	修辞学	3	105		郭绍虞
115(116)	乐府	2	7		陆侃如
117(118)	说文	3	5		容庚
119-120	诗经	2-2	10	8	闻一多
122(121)	楚辞	2		7	陆侃如
1-2	初级日文		50	40	于式玉女士
3-4	高级日文		18	19	于式玉女士
200	毕业论文			5	陆侃如
	外国留学生汉语		12	10	Ts'ai Te-shun

表 4-5：1936—1937 学年燕京大学国文系课程表 ①

序号	课程名称（中英文）	人数		授课教师
		秋季	春季	
1-2	名著选读	156	175	陆侃如,陈梦家,沈国华,董璠,刘节,刘盼遂
3-4	文言文习作	36	36	董璠
5-6	白话文习作	41	41	陆侃如
7-8	公牍文习作	46	46	董璠
10	文学概论	18	18	郭绍虞
11-12	中国文学史	17	25	郭绍虞
13-14	文字形义学	8	6	容庚
15	音韵学	10		王力
18	训诂学	24		刘盼遂
52	古代文	9		刘节
53	古代诗	18		陆侃如
55	中古文	19		刘盼遂
58	中古诗	35		陆侃如
65	散曲选	36		顾随
68	剧曲选	39		顾随
76	中国文学批评史	9		郭绍虞
101	诗经	15		闻一多
111	陶潜	5		郭绍虞
115	杜甫	5		刘盼遂
120	李商隐	15		刘盼遂
152	甲骨钟鼎文	3		容庚

① Yenching University Department of Chinese Course Offerd in 1936-1937 with Enrollment in the Same [A]. Harvard-Yenching Institute Archieves：Yenching Univeristy Annual Report 1928-1947, Mass. Cambridge：226-227.

续表

序号	课程名称（中英文）	人数		授课教师
		秋季	春季	
153	说文	4		容庚
157-158	中国学术概论	3	4	刘节
162	经学史	7		钱穆
163-164	中国宗教文学	22	27	赵紫宸
173	庄子	3		刘节

表 4-6：1937—1938 学年燕京大学国文系课程表①

序号	课程名称（中英文）	人数		授课教师
		秋季	春季	
1-2	第一年级国文			陆侃如（第一学期）
				郭绍虞
				董璠
				刘盼遂
		196	196	沈国华（第一学期）
5-6	理学院第二学期	6	12	王西徵（第二学期）
				吴雷川（第二学期）
7-8	法学院二年级国文	18	30	董璠
11-12	中国文学史	14	14	郭绍虞
14	文字学		4	容庚
55	中古文	13		刘盼遂
63	词选	32		顾随

---

① Yenching University Department of Chinese Course Offerd in 1937-1938 with Enrollment in the Same［A］. Harvard-Yenching Institute Archieves：Yenching Univeristy Annual Report 1928-1947，Mass. Cambridge：263-264.

续表

序号	课程名称（中英文）	人数 秋季	人数 春季	授课教师
66	散曲选		32	顾随
71-72	中国诗史	13	28	陆侃如（第一学期）
				刘盼遂（第二学期）
75-76	中国文学批评史	5	8	郭绍虞
82	新文艺习作		15	谢婉莹
115	杜甫	5		刘盼遂
152	甲骨钟鼎文		5	容庚
158	训诂学		10	刘盼遂
163-164	中国宗教文学	11	22	赵紫宸
171	公牍文	28		董璠
199-200	论文	3	3	国文系教师
1-2	初级日文	17	12	萧正谊
3-4	高级日文	16	17	萧正谊

表4-7:1938—1939学年燕京大学国文系课程表①

序号	课程名称（中英文）	人数 秋季	人数 春季	授课教师	学分
15-16	散文选读兼习作	20	16	吴雷川	3-3
		20	17	顾随	
17-18	酬应文习作	24	20	董璠	2-2
21-22	新文艺习作	16	16	王西徵	2-2
31-32	公牍文习作	20	21	吴雷川	2-2

---

① Yenching University Department of Chinese Course Offerd in 1938-1939 with Enrollment in the Same [A]. Harvard-Yenching Institute Archieves:Yenching Univeristy Annual Report 1928-1947, Mass. Cambridge:256-257.

续表

序号	课程名称（中英文）	人数		授课教师	学分
		秋季	春季		
33	翻译练习	11		凌景埏	2
41-42	诗选兼习作	13	13	郑骞	3-3
43	词选	17		顾随	3
44	散曲选		13	顾随	3
45-46	骈文选读兼习作	10	9	刘盼遂	2-2
51	文学概论	23		郭绍虞	2
53	修词学	18		郭绍虞	2
62	中国国文教学法		11	董璠	3
101	六朝文	13		周作人	2
109	明清文	44		周作人	2
151-152	文字形义学	7		容庚	3-3
153	声韵学	11		刘盼遂	3
156	训诂学		23	刘盼遂	3
157	文法学	17		董璠	3
160	甲骨钟鼎文		3	容庚	3
161	说文	5		容庚	3
164	中国文学批评史		6	郭绍虞	3
166	陶潜		13	郭绍虞	2

表 4-8：1946—1947 学年燕京大学国文系课程表①

序号	课程名称	学分	任课老师	注册学生	
				秋季	春季
225	左传	3	梁启雄	27	
227	史记	3	梁启雄	46	
230	汉书选读	3	梁启雄		27
238	论孟选读	3	梁启雄		35
255-256	陶杜诗研究	3&3	赵紫宸 姚茫	14	15
259-260	中国文学史	2-2	朱自清	40	31
263-264	语言学	3-3	高名凯	7	7
333-334	中国佛教文学	2-2	周一良	4	10
345	韩非子	3	梁启雄	13	
346	荀子选读	3	梁启雄		17
368	中国音韵学	2	陆志韦		3
391-392	汉语语法研究	3-3	高名凯	4	4
498	论文				1

表 4-9：1949—1950 学年燕京大学国文系课程表②

课程序号	授课教师	课程名称	学生人数		学分
			上学期	下学期	
101-102	林焘	普通国文	26	24	4-4
103F104F	陈舒永	外侨初级国文	4	4	4-4

---

① Yenching University Department of Chinese Course Offerd in 1946-1947 with Enrollment in the Same [A]. Harvard-Yenching Institute Archieves: Yenching Univeristy Annual Report 1928-1947, Mass. Cambridge: 369-370.

② Courses Offered by the College of Arts Yenching University 1949-1950: Chinese Department [A]. Harvard-Yenching Institute Archieves: Yenching Univeristy Annual Report 1949-1950, Mass. Cambridge: 12-13.

续表

课程序号	授课教师	课程名称	学生人数		学分
			上学期	下学期	
10F106F	邓懿	外侨高级国文	4	2	4-4
107&108	闫简弼	古文	20	25	4&4
109 或 110	孙铮 卢念苏	时文 A 时文 B	23 21	15	4 或 4 4
111 或 112	俞敏	大众语	19	19	4 或 4
207 或 209	闫简弼	词选 文学欣赏	25	25	4
211-212	孙铮	应用文	1	1	2-2
247-248	于省吾	先秦诗歌	6	6	2-2
251-252	俞敏	国学概论	3	3	4-4
255-256	赵紫宸	陶杜诗研究	1	1	2-2
259-260	林庚	中国文学史	7	7	4-4
261-262	陈梦家	古文字学	5	5	4-4
263-264	高名凯	语言学	5	6	4-4
203	林庚	写作实习	5		4
266	林庚	现代文学史		25	4
295-296	张伯驹	中国艺术史	5	5	2-2
341-342	孙楷第	中国小说史	2	2	4-4
343-344	孙楷第	中国戏曲史	3	3	4-4
391-392	高名凯	汉语语法研究	3	3	2-2
497-498		四年级生毕业论文	2		2-4
101-102	鸟居幸子	初级日文	8	9	4-4
201-202	鸟居幸子	高级日文	8	4	4-4
246	梁启雄	诸子批判		8	4

燕京大学试行选课制和学分制。各系本科课程分为公共必修、专业必修和选修三类课程。1936—1937年度,国文系二年级学生公共必修课包括历史研究方法和中国哲学史。学生主修课程共由32学分的课程组成,具体为:

表4-10:1936—1937学年燕京大学国文系本科必修课程表

年级	课程序号	课程名称	学分	备注
一年级	国文1-2	一年级国文	3-3	
二年级	国文3	文学作文	2	三者择一
	国文5	口语作文	2	
	国文7	书面作文	2	
	国文10	文学概论	3	
	国文11-12	中国文学史	3-3	
	国文13-14	语言文字学	3-3	
	国文15	音韵学	3-3	
	国文18	词源学	3	
四年级	国文199-200	毕业论文	2—6	

燕京大学要求本科学生选修18至24学分的文学院相关课程。对于未来想从事国文教学工作的学生,学校鼓励其选修教育学课程。未选修英文课程的学生被要求必须修习12至18学分的英语或其他语言课程。

2.历史系

燕京大学历史系创设于1919年,首任负责人为王克私。发展初期,以外籍教员居多,课程设置侧重于西方史。1923年,洪业担任系主任,虽仍以西方史为主,但开始重视中国史、东亚史、印度史等课程的建设,聘请陈垣、王克私、费宾闺臣等人担任教师。经过数年的发展,历史系课程逐渐发展为中、西方史课程并重的局面。哈佛燕京学社成立后,适应学社中国研究的发展目标,历史系进一步加强课程改革与建设,全面加强中国史的教学和研究。1926年,历史学系成立了历史学会,开展学术演讲、学术参观,以及刊行《史学年报》活动。①

1929年,王克私接任系主任,教授有洪业、陈垣、王桐龄、费宾闱臣等人,副教授有张星烺,以及助教李瑞德(Richard H. Ritte)、庆美鑫、孟世杰,助理李崇惠等。宗教学院柏基根(T. H. Barker)、李荣芳,以及夏尔孟、谢迪克等受聘兼任该系教师。

1932—1933年,庆美鑫担任系主任兼讲师,教授有王克私、洪业、陈垣、许地山、顾颉刚、邓之诚,讲师有李瑞德、贝卢思,以及兼职讲师张星烺,助理朱士嘉。另有宗教学院教授李荣芳、副教授诚质怡、讲师伍英贞(Myfanwy Wood)等兼课。②

1933—1936年,李瑞德担任系主任,任课教师有顾颉刚、贝卢思、邓之诚、刘朝阳、陈观胜、冯家昇、伍英贞等人。③

1937—1939年,贝卢思任主任,任课教师有邓之诚、谭其骧、顾颉刚、张星烺、冯家昇、王克私、洪业、容庚、李荣芳、齐思和、韩儒林等。④

1939—1941年,齐思和担任主任,任课教师有洪业、邓之诚、王克私3位教授,贝卢思副教授,萧正谊、聂崇岐、翁独健3位讲师,另有裴文中、雷仁福(Charles C. Stelle)2位兼任讲师,以及侯仁之、王聿修等助教,沈鸿济、罗秀贞2位助理等。⑤

1946—1947年,任课教师有聂崇岐、贝卢思、齐思和、邓之诚、翁独健、王克私等。⑥

1949—1950年,任课教师有许大龄、邓之诚、聂崇岐、李文谨、齐思

---

① 燕京大学历史学系. 历史学系近十年概况[J]. 燕京社会科学,1948(1):249-253.
② Courses of Instruction. *Department of History* [A]. Harvard-Yenhcing Library Archieves: Yenching University Bulletin:College of Arts and Letters 1932-1933,Mass. Cambrige:73.
③ Yenching University Department of History Course Offerd in 1934-1935 with Enrollment in the Same [A]. Harvard-Yenching Institute Archieves:Yenching Univeristy Annual Report 1928-1947,Mass. Cambridge:143.
④ Yenching University Department of History Course Offerd in 1936-1937 with Enrollment in the Same [A]. Harvard-Yenching Institute Archieves:Yenching Univeristy Annual Report 1928-1947,Mass. Cambridge:225.
⑤ 颜芳. 近代学术转型视野下的燕京大学国学教育[D].北京师范大学,2011:89.
⑥ Yenching University Department of History Course Offerd in 1946-1947 with Enrollment in the Same [A]. Harvard-Yenching Institute Archieves:Yenching Univeristy Annual Report 1928-1947,Mass. Cambridge:367-368.

和、翁独健、贝卢思、侯仁之等。①

燕京大学历史系对学生的培养目标:对于一般学生而言,使学生能以历史的眼光,观察本国及世界政治、经济、文化活动,以及将来从事社会上任何事业的准备;对于历史学专业教育而言,旨在培养学生获得历史学不同专业领域的准确的知识和系统的历史研究方法训练,使学生能运用科学的、历史的研究方法进行尤其是中国历史方面的研究,或在中等以上学校讲授历史。② 自哈佛燕京学社成立后,燕京大学历史系在课程设置上除延续过去西方史基础课程外,着力强调中国史和历史研究方法课程建设。中国史课程既包括中国通史课程,又包括自秦汉至清各朝断代史课程,如秦汉史、魏晋南北朝史、宋辽金元史、明清史,以及中国近代史等。其中,历代史内容涉及政治与社会制度、经济、文化、艺术、社会观念等。近代史课程注重对中国近代社会变革、社会思潮等的关注。此外,该系还设置有中国古代历史地理、中西交流史等课程。历史地理课程内容主要讲述历代疆域、民族及地理观念沿革,中西交流史内容主要涉及中国古代与欧亚各国的经济文化往来历史。西方史课程涉及远东、日本、欧洲、美国、英国等国家和地区历史,以及宗教史等,以西方近代历史为主。历史研究方法课程包括初级历史研究方法、高级历史研究方法、史学练习等。初级方法内容涉及史料的巡检、记录、批评与报告,书籍文稿校订。高级方法围绕历史毕业论文,讲解选题标准、考证程序、注解及编纂格式,学术参考工具的运用等。1936年,历史系首次开设了古迹古物调查实习课程,旨在训练学生的考古调查、资料调查的能力。该实习课程由顾颉刚、容庚、李荣芳负责,每隔两周带领学生前往北京城内、郊外、附近城市的古迹、考古遗址考察,相关活动信息还在《史学消息》《燕京新闻》等刊物上报道。

历史系历年课程设置如下:

---

① Courses Offered by the College of Arts Yenching University 1949-1950. *History Department* [A]. Harvard-Yenching Institute Archieves: Yenching Univeristy Annual Report 1949-1950, Mass. Cambridge:45-46.

② Courses of Instruction. *Department of History* [A]. Harvard-Yenhcing Library Archieves: Yenching University Bulletin: College of Arts and Letters 1932-1933, Mass. Cambrige:73.

表 4-11：1934—1935 学年燕京大学历史系课程及学分表①

序号		课程名称	学分	人数	主讲老师
历史	1-2	中国通史	3-3	84	邓之诚
	7-8	中国古代历史地理	3-3	5	谭其骧
	15-16	秦汉史	2-2	14	邓之诚
	17-18	魏晋南北朝史	2-2	22	邓之诚
	21-22	宋辽金元史	2-2	9	张星烺
	57-58	中国社会史	3-3	28	许地山
	59-60	道教史	2-2	9	许地山
	63-64	早期中西交流史	2-2	10	张星烺
	73-74	远东现代史	2-2	40	洪业

表 4-12：1935—1936 学年燕京大学历史系课程及学分表②

序号	课程名称（中英文）	人数		主讲老师
		秋季	春季	
1-2	中国通史	120	115	邓之诚
19-20	隋唐五代史	18	17	邓之诚
21-22	宋辽金元史	10	11	张星烺
23-24	明清史	35	48	邓之诚
41-42	东北史地	13	21	冯家昇
73-74	辽东近世史	83	104	洪业
79-80	南洋史地	4	4	张星烺

① Yenching University Department of History Course Offerd in 1935-1936 with Enrollment in the Same［A］. Harvard-Yenching Institute Archieves：Yenching Univeristy Annual Report 1928-1947, Mass. Cambridge：178.

② Yenching University Department of History Course Offered in 1935-1936 with Enrollment in the Same［A］. Harvard-Yenching Institute Archives：Yenching University Annual Report 1928-1947, Mass. Cambridge：178.

续表

序号	课程名称（中英文）	人数		主讲老师
		秋季	春季	
161	初级历史方法	21		洪业
167	高级历史方法	10		洪业
162	史学练习		14	洪业

表 4-13：1936—1937 学年燕京大学历史系课程及学分表①

序号	课程名称（中英文）	人数		授课教师
		秋季	春季	
1-2	中国通史	111	108	邓之诚
9-10	中国地理沿革史	5	5	谭其骧
13-14	春秋史	17	9	顾颉刚
15-16	秦汉史	24	21	邓之诚
17-18	魏晋南北朝史	13	10	邓之诚
21-22	宋辽金元史	3	11	张星烺
41-42	东北史地	14	9	冯家昇
63-64	中西交通史	7	10	张星烺
65-66	中国之革新	20	21	王克私
73-74	近世远东史	51	47	洪业
75-76	日本史	13	13	冯家昇
189-190	古物古迹调查实习	5	10	顾颉刚 容庚 李荣芳

① Yenching University Department of History Course Offered in 1936-1937 with Enrollment in the Same ［A］. Harvard-Yenching Institute Archives：Yenching University Annual Report 1928-1947, Mass. Cambridge：225.

表 4-14：1937—1938 学年燕京大学历史系课程及学分表①

序号	课程名称（中英文）	人数		主讲老师
		秋季	春季	
1-2	中国通史	90	111	邓之诚
13-14	春秋史	4	17	齐思和
19-20	隋唐五代史	15	23	邓之诚
21-22	宋辽金元史	3	10	张星烺
23-24	明清史	27	32	邓之诚
53-54	中国地理沿革史	10	12	谭其骧
55-56	蒙古史研究	6	8	韩儒林
65-66	中国之革新	7	6	王克思
73-74	近世远东史	17	27	洪业
161	史学方法	11		洪业
162	史学练习		5	洪业
167	高级史学方法	6		洪业

表 4-15：1938—1939 学年燕京大学历史系课程及学分表②

序号	课程名称	人数		授课老师	学分
		秋季	春季		
1-2	中国通史	167	141	邓之诚	3-3
13-14	战国史	15	29	齐思和	2-2
15-16	秦汉史	9	7	邓之诚	2-2

---

① Annual Report of the College of Arts and Letters for the Academic Year 1937-1938 Exhibit C. *Yenching University Department of History Course Offered in 1937-1938 with Enrollment in the Same* [A]. Harvard-Yenching Institute Archives：Yenching University Annual Report 1928-1947, Mass. Cambridge：265.

② Annual Report of Yenching University 1938-1939 Exhibit C. *Yenching University Department of History Course Offered in 1938-1939 with Enrollment in the Same* [A]. Harvard-Yenching Institute Archives：Yenching University Annual Report 1928-1947, Mass. Cambridge：254-255.

续表

序号	课程名称	人数 秋季	人数 春季	授课老师	学分
17-18	魏晋南北朝史	22	20	邓之诚	2-2
21-22	宋辽金元史	7	9	张星烺	2-2
51-52	中国地理沿革	13	16	谭其骧	2-2
61-62	中国地理	10	15	谭其骧	3-3
63-64	中西交通史	9	16	张星烺	2-2
65-66	十八世纪后中西文化关系	5	5	王克私	3-3
73-74	远东史	34	29	洪业	2-2
91-92	西史纲要	37	33	贝卢思	3-3
105-106	1889—1914之欧洲	6	6	贝卢思	3-3
107-108	1918年以来之当代世界史	87	138	齐思和	2-2
119-120	英国史	13	11		3-3
161-162	史学方法及练习	24	18		2-2
167	高级史学方法	7			2
169-170	历史名著选读	4	6		3-3
187-188	巴勒斯坦考古学	14	8		1-1
189-190	古迹古物调查实习	14	26		2-2

表4-16：1946—1947年燕京大学历史系课程及学分表①

序号	课程名称	学分	任课老师	注册学生 秋季	注册学生 春季
101-102	中国通史	3-3	聂崇岐	74	70
145	西洋通史	3	贝卢思	38	

① Annual Report of Yenching University 1946-1947. *Yenching University Department of History Course Offered in 1946-1947 with Enrollment in the Same* [A]. Harvard-Yenching Institute Archives：Yenching University Annual Report 1928-1947, Mass. Cambridge：367-368.

续表

序号	课程名称	学分	任课老师	注册学生	
				秋季	春季
146	西洋通史	3	贝卢思		29
153&154	西洋现代史	3	齐思和	120	147
205	商周史	3	齐思和	24	
206	春秋战国史	3	齐思和		25
209	秦汉史	3	邓之诚	20	
212	魏晋南北朝史	3	邓之诚		17
213	隋唐五代史	3	邓之诚	7	
215	宋史	3	聂崇岐	31	
218	辽金元史	3	翁独健		14
220	明清史	3	邓之诚		23
226	中国官制史	3	聂崇岐		39
231	亚洲史概论	3	翁独健	34	
232	远东近代史	3	翁独健		82
259-260	俄国史	2-2	翁独健	77	
271	历史方法	2	翁独健	21	
365-366	基督教史	2-2	王克私	5	3
375-476	高级历史方法	2-2	齐思和	3	2
497-498	四年级生毕业论文		本系教授	4	5
501-502	中国史学研究	2-2	邓之诚	2	2
503-504	西洋史学研究	2-2	齐思和	2	2
598	研究员毕业论文		齐思和		1
	为外国学生讲授历史	3	翁独健	4	

表 4-17：1949—1950 年燕京大学历史系课程表①

	课程序号	授课教师	课程名称	学生人数
秋季	101(A)	许大龄	中国通史(4)	48
	101(B)			26
	209	邓之诚	秦汉史(4)	6
	223	聂崇岐	中国近代史(4)	43
	501	邓之诚	中国史研究(4)	5
	145	李文谨	西洋通史(4)	9
	245	齐思和	西洋近代史(4)	25
	259	翁独健	俄国史(4)	12
	503	齐思和	西洋史研究(4)	5
	215	聂崇岐	宋史(4)	5
	273	翁独健	历史哲学和史学方法(4)	12
	279	贝卢思	西洋史选读(4)	3
	283	侯仁之	地理学概论(4)	7
	597	教员同人	研究生毕业论文(4)	2
春季	102(A)	许大龄	中国通史(4)	42
	102(B)			18
	210	邓之诚	隋唐五代史(4)	6
	224	聂崇岐	中国现代史(4)	58
	502	邓之诚	中国史研究(4)	5
	146	李文谨	西洋通史(4)	12
	246	齐思和	西洋现代史(4)	43
	260	翁独健	苏联史(4)	12
	504	齐思和	西洋史研究(4)	5
	272	聂崇岐	中国史学史(4)	5
	276	翁独健	马列主义史学名著选读(4)	5
	280	贝卢思	西洋史选读(4)	3
	290	侯仁之	中国历史地理(4)	5
	538	教员同人	研究生毕业论文(4)	2

① Courses Offered by the College of Arts Yenching University 1949-1950. *History Department* [A]. Harvard-Yenching Institute Archieves：Yenching Univeristy Annual Report 1949-1950, Mass. Cambridge：12-13.

除加强课程建设外,历史学系还设立了古物陈列室和史前博物馆。古物陈列室搜罗历代器物书画。史前博物馆成立于1940年,收藏古物标本,多为裴文中先生历年在周口店发掘所得,及鸟居龙藏教授发掘之石器、骨器、兽骨等。① 古物陈列室和史前博物馆,为学生课外观摩学习和研究提供了珍贵的古物资料,促进了教学效果的提高。

历史学系学生选课与学分规定:历史学专业课程须修习40至68学分,相关课程修习20至24学分。每一学年,学生修习课程包括公共必修课、专业必修课和相关选修课程。历史学相关课程指其他院系的历史类课程、社会科学和地理学的普通课程。该系建议学生选修地理学、社会学、经济学、政治学各系课程各一门。② 历史学核心课程包括:(1)中国与东亚史:中国通史、中国断代史、中国分地史、中国史专题研究、东亚史;(2)东亚之外世界史:通史、断代史、分地史、专题研究;(3)世界史;(4)历史研究方法:普通历史研究方法、目录学、年表、考古学、历史教学法、论文等。③

历史学系很重视学生的外语学习,要求学生必修英文,鼓励学生选修第二外语,指出日文对中国史研究很有价值,法文或德文的两年期学习对欧洲史研究很有必要性。历史学系鼓励学生在一、二年级学习法文或德文,以便在三、四年级时可阅读外文历史资料。④

---

① 燕京大学历史学系. 历史学系近十年概况[J]. 燕京社会科学,1948(1):249-253.
② Courses of Instruction. *Department of History* [A]. Harvard-Yenhcing Library Archieves: Yenching University Bulletin:College of Arts and Letters 1932-1933,Mass. Cambrige:74.
③ Courses of Instruction. *Department of History* [A]. Harvard-Yenhcing Library Archieves: Yenching University Bulletin:College of Arts and Letters 1932-1933,Mass. Cambrige:76-77.
④ Courses of Instruction. *Department of History* [A]. Harvard-Yenhcing Library Archieves: Yenching University Bulletin:College of Arts and Letters 1932-1933,Mass. Cambrige:75.

表 4-18：1932—1933 年度燕京大学历史学系本科建议课程①

年级	课程序号	课程名称	学分	备注
一年级	国文 1-2		3-3	
	英文 1-2		4-4	
		当代文明	2-2	
		中国通史	4-4	推荐课程
		选修课程	5-5	
二年级	历史 161	历史研究方法	2	
	英文 5-6	社会科学英文	4-4	
	历史 162	史学练习	2	推荐课程
		历史选修课程	4-6	
		其他院系相关选修课程	6-2	
三年级		历史或社会科学第二外语阅读	0-2	
		历史选修课程	6-8	
		其他院系相关选修课程	3-4	
		其他选修课程	7-2	
四年级	历史 167	高级历史研究方法	2	必修课程
	历史 199-200	论文	2	
		历史选修课程	6-10	
		其他院系相关选修课程	8-4	

二、金陵大学

不同于中国早期许多教会大学偏重神学，应用性、科技性学科，金陵大学从早期就开始关注中国文化研究和教育。金陵大学由美国基督教各

---

① Courses of Instruction. *Department of History* [A]. Harvard-Yenhcing Library Archieves: Yenching University Bulletin: College of Arts and Letters 1932-1933, Mass. Cambrige: 75-76.

教会在南京所设汇文书院等校合并而成。1886年,美以美会在南京设立汇文书院。1891年,基督会在南京鼓楼设立基督书院。1894年,美国长老会在南京设立益智书院。1906年,基督书院与益智书院合并,成立宏育书院。1910年,汇文书院与宏育书院合并,成立金陵大学,包文(A. G. Bowen)任校长,设立文科、师范科、国语科及附属中学,并经纽约州立大学认可,发给该校毕业学位,与国际各大学有同等地位。1916年,增设农林科,1917年设医预科,1921年,改文科为文理科,1922年设农业专修科,1926年,设国文专修科,培养中学国文师资。1927年,受反基督教运动冲击影响,金陵大学西籍教师相继离校,该校遂成立新的校董会,推选陈裕光博士(1893—1989)为校长。自此,金陵大学完全由国人主持,陈裕光亦成为在中国教会大学任职校长的第一位中国人。1928年春,遵照南京国民政府大学院条例,该校申请立案。同年8月6日获批准,是为中国私立教会大学中最早立案之学校。1930年,改文理科为文理两学院,农林科为农学院。又逢霍尔遗产基金会和哈佛燕京学社捐助金陵大学总计60万美元,并指定其中半数专为中国研究发展所用,故同年秋成立中国文化研究所。①

1931年,陈裕光校长向哈佛燕京学社提交有关金陵大学发展中国研究的报告,指明该校将重点开展两方面工作:一是通过添置有关中国文化方面的图书资料,为师生提供学习研究条件。加强中国研究本科课程建设,鼓励高年级学生开展相关研究。二是成立中国文化研究所并确立明确而系统的发展目标。其目标为:(1)研究并阐明本国文化之意义,(2)培养研究本国文化之专门人才,(3)协助本校文学院发展关于本国文化之学程,(4)供给本校师生研究中国文化之便利。② 中国文化研究所教育与科研并重,培养了一批国学人才,还出版了在学术界有广泛影响的学术刊物——《金陵学报》。1931年10月,博晨光在调查该研究所时提出:

---

① 金陵大学总务处编. 私立金陵大学要览[M]. 南京:私立金陵大学,1947:1-2.
② 南京大学高教研究所校史编写组. 金陵大学史料集[G]. 南京:南京大学出版社,1989:46.

"如有新计划或十分巨大之稿本,尚可额外请款,彼极愿从中赞助之。"① 显示哈佛燕京学社北平办事处对金陵大学中国文化研究所的重视。②

在中国文化研究所创立之初,金陵大学就成立了执行委员会,规划所务,任命徐养秋(1896—1972)为主任委员,刘乃敬、贝德士(B.R.Bates)、刘国钧、吴景超等任委员,并设立图书委员会,李小缘、贝德士、刘国钧等任委员,负责选购图书事宜。

徐养秋,字则陵,江苏金坛人。中国著名教育家、历史学家。1914年毕业于金陵大学,1917年赴美国伊利诺斯大学留学,获史学硕士,后获芝加哥教育学硕士学位。1920年回国,1930年始任研究所所长,同时在外交部和中央大学任职,研究所具体事务多由李小缘负责。抗日战争爆发后,徐养秋离职,李小缘接任所长职务,直至研究所撤销。

李小缘,原名李国栋,改名小缘。江苏南京人。著名图书馆学家。1920年毕业于金陵大学,1921年赴美留学,获纽约州立图书馆学系学士学位和哥伦比亚大学教育学硕士学位。1927年始任金陵大学图书馆学系主任,1929年调任东北大学图书馆馆长。金陵大学中国文化研究所成立后,任研究所研究员,自1939年代任研究所所长,1948年任金陵大学图书馆馆长。

中国文化研究所下设中国文化史、民族学、目录学、语文学四个研究门。其中,中国文化史包括历史、考古、艺术。研究所研究员分专任和兼任,其职责包括教学和研究。研究所先后汇聚了一批当时中国学术界优秀的学者,包括商承祚、黄云眉、陈登原、吴景超、雷海宗、徐益棠、刘国钧、王古鲁、刘继宣、史岩、吕叔湘、李小缘、吕凤子、贝德士、杭立武、吴白匋、黄玉瑜、于登、王伊同、刘节、叶季英、胡道忠、汪孔祈、王钟麟等。③④⑤ 这些学者在历史、考古、哲学、目录学、语言学、艺术学等领域积极开展研究和教学,取得了丰硕的成果。

---

① 南京大学高教研究所校史编写组.金陵大学史料集[G].南京:南京大学出版社,1989:47.
② 陶飞亚,吴梓明.基督教大学与国学研究[M].福州:福建教育出版社,1998:193.
③ 李佳.钱存训先生与《金陵学报》[J].云南师范大学学报,2008(6):125-129.
④ 姜庆刚.《金陵学报》与金陵大学的国学研究[D].南京:南京大学,2005:8.
⑤ 陶飞亚,吴梓明.基督教大学与国学研究[M].福州:福建教育出版社,1998:194-196.

1934年,金陵大学成立国学研究班。该研究班章程规定:学生自入学后即自选研究课题一项,文学院根据各人选题方向为学生指定导师,指导学生搜集资料,开展专题研究。① 胡小石、胡翔冬、黄侃、吴梅、汪辟疆、商承祚、胡俊、刘继宣、刘国钧等曾担任研究班导师。

1936—1937年度国学研究班课程设置有:商周书证文、服经旧说集证、唐人经疏释诸经词例辑述、甲骨文例、钟鼎释文名著选、说文纂例、古文变迁论、古文字学整理、尔雅名物求义、程瑶田考古学、由甲骨记录中推得之古史、史汉文例、汉书艺文志研究、新唐书列传评义、中国书学史、中华民族海外发展史、中日文化关系研究、刘章史学、文史教学研究、老子、庄子、樊南四六评、声偶文学原流、杜韩诗之比较及其发源与流行、玉川子诗、苏文忠诗、晞发集、李怀民重订中晚唐主客图、七绝诗论、乐章词释、清真词释、二窗词释、南词斛律、散曲研究、度曲述要、订谱述要等。②

研究班共招生两期,后因全面抗日战争爆发而终止。第一届学生16名,其中女生6名;第二届学生14名,两届共计30名,培养出沈祖棻、孙望、徐复、殷孟伦、游寿、曾昭燏③等著名学者。

1935年,金陵大学文学院根据教育部《大学研究所暂行组织章程》成立了文科研究所史学部。1936年,教育部批准金陵大学成立文科研究所史学部,李小缘担任主任,聘请陈寅恪、蒙文通、钱宾四、徐中舒、丁山等为导师,④正式开始培养硕士研究生。史学研究部简章规定研究生培养宗旨为:培养史学师资,造就高深人才,提倡史学著作,及促进史学研究。研究生入学考试包括国文、中国史(通史及断代史)、西洋史、英语。研究生主修内容包括:国史组、中国思想史学及文化史组、考古学及东洋古物研究组、东洋史组、南洋史组。其中,国史组开设中国通史、断代史、专史、历史地理等课程;中国思想史及文化史组开设历代学术思想、文学美术、宗

---

① 赵晓芬.金陵大学历史系与中国近代史学教育(1924—1946)[D].武汉:华中师范大学,2016:18.
② 私立金陵大学文学院概况民国二十五年至二十六年第四号[A].亚联董档案:RG011-197-3389:53-59.
③ 姜庆刚.《金陵学报》与金陵大学的国学研究[D].南京:南京大学,2005:19.
④ 徐雁,等.杰出人物与中国思想史:金陵大学中国文化研究所考述[M].南京:江苏教育出版社,2000:423.

教哲学、民族制度等课程;考古学及东洋古物研究组开设考古学方法、古文字学、甲骨钟鼎、瓦陶、碑刻等古器物研究课程;东洋史组开设亚洲各地区,如日本、朝鲜、安南、印度、南洋等研究。① 然而,因全面抗日战争的爆发,史学部实际并无明显发展,至1946年,毕业研究生不到5名。

1937年抗日战争全面爆发后,金陵大学中国文化研究所随校迁移至成都,相关工作陷于停滞。1938年李小缘接任研究所主任,将主要精力放在《金陵学报》和后来之《中国文化研究汇刊》的编辑出版工作,以及图书资料、文物的收集工作。在教学和学术研究方面,研究所因研究员骤减而受到影响,一度仅有李小缘、徐益棠、刘铭恕、史岩、吕叔湘等人。以1940—1941年度课程为例,课程设置包含了中国文学、文字学、语言学、中国历史基础课程,并增加图书馆学基础课程。

表4-19:1940—1941年度金陵大学中国文化研究所课程②

秋季学期		春季学期	
课程名称	授课教师	课程名称	授课教师
学术文选	佘贤勋	古诗选	佘贤勋
诗学声律	佘贤勋	唐诗	佘贤勋
各体文选	张守义	各体文选	张守义
高等作文	张守义	高等作文	佘贤勋
文字学	张守义	文字学	佘贤勋
各体文选	高文	各体文选	高文
中国文学史	高文	文学史	高文
各体文选	罗倬汉	各体文选	罗倬汉
专家文	罗倬汉	晚周秦汉诸子	罗倬汉
各体文选	周荫棠	学术文选	周荫棠

---

① 赵晓芬.金陵大学历史系与中国近代史学教育(1924—1946)[D].武汉:华中师范大学,2016:18.
② Institute of Chinese Cultural Studies Report July 1940 through June 1941[A].亚联董档案RG11-201-3439:534-536.

续表

秋季学期		春季学期	
群经选读	周荫棠	史记研究	周荫棠
课程名称	授课教师	课程名称	授课教师
补习国文	丁廷洵	补习国文	丁廷洵
补习国文	丁廷洵	学术文选	丁廷洵
中国通史（上）	陈恭禄	公文程式	丁廷洵
中国通史（下）	陈恭禄	补习国文	萧奚荌
图书馆学概论	刘国钧	国文教学法	萧奚荌
图书馆组织与行政	刘国钧	中国通史（上）	陈恭禄
近百年中国史	吴徵铸	中国通史（下）	陈恭禄
民族学	徐益棠	图书馆组织与行政	刘国钧
中国艺术史	史岩	词选	
中国史部目录学	李小缘	中国近百年史	
		中国历史地理	徐益棠
		西南边境研究	徐益棠
		考古学通论	刘铭恕
		中国史学史	蒙文通

在学术研究方面，研究所编辑刊行之成果有《长沙古物闻见记》二册、《五朝门第》二册、《雷波小凉山之俩民》一册、《边疆研究论丛三十年度》一册、《边疆研究论丛卅一至卅四年度》一册。待刊者有《长沙古器物图录》《楚漆器集》《汉代西蜀石刻研究》《西蜀汉画像汇存》《宋辽金元制度丛考》《古画评三种》。抗战期间，研究所因缺少书籍，主要侧重于田野研究，如商承祚对长沙楚墓、四川汉墓、汉阙、邛窑等的调查，史岩的壁画调查，徐益棠对西康、雷波小凉山俩等的考察。另有数种研究项目与成果进行，包括《长沙古物见闻记续记》《本所所藏之西蜀砖瓦研究》《北朝门第》《古代民族之地理问题》《中国历史地理资料》《现代国语之语法研

究》《史籍考》等。①

三、岭南大学

1888年,美国长老会传教士在广州创建格致书院,1903年,书院更名为岭南学校。1927年,学校更名为岭南大学。同年1月11日,私立岭南大学校董事会成立,钟荣光担任主席。原岭南大学纽约董事局改组为美国基金委员会。校董会选举钟荣光担任岭南大学校长,李应林担任副校长。3月11日,岭南大学校董会向南京国民政府教育行政委员会申请立案。8月1日,岭南大学校董会与原纽约董事局举行正式交接仪式,岭南大学管理主权正式收归国人。此后,岭南大学董事会对学校的行政和院系结构进行了深入的改革。在行政结构上,校长下设五处总理学校校务,包括秘书处、注册处、会计处、庶务处、医务处;在院系结构上,改文理科大学为文理学院,农科大学为农学院,增设商学院、工学院等,制定各院系、处及图书馆新的组织章程,确立和完善各机构的职能和运行制度。② 岭南大学中国研究发展正是在这样的学校条件下开始的。

1928年哈佛燕京学社正式成立,岭南大学获得两部分基金捐助,其一是700,000美元的遗产基金,由岭南大学自由支配;其二是哈佛燕京学社负责管理的1,900,000美元限制性开支中,岭南大学获得30,000美元的分配。这项限制性经费规定基金存于美国,每年的利息收益由学社拨付给岭南大学,仅用于有关中国研究的教育研究活动,经费使用受学社监管。自此,岭南大学成为哈佛燕京学社资助的教会大学之一。

在开展有关中国研究的问题上,岭南大学曾在向哈佛燕京学社提交的1931—1932年度报告中阐述了岭南大学的主张:岭南大学下设有三个机构,包括小学、中学和国际学校。其中,国际学校的设立是岭南大学鉴于当时大量的中国年轻人出生于海外,认为国际学校可为这部分群体进入中学和大学提供有关中国语言、文学、历史方面的基础教育。学校希望通过发展这些基础教育,为中国的现代教育发展提供正确的方法。学校长期致力于探索一种合适的教育方式,实现学生对西方科学文化和中国

---

① 金陵大学总务处编. 私立金陵大学要览[M]. 南京:私立金陵大学,1947:15.
② 周旖. 岭南大学图书馆藏书研究[D]. 广州:中山大学,2010:19.

文化的全面学习和掌握。当中国的年轻一代过度倾向于古代传统文化，缺乏对现代中国和外国文化的关注时，岭南大学试图通过多种实践引导学生建立一种更为合理、健康、全面的学习方向。①

在上述思想指导下，岭南大学在1931—1932年度设置包括中国文学（29门课程）、中国历史（2门课程）、中国哲学（4门课程）、宗教（3门课程）、社会学（2门课程）、现代文明（1门课程）、艺术（1门课程）、经济（3门课程）等8个学科领域总计45门课程的中国研究课程体系。② 这一课程体系中，学校规定所有的学生必须修习中国文学导论；经济管理类学生须修习6个学分的中国文学课程；文理学院中非理科生须修习全部中国文学课程；主修外国文学的学生必须辅修中国文学。

学校在主修课程方面规定：③

主修中国文学的学生必须在第一年修习艺术课程，第二年修习中国文学概况，第三年修习15个学分的中国文学课程，第四年修习18个学分的中国文学课程；

主修教育学的学生必须修习中国文学概况，并在第二年修习中国现代史，第三年修习6个学分的中国文学课程；

主修西语和西方文学的学生必须修习中国文学概况，并在第三、第四年分别修习6个学分的中国文学课程；

主修历史学的学生必须修习中国文学概况，并在第二年修习中国文学概况，第三年修习6个学分的中国文学课程；

主修哲学的学生必须修习中国文学概况，并在第二年修习孙中山的社会原则和中国文学概况或中国现代史，第三年修习6个学分的中国文学课程；

主修心理学的学生必须在第二年修习中国文学概况或中国现代史，第三年修习6个学分的中国文学课程。

---

① Report on Chinese Studies 1931-1932, April 21, 1933[A]. Harvard-Yenching Institute Archieves：Lingnan University 1930-1938：1.

② Report on Chinese Studies 1931-1932, April 21, 1933[A]. Harvard-Yenching Institute Archieves：Lingnan University 1930-1938：2-4.

③ Report on Chinese Studies 1931-1932, April 21, 1933[A]. Harvard-Yenching Institute Archieves：Lingnan University 1930-1938：4-5.

表 4-20:1931—1932 年度岭南大学中国研究相关课程设置表①

课程编号	课程名称	课程编号	课程名称
国文 1a-b	中国文学导论	国文 78	清代文学
21a-b	中国文学概论	79	现代作家
42a-b	散文经典	81	中西文化关系
43a-b	诗歌经典	85	汉语言发展
51a-b	中国文字结构与形成	86	中国当代文学
52	中国古代音韵学	87	文学史方法
55	儒家经典概论	91	专题研究
56	文学批评	中国史 21　22	中国现代史
57	唐宋传奇	中国哲学 51	中国古代哲学
58	书信与小品文	52	中国现代哲学
59	中国早期小说	65	道教
60	清代小说	66	佛教
61	短篇故事	宗教 56	宗教史
62	对联	81	中国宗教思想
63	中国戏剧	82	基督教与中国文化
65	目录学	社会学 21	社会学概论
68	高级作文	67	社会调查
69	诗律	现代文明 1	现代文明
71	理科学生作文	艺术 21a-b	中国艺术
75	汉以前文学	经济 53	中国经济问题
76	汉魏六朝文学	62	中国经济思想史
77	唐宋元明文学	36	中国商业法律和条例

① Report on Chinese Studies 1931-1932, April 21, 1933 [A]. Harvard-Yenching Institute Archievs:Lingnan University 1930-1938:2-4.

从上表可见,岭南大学的中国研究相关教育课程广泛普及于文理科、经济管理、外语学科等学科领域,国文课程和历史课程被设置于不同学科的各学年中。这与哈佛燕京学社的中国研究本科教育理念是相符合的。但在历史学领域,岭南大学仅开设了中国现代史课程,而哈佛燕京学社倡导对中国古代、传统历史文化的教育,不涉及中国当时的政治、社会、历史与文化。双方显然在理念上存在一定的差异。

以1933—1934年度岭南大学国文系第一学期课程为例,学校除设置国际学生特别课程外,其他国文课程几乎涵盖了中国文学及发展史的大部分内容。历史学课程注重中国现代史,及与中国当时局势相关的日本史、对外关系史等领域。哲学设置中国古代哲学课程。这种传统与现代结合的课程体系是比较科学合理的,既使学生能够学习掌握中国传统文化,又使学生了解当代历史环境和国际关系,帮助学生掌握较为全面的知识。这一课程体系主体一直持续到抗日战争全面爆发。

表4-21:1933—1934年度岭南大学国文系课程设置表①

课程名称	学分	修课人数	教师
中国文明	5	44	黄延毓
国际学生特别课程	4	16	黄延毓
国际学生特别课程	5	10	黄锡凌
国际学生特别课程	5	20	黄锡凌
国际学生特别课程	5	8	陈德芸
中国文学导论	3	83	吴重翰　冼玉清　陈荣捷
中国文学导论	3	16	吴重翰
中国传奇经典	3	14	杨寿昌
中国诗歌经典	3	4	吴重翰

① Lingnan University Report to Harvard-Yenching Institute for the Year July 1, 1933 to June 30, 1934;Lingnan University Courses Offered 1933/1934 Semester I in the Department of Chinese [A]. Harvard-Yenching Institute Archieves;Lingnan University 1930-1938;3.

续表

课程名称	学分	修课人数	教师
中国文字结构与形成	3	8	杨寿昌
汉以前文学	3	13	Yung Shiu Tso
传奇	3	9	吴重翰
小品文	3	6	Yung Shiu Tso
早期中国小说	3	17	Yung Shiu Tso
中国短篇故事	3	5	冼玉清
广东文学	3	5	冼玉清
目录学	3	3	Yung Shiu Tso
理科生作文	3	3	吴重翰
论文	2		杨寿昌
哲学			
中国古代哲学	3	3	Zia
历史			
中国对外关系	3	14	黄延毓
现代日本	3	9	包令留
公元317年中国史	3	4	包令留

1934年,在哈佛燕京学社的资助下,岭南大学建立中国文化研究室,由黄延毓主持,但因时局不稳,许多活动未及发展即停顿下来。①

1937年,全面抗日战争爆发,中国高等教育遭受了严重的损害。随着广州的沦陷,岭南大学受到重创。为最大限度保护学校的财产设施,保护教职员工和学生的安全和利益,学校辗转迁移,颠沛流离。在迁移的过程中,岭南大学始终坚持保持学校最基本的教学运转,也努力开展中国研究课程建设。

1937—1938年度,学校一方面继续设置中国传统文化课程,另一方

---

① 陶飞亚,吴梓明. 基督教大学与国学研究[M]. 福州:福建教育出版社,1998:215.

面则加强政府学课程、社会学课程,开设现代中国政治、公共管理、法律、社会组织机构、边远社会、社会服务机制、民主原理、日本政府、政府原理等课程,适当地减少了有关中国传统文化历史的课程数量,如历史学类仅开设中国对外关系一门课程,这反映了岭南大学对中国政治、社会时局发展的关注和责任感。

表 4-22:1937—1938 年度岭南大学有关中国研究的第一学期课程①

代码	课程名称	学分	代码	课程名称	学分
国文			政府学		
A	预科国文	4	5	政府原理	4
B	预科国文	4	54	日本政府	3
F	国际学生,一年级国文	5	64a	民主原理	3
K	国际学生,二年级国文	5	99a	论文	2
M	国际学生,三年级国文	6	历史学		
P	国际学生,四年级国文	6	21a	中国对外关系	11
1a	中国文学导论	3	社会学		
2	口语语言	1	22	社会学导论	4
22a	中国散文名作	3	31a	社会学原理	3
23a	中国诗歌名作	3	34a	社会人类学	3
25a	汉字的结构	3	35	社会病理学	3
75	国文公文	2	52	原始宗教	3
76	中国民谣	3	62	人类学导论	3
99a	论文	2	69	案例方法	3
			99a	论文	2

① Lingnan University Report to Harvard-Yenching Institute for the Year July 1, 1937 to June 30, 1938:Lingnan University II A List of Courses Given, with Number of Students in Each Course 1937-1938[A]. Harvard-Yenching Institute Archieves:Lingnan University 1930-1938:132-133.

表 4-23:1938—1939 年度岭南大学有关中国研究的第一学期课程①

代码	课程名称	学分	代码	课程名称	学分
国文			政府学		
B	预科国文	4	31a	比较政府民主化	3
G	国际学生,一年级国文	6	31b	比较政府民主化	3
L	国际学生,二年级国文	6	54	日本政府	3
N	国际学生,三年级国文	6	55	公共管理	3
Q	国际学生,四年级国文	6	63	国际法:战争法	3
1a	中国文学导论	3	64b	民主原理	3
1b	中国文学导论	3	99b	论文	2
2	口语语言	1	历史学		
22b	中国散文名作	3	21b	中国对外关系	11
23b	中国诗歌名作	3	社会学		
]25b	汉字的结构	3	22	社会学导论	4
55	中国学术历史	2	27	边远地区工作	3
82	中国历史文化的日本侵略	3	31b	社会学原理	3
99b	论文	2	34b	社会人类学	3
			65	边远社会调查	3
			70	政党组织	3
			75	社会服务管理	3
			99b	论文	2

1938—1939 年度,岭南大学持续前一年的基本课程体系,并在政府学课程中开设国际法、中国西部战时重建等课程,在社会学中开设边远山区的重建与教育、文化演进、战时社会服务等课程,将课程内容与社会时

---

① Lingnan University Report to Harvard-Yenching Institute for the Year July 1, 1937 to June 30, 1938;Lingnan University II A List of Courses Given, with Number of Students in Each Course 1937-1938[A]. Harvard-Yenching Institute Archievs:Lingnan University 1930-1938:135-136.

局与问题更为紧密地连接起来,引导和增强学生对国家命运、社会时局的了解和思考。

1940—1941年度,岭南大学课程有新的变化,这种变化反映在文学、历史与政治、社会学课程之间进一步平衡上,加强了历史学课程内容,尤其是西方历史,有助于学生对中西方历史的全面了解。

表4-24:1940—1941年度岭南大学有关中国研究课程①

课程名称	学分	课程名称	学分
国文		国文	
一年级国际生国文	(7)	一年级国际生国文	7
三、四年级国际生国文	(5)	二年级国际生国文	7
预科国文	(4)	三年级国际生国文	5
预科国文	(4)	四年级国际生国文	5
中国文学导论	3	预科国文	4
中国文学导论	3	中国文学导论	3
实用汉语与翻译	2	中国文学导论	3
中国文学史	3	中国文学导论	3
散文选读	1	实用汉语与翻译	2
中国文学史	1	散文选读	3
作文训练	1	中国文学史	3
语言学导论	3	中国小说史	3
特别问题	3	戏剧选读	2
论文	2	作文训练	1
政府学		论文	2
三民主义	2	政府学	

---

① Lingnan University Report to Harvard-Yenching Institute for the Year July 1, 1940 to June 30, 1941:Lingnan University II A List of Courses Given, with Number of Students in Each Course 1940-1941 [A]. Harvard-Yenching Institute Archieves:Lingnan University 1940-1945:98-101.

续表

课程名称	学分	课程名称	学分
政府原理	3	三民主义	0
现代政府	3	政府原理	3
国际法	3	现代政府	3
中国政治思想史	6	公共财政	3
论文	2	市政府	3
历史学	3(4)	国际法	3
西方历史概论	3(4)	中国对外关系	3
中国历史概论	3	公民法律	6
中国历史概论	3	西方政治与民主	3
中国历史概论(国际学生和交换学生)	3	论文	2
现代欧洲	2	历史学	
中国现代史	3	西方历史概论	3(4)
中国对外关系	3	中国历史概论	3(4)
中国经济与社会史	3	中国历史概论	3
世界大战与成因	2	中国历史概论(国际学生和交换学生)	3
苏联史	2	现代欧洲	3
古代中国	2	中国现代史	2
论文		中国对外关系	3
社会学	3	中国经济与社会史	3
社会学导论	3	西方现代史	3
社会统计学	3	中国教育史	3
社会心理学	3	苏联史	3
民族学	3	论文	2
团组工作方法	3	社会学	

续表

课程名称	学分	课程名称	学分
西方社会思想史	3	社会学导论	3
社会调查	2	社会统计学	3
论文		民族学	3
		宗教社会学	3
		经济社会学	3
		西方社会思想史	2
		论文	2

  在战争局势日趋严峻的环境下,岭南大学仍然将中国研究课程建设保持在一定的水平上,这是十分难得的。1944年4月7日,黄念美(Olin D. Wannamaker)致函叶理绥,报告1942—1943年度岭南大学"国文系开设22门课程,65个学时,4名教授,2名教师,265名学生"。① 相较过去,本年度课程数量骤减,反映了当时岭南大学面临的艰难困境。1942—1945年间,岭南大学一直处于迁校的动乱之中。1944—1945年度,岭南大学共开设33门课程,仅有3名副教授、1名教师、1名兼职教师任课。

  1945年11月2日,黄念美在致叶理绥的信中说明岭南大学在过去一年半时间中所遭遇的困境和中国研究的进展,提到:1944年5月,面对日军即将贯通汉口广东铁路交通线,控制华中、华南地区的严峻形势,岭南大学在粤北地区的战时临时校区紧挨铁路线,校方迅速再次展开撤离工作,包括将学校重要教学设施、图书馆藏书打包转移至安全地带,妇女儿童撤离至较安全地区。日军在成功占据汉口以南部分区域后,转向占据通往西南的铁路线。这意味着岭南大学临时校区所处区域被日军包围,情势恶劣。同年10月,岭南大学重新开放,但战时的诸多困难,如没有图书馆资料和科学的研究设备支持,迫使学校很多教育活动和工作无法顺利开展。1945年1月,日军准备重新占领贯通中国南北的铁路线,情势

---

① Letter from Olin D. Wannamaker to Serge Eliséeff, April 7, 1944[A]. Harvard-Yenching Institute Archieves:Lingnan University 1940-1945:146.

再次急转直下,岭南大学向东迁移,绝大多数教职员、家属和学生被安置在梅县。10月,日军占领岭南大学广州校区,并重新开放。此时,流落在外的校方与广州本部联络困难。在这种情况下,学校尽力争取国文系和中国研究的发展,申请4000美元用于中国研究。岭南大学董事会在最近的会议讨论决议中将国文系的发展特别包括进来,决定克服困难,尽一切力量恢复国文系的发展。① 这显现了岭南大学对中国研究的重视,对学社工作的积极配合。

然而,尽管岭南大学在实际活动中推进有关中国的教育研究发展,但在与哈佛燕京学社的交流和合作上始终存在部分问题,主要问题包括:一,岭南大学的中国研究教育理念和课程建设思想与哈佛燕京学社存在较大的分歧;二,岭南大学因战争、迁校等原因每年未能按时向学社提交有关中国研究工作与经费开支的报告,引起学社较大的不满;三,岭南大学并没有将学社拨付的限制性经费全部用于中国研究的发展上,而仅拿出其中一小部分投入中国研究中,剩余则用于它途,在有关中国研究教育的基础建设上没有明显进展。哈佛燕京学社十分重视中国传统历史文化的研究和教育,并不主张涉及当时代政治、社会与时局问题。而岭南大学却在设置传统历史文化课程基础上,重视和加强政治、社会学课程建设,尤其是与当代时局和问题密切相关的课程。这种明显的分歧导致学社对岭南大学的中国研究教育持有异议。岭南大学每年并没有按照规定向学社提交年度报告,对于十分注重计划、预算、报告和决算等规范管理程序的哈佛燕京学社而言这是难以接受的。

1946年1月24日,叶理绥在致哈佛燕京学社董事诺斯博士信中毫不讳言地反映了岭南大学的问题:1932年至1945年间,哈佛燕京学社在获得岭南大学年度报告,尤其是经费开支报告方面存在极大的困难,岭南大学每年均无法按要求按时提交相关报告,致使学社无法顺利及时获知该校的中国研究发展情况。叶理绥随信附寄了一份有关岭南大学报告的会议纪要。从纪要可见,在每年的11月份哈佛燕京学社董事会会议召开

---

① Letter from Olin D. Wannamaker to Serge Elisséeff, Nov. 2, 1945[A]. Harvard-Yenching Institute Archieves:Lingnan University 1940-1945:169.

前,岭南大学未按时提交 1931—1932、1933—1934、1936—1937、1938—1939、1940—1941、1942—1943、1943—1944、1944—1945 年度的报告,叶理绥无法理解,在同样的条件下,岭南大学无法像华中大学等其他学校一样按照学社规定提交报告,甚至在较为和平的时期,岭南大学也未能如期提交报告。岭南大学甚至不主动与学社取得联系说明原因,直至学社催促该校校方,才会得到一个令人质疑真实性的材料。14 年间,学社仅收到岭南大学 6 份报告。对此,叶理绥表示不满。① 这无疑是岭南大学应负的责任。对于工作报告和经费之事,岭南大学也深知学社的不满,岭南大学负责与学社经常联络的岭南大学董事会主任黄念美多次致函叶理绥,一方面说明岭南大学的近况,解释报告未及时提交学社的各种原因,另一方面反映岭南大学在发展中国研究方面面临的困难,并多次说明校方在配合学社开展中国研究教育方面的努力。

岭南大学实际上一直受到经费短缺的困扰。哈佛燕京学社分配给岭南大学的 300,000 美元基金每年的收益并不足以支持岭南大学在推动中国研究方面的开支。1938 年黄念美在致哈佛燕京学社叶理绥的信函中直接提到这一长久困扰岭南大学的经费困难,希望派出董事与叶理绥商谈。此后多年间,岭南大学董事会与叶理绥社长往来的许多信件中,岭南大学时有提及经费问题。

表 4-25:岭南大学获得哈佛燕京学社限制性经费统计②③④

时间	1932—1933	1933—1934	1934—1935	1935—1936	1936—1937	1937—1938
经费	26052.64⑤	11,052.64	9478.68	12,631.58	14,210.53	12,631.00

---

① Letter from Serge Elisséeff to Eric H. North, Jan. 25, 1946 [A]. Harvard-Yenching Institute Archieves: Lingnan University 1946-1953: 8-10.
② Lingnan University Financial Report [A]. Harvard-Yenching Institute Archieves: Lingnan University 1930-1938.
③ Harvard-Yenching Institute Archieves. *Lingnan University* 1940-1945 [A].
④ Harvard-Yenching Institute Archieves. *Lingnan University* 1946-1953 [A].
⑤ 本年度哈佛燕京学社经费分两部分,一为基金收益 11,052.64 美元,一为专项应急补助金 15,000 美元。

续表

时间	1938—1939	1940—1941	1944—1945	194—1947	1947—1948	1948—1949	1949—1950
经费	13,421.06	15,421.06	13,421.01	13,421.04	13,421.04	13,421.04	13,421.04

岭南大学对学社限制性经费的开支主要用于部分美国教员和国文系教员的薪酬开支,以及图书馆文献资源采购与管理费用。如1933—1934年度,岭南大学的哈佛燕京学社经费支出包括:历史系教授包令留(H. C. Brownell)、文理学院院长 C. N. Laird、英语系主任 P. A. Grieder、英语系 E. J. Kelley、J. S. Shackford,国文系陈受颐、杨寿昌、吴重翰、容肇祖、冼玉清、陈德芸、黄延毓、黄锡凌等教员薪酬,以及图书馆中文图书采购和管理费。[1]

岭南大学之所以使用学社限制性经费支付部分美国教职员的薪酬,可能源于岭南大学自国人接管后,经费问题也相比过去出现困难,岭南大学美国董事会无法支付这部分经费。岭南大学对学社限制性经费的使用超出了规定范围,一定程度上挤占了中国研究的发展费用,这是学社所不满的。学社认为岭南大学推动中国研究教育研究的基础建设方面进展不明显,既没有大量地购置相关文献,也没有珍贵的古物收藏。[2] 岭南大学虽然一直在尽力扭转这种局面,但与学社之间的误解则始终存在。1946年,岭南大学 Harold B. Hoskins 致叶理绥信函中解释了学社限制性经费超规定使用的原因,并说明岭南大学美国董事会希望不再动用学社基金用于支付美国教授薪酬,转由校方中国负责人来分配。他们也会尽力推动中国管理层尽快恢复国文系的发展和经费,直至达到学社要求的水平。[3]

---

[1] Lingnan University Report to Harvard-Yenching Institute for the Year July 1, 1933 to June 30, 1934;Lingnan University Financial Report [A]. Harvard-Yenching Institute Archieves:Lingnan University 1930-1938:2.

[2] 据中山大学图书馆藏岭南大学档案缩微胶卷 Reel 37 中文件的记录//周旖. 岭南大学图书馆藏书研究[D]. 广州:中山大学,2010:229.

[3] Letter from Harold B. Hoskins to Serge Elisséeff, June 7, 1946 [A]. Harvard-Yenching Institute Archieves:Lingnan University 1940-1945:146.

表 4-26:1945—1946 年度岭南大学有关中国研究课程①

学年级别	课程名称	学年级别	课程名称
一年级	孙中山政治原则	三年级	诗歌精选
	预科国文		汉字词源概述
	中国文学导论		高级作文实践
	中国文学导论		文学批评
	国文阅读		辞赋
	一年级英语		诗歌史
	预科英语		英语文学史
	一年级诗歌	四年级	戏剧精选
	中国史		中国小说史
	逻辑学		中文修辞学
	普通数学		中国小说
	普通生物学		论文
	社会学导论		中国现代史 2 门
二年级	西方史		中国对外关系
	哲学导论		中国政治思想史 2 门
	政府原理		中国史(特定时期)3 门
	三年级英语		中国历史方法
	中国文学史		中国地理
	中文作文实践		中国政府
			中国现代史
			中国社会经济史

① Lingnan University Annual Report to Harvard-Yenching Institute of Chinese Studies Collegiate Year 1945-1946. *Curriculum Program for the Major in Chinese Literature* 1945-1946[A]. Harvard-Yenching Institute Archieves:Lingnan University 1945-1953:55-56.

1948年10月22日,陈观胜致函岭南大学教务长富伦(Henry S. Frank),商讨学社北平办事处迁移之事。考虑到内战局势的变化,叶理绥社长和学社董事会董事授权陈观胜将北平办事处从燕京大学迁移到其他地方。陈观胜综合考虑后决定将办事处人员和部分工作迁至岭南大学,而部分由学社董事会直接资助办事处开展的研究项目,包括相关的教学和研究教授,以及期刊、引得出版事务,则暂时留在燕京大学运作。办事处在岭南大学的开支由学社支付。岭南大学为办事处提供办公空间和相关支持。① 对此,岭南大学表示支持。其后哈佛燕京学社北平办事处正式迁往岭南大学。办事处在岭南大学期间,陈观胜与岭南大学进一步讨论了该校与学社的合作。学社当时有6名同时也是燕京大学教员的研究成员,他们中部分希望离开燕京大学,陈观胜希望岭南大学以比较合适的方式聘请这些学者来校工作。此外,陈观胜也为岭南大学提交给学社的年度报告内容提出了改进意见。

1948—1949年度,岭南大学国文系由容庚担任主任,系里有12名教职员,包括陈寅恪、王力、冼玉清、李镜池、李沧萍、黄延武、邝维垣、杨逸梅、丘维清、黄如文等。此外,其他院系也有部分讲授有关中国研究的教师,如金应熙、陈华、张传薪、邹豹君、李荣锦、陈宏志、罗致平、黄翠峰、司徒森、吴希之等。本年度,岭南大学学生不断增多,国文系学生及其他院系选修有关中国研究课程的学生人数也不断增长。国文系承担了大量的教学工作,共开设有22门课程,包括读书指导、应用文、文选、诗选、中国小说选读、文字学概要、中国文学史、声韵学、骈体文、群经通论、文学批评、现代文学、中国通史、中国文化史、中国近史、中国外交史、中国地理、三民主义、中国政府、中国政治思想史、中国社会思想史、社会工作、中国经济思想史、中国经济史、中国社会问题、中国政府及中国宪法、中国教育史等。另有中国文明文化史课程由杨庆堃、陈观胜以英文为外国交换生讲授。同时,这些教员也从事各自的研究项目,并在《岭南学报》上发表相关研究成果。如容庚从事青铜铭文、法帖研究;陈寅恪从事白居易诗和

---

① Letter from Kenneth Ch'en to H. S. Frank, Oct. 22,1948[A]. Harvard-Yenching Institute Archieves:Lingnan University 1946-1953:99-100.

隋唐史研究,在《岭南学报》发表了《从史实论切韵》和《白乐天之先祖及后嗣》;王力从事汉字辞典编辑工作,并完成著作《中国诗律学》和论文《汉越语研究》;冼玉清从事广东学者著作研究,在《岭南学报》发表《陈白沙碧玉考》。① 1949—1950年度,岭南大学国文系仍由容庚担任主任,教员有王力、陈寅恪、冼玉清、王季子、李镜池、黄如文、邝维垣、丘维清、程曦等。②

在学术研究方面,1932年岭南大学成立社会研究所,旨在"促进及实施南中国之社会调查,而关于西南民族之历史文化,亦甚注重"。③ 在岭南大学的学术研究中,对岭南地区尤为关注,对民族学、人类学领域的问题更加关注,如对疍民的研究,具有鲜明的岭南地方特色和人类学特征。此外,岭南大学学者还在岭南地区佛教考古遗迹、古代佛教文学、中国方言等方面深入研究。1937年以前,岭南大学社会研究所先后组织开展了旧凤凰村、沙南疍民和三水河口疍民的调查、研究工作。1936年岭南大学又与南开大学经济研究所合作,组建西南社会调查所,计划开展包括西南民族历史研究,海南岛黎苗调查,广州疍民生活调查,疍歌研究,暹罗华侨调查,从化县乡村经济调查,广州市人力车夫调查等在内的多项区域民族学,人类学研究项目。④ 这些研究实际上是与现代学术的发展非常相符的,具有科学的现代学术特征。在这些研究的过程中,学者们所运用的研究方法也是与西方现代学术方法相一致的,对发展中国20世纪30年代的人类学、社会学、民族学、经济学都具有重要的推动作用。

在学术研究过程中,岭南大学汇聚了一批优秀的学者,如前文所述,这些学者包括历史系教授包令留、谢扶雅、陈受颐、史麟书(E. Swisher)、杨寿昌、吴重翰、容肇祖、冼玉清、陈德芸、黄延毓、黄锡凌、何多源、徐信

---

① Report of Activities, 1948 - 1949 [A]. Harvard - Yenching Institute Archieves: Lingnan University 1946-1953:131-140.

② Report on the Activities of the Department of Chinese, Lingnan University, for the Academic Year July 1, 1949 to June 30, 1950[A]. Harvard-Yenching Institute Archieves: Lingnan University 1946-1953:149.

③ 岭南大学社会研究近况. 私立岭南大学校报,1936-11-15,9(5)//周旖. 岭南大学图书馆藏书研究[D]. 广州:中山大学,2010:229.

④ 岭南大学社会研究近况. 私立岭南大学校报,1936-11-15,9(5)//周旖. 岭南大学图书馆藏书研究[D]. 广州:中山大学,2010:229.

符、张长弓、卢观伟、庄泽宣、何格恩、尹振雄、李兆昌等人,以及20世纪40年代来校的陈序经、陈寅恪、王力、李镜池、李沧萍、黄延武、邝维垣、杨逸梅、丘维清等人。这些学者先后在《岭南学报》上发表了许多学术成果,例如:吴重翰的《中国戏剧研究》《宋元戏剧传奇研究》,杨寿昌遗著《东汉风俗》,冼玉清的《广东艺文研究》,何格恩的《疍民历史及发展研究》,何多源的《馆藏善本图书题识》,庄泽宣的《中外社会制度比较研究》,黄锡凌的《汉语研究》等等,使得《岭南学报》成为当时学术界具有很高学术影响力的刊物。

四、齐鲁大学

齐鲁大学的前身为登州文会馆、潍坊广文学堂。1917年迁至济南,与医学院合并,成立齐鲁大学,由美国、英国、加拿大三国14个基督教差会资助。1925年前,齐鲁大学的发展具有强烈的基督教传播性质。学校虽设立国文系、历史系,但教育和学术研究脱不开中国传统中陈旧的思想方法,一直延续四书五经课程。20世纪20年代反基督教运动和收回教育权运动迫使齐鲁大学开始关注中国国情和社会文化,寻求融入方法。1928年,哈佛燕京学社的成立,以及霍尔遗产基金会对齐鲁大学的资助,为齐鲁大学带来了改革的契机。根据霍尔遗产基金会经费分配方案,齐鲁大学获得150,000美元的资助,用于医学院的发展;根据哈佛燕京学社的限制性基金分配方案,齐鲁大学获得200,000美元资助,按年拨款,用于中国研究领域的教学和研究发展。齐鲁大学自此开始了中国研究的发展。

(1)发展概况

1917年以后,北京大学、清华大学、中山大学先后建立国学研究机构,1928年燕京大学组建了国学研究所。这些实践一定程度上启发和鼓励了齐鲁大学的国学研究发展。是时,国文系教授栾调甫提出组建国学研究所的建议,顾颉刚等人也参与推动,校长林济青对此表示支持。1930年秋,齐鲁大学国学研究所(Cheeloo University Sinological Research

Institute)正式成立。1931年开始由哈佛燕京学社每年资助8,947.36美元,①齐鲁大学每年向哈佛燕京学社提交国学研究所年度发展报告和财务报告。齐鲁大学国学研究所发展的宗旨诚如首任主任栾调甫言:"专门研究,在成立一种有系统之学术与养成本校学生为专门研究之人才。此为本校创立研究所之目的,亦因大学为最高学府,一大学中必有一种或数种专门学术足为学术界之领导者,方克名副其实。而一大学能厕立于世界大学之林,亦惟以此种特殊学术为其因素。一大学之声誉,尤在能养成自己学生为专门人才为其效果。"②

齐鲁大学国学研究所先后有六任主任,即:栾调甫(1930—1936)、马宗芗(1936—1939)、顾颉刚(1939—1942,1944.11—1945)、钱穆(1942—1946)、吴金鼎(1945—1948)、张维华(1948—1950)。自1935年刘世传任齐鲁大学校长,兼文、理学院院长以后,他直接对国学研究所进行管理,并自1936年开始,由校长直接与哈佛燕京学社联络。其后,历任校长均承此做法,并在国学研究所另设主任一职,具体负责所内日常事务与发展规划。

在栾调甫担任首任所长时期,齐鲁大学国学研究所努力由传统向现代学术转变。这一时期,国学研究所成员来自齐鲁大学文学院者,人数逐年上升,显示了国学研究所教研队伍的壮大。1932年成员5至6人,1932—1933年度,成员17人,1934年,国学研究所成员计有19人,老舍、马彦祥、王献唐等在列,国文系6人,历史系5人,社会学系3人,另有5人承担古文字、金石、人类学、经济学等课程讲授,及1名助手。研究所的发展重心在于加强国学课程建设和发展国学研究。在课程建设上,研究所注重国学基本知识的讲授。在推动研究方面,确立利用齐鲁大学在山东的地域优势,重点发展齐鲁文化研究。研究工作集中于山东历代郡县沿革与黄河河道变迁、先秦诸子等领域,通过古迹调查、材料收集与考订、古籍整理等具体措施来实现研究目标。研究所先后与山东省立图书馆、中央研究院、山东考古协会等机构合作,开展考古调查,收集山东境内的

---

① 陶飞亚,刘家峰.哈佛燕京学社与齐鲁大学的国学研究[J].文史哲,1999(1):97-103.
② 栾调甫致赖恩源书.山东省档案馆藏档,J109-03-3//王雪玲.齐鲁大学国学研究所初探[D].上海:华东师范大学,2007(4).

古迹古物资料,用于研究。通过改进措施和学术活动,国学研究所逐渐显现生机,发展方向也逐渐有了规划性,学生人数和选修人数逐年增加。在课程建设和发展研究之外,国学研究所还积极创办了《国学汇编》《齐大季刊》等刊物,也积极推进学术出版工作,先后出版了《沈休文诗注》《谢宣城诗注》《公榖研究》《释监》《释舍予》等。

然而,1937年前的这一时期,齐鲁大学国学研究所因袭传统研究方法居多,创新仍显不足,在学术研究、课程建设方面虽有成绩,但并不突出。以1936—1937年度为例,国学研究所职员14人,包括研究所主任、书记、教授、助教、图书馆管理员等,他们的学历层次多数为本科学历。研究助理员多来自齐鲁大学文学学士毕业生,这显现出国学研究所人才队伍的薄弱,在一定程度上限制了国学研究所的教学研究水平。

表4-27:1936—1937年度齐鲁大学国学研究所研究成员①

姓名	学历	职务	资助来源
郝立权	国立北京大学文学学士	国文系主任	哈佛燕京学社基金
慈炳如	芝加哥大学哲学博士	国文系哲学教授	
周斡庭	清拔贡,日本东京洪文学院毕业	国文系文学教授	
张立志	齐鲁大学文学学士,燕京大学硕士	历史系助教	
范迪瑞	齐鲁大学文学学士	社会系助教	
曾毅公	齐鲁大学文学学士	研究助理员	
张维思	齐鲁大学文学学士	研究助理员	
王敦化	齐鲁大学文学学士	研究助理员	
孙碌	齐鲁大学文学学士	研究助理员	
王宪臣		图书助理员	
刁瑞义		书记	

① Shantung Christian University (Cheeloo University) Sinological Research Insititute Seventh Yearly Report[A]. 亚联董档案 RG011-246-4017:308-309.

续表

姓名	学历	职务	资助来源
马宗芗		国学研究所主任	齐鲁大学其他基金
明义士		在假	
王献唐		省立图书馆馆长	

研究所成员本年度出版和发表了一部分研究成果,包括郝立权《何水部诗注》二卷、《阴常侍诗注》二卷、《论对偶》(《齐大季刊》第八期),王献唐《汉渔阳孝庙觀鯈考》(《齐大季刊》第八期),刘世传《太平天国期间之中外关系》(《齐大季刊》第八期),张立志《明季清初东西文化冲突考略》(《齐大季刊》第八期),张维思《齐鲁方音考》(《齐大季刊》第八期),孙碌《明季国难诗人理□和考略》(《齐大季刊》第八期),王敦化《花间集版本考》(《齐大季刊》第八期),曾毅公《殷墟书契后编版本考》(《齐大季刊》第八期),马宗芗《释宫室》(《齐大季刊》第八期),周幹庭《山东土语研究(鲁西)》(《齐大季刊》第八期)。① 这些出版成果内容显现了这一时期的国学研究所多以古籍整理、历史考证等为主要特色,带有较浓厚的传统学术特征。

正是这种研究力量的薄弱和研究方法的传统问题,哈佛燕京学社对齐鲁大学国学研究所发展国学研究的理念并不认同。1936年2月,哈佛燕京学社制定了一项计划,旨在协调哈佛燕京学社与受其资助之教会大学的关系。希望通过分工,促进受资助之各教会大学有重点地发展国学研究。其中,齐鲁大学被确定重点发展医学和乡村领袖两个领域,注重本科教育而非研究和研究生教育。哈佛燕京学社要求齐鲁大学的本科教育重点放在一个统一的乡村计划上,包括训练教师、布道员、社会与宗教工作人员,开展解决农村问题的实验。② 对此,齐鲁大学及国学研究所持有异议,认为国学研究所的教学和研究应同时并重,并可保证将研究成果传

---

① Shantung Christian University (Cheeloo University) Sinological Research Insititute Seventh Yearly Report[A]. 亚联董档案:RG011-246-4017:307-308.

② 陶飞亚,刘家峰. 哈佛燕京学社与齐鲁大学的国学研究[J]. 文史哲,1999(1):97-103.

授于学生。但哈佛燕京学社认为齐鲁大学国学研究所的研究令人不满意。1937年,叶理绥访问齐鲁大学时,反复强调学社1936年之计划,要求齐鲁大学国学研究所将工作重点置于本科教育。① 1939年12月,叶理绥在致齐鲁大学校长刘世传的信中指出,国学研究所研究缺乏创造性和正确的研究方法,不具备对现代研究方法的掌握。叶理绥希望齐鲁大学选送人员到燕京大学及哈佛大学深造。然而,因为抗日战争的影响,哈佛燕京学社对齐鲁大学的计划未能顺利实现。②

1937年10月,为避免战争的影响,齐鲁大学校方决定将学校迁往成都。国学研究所成员随之发生了较大的变动。在迁往成都时,国学研究所仅有少数人随迁至成都,人丁凋落,相关教学和研究工作几乎陷入停顿。1938年夏,齐鲁大学完成校舍建设,正式复校,部分研究所成员陆续来到成都会合,研究所才开始重新发展,并进一步延聘汇聚在成都的其他学者。1939年5月,顾颉刚接任马宗芗担任主任,对国学研究所进行大的改革。

顾颉刚任主任期间对研究所主要进行两方面的改革,包括延聘学者和申请建立文科研究所,招收研究生。在延聘知名学者方面,钱穆、胡福林、张维华、胡厚宣、侯宝彰、汤吉禾、孙次舟、王树民、王育伊、孟思明、韩儒林等人相继加入,研究所一时实力大增。以1941—1942年度为例,国学研究所成员有顾颉刚、钱穆、吕思勉、胡福林、张维华、张维思、孙次舟、林昇平、彭云生、沈鉴、蒙思明、王佛崖、魏洪祯、杜光简、李为衡、孔玉芳、严耕望、许毓峰、钱树棠、潘仲元,这些学者来自国立北京大学、燕京大学、国立西北大学、国立清华大学、齐鲁大学等。③ 他们的研究项目和成果也显现了新的气象。如出版成果有顾颉刚《四川古代史》、钱穆《释侠》《国史读本》、胡福林《甲骨文与商代历史》,在研计划有顾颉刚《史记索引及辞典》、钱穆《中国历史之地理北京》、吕思勉《秦汉史》、张维华《中国民族史材料集》《明清间基督教及西洋学术东渐史》、张维思《古韵研究》、孙次

---

① 王雪玲.齐鲁大学国学研究所初探[D].上海:华东师范大学,2007(4):8.
② 陶飞亚,刘家峰.哈佛燕京学社与齐鲁大学的国学研究[J].文史哲,1999(1):97-103.
③ Shantung Christian University (Cheeloo University) Sinological Research Insititute Twelfth Yearly Report[A]. 亚联董档案:RG011-246-4017:315-316.

舟《编校真本左氏春秋》、沈鉴《员吏制度》等。① 可见,这一阶段研究所的研究领域有大的扩展,如民族史、地方史、政治制度史等。

1940年开始,顾颉刚还邀请了一批学者担任研究所校外研究员,与他们签订研究项目合同,使用哈佛燕京学社经费对他们的研究成果予以资助,以国学研究所的名义出版他们的研究成果,或在《齐鲁学报》上发表他们的论文等。至1943年,接受资助研究的学者达15人,其中包括吕思勉、容肇祖、童书业、赵泉澄等人。② 在申请建立文科研究所招收研究生方面,研究所制定了计划,先设历史研究部,准备招生,但国民政府教育部认为战争阶段,齐鲁大学应以本科教育发展为主,暂缓讨论文科研究所的创办事宜,故最终未批准此计划。

哈佛燕京学社对齐鲁大学国学研究所人才聘请计划和研究生发展计划,及相关经费使用提出了强烈的反对。学社始终坚持认为齐鲁大学应以本科教育为主,充实大学普通课程,然后才进行高级课程。研究生培养应由其他大学来承担;学社经费所资助人员范围不应包括校外研究员及初学者的研究成果出版;在战时阶段,哈佛燕京学社建议齐鲁大学、金陵大学、华西大学应联合出版学术刊物,"帮助提高中国出版物的标准及设法消除无数在质量和学术标准上不相称的出版物",学社可给予资助。③ 由此可见顾颉刚对国学研究所的发展计划显然与哈佛燕京学社的理念不一致,再加上顾颉刚在燕京大学时期曾接受哈佛燕京学社资助开展《尚书》研究项目,但迟迟未有成果出版,哈佛燕京学社对顾本人也存有微词。最终顾颉刚于1942年辞去了齐鲁大学国学研究所主任之职,由钱穆接任。

钱穆主持齐鲁大学国学研究所时期,采取了系列改革调整措施,努力与哈佛燕京学社的指导思想保持一致。1942年,国学研究所在给哈佛燕京学社的年度报告中对过去三年的工作进行了反思总结,提出改进方案。这些方案措施包括:终止校外研究员的聘请及研究项目的资助,减少8至

---

① Shantung Christian University(Cheeloo University) Sinological Research Insititute Twelfth Yearly Report[A]. 亚联董档案:RG011-246-4017:317.
② 王雪玲. 齐鲁大学国学研究所初探[D]. 上海:华东师范大学,2007(4):14.
③ 陶飞亚,刘家峰. 哈佛燕京学社与齐鲁大学的国学研究[J]. 文史哲,1999(1):97-103.

12人近三分之一的研究助理,终止研究生培养计划,确立齐鲁大学国学教育课程重点,教师上课课时由原来的二分之一时间增加至三分之二的时间。至1943年秋,国学研究所共有3名教授,2名副教授,1名图书馆员,1名秘书和1名学生助理。实际上,对于终止校外研究员之事,国学研究所并未很彻底,国学研究所请吕思勉担任代理人,负责在上海为齐鲁大学购置图书和协管《齐鲁学报》,联系资助研究人员等。这为齐鲁大学在抗日战争期间与国内学术界保持联络起了重要作用。①

与此同时,哈佛燕京学社对战时内迁成都的几所教会大学进行了相应的协调工作,形成了教会大学中国研究教育研究备忘录。备忘录强调三点:一是注重培养本科人才,为战后向全国学校输送具备近代研究方法训练基础的教员做出准备;二是燕京大学、齐鲁大学、金陵大学、华西大学四校协商制定有关中国研究的教学研究计划,计划涵盖语言、文学、历史、地理、考古等课程,并把中国历史文学作为普通课程教授;三是资助利用当地原始材料的研究,以及可完成性的研究。在此备忘录的指导下,四校在成都成立了国学研究委员会。四校在中国研究方面各有重任,齐鲁大学在中国古代史研究上颇具优势。这一时期,齐鲁大学与哈佛燕京学社的关系在齐鲁大学国学研究所收缩性发展的配合下有所缓和,但因齐鲁大学在向哈佛燕京学社提交财务报告方面存在一些问题,及校内行政出现混乱而一度招致学社的批评和质疑。

钱穆之后,齐鲁大学欲再次聘请顾颉刚任国学研究所主任。顾颉刚于1944年至1945年短暂复任主任。1945年1月齐鲁大学校内发生学潮,顾颉刚因出任国学研究所主任所提出的计划未能实现,再次辞职。1945年8月,吴克明任齐鲁大学校长,试图重新振兴国学研究所,希望能够通过聘请一流学者来增强国学研究所的实力。同年,吴金鼎出任代理主任,1946年国学研究所回迁济南后正式任主任。在他的主持下,国学研究所聘请了部分知名学者,如丁山、彭举、常燕生、孙伏园等。其后常燕生、丁山、胡福林相继离职。研究所后又聘请吴忠臣、刘茂华、傅斯棱、徐庆誉、吴鸣岗、万九和、许衍梁、张维思、张维华等人。在1946—1947年度

---

① 王雪玲. 齐鲁大学国学研究所初探[D]. 上海:华东师范大学,2007(4):14.

向哈佛燕京学社提交的报告中,吴克明校长特别说明了研究所成员本年度的工作内容是本科教学而非研究,课程也相应增加了许多,教师授课时间也增加了一倍。这表明齐鲁大学对哈佛燕京学社的指导思想是尽力予以配合的。

表4-28:1946—1947年度齐鲁大学国学研究所薪酬开支人员①

姓名	学历/职称	所属机构
吴金鼎	博士/人文学院执行院长	
胡福林	学士/教授	历史系
张立志	硕士/教授	历史系
Hsing Chao-chun	硕士	社会学系
刘茂华	硕士	国文系
胡延钧(Hu Yen-chun)		图书馆馆长
Wang Hsiang-chen		编目馆员
傅光清		助理编目馆员(兼职)
Meng Chao-huei		图书馆设备护理员
Jen Chung		图书馆设备护理员
Wang Tu-an		图书馆杂务工

尽管如此,哈佛燕京学社认为齐鲁大学国学研究所的发展并不令人满意,双方依旧在发展重心问题上存在分歧。哈佛燕京学社向齐鲁大学明确提出如不做彻底改进,将取消经费拨款。1947年,哈佛燕京学社要求齐鲁大学遵守1936年计划,建立农村建设学院。但此计划终未执行,齐鲁大学仅能由国文系与哈佛燕京学社联系。1948年6月,齐鲁大学以林仰山为代表与哈佛燕京学社北平办事处执行干事陈观胜讨论齐鲁大学国学教育事宜。哈佛燕京学社的观点一如既往希望齐鲁大学做好本科课

---

① 吴克明. Cheeloo University Sinological Research Institute Seventeeth Annual Report[A]. 亚联董档案:RG011-244-4003:154.

程建设和图书资料建设;由哈佛燕京学社资助的国学教师每周上课应保持在9~12小时,学社不聘专职研究员,鼓励教师从事有兴趣的研究。此时,解放战争进入白热化阶段,齐鲁大学各项发展计划搁置。

1948年吴金鼎去世,张维华接任主任之职。张维华重新制定了国学研究所章程,对相关课程设置进行调整,使其更为系统,并加强图书资料建设。此外,还适当地对教职员的研究出版予以支持。这些做法获得哈佛燕京学社的默许,缓和了两者之间的关系。1950年,中华人民共和国初立不久,齐鲁大学开始接受人民政府的领导,在课程设置、发展方向等方面发生了巨大的变化。国学研究所在哈佛燕京学社和政府、学校新发展政策之间艰难地维持平衡。1952年全国大学院系调整,齐鲁大学被撤销建制,其学科分别并入山东大学、山东师范大学、南京大学等高校。

(2)课程建设

哈佛燕京学社希望齐鲁大学国学研究所重点发展本科教育,对此,国学研究所开展了相关的课程建设工作。但因人才薄弱及过去传统发展观念的影响,研究所初期的课程虽有改进措施,但课程体系未能实现系统化发展。以1934—1935年度和1936—1937年度为例,国学研究所的课程主题较为散乱,课程内容以中国文学、哲学、历史、教育学、文献学等为主,缺乏对西方现代学术发展的传授和比较研究方法的训练。这一定程度上限制了学生的知识视野。哈佛燕京学社对齐鲁大学国学研究所这种发展状况实际并不十分满意。为此,学社1936年度制订计划分配齐鲁大学国学研究所重点加强培养农村领袖的课程,希望研究所有发展重点,并在1937年叶理绥访问齐鲁大学时再次强调这一计划。

表4-29：1934—1935年度齐鲁大学国学研究所课程①

课程名称(秋季)	学分	教师	课程名称(春季)	学分	教师
杜威教育学说	3	慈炳如	金石研究	3	齐树平
哲学概论	3	慈炳如	墨子	3	栾调甫
中国近代思想史	3	慈炳如			
逻辑	3	慈炳如			
普通心理学	3	慈炳如			
美学	3	慈炳如			
古今文选	3	郝立权	古今文选	3	郝立权
中国文学史	2	郝立权	中国文学史	2	郝立权
文字学	2	郝立权	文字学	2	郝立权
修辞学	2	郝立权	专家诗	2	郝立权
中国美术史	2	齐树平	中国美术史	2	齐树平
国学大纲	3	齐树平	国学大纲	3	齐树平
戏剧原理	3	马彦祥	戏剧作法	3	马彦祥
文艺思潮	3	马彦祥	文艺思潮	3	马彦祥
文学概论	3	马彦祥	小说原理	3	马彦祥
古今文选	6	周斡庭	古今文选	3	周斡庭
说文	2	周斡庭	说文	2	周斡庭
诗选	3	周斡庭	诗选	3	周斡庭
中国历史纲要	3	张立志	两汉史	3	张立志
中国古代史	2	张立志	中国历史研究法	2	张立志
明清史	3	张立志	正史概论	2	张立志
东北史	2	张立志	中国近世外交史	3	张立志
日本史	3	张维华	中国史学通论	2	张维华
中国沿革地理	2	张维华	中国沿革地理	2	张维华

① 王雪玲.齐鲁大学国学研究所初探[D].上海：华东师范大学,2004(4):18-19.

续表

课程名称(秋季)	学分	教师	课程名称(春季)	学分	教师
近世中欧交通史	2	张维华	近世中欧交通史	2	张维华
教育概论	3	范迪瑞	家庭社会学	3	范迪瑞
社会学导论	3	范迪瑞	社会演化	2	范迪瑞
社会问题	2	范迪瑞	农村生活概论	3	范迪瑞

表4-30：1936—1937年度齐鲁大学国学研究所课程①

课程名称(秋季)	学分	教师	选修人数	课程名称(春季)	学分	教师	选修人数
中国文学史	3	郝立权	36	中国文学史(上)	3	郝立权	35
文心雕龙	3	郝立权	15	声韵学概要	3	郝立权	9
文字学	3	郝立权	28	修辞学	3	郝立权	21
尚书	3	马宗芗	5	尚书	3	马宗芗	7
说文	3	马宗芗	7	说文	3	马宗芗	6
诸子文	3	赵振之	13	庄子	3	赵振之	39
明清戏曲史	3	曾毅公		汉魏六朝诗	3	周幹庭	6
楚辞	3	周幹庭	11	古今文选	3	周幹庭	42
古今文选	3	周幹庭	42	中国思想史(下)	3	慈炳如	25
中国思想史(上)	3	慈炳如	23	逻辑	3	慈炳如	43
知识方法论	3	慈炳如	7	普通心理学	3	慈炳如	50
教育史(上)	3	慈炳如	15	古今文选	3	王敦化	29
古今文选	3	王敦化	39	古今文选	3	孙碌	71
古今文选	3	孙碌	40	中国历史纲要(下)	3	张立志	72

① Shantung Christian University(Cheeloo University) Sinological Research Insititute Seventh Yearly Report[A]. 亚联董档案：RG011-246-4017：304-306.

续表

课程名称(秋季)	学分	教师	选修人数	课程名称(春季)	学分	教师	选修人数
中国历史纲要(上)	3	张立志	78	明清史	3	张立志	25
宋元史	3	张立志	25	中国古代史	2	张立志	12
正史概论	2	张立志	21	历史教学法	2	张立志	11
民间外交史(上)	3	张立志	26	家庭社会学	3	范迪瑞	37
社会调查	4	范迪瑞	14	社会演化	3	范迪瑞	23
社会学史	2	范迪瑞	5	农村生活概论	3	范迪瑞	38
社会问题	3	范迪瑞	57		58		
	62		510				

顾颉刚自1939年担任国学研究所主任以后,研究所课程有明显的调整。这种变化主要体现为课程的体系化发展。以1941—1942年度课程设置为例,内容具有一定的逻辑体系,如历史类课程注重通史和断代史的系统讲授,文学类课程则重点讲授文学、目录学、训诂学等,使学生能够了解和掌握中国传统的治学方法和门径。

表4-31:1941—1942年度齐鲁大学国学研究所课程①

课程名称(秋季)	学分	教师	课程名称(春季)	学分	教师
中国学术思想史	2	钱穆	中国学术思想史	2	钱穆
中国通史	3	张维华	中国通史	3	张维华
秦汉史	2	张维华	秦汉史	2	张维华
明清史	3	沈鉴	明清史	3	沈鉴
中国近世史	3	沈鉴	中国近世史	3	沈鉴

---

① Shantung Christian University (Cheeloo University) Sinological Research Insititute Twelfth Yearly Report[A]. 亚联董档案:RG011-246-4017::315-316.

续表

课程名称(秋季)	学分	教师	课程名称(春季)	学分	教师
唐代文学	3	孙次舟	中国外交史	3	沈鉴
目录学	3	孙次舟	唐代文学	3	孙次舟
训诂学	3	张维思	目录学	3	孙次舟
专书选读	3	张维思	专书选读	3	张维思

1942年,钱穆接任国学研究所主任后,再次实施了大的改革。研究所成员减少,课时增加。课程设置在延续顾颉刚在任时的基本体系基础上,在教学内容和方法上进一步扩展和创新,加强中国古代史、现代史、语言学、文字学方面的课程。教师授课注重传授新知识、新方法,修课人数有较大的增长。这是国学研究所在本科教育课程建设方面发展的鼎盛阶段。

表4-32:1942—1943年度齐鲁大学国学研究所课程①

课程名称	学分	教师	修课人数		课程名称	学分	教师	修课人数	
秋季			校内	校外	春季			校内	校外
中国通史	3	张维思	45		国文	3	张维思	45	
文字学	3	张维思	3		中国文字学	3	张维思	3	
专书选读	2	张维思	4		庄子	3	张维思	5	3
古文字与文化	3	胡福林	11	3	古文字与文化	3	胡福林	11	
中国通史	3	张维华	64		中国通史	3	张维华	25	
中俄关系	3	张维华	5		中国通史	3	张维华	22	
明清史	3	沈鉴	12		中俄关系	3	张维华	5	
中国近代史	3	沈鉴	15		明清史	3	沈鉴	12	

① Shantung Christian University(Cheeloo University) Sinological Research Insititute Thirteenth Yearly Report[A]. 亚联董档案:RG011-246-4017:324-325.

续表

课程名称	学分	教师	修课人数		课程名称	学分	教师	修课人数	
秋季			校内	校外	春季			校内	校外
中国外交史	3	沈鉴	63	1	中国近代史	3	沈鉴	15	7
中国古代史	3	胡福林	15	2	中国外交史	3	沈鉴	63	1
中国文化史	3	钱穆	50		中国古代史	3	胡福林	15	2
论文	2	钱穆 胡福林 张维华	20		中国政治制度史	3	钱穆	65	
					论文	2	钱穆	15	

国学研究所收缩人员队伍实际上产生了不小影响。顾颉刚虽在1944—1945年度短暂复任主任，但遭遇齐鲁大学学潮，加上学校在战时内政的日渐混乱，国学研究所陷入低谷，课程仅开设古代史、古文字学等几门课程。修课人数减少。

表4-33：1944—1945年度齐鲁大学国学研究所课程①

课程名称	学分	教师	修课人数	
春秋史	2	顾颉刚	5	4
中国历史地理	2	顾颉刚	6	3
甲骨学	3	胡福林	6	3
商周史	3	胡福林	12	
读书指导	2	胡福林	15	
国文	3	张维思	30	
文字学	3	张维思	4	
古音学	3	张维思	2	

① 吴克明. Cheeloo University Sinological Research Institute Fifteenth Annual Report[A]. 亚联董档案：RG011-244-4017：341.

续表

课程名称	学分	教师	修课人数	
国学研究指导	1或2	胡福林、张维思	1	2
毕业论文	1或2	胡福林、张维思	8	

1946—1947年度,国学研究所针对文、理、医科,以及预科等开展国文课程讲授,加强了国文基础知识的传播。另有中国哲学、古代史等。但整体上研究所课程设置显得散乱不成体系。这一方面与这一时期学校复校、内战频发的混乱环境有关,另一方面也有来自哈佛燕京学社的压力,研究所人员减少,教师几乎全部时间用在了本科教学上,而随着复校,学生修课人数增加,给研究所带来了不小的压力。

表4-34:1946—1947年度齐鲁大学国学研究所课程[1]

课程名称	学分	教师	修课人数
一年级国文(文科生)	6	栾调甫	秋季学期47
一年级国文(理科生)	6	栾调甫 胡福林	秋季学期71 春季学期66
一年级国文(医学生)	6	张维思	秋季学期73 春季学期69
国文(护理生)	3	吴金鼎	春季学期18
中国哲学	4	刘茂华	秋季学期46 春季学期45
中国碑刻	4	栾调甫	秋季学期6 春季学期6
中国逻辑经典	4	栾调甫	秋季学期48 春季学期44

---

[1] 吴克明. Cheeloo University Sinological Research Institute Seventeeth Annual Report[A]. 亚联董档案:RG011-244-4003:155-156.

续表

课程名称	学分	教师	修课人数
研究方法	2	张维思	春季学期 16
国文 A（预科）	6	张维思	秋季学期 58 春季学期 40
国文 B（预科）	3	张维思	春季学期 32
中国历史地理（预科）	3	张立志	秋季学期 58
中国史（文科生）	6	张立志	秋季学期 50 春季学期 47
中国史（理科生）	6	吴金鼎	春季学期 67
中国外交史	3	张立志	秋季学期 50
政治学	3	张立志	春季学期 23
中国农村问题 A	2	Hsing Chao-chun	秋季学期 118
中国农村问题 B	3	Hsing Chao-chun	春季学期 35

五、福建协和大学

福建协和大学是霍尔遗产基金和哈佛燕京学社资助发展中国研究的教会大学之一。该校获霍尔遗产基金捐助 50,000 美元、哈佛燕京学社限制性经费资助 200,000 美元。这些经费对促进该校的中国研究教育发展产生了重要的作用。

1929 年 11 月，时任福建协和大学校长的林景润鉴于哈佛燕京学社的限制性经费资助，向学社递交了一份《福建基督教大学中国学研究计划》。这项计划较为全面地设计和规划了协和大学开展与中国研究有关的课程建设、学术研究、图书资料建设等工作发展计划，指导协和大学在 20 世纪 30 年代展开中国文化教育与研究。

自 1928 年起，福建协和大学开始扩充该校文学院各系，逐渐发展有国文、外国语文、教育系。1931 年 1 月，福建协和大学向南京国民政府教育部提交立案申请，国民政府教育部以协和大学仅有文理两科，准以私立福建协和学院立案，正式享有与其他国立大学同等的地位和权利。1940

年,应国民政府教育部令,协和大学将文史系分为中国文学系和历史系,农学系扩充为农艺学系与园艺学系,加上原农业经济学系成立农科。1942年,国民政府教育部鉴于该校拥有文、理、农三科,批准将私立福建协和学院改称私立福建协和大学。

早期,福建协和大学国文系通过组织系列的专题讲座、课程,稳步发展中国研究之本科教育,提升教学质量,推进该校在中国文献学、语言学,尤其是福建文化研究领域的发展。越来越多的学生开始关注福建文化、民俗与历史。1930年至1931年度,该校沙善德(Malcolm F. Farley, 1896—1941)教授还捐献出个人所藏考古学和中国艺术藏品给艺术馆,供学校师生利用。1931年,福建协和大学成立了福建文化研究会,开展有关福建社会习俗、家庭生活、商业发展、教育机会等方面的综合研究,以福建地方文化为推动中国文化研究的核心内容,成为该校中国研究的重要机构,其后逐渐发展成为该校的学术强项之一。福建文化研究会创办和出版了《福建文化》,后发展为十分具有学术影响力的刊物。此外,协和大学还创办了其他几种刊物,如《协大艺文》等,并出版《福建文化丛书》等。王治心、陈尊统、严叔夏等著名学者相继主持推动福建协和大学中国文化研究。在这一过程中,福建协和大学注重全面搜集和整理有关福建文化的文献,对福建地区民族、语言、风俗、歌谣、古物等开展深入的调查研究活动,编辑出版福建文化学术丛书,加强图书资料建设。

1931—1932年度,福建文化研究会设立6个研究组,即福建历史与地理、经济产品、方言、民族问题、习俗与宗教观念、民间知识与大众文学,每组又细分各项专门研究。其中,郑庆瑞担任习俗与宗教观念组主任,陈文渊担任民族问题组主任,曾克熙担任经济产品组主任,郑益士担任民间知识与大众文学组主任,陈庚荪担任方言组主任,郭际善担任福建历史与地理组主任。国文系邀请陈遵统、魏应麒、王治心开设福建文学史、福建民俗学及宗教神话研究、福建文献研究等课程。学生对中国文化的学习兴趣越来越高。在福建文化研究会组织下,百分之八十的学生加入了这6个研究组。研究会研究成果发表于《福建文化》。此外,研究会还开展有福建文化综合目录、宗教思想史等研究计划,并计划开展有关福建历史文化名人的生平与学术的调查研究。① 学校陆续汇聚了一批知名学者前来任教和开展学术研究,包括叶圣陶、郭绍虞、王治心、陈遵统、陈易园、严叔夏、董作宾、傅衣凌、陈文渊、陈锡恩、陈兴乐等。② 这些学者围绕福建社会文化、民俗、民族等展开了丰富的学术研究活动,并引导学生参与学术研究实践,培养他们对中国文化、福建地方文化的学习和研究兴趣。

对于福建协和大学的中国研究发展,哈佛燕京学社给予了较好的评价。1934年,叶理绥根据协和大学提交学社的年度报告,认为协和大学在有关的教育与研究活动方面组织了出色的活动,并言学社会为协和大学提供帮助。叶理绥对协和大学的年度报告非常满意,这种评价还出现在1935年12月6日他致协和大学林景润校长的信中。③

尽管在哈佛燕京学社的经费资助下福建协和大学的中国文化研究有所进步,但因发展基础和师资力量比较薄弱,该校在中国研究方面的相关教育和研究发展实际上无法与其他几所教会大学相比。1948年,哈佛燕京学社北平办事处执行干事陈观胜考察福建协和大学,提出扩充该校历史系的建议,承诺为该校寻找合适教授来校任教,增强该校中国研究实力。④

六、华西协和大学

1910年美国、英国、加拿大在四川省的基督教差会,包括美浸礼会、英公谊会、美道会、美以美会、圣公会等,在成都创办华西协和大学。起初,该校注重实用学科的发展,文科较弱。1928年,该校获得霍尔遗产基金和哈佛燕京学社经费资助,开始注重中国文化研究。1931年,华西协和大学组建华西大学哈佛燕京学社委员会,负责指导和监督哈佛燕京学社经费的分配使用和相关工作的开展。该校在中国研究领域开展的工作

---

① Annual Report of the President of Fukien Christian University 1931-1932 [A]. 亚联董档案:RG011-108-2392:29-35.
② 刘一彬. 福建协和大学对福建文化研究的学术贡献及其启示[J]. 福建师范大学学报(哲学社会科学版).2010(3):149-154.
③ 陶飞亚,吴梓明. 基督教大学与国学研究[M]. 福州:福建教育出版社,1998:220-221.
④ 陶飞亚,吴梓明. 基督教大学与国学研究[M]. 福州:福建教育出版社,1998:220-221.

包括:国文系教学与研究、学校图书馆建设、博物馆发展,以及学术出版。国文系发展的目标是培养学生在中国历史、文化、文学、艺术、哲学等方面的知识和基础;图书馆的目标是为教育发展目标提供文献资料支持,为学者开展有成效的研究提供支持;博物馆的目标则是以实物资料展示说明中国西部地区汉族和其他民族的历史文化发展,并希望发展成为国际研究华西汉族和其他民族文化最好的博物馆。秉持这三方面的目标,自1931年开始,华西协和大学积极促进中国文化教育、研究发展,以及图书资料、古物建设。

初期,华西协和大学国文系发展较为困难,尤其是因其地处西部,师资力量发展薄弱,许多教师为兼职教师,一些老的教师又固守传统的治学教学方法,不利于教育研究的新发展。后经过几年发展,国文系通过增聘全职和兼职教师,逐渐使师资力量得到增强。这可以从1928年至1948年间该系教师和学生人数的逐年增加看出。

表4-35:1930—1948年华西协和大学国文系任职教师和学生统计表①

年度	全职教师	兼职教师	学生	毕业生
1930—1931	3	6	18	2
1931—1932	3	9	19	3
1932—1933	3	11	43(19名普通学生,24名特殊学生)	5
1933—1934	3	9	41(31名普通学生,10名特殊学生)	2
1934—1935	4	8	41	6
1935—1936	5	9	38	11
1936—1937	6	8	40	4
1937—1938	7	9	48	6
1939—1940	9	10		
1940—1941	9			

① Report of the Chinese Department to the Harvard-Yenching Institute [A]. 亚联董档案:RG011-281-4424a.

续表

年度	全职教师	兼职教师	学生	毕业生
1941—1942	8	4	29	10
1942—1943	9			
1943—1944	12			
1944—1945	14			
1947—1948	6	6		

表4-36：1935—1936年度与1937—1938年度华西协和大学国文系教师表

1935—1936				1937—1938			
姓名	周授课时数	月薪	全职/兼职	姓名	周授课时数	月薪	全职/兼职
程芝轩	12	140	全职	庞石帚		全职	系主任
钟稚琚	12	200	全职	潘长河		全职	全职助理
杜奉符	12	108	全职	钟稚琚	12		全职
朱少滨	12	300	全职	杜奉符	9		全职
陈家骥	12	85	全职	朱少滨	10		全职
林山腴	8	140	兼职	陈家骥	5		全职
龚向农	8	96	兼职	郑德坤			全职
李培甫	4	48	兼职	林山腴	2		兼职
李炳英	2	24	兼职	龚向农	4		兼职
庞石帚	2	24	兼职	李培甫	2		兼职
彭芸生	4	48	兼职	李炳英	2		兼职
陶亮生	6	48	兼职	彭芸生	4		兼职
刘蘩仙	3	50	兼职	陶亮生	4		兼职
赵少咸	4	48	兼职	向宗鲁	2		兼职
葛维汉	1		兼职	郦衡叔	5		兼职
				蒙思明	6		半职

续表

1935—1936				1937—1938			
姓名	周授课时数	月薪	全职/兼职	姓名	周授课时数	月薪	全职/兼职
				刘藜仙	2		2
				唐君毅	6		6

在扩大师资力量的同时,国文系不断加强课程建设,促进中国研究本科教育的发展。该系课程设置方针强调在学生的一、二年级教授中国研究基础知识,包括学会应用各类古代文献资料工具,指导学生在三、四年级学习专题领域知识和进行基础研究训练。这种方针帮助学生为未来进一步的学习打下扎实的基础,并使学生具备对中国文化的广阔的视野。①

表4-37:1936—1937年度华西协和大学国文系课程设置表②

课程名称	授课教师	课程名称	授课教师
声韵学甲	李培甫	中国文学史	杜奉符
声韵学乙	赵少咸	中西文化交通史	郑德坤
目录学	龚向农	中国历史研究法	郑德坤
礼记	龚向农	中国考古学	郑德坤
史传文	林山腴	中国神话之研究	郑德坤
宋明理学	彭芸生	通史甲	庞石帚
孟子	彭芸生	通史乙	朱少滨
左传	钟稚琚	专史	朱少滨
小学甲	钟稚琚	尚书	朱少滨
小学乙	钟稚琚	春秋三家评议	朱少滨

① Report of the Chinese Department to the Harvard-Yenching Institute 1938[A]. 亚联董档案:RG011-281-4424a:941.
② West China Union University Report to the Harvard-Yenching Institute on Chinese Studies July 1st, 1936-June 30th, 1937[A]. 亚联董档案:RG011-281-4424a:899-900.

续表

课程名称	授课教师	课程名称	授课教师
国文	陶亮生	诗经	陈家骥
各体文甲	庞石帚	诗经导读	赵少咸
各体文乙	钟稚琚	庄子	李炳英
各体文丙	庞石帚	文艺评论	庞石帚
荀子	杜奉符	各体诗选	庞石帚
墨子	杜奉符		

表 4-38：其他院系选修国文系课程

课程名称	授课教师	课程名称	授课教师
国文	杜奉符	国文	陈家骥
国文	杜奉符	东亚史	刘藜仙
中国文学史	杜奉符	中国文化史	刘藜仙
国文	陶亮生		

　　1938年之前，华西协和大学国文系针对不同的研究将学生分成不同的小组，这种模式导致教学过于专业化。1938年，国文系进行教学改革，课程设置采取必修和选修制度，学生修习学分的数量调整规定，进一步重视学生的课后学习，要求学生在教师的指导下进行课下阅读学习，并撰写读书笔记，以备教师检查课后学习情况。① 针对课程数量较多，教师数量有限，教学任务繁重，研究时间少的现状，国文系一方面进一步增聘教员，一方面努力争取经费支持教师的研究工作。1939年秋季开始，国民政府教育部推广一种固定课程，国文系一年级新生要与文学院其他学生一样修习固定公共课程，包括国文、历史、外语、中国史、西方史、逻辑学、哲学，一门自然科学和一门社会科学课程，总学分达52~56分。学生另外修习

---

① Report of the Chinese Department to the Harvard-Yenching Institute 1938[A]. 亚联董档案：RG011-281-4424a：941-942.

51~59 分国文专业课程,另外选修一定量的课程,总学分须至少达到 132 学分。①

表 4-39:1939—1940 年度华西协和大学国文系课程表②

课程名称	教师	学生级别	课程名称	教师	学生级别
历代文选	林山腴	2,3	文字学概要	钟稚琚	1
中国文学史	杜奉符	2	古声韵学	李培甫	2
文学专书选读(经)	陈家骥	2	词选	闻宥	4
文字学概要	钟稚琚	2	训诂学	钟稚琚	3
文学专书选读(史)	李培甫	3,4	文学史	杜奉符	2
历代诗选	林山腴	3,4	专书选读(诸子)	杜奉符	3
训诂学	钟稚琚	3,4	专书选读(诸史)	李培甫	3
声韵学	李培甫	3	专书选读(群经)	钟稚琚	3
文学专书选读(子)	杜奉符	3,4	专书选读(群经)	陈家骥	3
文学专书选读(经)	钟稚琚	3	历代文选	林山腴	2
文学批评	庞石帚	3	历代文选	林山腴	3
诗史	庞石帚	3	文学批评	庞石帚	3
传记研究	许季茀	2,3	诗史	庞石帚	4
语言学概要	闻宥	3,4	伦理学	韩环生	1
			社会学	沈嗣庄	1
			生物学	张明俊	1
			日文	向雷锋	2,3

此外,国文系还设置了奖学金,帮助部分在战乱中失去家庭且贫穷的学生。1937—1939 年,王沛、庞希洵、甄尚灵、周蜀南 4 名学生获得奖学

---

① Report of the Chinese Department to the Harvard-Yenching Institute 1940[A]. 亚联董档案: RG011-281-4424a:999.

② Report of the Chinese Department to the Harvard-Yenching Institute 1940[A]. 亚联董档案: RG011-281-4424a:996-998.

金资助。① 1940年,王兴礼、江有谦、陈嗣英3名学生获得奖学金资助。②1940—1941年度,受资助学生有江有谦、赵方普、李国瑜。1941—1942年度,受资助学生有雷保泰、杨淑婉、郭祝菘。1947—1948年度资助学生12人。

1940—1941年度,华西协和大学成立了中国文化研究所,旨在深入推进中国研究发展,但1942年春,该校听取了哈佛燕京学社的建议,关闭了该研究所。华西协和大学中国研究的相关研究工作恢复依托国文系和博物馆开展,并开始与齐鲁大学、金陵大学和燕京大学展开合作。③

1942—1943年度,国文系进一步加强本科一年级教学工作。每月组织教师开会讨论国文基础课程的教学方法。每门课程修习学生相比过去减少很多,有助于授课教师对学生进行深入指导。所有修习国文系课程的学生被要求每两周提交一次读书笔记,督促学生扩大阅读和自习能力。

这一时期,随着抗日战争局势的进一步恶化,多数大学迁至成都,哈佛燕京学社资助的几所教会大学也陆续迁往成都,各校教学和研究工作受战争影响较大。有鉴于此,哈佛燕京学社做出应急规划,希望在成都的几所教会大学能够在中国研究领域密切合作,以便整合相关学术研究资源,共同发展,这也为华西协和大学中国研究的发展提供了良好的机会。这一时期,华西协和大学相较其他内迁学校,在师资力量和学生人数上均处于前列。当燕京大学在成都复校后,华西协和大学自燕京大学获得了很多学术研究资源。华西协和大学很多教师毕业于燕京大学,为两校的密切合作提供了良好的条件。1942年春,在哈佛燕京学社的指导下,燕京大学、齐鲁大学、福建协和大学、金陵大学、华西协和大学共同组成了一个五校联合委员会,负责组织开展五校中国研究的教育研究活动。④

1943—1944年度,国文系教员和教学工作发生了比较大的变化。教员方面,有5名教授,包括闻宥、刘朝阳、杜奉符、李炳英、邵潭秋;5名讲

---

① Report of the Chinese Department to the Harvard-Yenching Institute 1939[A].亚联董档案:RG011-281-4424a:978.

② Report of the Chinese Department to the Harvard-Yenching Institute 1940[A].亚联董档案:RG011-281-4424a:999-1000.

③ Report of the Chinese Department 1942-1943[A].亚联董档案:RG011-281-4424a:1046.

④ Report of the Chinese Department 1942-1943[A].亚联董档案:RG011-281-4424a:1047.

师,包括唐文播、蒋大沂、刘念和、徐中舒、牛光夫,以及1名指导教师甄尚灵。这些教师充满活力,并多数接受过现代学术方法的培训,具有现代化的教学方法。在教材和资料方面,该系在对过去教学问题深入分析的基础上,进行系统化和综合化改革,弃用部分旧的过时的资料,选用较为新的教学资料。在教学方法上,除课堂教学外,增强学生的自我学习和实践,帮助他们加快对知识的消化和掌握。同时注重外语教学,帮助学生增强掌握现代方法和比较研究资料。国文系一年级学生接受更积极的培训,获得更系统、更高质量的课程资料。这些课程资料内容已在五校得到统一化,经过五校联合委员会共同讨论决定。①

1944—1945年度,国文系教员李炳英、邵潭秋、徐中舒、牛光夫等离职,新增沈祖棻副教授、孙贯文和罗玉君两位讲师。课程设置根据五校合作政策进行相应的变动,又据教育部对标准化课程的修正而做相应的修正。如确保一年级课程一直以来所保持的质量,提高三年级课程水平,缩减四年级课程,提高外语课程的标准等。② 此后几年,国文系课程延续依据国民政府教育部要求的标准开设,课程总量相比过去有大的缩减。但在此基础上,国文系还是适当增加了部分课程,以增强学生对国文基础知识的了解和深入学习的能力。国文系教员组织了一个协会,旨在为讨论教学问题、教学方法、课程设置等问题提供一个平台。同时,学生在每一年级设立了读书俱乐部,每隔一周读书俱乐部组织读书报告会和讨论会,学生还会邀请教授在俱乐部演讲,或指导他们的报告和讨论。③ 这些举措一定程度上丰富了教学内容,促进了教学水平的提高。④

华西协和大学国文系在本科教育发展基础上,也鼓励教员开展学术研究,但总体相对比较薄弱。从该校向哈佛燕京学社提交的历年报告来看,该系教员开展的研究主题和内容主要涉及古代哲学、地方历史文化、民俗、民族、语言学等方面,尤其是对地方历史文化的研究相对较多,包括四川地区少数民族的民俗与语言、川苗风俗、苗乐,四川地区的神秘主义、

① Report of the Chinese Department 1943-1944[A]. 亚联董档案:RG011-281-4424a:1060.
② Report of the Chinese Department 1944-1945[A]. 亚联董档案:RG011-281-4424a:1072.
③ Report of the Chinese Department 1944-1945[A]. 亚联董档案:RG011-281-4424a:1083.
④ Report of the Chinese Department 1944-1945[A]. 亚联董档案:RG011-281-4424a:1083.

四川诗歌研究等,以及西藏与部落文化研究等。不同时期,在该系任教的学者多有个人的研究领域,如闻宥的语言学研究成果有《论爨文丛刻兼论罗文之起源》(《图书季刊》,1936年)、《倮罗译语考》(《华西协和大学中国文化研究所集刊》,1940年)、《民家语中同义字之研究》(《华西协合大学中国文化研究所集刊》,1940年)、《摩些象形文之初步研究》(《历史语言研究所人类学集刊》,1941年)、《川西羌语之初步分析》(《华西协合大学中国文化研究所集刊》,1941年)等。另如庞石帚的宋明史研究,龚向农的新旧唐书研究,杜奉符的诸子哲学研究,郑德坤的《水经注》、四川历史研究等。但是,限于研究力量的薄弱,华西协和大学国文系的学术研究成效并不明显。哈佛燕京学社叶理绥社长在1937年考察了各教会大学后对华西协和大学的评价是:该校所开展的研究多数仍沿袭旧的传统方法,相关学术成果缺乏学术价值。这与该系教员薪酬待遇较低,难以吸引更多优秀的学者前来任教不无关系。华西协和大学尽管编辑出版有《华西学报》,但它严格意义上并不是一份学术性很强的刊物。

  总体而言,华西协和大学的中国研究基础较为薄弱,师资力量不强,制约了该校的发展,在哈佛燕京学社经费资助下,该校积极推进课程改革,取得了一定的成绩,但在学术研究方面并没有明确的规划和方向,虽然在地方历史文化研究方面取得了部分成果,但限于人才的缺乏,在学术界没有产生较大的影响。

第五章　编辑出版：
哈佛燕京学社在华中国研究之传播

哈佛燕京学社叶理绥社长曾言："学社的出版物主要以中文在中国出版，英文版的出版物正在筹划之中，我希望学社不久的将来可以出版一种期刊，登载用英文、法文、德文撰写的有关远东研究的论文。除了出版全世界学者最新的原创性论文以外，通过精心撰写书评和活动报告，这样的一种期刊会使学者追踪其他国家关于远东研究的动态，特别是俄国、中国、日本的动态。"①②"这本杂志将不仅收录用中文、日文或俄文写的论文，而且出版全文、译文和摘要，还将包括最近出版的有关远东的重要论文和著作的名录。"③

民国时期是我国现代学术成型时期，学术期刊兴起和发展，成为学术研究发展的重要阵地。对哈佛燕京学社而言，学术期刊是其在中国推动中国研究发展的最重要途径之一。

---

① Serge Elisséeff. *The Aims of the Harvard-Yenching Institute. Harvard Alumni Bulletin*[A]. 联董档案号：336-51133-0261.
② 陈滔娜. 哈佛燕京学社校际合作史[M]. 南京：江苏人民出版社，2014：310.
③ Serge Elisséeff. *Paper Read at the Annual Dinner of the Associated Boards of Christian Universities in China*, April 21, 1936[A]. 亚联董档案号：011-0258-0918-0924.

一、《燕京学报》之编辑出版

《燕京学报》是民国时期重要学术刊物之一,是哈佛燕京学社资助出版的重要刊物,与《国学季刊》《清华学报》《中央研究院历史语言研究所集刊》齐名,是20世纪前半叶中外人文社会科学学术交流的重要平台。①

1.出版概况

《燕京学报》创刊于1927年6月,为半年刊,每年6月和12月出刊。1927—1951年共出版40期,1941—1945年因抗战而停办五年,与北京大学的《国学季刊》、清华大学的《清华学报》鼎足而三,蜚声海内外。除出版常规期号外,还出版有23种专号,每一专号相当于一部学术专著。另外,《燕京学报》有3期纪念专号,包括:第六期"校舍落成纪念专号",第二十期"十周年纪念专号",第三十期"司徒雷登先生七十寿辰庆祝纪念专号"。②

《燕京学报》创刊时,哈佛燕京学社尚未正式建立,但哈佛大学、燕京大学、霍尔遗产基金会已在合作协商阶段。燕京大学在此之前已获得霍尔遗产基金的资助。哈佛燕京学社成立后,《燕京学报》正式成为学社在中国推动中国研究的学术刊物。

《燕京学报》文体不拘,文言文、白话文皆收录。《燕京学报简章》云:"本报文体,不拘文言白话;但格式一律横排并用新式标点。告知函索即寄。"③④《燕京学报》每期容量200页至600页不等,平均在300页左右。第1期至第12期,页码不分期连续排列,自第13期开始每期单独计页。论文在字数上以4万字为限,超过4万字的给予出版专号。

《燕京学报》内容编排统一而规范,文章标题采用二号宋体字,正文采用四号宋体字,注释为五号宋体字。夹注、脚注、尾注形式不限,依原稿、原作者选择而定。内文书眉,以通栏细线与版心隔开,分单码版、双码版整体排出刊期、刊名、文题名及页次,形式固定、统一。⑤

---

① 王娟.民国学术传播中的《燕京学报》研究[D].北京:北京印刷学院,2010.11:2.
② 张越.关于《燕京学报》[J].史学史研究,1996,(04):70-76,78.
③ 张越.关于《燕京学报》[J].史学史研究,1996,(04):70-76,78.
④ 陈滔娜.哈佛燕京学社校际合作史[M].南京:江苏人民出版社,2014:307.
⑤ 余斯勇.《燕京学报》编辑特色述评[J].咸宁师专学报,1996(02):79-81.

《燕京学报论文格式简例》如下：一、本学报之稿件，无论文言文白话，皆须加新式标点。二、人名地名以"＿＿"表示之，书名以"～～"表示之。三、单引号用' '，双引号用""。四、省号用三点。五、每句之末，应空一格。六、引书格式……①

学报印刷所用的纸张优良，印刷精良。1933年后，由引得校印所承印。与当时其他学术刊物相比，在出版质量上有明显的优势。

2.历任主编

容庚、顾颉刚、齐思和等学者先后担任《燕京学报》主编。这些学者均为燕京大学教授，在古文字学、考古学、民俗学、历史学等领域有深厚的学术造诣和广泛的学术影响，为《燕京学报》的创立和繁荣发展做出了杰出的贡献。

容庚(1894.9.5—1983.3.6)，本名肇庚，字希白，号颂斋，广东东莞县人，著名古文字学家、考古学家。少随舅父邓尔雅习《说文解字》，又习篆、刻印之事，于金石学造诣深厚。师从罗振玉研学古文字。1922年，考入国立北京大学研究所国学门攻读硕士研究生。1926年毕业。曾任教于国立北京大学、燕京大学，担任《燕京学报》主编兼北平古物陈列所鉴定委员。1945年后，曾任岭南大学中文系主任，《岭南学报》主编。新中国成立后任教中山大学中文系。著有《金文编》(1925年)、《宝蕴楼彝器图录》(1929年)、《秦汉金文录》(1931年)、《颂斋吉金图录》(1934年)、《武英殿彝器图录》(1934年)、《海外吉金图录》(1935年)、《金文续编》(1935年)、《善斋彝器图录》(1936年)、《秦公钟簋之年代》(1937年)、《兰亭集刊十种》(1939年)、《商周彝器通考》(1941年)等30余种著作，发表论文70余篇。其中，《金文编》是继吴大澂的《说文古籀补》之后的第一部金文大字典，是古文字研究者必备的工具书之一，1959年增订后，收字18,000多。《商周彝器通考》由哈佛燕京学社出版，是关于商周青铜器的综合性专著。容庚先后主持《燕京学报》第1—6期，第9—11期，第16—29期，共23期。②

---

① 《燕京学报》编辑委员会. 燕京学报论文格式简例[J]. 燕京学报,1948(35).
② 王娟. 民国学术传播中的《燕京学报》研究[D].北京印刷学院,2010:1.

顾颉刚(1893.5.8—1980.12.25),名诵坤,字铭坚,号颉刚。江苏苏州人。中国现代著名历史学家、民俗学家,古史辨派创始人,现代历史地理学和民俗学的重要奠基人。1913年入北京大学预科。1920年毕业后留校任助教。1921年改任北大研究所国学门助教,《国学季刊》编委,并撰写"古史辨"论文,1923年底任《歌谣》周刊编辑。从事民俗学、民间文艺研究,影响日著。1926年秋任厦门大学国学院教授。1927年4月赴中山大学,任历史系教授、主任,兼图书馆中文部主任,代理语言历史所主任,主编《中山大学语言历史研究所周刊》。1929年任燕京大学国学研究所研究员兼历史系教授。在燕京大学期间,创办地学期刊《禹贡》,创办禹贡学会、民俗学会等。著有《古史辨》《尚书通检》《秦汉的方士和儒生》《汉代学术史略》《中国疆域沿革史》《中国当代史学》《中国上古史研究讲义》等数十种著作,在史学研究、民俗研究、吴歌研究等方面成就卓越,新中国成立后任中国科学院历史研究所研究员、中国民间文艺研究会副主席等职。主持标点《资治通鉴》、二十四史等古籍。顾颉刚先后主持《燕京学报》第7、8期,第12—15期,共6期。①

齐思和(1907.5.7—1980.2.20),字致中,山东宁津人,著名历史学家。1922年考入天津南开中学。1927年升入南开大学文科,主修历史。1928年转入燕京大学历史学系,是第一位获得哈佛燕京学社奖学金赴美国哈佛大学研究院攻读博士学位的学生。1935年回国,先后任北平师范大学教授,燕京大学历史系主任、文学院院长。1952年,院系调整后,任北京大学历史系教授、世界古代史教研室主任、中国社会科学院世界历史研究所学术委员等职。在中国古代史、近代史、世界古代史、中世纪史、近现代史、比较史学等方面学术成就卓著。著有《战国制度考》、《中国和拜占庭帝国的关系》、《中国史探研》、《西周地理考》、《中西封建制度研究》、《世界中世纪史讲义》、《西洋现代史》(英文)等。② 在燕京大学读书期间,历史系筹办《史学年报》,齐思和曾担任三年主编,直至毕业。同学评价其:"于学无所不窥,上自群经诸子,下至康、梁、胡、顾;每读一书必有新奇问

---

① 王娟. 民国学术传播中的《燕京学报》研究[D].北京印刷学院,2010:1.
② 大师传略 齐思和[EB/OL].[2016-08-17]. http://localsev.lib.pku.edu.cn/bdms/bdms_portal/mr_index.asp?id=138.

题发现,尤精于考证学、史学方法、两汉历史。"①齐思和曾主持《燕京学报》第30—40期,共11期。其中第30—34期为独立主编。

《燕京学报》除主编之外,还组建有编委会,成员在不同时期有一定的变动。赵紫宸、许地山、冯友兰、黄子通、谢婉莹、洪业、吴雷川、陈垣、郭绍虞、刘廷芳、马鉴、顾颉刚、张星烺、钢和泰、博晨光、王克私、陆志韦、张东荪、齐思和、王静如、翁独健、高名凯、陈观胜、林耀华、聂崇岐、孙楷第、翦伯赞等曾为编委会成员。

这些编委会成员来自燕京大学文学院、理学院、法学院,身为燕京大学教师、哈佛燕京学社研究成员的同时,承担不同时期《燕京学报》的编辑工作。这批学者中很多具有中西方双重教育背景,在中国新式教育体制中不断探索成长,是活跃于20世纪30—40年代的中国杰出学者。他们在各自的专业学科领域研究成就突出,如容庚之中国古文字学、考古学研究,许地山之宗教学、佛教研究,陈垣之宗教史、元史、考据学等研究,洪业之历史学、目录学研究,顾颉刚之历史学、民俗学研究,王克私之西方史、中西交通史、基督教研究,郭绍虞、马鉴、吴雷川之中国文学研究,高名凯之语言学研究,冯友兰、黄子通、博晨光、张东荪之哲学研究,聂崇岐之宋史研究等。这些学者学术研究的重要特征之一是立足国学,引进西方现代科学知识体系,探索和扩展新的研究领域,推动中国学术在学科体系、知识体系、研究方法等方面实现现代转型。

这些编委会成员的学术研究思想与方法对《燕京学报》产生了深刻的影响。一方面,这些学者秉持科学、严谨的编审态度,对学术论文的学术观点、研究方法、学术价值进行专业、客观的审阅,确保《燕京学报》的高水平的学术品质,从而奠定了《燕京学报》在中国人文社会科学领域的学术影响。另一方面,这些学者也是《燕京学报》的著者,他们的研究成果对各学科领域的拓展、学术思想的创新产生了不同程度的影响,对《燕京学报》的学术风气、学术特色、学术价值取向的确立产生了深刻的影响。此外,这些学者非常注重对新一代年轻学者的关注和培养。在《燕京学

---

① 齐文颖.齐思和:燕园第一位哈佛博士[EB/OL].[2011-04-25].http://www.cssn.cn/ts/ts_wxsh/201312/t20131224_923415.shtml.

报》的著者群体中,很多年轻学者是编委会成员曾经教授过的学生,他们的学术创见获得编辑的认可,通过《燕京学报》获得学界的关注与认可。

3.论文主题

《燕京学报》内容栏目设置科学,包括学术论文、书评、学术消息、研究动态,并有一部分专号和抽印本或单行本。1932 年,《燕京学报》出版了英文版增刊号。部分期号刊登有杂志的"篇名引得""撰译者人名引得"等索引。从 1937 年第二十一期开始增加"本期论文英文摘要",将论文的主要内容以英文摘要形式加以呈现。

经统计,《燕京学报》共发表有 318 篇论文,19 期设论文英文提要,2 期设新著评论,34 期发表有学术界消息,2 期发表有学术机关消息,2 期发表有出版界消息,共有 30 期的论文编有篇名引得与撰译者引得,3 期出版界消息引得,共发表有 89 篇 86 种书评。这种栏目设置体现了《燕京学报》良好的学术视野和学术成果展示层次,在为研究者提供高水平的成果发表与交流平台的同时,加强学术动态、前沿趋势的揭示和宣传,引导学术研究发展方向。

《燕京学报》撰文作者计有 148 人,包括王国维、唐兰、张东荪、陆志韦、钱穆、朱希祖、马衡、顾颉刚、洪业、冯友兰、容庚、郭绍虞、陈垣、张星烺、邓之诚、顾随、顾廷龙、裴文中、朱士嘉、周一良、马鉴、周汝昌、郑德坤、张宗骞、赵贞信、许大龄、翁独健、吴晗、容肇祖,等等。

这些撰稿人或为《燕京学报》主编、编委,或为燕京大学任职教师、学者、学生,或为当时其他大学的学者、学生,或兼任教数所大学的学者。这些学者中很多为哈佛燕京学社成员,许多有海外留学经历,学生亦为哈佛燕京学社奖学金获得者。因此《燕京学报》集合了当时中国人文社会科学领域的高水平研究成果,反映了 20 世纪 20—40 年代中国人文社会科学研究的主要特征,包括研究方法、研究内容、研究趋势和研究成就。

《燕京学报》的研究内容涉及人文社会科学的广泛领域,并鼓励新领域的创新研究和新方法指导下的研究,反映了当时人文社会科学界的良好学术生态。这些学科包括:哲学、宗教、语言、文学、艺术、历史、地理、中国古代科技、民俗学、文献学等。

表 5-1:《燕京学报》刊文学科类别统计表

学科	总数	学科分支	分类数
中国古代史	102	先秦史	19
		汉史	1
		新朝史	1
		三国史	1
		南北朝史	4
		宋史	7
		辽史	10
		金史	4
		元史	3
		明史	5
		清史	9
		中西交通史	6
		疆域史	3
		民族史	4
		民俗学	3
		其他	22
中国古代文学	69	古文字学	9
		语言学	23
		音韵学	24
		诗歌	6
		其他	7
中国古代哲学、宗教	38	佛教	12
		外国哲学	2
		先秦、宋明哲学及其他	24
文献学	36		

续表

学科	总数	学科分支	分类数
考古学	34	（含金、辽、契丹史研究 11）	
中国古代戏曲	15		
历史地理学	11		
古代科技史	9	古代数学	8
		奇器	1
中国古代音乐	3		
其他	12		

从上表可见，历史学研究在《燕京学报》中占多数，显现了历史学在中国近代人文社会科学中的重要地位和发展优势。史学研究主题涉及秦汉三国、南北朝、宋辽金元明清各朝史，又有民族史、疆域史、中外交通史等新的研究领域发展，显现了中国现代史学区别于中国古代传统史学的创新和转化。从这些史学成果作者来看，许多人有西方留学经历，他们具备西方史学研究训练，对传统史学富有批判精神，是"新史学"的倡导者和中坚力量，在研究内容、学术观念和研究方法上推进了中国史学的发展和新史学学科研究体系的建立和完善。与此同时，随着近代考古学、人类学、文献学的发展，近代史学的研究资料和研究方法获得极大的拓展。许多兼具中西教育背景的学者，立足中国传统学术遗产，改进发扬，注入新的生机，如中国传统考据学方法在近代史学研究中的改进，唯物辩证法思想在近代史学研究中的运用。以中西交通史、疆域史等研究为例，可窥一斑。

中西交通史研究是中国历史研究中新的关注领域，它的兴起，诚如张星烺所言：近代中国的外患，都是来自欧洲，弄清中国与欧洲的交往关系，可以了解双方势力的消长情况。《燕京学报》发表有：张星烺《斐律宾史上"李马奔"Limahong 之真人考》《中国史书上关于马黎诺里使节之记载》、李长傅《斐律宾史上李马奔之真人考补遗》、刘选民《中俄早期贸易考》、陈垣《元西域人华化考下》等。其中，张星烺是中国中外关系史学科的重要开拓者,他曾先后留学美国哈佛大学、德国柏林大学,长期致力中外关系史史料的搜集和整理,治学方法注重以中国历史上关于外国的记载证诸外国文献,外国文献中有关中国的记载证诸中国史书,进而比较验证。编辑出版有《中西交通史料汇编》(1930年)、《欧化东渐史》等,还曾翻译《马可波罗游记》,任教燕京大学期间开设有"中西交通史"课程,是首次正式确立中西交通史概念的学者,建立了中西交通史的学科体系。张维华的《明史佛郎机吕宋和兰意大利亚四传注释》,以及国立北平图书馆向达的《唐代长安与西域文明》,对中西交通史颇有贡献。向达的《唐代长安与西域文明》叙述唐代长安与西域间文物的交互影响,对服饰、饮食、宫室、乐舞、绘画、宗教等,皆有精博的考证,足供研究交通史者参考。

《元西域人华化考》是陈垣先生的代表作,大量搜集有关元朝民族史、宗教史资料,计二百余种,通过深入的考证等方法,从文学、儒学、美术、礼俗、佛老、女学等方面系统地阐述元代西域人(色目人)迁入中原受中原文化同化的情况,并阐述了元时西域文化状况、华化的意义,以及元代文化的总体特征、元人眼中西域人之华化及西域华文著述等,蔡元培评价其为"石破天惊"之作,日本学者桑原骘藏1924年评介陈垣《元西域人华化考》为"现在支那史学者中,尤为有价值之学者也"。1935年陈寅恪《重刻〈元西域人华化考〉序》言:"是书之材料丰实,条理明辨,分析与综合二者俱极其工力,庶几宋贤著述之规模","近二十年来,国人内感民族文化之衰颓,外受世界思潮之激荡,其论史之作,渐能脱除清代经师之旧染,有以合于今日史学之真谛,而新会陈援庵先生之书,尤为中外学人所推服,盖先生之精思博识,吾国学者自钱晓徵(大昕)以来未之有也。""今日吾国治学之士竞言古史,察其持论,间有类乎清季夸诞经学家之所为者。先生是书之所发明,必可示以准绳,匡其趋向,然则是书之重刊流布,关系吾国学术风气之转移者至大,岂仅局于元代西域人华化一事而已哉!"①融贯中西,沟通古今,开创新的研究领域和新的治学门径,是学界对陈垣此著的高度评价。陈垣撰此著,从酝酿题目、确定提纲、收集资料、

---

① 张荣芳.一部学习历史研究方法的好教材——评陈智超编著《陈垣〈元西域人华化考〉创作历程——用稿本说话》[J].中国史研究,2010,(02):171-176.

考证资料、得出结论、联缀成文等的整个研究撰著过程中所展现的历史研究方法,令读者受益匪浅。如收集材料,力求全面,引征书目达220余种,整理考证材料,以求真求实为根本,认为"凡论文必须有新发见,或新解释,方于人有用。第一搜集材料,第二考证及整理材料,第三则联缀成文",其联缀成文,字句精简流畅,逻辑周密,深入浅出。

疆域史研究是当时史学研究的又一新领域。《燕京学报》刊文中有钟凤年《战国时代秦疆域考辨》、钱穆《古三苗疆域考》、王国维《金界壕考》、刘选民《清开国初征服诸部疆域考》等。其中,王国维的考史方法、文史考据学方法对史学界有重要的意义,对近代史学发展贡献卓著。陈寅恪对其治学方法概括言:"一曰取地下之实物与纸上之遗文互相释证,……二曰取异族之故书与吾国之旧迹互相补正。凡属于辽金元史事及边疆地理之作,如萌古考及元朝秘史之主因亦儿坚考等是也。三曰取外来之观念,与固有之材料互相参证。……此三类之著作,其学术性质固有异同,所用方法亦不尽符会,要皆足以转移一时之风气,而示来者以轨则。吾国他日文史考据之学,范围纵广,途径纵多,恐亦无以远出三类之外。"①王国维对二重证据法的运用,在古史新证方面的成就是近代考据学、史学的重要发展。在史学研究中注重"求其事物变迁之迹,而明其因果",这反映在《金界壕考》一文中,王国维认识到金代的界壕工程:"然则金界壕,萌芽于天眷,讨论于大定,复开于明昌,落成于承安。"②这种科学治史,尊重事物流变发展,"以事实决事实"的治学思想对近代新史学发展有深远的影响。

自19世纪下半叶开始,随着外国入侵,中国民族意识逐渐高涨,近代史学中的民族史研究在研究方法、研究视角、史料搜集运用等方面发生了全新的变化,研究领域不断拓展,一套有别于传统史学的新民族历史研究理论体系逐渐形成。《燕京学报》发表民族史研究成果有周一良《北朝的民族问题与民族政策》,谭其骧《晋永嘉丧乱后之民族迁徙》,方壮猷《鲜

---

① 陈寅恪.《王静安先生遗书》序[M]//陈寅恪文集之三　金明馆丛稿二编.上海:上海古籍出版社,1980:219.
② 王国维.《国学丛刊》序//吴怀祺.中国近代考据学和王国维的"古史新证"[J].北京师范大学学报,1989,(01):39-45,18.

卑语言考》《匈奴王号考》。这些研究涉及民族问题、民族政策、民族迁徙、民族语言、民族世系等的考察,与政治制度史、语言学、人类学等研究相交叉。燕京大学专门开设有民族学、人类学课程。其中,魏晋南北朝是中国古代民族糅杂、民族矛盾与斗争、民族交融、民族思想冲突影响极为突出的时代,也是民族大规模流动、人口大规模迁移的时代。周一良、谭其骧两位学者对北朝、晋代民族问题的研究,具有重要的史学价值。此外,还有冯家昇的《辽史源流考与辽史初校》,在研究东北史地方法上有所创新;黎光明的《嘉靖御倭江浙主客军考》,详述当时沿海军之腐败,故调各省客军御倭,然因种类复杂,统制既难,军纪尤坏,时人主张团练乡兵,其后大收成效,又述军饷的筹支与办理的人物,各种军队调遣招募与作战情况等;又有陈懋恒的《明代倭寇考略》等。①

考古学是近代学术发展史上的重要拓展领域,对近代历史学、文学与语言学、古文字学、人类学等人文学科发展产生了重大影响。《燕京学报》发表考古学文章数量较多,颇具学术价值和代表性。作者有容庚、安志敏、陈梦家、冯家昇、鸟居龙藏(Torii Ryuzo)②、王襄、容媛、陆懋德、周一良、魏建猷、贺昌群、马衡、王西徵等人,内容涉及甲骨、陶器、刻石、碑志、祭祀铜器、汉画像、礼器、农具、石器、地质等,考古地域涉及北京近郊、西北、山西、山东、东北、河北、河南殷墟等。如容庚《汉代服御器考略》《唐大中铜磬流传考》《王国维先生考古学上之贡献》《殷周礼乐器考略》,安志敏《北京西郊发见的瓮棺》《殷墟之石刀》《砂锅屯洞层之研究》,陈梦家《古文字中之商周祭祀》《禺邗王壶考释》,鸟居龙藏《金上京城佛寺考》《中国石棚之研究》《金上京城及其文化》《辽中京城内遗存之二石像考》《辽上京城以南伊克山上之辽代佛刹》《契丹黑山黑岭考》《契丹之角觚》

---

① 全国最高学府的燕大在文化上的丰富收获(教授学生努力于研究学问,各种学术著作名满国内外)——燕大文化工作的总检讨[N].燕京新闻,1934-11-15.
② 鸟居龙藏(1870—1953),日本著名考古学家、人类学家。出生于日本阿波国(四国)德岛市。1893岁入东京帝国大学(东京大学前身)理科大学人类学教研室任标本整理员,兼听课学习。1895年7月受东京人类学会派遣,开始赴中国辽东半岛开展人类学、考古学田野调查,这是日本学者在中国最早进行的考古田野调查。其后又数十次前往中国开展考古调查,地域涉及台湾、云南、贵州、四川等西南地区,及中国东北地区等地。著作丰富,在亚洲人类学、考古学领域成就卓著。

《下花园之北魏石窟》《辽上京城内遗存之石人考》《石面雕刻之渤海人风俗与萨珊式胡瓶》。

容庚是著名考古学家、古文字学专家。自1927年起，兼任北平古物陈列所鉴定委员，尤其对铜器有专深的研究，编撰有《宝蕴楼彝器图录》(1929年)、《秦汉金文录》(1931年)、《颂斋吉金录》(1933年)、《武英殿彝器图录》(1934年)等，在揭示、考证我国古代铜器与古文字研究方面做出了巨大的成就。其《汉代服御器考略》充分运用考据学方法，考证鐎斗与尉斗的异同，以文字考器物，以器物考订文字，在互证中力求实现科学的考释。《殷周礼乐器考略》一文深入研究殷周时期礼乐器结构、来历、名称、种类、形制等，并配图展示135件礼乐器，这是其商周铜器研究的重要积累和成果，是其《商周彝器通考》的重要基础。容庚之于考古研究，以统观全局、汇通各类文献资料，综合考证，力图揭示某一专题、某一领域的发展面貌。①

郑德坤与沈维均合著《中国明器》，将中国明器分为萌芽、发展、成熟、衰落四个时期，论述从葬之物明器之历史，在宗教方面可以考究民族的信仰，在历史方面可以反映历史的典章制度、社会情形及衣冠的沿革，在民族方面可以表现地方性的风俗，在美术方面可以代表陶器及雕刻一部分的演进，甚至中西交通的步骤，文化交换的状况，亦可由明器的演化而得见其大概。书中附有精致绘图百十余幅，为研究古学者重要书籍之一。二人皆燕大研究院毕业生，郑德坤因此书问世后大受学者赞许，旋被聘为厦大教授。

又以日本著名考古学家、人类学家鸟居龙藏考古学成果为例，鸟居龙藏在东亚人类学、考古学领域学术成就斐然，自1895年7月受东京人类学会派遣前往中国辽东半岛开展人类学考古学调查开始，对中国东北地区、西南地区等地先后展开了持续长达57年的考古考察。1906年开始考察辽上京、辽中京等地，除了石器遗址外，立足历史考古学，关注和开展契丹(辽)文化研究，②这也是鸟居龙藏自任职日本东方文化学院东京研

---

① 曾宪通. 容庚先生的学术成就与治学特点[J]. 古籍整理研究学刊,1993,(04):38-44.
② 董新林. 中国考古视野中的鸟居龙藏[J]. 北方文物,2017,(01):102-107.

究所后的主要考古调查和研究领域。1939年至1941年,鸟居龙藏受哈佛燕京学社社长叶理绥推荐、司徒雷登先生促成,任职燕京大学教授。期间鸟居龙藏对辽东半岛石棚等遗迹、画像石墓、金上京城、北魏下花园石窟等进行调研。又为编写《考古学上所见辽文化》,发表了系列关于辽代考古遗村的研究文章,对辽上京、金上京城遗址、遗存发表重要的发现和认识,在辽金考古学中有诸多首创发现资料和研究,对中国考古学在萌芽期的发展起到了较大的推动作用。①

《燕京学报》哲学研究成果亦颇多,作者有容肇祖、张东荪、冯友兰、黄子通、陈梦家、许地山、周一良、陈垣、朱宝昌、李世繁、杨明照、罗根泽等人。研究领域以先秦哲学及宋、明哲学突出,宗教以中国古代佛教史、西域佛教研究突出。这些成果侧面显现了这一时期中国哲学研究的特征,即中国哲学研究实现了从传统哲学向近代哲学的根本性转变,立足传统哲学成果,积极吸取西方哲学研究方法、理论体系,力图构建与世界哲学研究发展趋势相一致的体系。自20世纪初期开始,西方哲学逐渐在中国传播,经历了初期芜杂的引入阶段后,逐步进入有选择有判断有系统地学习、消化,及构建具有中国特色的哲学体系阶段。《燕京学报》哲学研究作者中许多有留学经历,他们从中国传统哲学入手展开研究,在继承传统儒家哲学思想的基础上,借鉴西方近现代哲学思想方法,试图赋予传统哲学新的生机。② 如张东荪是1930年代中国哲学界对西方哲学了解最广泛、积极的学者,也是最早将中西方哲学结合研究的学者之一,发表有《不同的逻辑与文化并论中国理学》《从西洋哲学观点看老庄》等。此外,《燕京学报》发表的哲学著述还有黄子通《朱熹的哲学》《王守仁的哲学》,冯友兰《中国哲学中之神秘主义》《孔子在中国历史中之地位》,朱宝昌《唯识新解》等。学者们对中国宗教思想研究,尤其是佛教思想的研究,也积极吸收西方研究思想,如许地山《摩尼之二宗三际论》《道家思想与道教》,李华德《义净译宝生论中唯识二十论与玄奘译本之关系》等。

---

① 董新林.中国考古视野中的鸟居龙藏[J].北方文物,2017,(01):102-107.
② 左玉河.从输入到创新:民国哲学发展线索之我见[J].人文杂志,1998(04):1-4.

4.学术书评

《燕京学报》第 30—40 期辟有"书评"栏目,每期刊载学术界新近学术著作之书评,共计 86 篇(见表 5-2:《燕京学报》刊载书评一览表),书评作者 19 人,其中以容媛撰文最多,达 24 篇,安志敏次之,计有 16 篇。其余作者有齐思和、阎简弼、鸟居龙藏、聂崇岐、王钟翰、邓之诚、林焘、高名凯、陆志韦、罗文达、陈仲夫、孙楷第、徐宗元、闻宥、俞敏、周桓、王育伊。这些作者皆为当时文史研究领域卓有成就的专家。

表 5-2:《燕京学报》刊载书评一览表

原书作者	书名	书评作者	期数	发表时间
紫江朱氏刊	黔南别集三种	孙楷第	30	1946.6
朱桂莘编	紫江朱氏家乘	孙楷第	30	1946.6
李霖灿著	摩些象形文字字典	闻宥	30	1946.6
李霖灿著	摩些标音文字字典	闻宥	30	1946.6
吕澂编著	汉藏佛教关系史料集	闻宥	30	1946.6
赵元任、罗常培、李方桂译	高本汉中国语音学研究	陆志韦	30	1946.6
徐炳昶著	中国古史的传说时代	王钟翰	30	1946.6
陈寅恪著	唐代政治史述论稿	王育伊	30	1946.6
陈寅恪著	隋唐制度渊源论略稿	王钟翰	30	1946.6
郭沫若著	十批判书	齐思和	30	1946.6
陈安仁著	中国近世文化史	聂崇岐	30	1946.6
善秉仁著	中国说部甄评	罗文达	30	1946.6
怀履光编	开封犹太人史料	罗文达	30	1946.6
罗振玉著	贞松老人遗稿	容媛	31	1946.12
李玄伯著	中国古代社会新研初稿	容媛	31	1946.12
翦伯赞著	中国史纲第一卷	容媛	31	1946.12
容肇祖著	明代思想史	容媛	31	1946.12

续表

原书作者	书名	书评作者	期数	发表时间
傅芸子著	正仓院考古记	容媛	31	1946.12
梁上椿著	岩窟藏镜第二集（汉式）	容媛	31	1946.12
萧一山著	清代通史	容媛	31	1946.12
东亚考古学会	羊头洼	鸟居龙藏	31	1946.12
福山敏雄、森畅	平等院画鉴	鸟居龙藏	31	1946.12
田中重久著	日本壁画の研究	鸟居龙藏	31	1946.12
下店静市著	唐绘と大和绘	鸟居龙藏	31	1946.12
梅原末治著	东亚考古学论考	安志敏	31	1946.12
梅原末治著	支那汉代纪年铭 漆器图说	安志敏	31	1946.12
梅原末治著	汉三国六朝纪年 镜图说	安志敏	31	1946.12
长广敏雄著	带钩の研究	安志敏	31	1946.12
鸟居龙藏著	黑龙江と北桦太	安志敏	31	1946.12
韦慕庭（C. Martin Wilbur）著	*Slavery in China during the Former Han Dynasty*（前汉奴隶制）	聂崇岐	31	1946.12
钱玄同辑	刘申叔先生遗书	容媛	32	1947.6
郭沫若著	青铜器时代	容媛	32	1947.6
陈恭禄著	中国史第一册	徐宗元	32	1947.6
童书业著	春秋史	齐思和	32	1947.6
翦伯赞著	中国史纲第二册	安志敏	32	1947.6
劳幹著	居延汉简考释	安志敏	32	1947.6
金毓黻著	中国史学史	齐思和	32	1947.6
罗氏墨缘堂刊	待时轩丛刊	容媛	33	1947.12
潘景郑编	海盐张氏涉园藏书目录	容媛	33	1947.12
郭绍虞著	中国文学批评史（下册）	阎简弼	33	1947.12
陆志韦著	古音说略	阎简弼	33	1947.12
劳幹著	居延汉简考释	周桓	33	1947.12

续表

原书作者	书名	书评作者	期数	发表时间
李济等编	中国考古学报	安志敏	33	1947.12
郑振铎编	西域画(上辑)	容媛	33	1947.12
郭沫若著	屈原研究	容媛	33	1947.12
凤冈及门弟子编	三水梁燕孙先生年谱	邓之诚	33	1947.12
广东丛书编纂委员会编辑	广东丛书第一集	容媛	34	1948.6
高名凯著	汉语语法论	林焘	34	1948.6
史岩著	敦煌石室画像题识	容媛	34	1948.6
商承祚著	长沙古物闻见记	容媛	34	1948.6
江藩遗稿	炳独斋杂著	容媛	34	1948.6
林语堂著	The Gay Genius: Life and Times of Su Tungpo(《苏东坡传》)	聂崇岐	34	1948.6
王力著	中国语法理论	高名凯	35	1948.12
陆志韦著	诗韵谱	阎简弼	35	1948.12
杨大钜著	禹贡地理今释	周桓	35	1948.12
朱师辙著	商君书解诂定本	齐思和	35	1948.12
苏秉琦著	斗鸡台沟东区墓葬	安志敏	35	1948.12
裴文中著	史前时期之西北	安志敏	35	1948.12
张尔田著	遯堪文集	齐思和	35	1948.12
闻一多著	闻一多全集	容媛	35	1948.12
钱钟书著	谈艺录	阎简弼	35	1948.12
顾廷龙编	番禺叶氏遐庵藏书目录	容媛	35	1948.12
董同和著	上古音韵表	林焘	36	1949.6
R.A.D.Forrest著	The Chinese Language《中国语言》	俞敏	36	1949.6
金同甲编	龟甲文	徐宗元	36	1949.6

续表

原书作者	书名	书评作者	期数	发表时间
裴文中著	中国史前时期之研究	安志敏	36	1949.6
李世繁著	颜李学派	齐思和	36	1949.6
蒋玄佁著	长沙楚民族及其艺术	安志敏	37	1949.12
梁思永、夏鼐编	中国考古学报第四册	安志敏	37	1949.12
张一麐著	心太平室文集	齐思和	37	1949.12
莫伯骥撰	五十万卷楼藏书跋文	容媛	37	1949.12
罗常培著	语言与文化	俞敏	38	1950.6
杨丙辰译	汤若望传	齐思和	38	1950.6
金毓黻编	明清内阁大库史料	容媛	38	1950.6
许大龄著	清代捐纳制度	陈仲夫	38	1950.6
J. G. Anderson 著	*Researches into the Prehistory of the Chinese People*（《中国人史前考古学研究》）	安志敏	38	1950.6
Rowley 著	*Principles of Chinese Painting*（《中国画本源》）	高名凯	38	1950.6
顾颉刚著	浪口邨随笔	容媛	39	1950.12
贾兰坡著	北京猿人	安志敏	39	1950.12
冼玉清著	广东丛帖叙录	容媛	39	1950.12
曾毅公著	甲骨文缀合编	徐宗元	39	1950.12
邓嗣禹等	*New Light on the History of the Taiping Rebellion*（《太平天国历史新探》）	王钟翰	39	1950.12
陆志韦著	北京话单音词汇	俞敏	40	1951.6
陈寅恪著	陶渊明之思想与清谈之关系	容媛	40	1951.6
蒋玄佁著	长沙楚民族及其艺术	安志敏	40	1951.6
陈述著	契丹史论证稿	鸟居龙藏	40	1951.6

书评所评论的著作有英文著作或译著9种,日本学者或团体著作9种,其余为中国学者著作。从著作所属学科领域来看,涉及历史、考古、哲学、语言学、金石学、民俗学、文学、文献学等,著作的性质有专著、合著、编著、译著、史料汇编、丛书、文集等。总体来看,《燕京学报》书评选取著作对象以中国学者著作成果为主,兼及英文、日文汉学著作,反映了《学报》沟通中西汉学的开放思想,对促进国内外学术交流发挥了重要的作用。

书评内容因作者写作风格、学科领域不同,又因所撰书评对象不同而各具特征,同时又有部分共性之处。总结如下:

(1)多数书评注重揭示著作版本,包括作者、出版时间、出版单位、书价。其中作者简介,详略不一,详者涉及著者籍贯、家世、学术领域等,略者述及著者单位及学术领域。部分书评涉及书之成书缘由、成书过程,有助于进一步了解著作者的研究过程。

(2)部分书评对著作体例、形式、考订等予以评价。如容媛撰梁上椿著《岩窟藏镜第二集》书评言:"其体例、形式、考订等,均与第一季无异,诚研究汉镜之佳作也。"①又如鸟居龙藏撰东亚考古学会著《羊头洼》等著作之书评,多简述著作体例、内容。②

(3)所有书评均有介绍著作主要内容,如各卷、各章之重点内容。或简或详,有助于读者了解著作内容概貌。

(4)各书书评在著作内容简介基础上,或以时叙时议,或以先内容后评价形式,揭示著作之内容优劣得失。因书评作者皆为相关学术领域专家,他们的评价多数均较为客观、中肯,并且反映了书评作者的学术观点与思想。如:齐思和撰郭沫若著《十批判书》书评:"郭氏本为天才文人,其治文字学与史学,亦颇表现文学家之色彩。故其所论,创获固多,偏宕处亦不少,盖其天才超迈,想象力如天马行空,决非真理与逻辑之所能控制也。如此书置自我批判于孔子批判之前。且以自我批判起,以自我介绍终,无不表现文人自夸心理也。""此书专为研究古代思想而作,若以哲

---

① 齐思和. 燕京学报 第三十一期[J]. 北京:燕京大学哈佛燕京学社北平办公处,1946.12:200.
② 齐思和. 燕京学报 第三十一期[J]. 北京:燕京大学哈佛燕京学社北平办公处,1946.12:205.

学眼光观之,则远不如冯友兰《中国哲学史》创获之丰,思想之密。冯氏之书,胜意层出,悬解独得,如其以庄学释惠施,以墨家释墨辨,蹊径独辟,妙悟自得。吾人阅毕郭氏之书,颇难得新见,而郭氏之所矜为新见者,如以孔子为乱党,亦多非哲学问题。且多有已经前人驳辨,而郭氏仍据以为事实者。故是书于先秦诸子之考证,远不及钱穆《先秦诸子系年》之精,论思想则更不及冯友兰氏之细,二氏书之价值,世已有定评,而郭氏对之皆甚轻蔑,亦足见郭氏个性之强与文人气味之重矣。"①

又如聂崇岐撰陈安仁著《中国近世文化史》书评中条陈该著疏谬之处,包括不明制度、叙事不清、今古地名错误、今古地名乱用、译名不一致、名号乱用、断句错误、论断不合等。每条疏谬详举例证,先引某页某行原文,后辨证其错谬之处。并言除上八条,"若错字之连篇,年月之疏舛,举不胜举"。② 又其撰韦慕庭著 Slavery in China during the Former Han Dynasty(《前汉中国奴隶制》)书评,述作者学术简历、著作内容,分析各部分内容之得失,其次以摘录原文,加以按语形式指陈著作之讹误。

容媛撰罗振玉著《贞松老人遗稿》、李玄伯著《中国古代社会新研初稿》、翦伯赞著《中国史纲第一卷》、容肇祖著《明代思想史》等书评,重点揭示著作主要内容。其中对《中国古代社会新研初稿》一书之揭示评价,援引蔡元培先生、郭沫若先生等学者之评价、观点,以例证深入评价书之精要,并间陈个人对相关问题的观点,在揭示著作学术内容与观点之余,显现了书评作者在史学研究领域的功底。③

(5)部分书评以著作为基点,由点到面,进行更广范围的学术反思。在史学著作类书评中,有书评作者对史学方法进行了深刻的探讨和评价。如:王育伊撰陈寅恪所著《唐代政治史述论稿》书评,对陈氏史学研究方法予以高度肯定,尤其是陈氏之考据方法,言:"近人多诟病考据之学,谓其流于琐碎,无裨世用。惟是史学以探求真实为最高理想,原不必悉以资

---

① 齐思和. 燕京学报 第三十期[J]. 北京:燕京大学哈佛燕京学社北平办公处,1946.6: 311.
② 齐思和. 燕京学报 第三十期[J]. 北京:燕京大学哈佛燕京学社北平办公处,1946.6: 316.
③ 齐思和. 燕京学报 第三十一期[J]. 北京:燕京大学哈佛燕京学社北平办公处,1946.12: 190-191.

用,则考据又乌可废? 陈氏是所讨论之诸问题为吾国中古史关键所在,不但李唐三百年之盛衰兴亡而已。此本书所以异于时人所讥之琐碎考据,亦异于剪裁陈言纂辑成书之史钞,更大异于具有成见与含有宣传性之史论。"又王锺翰所撰陈寅恪《隋唐制度渊源略论稿》言:"凡治某朝者,即只知某朝之一二事物,而不识某朝一代制度所以损益及其演变之故。其著述论证,多所附会穿凿,固其宜矣。今陈氏一洗斯弊,而于隋唐二代三百年之制度,元元本本,综合比观,推究其渊源,明述其系统,不具成见,实事求是,不特此书足以阐明隋唐二代制度之所从出,兼可通其前后历代所以因革流变之故。故空论少而发明多,建设多而破坏少。"①此番议论,指出了当时史学界存在的空论之弊,进一步肯定了陈氏以考据方法治史,追本溯源,探求历史本真的科学性。又言:"陈氏此书,分别事类,序次先后,系参酌隋唐史志及《通典》《唐会要》诸书,稍为增省分合。详举例证,以阐说隋唐一代制度之全体因革要点与局部发展历程,更进以明述其因时间与地域参错综合之关系,遂得演进,臻于美备,决非偶然或突然所致。"②

又容媛撰翦伯赞著《中国史纲第一卷》书评开篇言:"我国研究上古史者,自来多以唐虞三代即属文物礼义之邦,不惜引经据典,飘浮于神话与传说之中以求助证。及至近五十年来,河南安阳县殷墟获殷商甲骨、鼎彝、陶器、人骨、鹿骨……等。因为这些先后发掘,不只将中国历史延长了若干年代,且可从新石器时代遗物以及甲骨金文文字中以印证若干洪荒蒙昧的史迹。本书即根据最新出土之史料以为出发,打破循循相因的藩篱。"③这是容媛对著作所持史学研究方法之肯定,也是她个人在史学研究方法上之观点,这一观点反映了当时史学界部分学者随着考古发掘的发展而逐步重视出土史料在历史研究中的运用,进而在史学方法上不断突破传统方法的态势。容媛进一步引著者自序来阐明考古学之科学意义,及史学研究之重要革新:"中国古史之能更进一步的发展,乃是由于今

---

① 齐思和. 燕京学报 第三十期[J]. 北京:燕京大学哈佛燕京学社北平办公处,1946.6:305,310.
② 齐思和. 燕京学报 第三十期[J]. 北京:燕京大学哈佛燕京学社北平办公处,1946.6:310.
③ 齐思和. 燕京学报 第三十一期[J]. 北京:燕京大学哈佛燕京学社北平办公处,1946.12:193.

年以来考古学之不断的发现。由于考古学之不断的发展,于是埋藏于地下的远古遗物,到处出土,此种远古器物之出土,因而提供了中国古史研究以新而又新真而又真的资料。这些新的真实资料,不但可以考验文献上的史料之真伪,而且还可以补充文献上的史料之缺失。"①著者自序还指出了当时史学研究中的问题,即"直至今日,中国还有不少的历史家,对于近千年来固有文化的成果并不接受;对于科学的发现,而视若无睹,而仍然昏迷于神话与传说之中,以至近来许多历史的巨著,不是把史前的社会避而不论,便仍然以神话的汇编,当作真实的古史",②著者之序及书评作者之援引,皆旨在唤起史学界对考古学、出土史料的重视,推动新史学方法的运用。

(6)部分书评对相关学术领域之学术史做有回顾和总结,使读者在了解著作之外,还对相关领域之学术史有了深入了解,例如闻宥撰李霖灿著《摩些象形文字字典》书评。

(7)书评内容风格各异,有的重内容揭示,有的重著作优点总结,有的重著作错漏讹误指陈。如徐宗元、安志敏等撰书评,述作者简历、著作内容,择重要内容依次评论,系统评价著作特点。如徐宗元撰陈恭禄著《中国史第一册》书评中,对著作进行批评:"溜览一过,觉史前部分,材料已多陈腐,东周部分则敷抄旧说,殊少发明,惟于商代,用力稍多,故评论亦以此部为主。"③徐宗元择史料、国号、先王先公、卜辞所见之王名、疆域、天象等主题依次评论,直陈其错漏讹误之处,批评深刻,足见书评作者的史学功力。徐宗元总结道:"除以上最显著之错误,余者尚有似是而非,近于不通者,有语焉不详近于搪塞者,至于引用古书文字之讹夺及句读之错误,史实不明,出处不详者,更触目皆是,举不胜举。……综之,就此书观之,陈君不通古代文字,不明史料内容,于近人对古史研究之成绩,又茫然无所知而竟欲发愤著书,勒成通史,志固可佳,而学似未逮也。按古史

---

① 齐思和. 燕京学报 第三十一期[J]. 北京:燕京大学哈佛燕京学社北平办公处,1946.12:193-194.
② 齐思和. 燕京学报 第三十一期[J]. 北京:燕京大学哈佛燕京学社北平办公处,1946.12:194.
③ 齐思和. 燕京学报 第三十二期[J]. 北京:燕京大学哈佛燕京学社北平办公处,1947.6:238.

史料较少,搜讨较易,而陈氏之书已挂漏错误如是,至于秦汉以后史料益多,研治更难,陈氏如未着手,似以不作为宜,逆耳之言,不知陈君以为然否也。"①

安志敏撰梅原末治著《东亚考古学论考》书评言:"由考古学上以观测殷商之文化,博士根据殷墟出土之遗物,以观察殷商之文化,故所阐明多非由甲骨文中所能获得者。"②所举诸例,还旨在引起史学研究者的注意,对推动史学研究有较大的参考价值。

容媛撰书评,一般简述作者简历,著作内容,择著作精华研究成果与内容做摘要性陈述,间或发表个人评论和学术观点,并对著作缺憾、存疑之处予以陈述,对读者快速了解著作新颖观点和研究成果有参考性价值。如其撰傅芸子《正仓院考古记》书评,简介著作内容,举其中与中土有关事略,然后评价道:"本书叙事,尚属持平。惟谓该院所藏我国唐代文物'超越西陲发见之一些断纨零缣的残阙品'则未敢尽同也。盖古文物之价值,各有其独特性;故谓其名贵则可,若谓以某物可取而代之则非也。"③

又如阎简弼所撰书评,指陈著作错漏之处,并提出可商量、疑问之处。邓之诚撰《三水梁燕孙先生年谱》书评,颇具特色,简介著作内容和成果得失之后,陈述个人对梁燕孙先生生平履历的认识,足以成为一篇极具价值的论文,反映了邓氏对梁燕孙先生的深入研究成果。高名凯、俞敏批评与肯定并重,深入著作内容细节,例举优点与错讹之处。

5.消息报道

《燕京学报》自第 8 期开始设立"国内学术界消息"栏目,每期刊登学术与学人消息。除第 8 期为余逊与容媛合编外,第 9—29 期均为容媛选编。

---

① 齐思和. 燕京学报 第三十二期[J]. 北京:燕京大学哈佛燕京学社北平办公处,1947.6:240-241.
② 齐思和.燕京学报第三十一期[J].北京:燕京大学哈佛燕京学社北平办公处,1946.12:200.
③ 齐思和. 燕京学报 第三十一期[J]. 北京:燕京大学哈佛燕京学社北平办公处,1946.12:200.

容媛，1899年生，广东东莞人，容庚与容肇祖之妹，自幼受舅父邓尔雅与兄长影响，于书画、古文字、方音方言、小说、民俗等有浓厚的兴趣，博学多闻，并积极参与妇女解放运动。1926年就读中央妇女部学校，后受顾颉刚、容肇祖影响，对民俗学的兴趣日浓，在广州中山大学《民俗周刊》上发表多篇民俗学文章。1928年在中山大学旁听。1929年北上，自1930年秋开始至1941年，担任哈佛燕京学社中文秘书，《燕京学报》学术消息编辑，及书评撰稿，还任学社古物研究及展览室保管员。1943年随燕京大学西迁，先后任燕京大学国文系及历史系助教、图书馆编务、重庆中央文史杂志社总干事等职。1946年至1952年，复任哈佛燕京学社、《燕京学报》秘书。1952年转任北京大学历史系资料员，1963年4月退休。

除民俗学外，容媛还受其兄容庚影响，对金石学、考古学有深入研究，曾协助容庚整理《金石书录目》，参与《商周秦汉文字》编纂，并编有《金石书录外编》手稿、《秦汉石刻题跋辑录》，及《1900—1949年中国考古学文献目录》，是我国杰出的民俗学家、金石考古学家，①对哈佛燕京学社北平办事处的发展，以及《燕京学报》发展做出了很大的贡献。容媛在担任《燕京学报》学术消息编辑过程中，为中国人文社会科学界的学术动态报道、学术交流做出了重要的贡献。②

《燕京学报》"国内学术界消息"栏目分"学术机关消息"和"出版界消息"；第30—40期未署名，编者不详，名"学术消息"，具体分："个人消息""学术团体消息""考古消息"，以及"出版消息"等。这一栏目报道自1929年至1951年6月间中国国内乃至国外学术界活动与消息，对了解这一时期中国学术界动态、国际汉学界动态、前沿学术思想、古籍整理与出版发展提供了重要的信息窗口。

---

① 王文宝.我国民俗学运动中的女民俗学者[J].民俗研究,1992(2):94-96.
② 北隅容家.大师辈出,誉满举国[EB/OL](2008-07-08)[2016-10-12]. http://blog.sina.com.cn/s/blog_598f4bd10100agha.html.

表 5-3：《燕京学报》"国内学术界消息"统计表

类别	消息条数
学术机关/团体消息	115
考古消息	69
个人/学人消息	15
出版消息	288
文化劫厄	5

（1）学术机构消息

《燕京学报》的学术消息栏目中，学术机关、学术团体信息丰富，反映了 1928—1951 年间中国国内学术界、出版界的学术活动与发展动态。消息所涉学术机关或团体有公私立大学，如国立北京大学之研究所国学门、北平研究院、史学研究会、古物保管委员会、植物研究所，燕京大学之考古旅行团、国学研究所，辅仁大学，中山大学之民俗学会、语言历史学研究所，清华大学、厦门大学文学院、青岛大学、河南大学、北平大学女子师范学院、华西大学中国文化研究所、西南成都基督教四大学、西南金陵大学中国文化研究所、西南齐鲁大学国学研究所；有研究所，如北平地质调查所、北平静生生物调查所、南京中国科学社生物研究所、中国营造学社、北平人文科学研究所、东省特别区区立文物研究所、国立敦煌艺术研究所、国立中央研究院及其历史语言研究所、农矿部地质调查所、中央地质调查所西北地质调查队；有研究协会，如东方文化总委员会、东方语文学会、广西教育厅苗瑶教育会、山东古迹研究会、河南古迹研究会、陕西考古会、上海影印宋版藏经会、禹贡学会、中德学会、中法汉学研究所、中国博物馆协会、中国公教真理会、中国新史学研究会、中日战事史料征辑会；有各类图书馆，如山西省立图书馆、国立北平图书馆、东方图书馆、故宫图书馆、故宫文献馆、国立中央图书馆、山东省立图书馆、上海合众图书馆、燕京大学图书馆；有文物保管机构，如中央古物保管委员会、北平古物保管委员会；有各类科考、考古调查组织团体，如四川生物调查团、海南生物采集团、西北科学考察团、西陲学术考察团、一九学术考察团、中亚调查团。此外，还有国民政府教育部、故宫博物院、商务印书馆、哈佛燕京学社引得编纂处、济南教育厅、甪直保圣寺古物馆。国外机构则有法国铭文学院。

这些学术机关或团体的每则消息以标题和具体活动、事件报道形式刊布，从消息性质上可以分为：工作报告、工作计划、机构简介与近况、古物展览、考古发现发掘报道、科考报道、图书馆发展、图书馆藏书与古物受赠与购藏、古籍整理与出版、文物整理、国际交流、期刊发展等。此外每期简要报道了哈佛燕京学社引得编纂处引得编纂出版进展。

(2) 考古与文物消息

《燕京学报》学术信息还专辟考古消息和文物消息报道各地考古发现与进展，包括史前遗迹、历朝古墓、铜器、陶器、猿人头骨等，如察哈尔怀安、广东木塘岗、四川南溪、江苏徐州白山古墓、熹平石经出土、汉晋碑志、晋西古墓、札赉诺尔猿人头骨、长安近郊史前遗迹、四川卭峡城郊唐代古物、洛阳城北殷代铜器、甘肃史前考古、房山良乡之考古、渭南故市史前陶器、桂林六朝古墓、江西清江史前遗迹、北京西郊八里庄战国甕棺、辽西省义县清河门附近辽墓发掘、云南石钟山唐代雕像、外蒙汉代住宅遗迹、广东潮州史前遗迹。考古发现发掘和科考地点广泛涉及当时中国多个重要的省份、地区，如北京、山东、山西、陕西、河南、甘肃、辽西、四川、江苏、江西、广西、广东、福建、西北地区、西南地区等。科学考察、考古发现主题涵盖新石器遗址、古城、墓碑与画像、石刻佛像、石碑、青铜器、砖瓦、民俗、民族、寺庙、古籍等，又有地质勘察、生物调查等，反映了这一时期历史考古学、地质学、民族学、民俗学、古文献学、古建筑学、生物学等学科领域的发展十分活跃，尤其是考古学是这一时期历史学发展的重要领域，古物发掘、整理与保护，以及古籍整理与保护得到了学术界的重视，成为中国现代史学发展的重要特征。国立中央研究院、国立北京大学、中央古物保管委员会、燕京大学考古旅行团、北平地质调查所等组织和发起的重大科考活动为这一时期科考、考古发展起到了重要的推动作用，西北考察团、殷墟考古等重大项目延续多年，多省的考古协会也积极展开当地的考古与文物保护活动。

受抗日战争影响，1941年至1945年的考古信息以"西南考古界消息"专题报道，集中于大理古迹、川康古迹发掘、成都抚琴台古墓、明清写本刻本之发现等活动的报道。1946年后,学报增设文物消息,与考古消息性质一致,一方面报道各地新的考古发现,一方面报道出土文物的收集、保存、展览与保护等活动。这类文物消息不仅包含出土文物,还包括古文献。其中出土文物主要有古墓、古迹、古钱、铜器、敦煌文物、大藏经、珍贵古籍、档案等,揭示了这些古物的发现过程,展览情况、私人向公藏机构的捐赠等。

(3) 出版信息

《燕京学报》报道出版消息288条,涉及369种出版物。出版物种类包括:丛书、单行本、丛刊、书目、索引、图录、文集、地方文献等。出版内容包括:图书收藏机构所藏珍本古籍,古代学者经典著作影印、校勘出版成果,古文字研究成果,如甲骨文、金文、殷契、石经等,戏曲文献,史学研究著作、史书重刊,史料汇编、年谱、档案整理、古物收藏目录、展览图录,考古研究成果,地方志综录、哈佛燕京学社引得丛刊、学报与期刊、史地研究成果,人物传记与人物别名索引、书画图录、年谱。从这些出版成果的学科分布来看,主要集中在历史、考古、古籍整理与校勘领域。这与哈佛燕京学社支持下的燕京大学中国学研究及人文社会科学发展重点领域相契合,反映了《燕京学报》的学术关注领域和信息揭示导向。

这些出版消息所报道的是当时中国人文社会科学界的重要学术成果和考古、古籍整理成果,反映的是整个人文社会科学界的学术发展重点、研究趋势与成就。

这些成果的编辑机构和整理撰著作者皆为当时学术界的重要学术机构、出版机构和杰出学者。机构有如中央研究院、北平图书馆、商务印书馆、中华书局等,学者有如罗振玉、胡适、郭沫若、容肇祖、郭伯恭、胡适、容庚、蔡上翔、杨希闵、赵元任、罗常培、刘复、陈垣、杨树达、瞿兑之、郑振铎、顾颉刚、黄文弼、张凤、王重民、周明泰、闵尔昌、王毓夫、张陈卿、朱士嘉、张尔田、王静如、李家瑞、余绍宋、孙楷第、陈登原、蔡桢、郑德坤、沈维钧、洪业、钱宝琮、罗根泽、黄云眉、谭其骧、商承祚、于省吾、徐乃昌、陶湘、冯家昇、向达、汪荣宝、罗香林、钱南扬、张维华、武树善、孟森、顾廷龙、刘体智、刘节、孙海波、凌纯声、邓嗣禹、李济、章太炎、赵一清、金兆丰、魏建功、白瑞华(Roswell Sessoms Britton)、杨向奎、钱穆、钟凤年、罗福颐、韩儒林、郭鼎堂、梁启雄、曾问吾、丁文江、江绍原、钱保塘、郑鹤声、徐松、程廷祚、陈德芸、陆侃如、冯沅君、金毓黻、郭绍虞、蔡金重、余嘉锡、王芷章、蒙思明、刘坦、孙文清、许国霖等。

(4) 个人消息

《燕京学报》学术消息中还报道一些著名学者的个人消息,主要是这一时期逝世的学者的悼文,如章太炎、钱玄同、蔡元培、高步瀛、罗振玉、吴金鼎等人,以及德国汉学家福兰克教授。《燕京学报》第 30 期刊登了 1941 年至 1945 间逝世的中国著名汉学家的个人小传,包括邓之诚撰张君孟劬别传,王静如撰冯承钧传,王钟翰撰吴其昌、姚名达、张荫麟逝世悼文,翁独健撰伯希和(Paul Pelliot)教授逝世悼文,高名凯撰马伯乐教授、葛兰言教授逝世悼文。① 此类小传作者多简述逝者生平、学术成就与贡献、学术影响,为其逝世哀悼,少数还附逝者学术成果列表。悼文少者百余字,多者近两千字。撰者多是逝者同一学术领域的学者。

另有部分消息为个人遗著成果目录或简介,如丁文江先生及其遗著、冯承钧先生遗著书目、朱希祖先生遗著整理就绪等。此外,第 30 期还报道了我国学者洪业、陈寅恪、冯友兰赴英美讲学消息:"自德、日溃败,日月重光,英、美政府各大学为沟通中外学术,提倡汉学研究起见,特创设汉学讲座,邀请我国著名学者前往讲学。我国教育部亦经行政院通过,创设二十五奖学金额,俾助美国学生,来华研究汉学,我国学者经美、英政府或大学邀请,前往授国学者……"②洪业应美国国务院之召,赴美国哈佛大学讲学,并与哈佛燕京学社商讨学社在北平发展事宜;陈寅恪教授 1944 年被英国皇家学会聘为研究通讯员,后应英国牛津大学之聘,讲授汉学;冯友兰教授应美国国务院之聘,赴美讲演中国哲学。③

---

① 齐思和. 燕京学报 第三十期[J]. 北京:燕京大学哈佛燕京学社北平办公处,1946.6:321.

② 齐思和. 燕京学报 第三十期[J]. 北京:燕京大学哈佛燕京学社北平办公处,1946.6:338.

③ 齐思和. 燕京学报 第三十期[J]. 北京:燕京大学哈佛燕京学社北平办公处,1946.6:338.

6.抽印文本

《燕京学报》的部分刊载论文又以抽印本或单行本行世,在形式上保持原来的版面和页码,单独印刷,并与《燕京学报》同时发行,其目的在于进一步扩大该文的学术影响,促进该文的流通,实现广泛的学术交流。

表5-4:《燕京学报》部分抽印本或单行本①

论文	作者	时间	期号
史讳举例	陈垣	1928	4
《周易》卦爻辞中的故事	顾颉刚	1929	6
释巫	瞿兑之	1930	7
关于《老子》成书年代之一种考察	钱穆	1930	8
整理升平署档案记	朱希祖	1931	10
大藏经录存佚考	冯承钧	1931	10
所谓修文殿御览者	洪业	1931	12
契丹名号考释	冯家昇	1933	13
古乐器小记	唐兰	1933	14
《尚书》释文敦煌残卷与郭忠恕之关系	洪业	1933	14
《水经注》版本考	郑德坤	1934	15
胡惟庸党案考	吴晗	1934	15
鸟书考	容庚	1934	16
山西石佛考查记	马鉴,周一良	1935	18
临安三志考	朱士嘉	1936	20
《明大诰》与明初之政治社会	邓嗣禹	1936	20
禹邗王壶考释	陈梦家	1937	21
《渤海国志长编》评校	谭其骧	1937	22
神韵与格调	郭绍虞	1937	22

---

① 陈滔娜.哈佛燕京学社校际合作史[M].南京:江苏人民出版社,2014(8):305-306.

续表

论文	作者	时间	期号
反训撰例	董璠	1937	22
封建制度与儒家思想	齐思和	1937	22
战国制度考	齐思和	1937	24
白石道人行实考	夏承焘	1938	24
不同的逻辑与文化并论中国理学	张东荪	1939	26
南戏与北剧之交化	凌景埏	1940	27
下花园之北魏石窟	鸟居龙藏	1940	
郭象《庄子注》是否窃自向秀检讨	杨明照	1940	28
论开合口	王静如	1940	29

7.学报专号

《燕京学报》每年定期出版两期常规刊号之外,还出版了"燕京学报专号",自1933年至1951年共出版23种,每种专号实为一部专著。这些专著学科领域涉及考古学、中国古代经济、社会史、目录学、文献学、古代戏曲、疆域研究、语言与音韵学、中外交通史等。许多作者是哈佛燕京学社研究成员,或是曾获学社奖学金资助的研究生毕业生,显现了哈佛燕京学社研究成员及所培养的研究生的学术水平。

表5-5:《燕京学报》专著一览表

专号序号	名称	作者	年份
1	中国明器	郑德坤 沈维均	1933
2	唐代长安与古城文明	向达	1933
3	明史纂修考	李晋华	1933
4	嘉靖御倭江浙主客军考	黎光明	1933
5	辽史源流考与辽史初校	冯家昇	1933

续表

专号序号	名称	作者	年份
6	明代倭寇考略	陈懋恒	1934
7	明史佛郎机吕宋和兰意大里亚四传注释	张维华	1934
8	三皇考	顾颉刚 杨向奎	1936
9	宋元南戏百一录	钱南扬	1934
10	吴愙斋先生年谱	顾廷龙	1935
11	国策勘研	钟凤年	1936
12	中国参考书目解题	邓嗣禹	1936
13	南戏拾遗	陆侃如 冯沅君	1936
14	宋诗话辑佚	郭绍虞校辑	1936
15	中英滇缅疆界问题	张诚孙	1937
16	元代社会阶级通考	蒙思明	1937
17	商周彝器通考	容庚	1941
18	晚清五十年经济思想史	赵丰田	1939
19	续《天下郡国利病书》山东之部	侯仁之	1941
20	古音说略	陆志韦	1947
21	诗韵谱	陆志韦	1948
22	清代捐纳制度	许大龄	1950
23	中国史前考古学书目	安志敏	1951

二、《哈佛燕京学社北平办事处丛刊》之出版

根据国家图书馆出版社《民国时期文献》总库和哈佛燕京学社档案进行不完全统计,哈佛燕京学社北平办事处资助印行的《哈佛燕京学社北平办事处丛刊》达16种之多,作者包括洪业、瞿润缗、容庚、孙海波、商承祚、顾颉刚、裘开明、蒙思明、陆志韦等人。

表 5-6:《哈佛燕京学社北平办事处丛刊》统计表

作者	书名	出版时间
(清)张塤著	《张氏吉金贞石录》	1929
容庚	《宝蕴楼彝器图录》	1929
洪业	《引得说》	1932
闵尔昌	《碑传集补》	1932
瞿润缗	《殷契卜辞附释文及文编》(上、中、下)	1933
容庚	《武英殿彝器图录》(上、下)	1934
孙海波	《甲骨文编》	1934
商承祚	《十二家吉金文录》	1935
容庚	《善斋彝器图录》	1936
容庚	《容庚古镜影》	1936
容庚	《简体字典》	1936
顾颉刚	《尚书通检》	1936
裘开明	《美国哈佛大学燕京学社汉和图书馆汉籍分类目录》(经学类)	1938
蒙思明	《元代社会阶级制度》	1938
裘开明	《美国哈佛大学燕京学社汉和图书馆汉籍分类目录》(哲学宗教类)	1939
(明)张萱辑	《西园闻见录》一百七卷	1940
洪业	《增校清朝进士题名碑录》	1941

上述著作的内容涉及金石学、图书分类学、古文字学、古代史、古代文学、文献学、工具书与字典等方面。商承祚著《十二家吉金文录》版权页注"以哈佛燕京学社经费印行"。所谓十二家包括:海城于思泊、定远方伯常、定海方药雨、北平王锳厂、至德周秀木、北平孙伯恒、衡水孙秋帆、固始张效斌、山阴张和、江夏黄伯川、番禺商承祚、番禺叶玉甫。洪业著《引得说》是中国现代索引学的重要研究成果,论述了引得的定义和编制意义、引得结构、中国字庋撷法检字方法、引得编纂法。容庚著《善斋彝器图

录》收录了容庚自刘体智收藏的约五百件彝器中形成的三百余件拓本的图录,及相关辨证、考释,类型包括钟、鼎、簋、甗、匜、盆、壶、盉、卣、尊、觯、瓿、爵、角、权等,器物年代含商、周、秦、宋、元等。顾颉刚主编《尚书通检》,是在其燕京大学讲授《尚书》研究课程过程中积累的相关考证、考订基础上而成,为阅读和研究《尚书》提供字句检索。裘开明所编《美国哈佛大学燕京学社汉和图书馆汉籍分类目录》之经学类、哲学宗教类分别于1938年和1939年出版,是裘开明在汉和图书馆馆藏文献特色及分类实践基础上,以中外文书籍统一分类为原则,融中国传统四部分类法和美国杜威十进制分类法思想于一体研究创新而成的图书分类法。该分类法在美国东亚图书馆和中国国内大学图书馆得到广泛应用。另外,容庚的《简体字典》是20世纪20—30年代中国简化汉字推行活动中较具有代表的一部成果,取《平民字典》所收4445字加以简化汇集而成。容庚是当时支持简体字的学者之一,还在燕京大学开设了简笔字课程对此字典加以实验。《西园闻见录》一百七卷,明张萱辑,辑录明洪武至万历时期史事,分三编:内编表德行,重行谊;外编载政事,记内阁、宰相、六部、台谏以至外官内臣,分众事而归隶之;杂编录方伎、鬼神、灾祥等无所归属者。1939年,哈佛燕京学社计划辑佚、校勘出版此书,作为特别出版项目,经费来源于学社出版基金,约9000美元。邓之诚教授参与此工作,负责搜集该书散佚部分。1940年,学社据陈氏居敬堂明抄本、顺德李氏光绪传抄本校勘,铅印出版。这些成果在各学科领域的学术影响均很广泛。

上述统计并不完整,关于哈佛燕京学社北平办事处之出版物,确曾形成丛刊之规模与说法,如《燕京新闻》1934年11月15日载:

"哈佛燕京学社北平办公处出版之丛刊,此种丛刊现已出十二种。由博晨光、容庚、顾颉刚、洪煨莲各教授撰定,所出版者多与国学有贡献的著作。其中本数最繁巨、为闵尔昌先生的《碑传集补》,共二十四册,凡三十余万言,学者公认为治近代史者不可不备之书,全书分二十七类,(1)宰辅,(2)部院大臣,(3)内阁,(4)九卿…(26)列女,(27)集外文等,闵氏此书盖补钱仪吉的碑传集,缪荃孙的地方及晚出未及收入的碑传。印刷最精者,当推容庚先生的《宝蕴楼彝器图录》与《武英殿彝器图录》。前者,当清乾隆年间,曾敕编过内府所藏彝器为《西清古鉴》,由内府刊行。后复续编《宁寿鉴古》《西清续鉴甲篇》《西清续鉴乙编》三书。其《鉴古》及《甲编》由涵芬楼影印,但《乙编》没有刊行。《乙编》的彝器,旧藏盛京行宫里面,民国后,移置北平古物陈列所,现在由古物陈列所鉴定委员会容庚先生,在所藏八百种彝器中,选择有文字、形状卓异,花纹精巧的,共九十二器,加以考释,编作《宝蕴楼彝器图录》,将原器摄影、摹拓,与原来《乙编》的摹画,不真确,考释错误,迥乎不同。关于甲骨文的著作,最近出版,有燕大研究院国文系学生,孙海波君之《甲骨文编》,精写石印线装,共五大册。还有以前出版的容庚先生与瞿润缗先生合著的《殷契卜辞》,这一部书,是将哈佛燕京学社所藏甲骨,加以考据,及注释,现在将此书作者自序引一段算为介绍:'是编所录虽无重大发现,然得第二零片,知殷之先公先王之次,与王所论者正合。得第三一片知卫人读'巳亥'为'三豕'之由。得第五九六片,知卜法先灼龟而后刻辞,且卜辞不加于兆上。得三八八片,知卜辞之有误字。得二二九及二三零诸片知有以甲骨为练习契刻之用者,一鳞,一爪,当有补于研究是学者。'"①

三、其他教会大学刊物之编辑出版

1.《金陵学报》(Nanking Journal)

金陵大学是中国教会大学中较早关注中国文化研究和出版的学校。1909年,金陵大学创办了《金陵光》,刊载了许多有关中国文化研究的论文。《金陵光》前三卷为英文,自第四卷起中英文各半。早期为月刊,后改为双月刊,第三卷又改为月刊,至第七卷更改为季刊,先后共出版71期。《金陵光》刊物推出中文版,源于推广刊物传播规模、保存国粹与灌输学术。陶行知曾任中文版主笔。该刊先后刊载过陈中凡、胡小石、赛珍珠、克乃文、贝德士、陶行知、万国鼎、杭立武、吴景超、倪青原、王绳祖、卢前、胡翔冬等人的成果。早期翻译作品占一定比例,促进了中外文化的交流。后期研究性成果较多,内容涉及文学、哲学、历史、目录学等领域,是

---

① 全国最高学府的燕大在文化上的丰富收获(教授学生努力于研究学问,各种学术著作名满国内外)——燕大文化工作的总检讨[N].燕京新闻,1934-11-15.

金陵大学早期中国文化研究的重要见证。①

1931年5月,金陵大学中国文化研究所创办《金陵学报》,并获哈佛燕京学社经费资助刊印。《金陵学报》为半年刊,每年5月和11月出版,初期为文理综合性刊物,自第三卷开始改为上半年农科专号与理科专号轮流出版,下半年刊文史哲专号。

《金陵学报》主编为李小缘。在1937年出版至第7卷时,因抗日战争,期刊编辑出版遭遇重重困难,1939年,李小缘求助时任北平图书馆上海办事处主任的钱存训,请求其在上海帮助学报刊印事务,经过两人反复商讨,克服校对、刊印、邮寄、经费支付等困难,并形成《金陵学报委托校对人员暂行办法》,《金陵学报》确定由上海美商中国科学图书仪器公司刊印,先后出版了第8—10卷6期,第11卷拟在成都刊印,但因战乱终未能实现。②

《金陵学报》创刊后,发布《简章》,阐明了《学报》的办刊主旨、编辑规则、发文要求等,具体如下:一、本报以发表师生研究及讨论学术之作品为主旨(诗词文艺不登),校外投稿亦所欢迎。二、本报年出版两期,于五月、十一月出版。三、本报所载文字文体及内容不拘一格,均由作者自负言责,惟格式一律横行并用新式标点。四、翻译文字有学术价值者得酌量采用。五、刊登之稿得酌酬单行本若干份,但至多不得过三十份。六、来稿请寄交南京金陵大学金陵学报编辑委员会。③

学报印刷在条件允许下尽可能精良。全面抗日战争时期,学报在上海印刷,曾使用道林纸、木造纸印刷,尽可能克服困难,维持学报的刊印质量。

《金陵学报》撰稿人总计80位,发文较多者有:陈登原10篇、商承祚9篇、万国鼎9篇、叶启勋8篇、黄云眉6篇、孙文青6篇、刘国钧5篇、徐益棠4篇。另有王绳祖、岑仲勉、黄毓甲、李翙灼、吕凤子、史迈士、滕固、王钟麟、王重民、吴景超、谢国桢、于登、张守义、周荫棠、朱锦江等人也发文在2篇及以上。这些作者多是金陵大学中国文化研究所成员或校内学

---

① 姜庆刚.《金陵学报》与金陵大学的国学研究[D].南京:南京大学,2005:6.
② 李佳.钱存训先生与《金陵学报》[J].云南师范大学学报,2008(6):125-129.
③ 姜庆刚.《金陵学报》与金陵大学的国学研究[D].南京:南京大学,2005:9.

者,亦有来自校外的学者,如闻一多、王重民、向达、范存忠、岑仲勉、杨树达、方国瑜、黄文弼、章太炎、陈梦家、常任侠、滕固、谢国桢、吴其昌、孙文青、唐圭璋等。

《金陵学报》文史哲专号刊发文章共有145篇,内容涉及文字学、语言学、历史学、考古学、社会学、民族学、宗教学、艺术学、文学、版本目录学、民俗学、哲学等多个领域,还有部分外国翻译成果。

以历史学、考古为例。历史学研究是《金陵学报》发文较多的领域,有近60篇论文,主题涉及中国古代史、历史人物传记、经济史、世界史、制度史、史料学、文化史等。代表作者有陈登原、万国鼎、黄云眉、王绳祖、岑仲勉(1886—1961)、孙文青(1896—1986)等。

陈登原(1900—1975),初名登元,字伯瀛。浙江余姚人,历史学家。曾任金陵大学讲师、教授,世界书局编辑,之江大学教授。晚年任西北大学历史系教授。他在《金陵学报》先后发表10篇论文,包括《秦桧评》《蜀汉后主刘禅评》《韩愈评》《秦始皇评》《曹操评》《韩平原评》《书明夷待访录后(甲戌文录)》《三国志义例辨录》《王荆公新法考》《广癸巳类稿君子解》等。这些成果半数是历史人物考证、评价文章,显现了陈登原独特的历史人物评价观。

万国鼎(1897—1963),经济史学家、农史学家,中国农史学科创始人之一,在《金陵学报》发表有9篇文章,包括《南京鹰扬营》《两汉之均产运动》《汉以前人口及土地利用之一斑》《北朝隋唐之均田制度》《井田之谜》《金元之田制》《明代屯田考》《农史随笔》《明代庄田考略》。这些成果集中为中国古代土地制度研究,考证和分析了中国古代土地制度的发展和变迁,对了解中国古代封建土地制度、土地政策和土地所有制关系提供了系统的参考。

王绳祖(1905—1990),字伯武,生于江苏高邮。历史学家。金陵大学历史系教授、系主任。他在《金陵学报》上先后发表了三篇外交史论文,包括《哈德等著英文世界大战史二种》《欧洲国际关系1871—1914》与《台湾事件——中日第一次争执》(英文)。

黄云眉(1900—1964),原名鋆銂,字子亭,号半坡。1927年任教宁波中学,1929年任金陵大学文化研究所研究员、教授,1933年任上海世界书局《辞林》编辑部主任,著名明清史研究专家。他在《金陵学报》发表了《李卓吾事实辩证》《续蔡氏人表考校补》《明史编纂考略》等。其中对明代李贽的生平与思想的考证和评价,显现了其唯物辩证的思想。《明史编纂考略》中,黄云眉从《明史》的体例、编纂方法、史料运用、时代局限性等方面客观分析和评价了其编纂优劣。

在考古与古文字领域,代表学者有商承祚、腾固、孙文青等人。商承祚,中国著名古文字学家、考古学家,先后在《金陵学报》上发表了《说文中之古文考》《古代彝器伪字研究》《记南京出土之梁五铢泥范》《商辞》《程瑶田桃氏为剑考补正》《四川新津等地汉崖墓砖墓考略》等。这些成果集中地反映了20世纪30年代商承祚在古文字、考古领域的学术研究进展、研究特色与方法。他注重考古资料和文字资料的结合研究与考证,如在《说文中之古文考》一文中,利用出土文献等考证校对《说文解字》各版本,考订出部分古文字。考古学论文还有腾固的《霍去病墓上石迹及汉代雕刻之视察》《燕下都半规瓦当上的兽形纹饰》,叶启勋的《嘉庆元年刻十六长乐堂古器款式考四卷跋》,孙文青的《南阳仰韶彩陶发现记》,何遂的《最近南京附近出土之柴窑》,胡光炜的《考商氏所藏古夹钟磬》,常任侠的《巴县沙坪坝出土之石棺画像研究》等。

《金陵学报》刊文的另一特色还在于文献学、目录学、宗教学、民族学成果的发表。以刘国钧、李翊灼、王重民等为代表,发表了一部分文献学、宗教学研究成果,如刘国钧以佛教为中心,先后发表了《两汉时代道教概说》《后汉译经录》《三国佛典录》《西晋佛典录》《老子神话考略》等,他运用文献学等方法,考证和分析佛教思想的传播和发展。在目录学领域,王重民发表了《敦煌本东皋子集残卷跋》《阅张介侯先生遗稿记》等,叶启勋发表了《四库全书目录版本考》《嘉庆元年刻十六长乐堂古器款式考四卷跋》《桂馥隶释释评校何绍基隶释续评校》,唐圭璋发表了《宋词版本考》等。

《金陵学报》还刊登了当时中国学术界部分颇具影响力的学术刊物的目录,包括《燕京大学》《史学年报》《清华学报》《禹贡》《中国营造学社汇刊》等,为读者了解这些重要学术刊物的学术动态提供了窗口。

《金陵学报》刊文总体学术质量较高,一方面反映了金陵大学中国文化研究所在内的中国研究发展水平,另一方面也反映了当时学术界在中国文化研究领域的发展面貌。金陵学报吸引诸多校外作者投稿,显现了它在学术界的广泛影响力。

在创办《金陵学报》同时,金陵大学中国文化研究所还出版了"金陵大学中国文化研究丛刊"甲种,包括《福氏所藏甲骨文字》《十二家吉金图录》《邵二云先生年谱》《词源疏证》《浑源彝器图》《南阳汉画像汇存》《历代著录画目》《古今伪书考补正》《颜习斋哲学思想述》《天一阁藏书考》《河徙及其影响》《西文东方学报论文举要》《云南书目》等。① 可见,金陵大学目录学研究成果颇丰。

2.《岭南学报》(*Lingnan Journal of Chinese Studies*)

《岭南学报》由岭南大学宗教史学家谢扶雅于1929年12月创刊,至1952年6月终刊,共出版12卷32期。学报创办的原因,在其征稿启事中有所阐明:"广州为粤东省会,岭表名区,开风气之先,为革命策源地。地灵人杰,宜为南中国文化之中心。乃其学术空气,异常沉寂;研究刊物,寥若晨星。每念及此,良用痛疚。敝校为南方最高学府之一,提倡学术,促进文化,不敢后人;爰设编辑委员会,刊行《岭南学报》。期于倡导学问,阐扬真理。赏奇析疑,日起有功。"②《岭南学报》"以发表研究学术之著作为主旨,由岭南大学同人担任撰述;校外学者投稿,亦所欢迎"。③ "本报年出四期,并得随时增刊专号"④。但实际上,因稿件和编辑问题等多种原因,《岭南学报》未严格按照年出四期刊行,因此常出两期合刊本。1948年后逐渐变为年出两期。1948年秋,时任南开大学校务长兼经济研究所所长的陈序经担任岭南大学校长,积极联络海外华侨捐助岭南大学发展,并前往清华大学、中央研究院、协和医院等机构,延聘不少学者任教岭南大学。当时内战局势在华北地区引起人心震荡,许多学者南下来到岭南大学,包括陈寅恪、容庚、王力、梁方仲、姜立夫、谢志光、庄泽宣、吴宓、周连宽等人。这些学者为岭南大学的教育和学术研究注入了新的生

---

① 姜庆刚.《金陵学报》与金陵大学的国学研究[D].南京:南京大学,2005:11.
② 《岭南学报》编辑部.岭南学报征文启事[J].岭南学报,1929(1):封三.
③ 《岭南学报》编辑部.岭南学报征文启事[J].岭南学报,1929(1):封三.
④ 《岭南学报》编辑部.岭南学报征文启事[J].岭南学报,1929(1):封三.

机,也促进了《岭南学报》的发展。1952年,全国高校院系调整,岭南大学并入中山大学,《岭南学报》终刊。

《岭南学报》图文结合,文体"不拘文言白话,来稿格式最好横行,缮写必须清楚,并用新式标点符号"。① 早期刊发文章内容多样,涉及文学、历史、哲学、农学、医学、工学等多学科,自1933年起,开始将内容限定为人文与社会学科,共刊发258篇文章,集结了20世纪30—40年代中国学术界知名学者,计有85人,如陈序经、黄仲琴、何格恩、饶锷、饶宗颐、冼玉清、陈寅恪、容肇祖、李镜池、谢扶雅、吴尚时、杨树达、容庚、王力、庄泽宣、陈受颐、阮真、邓尔雅、梁方仲、周连宽、陈兰甫、张长弓、周信铭、伍锐麟、何多源等。这些作者多数为岭南大学学者,也有部分校外学者,如古文字学家罗福颐[《敦煌石室稽古录》(第7卷第2期,1947)、《清内阁大库明清旧档之历史及其整理》(第9卷第1期,1948)]、经史学家朱师辙[《清史述闻》(第11卷第1期,1950)]等。②

《岭南学报》人文社会科学类文章中有相当一部分是有关岭南地区历史、文学、语言、人物、民俗、戏曲、地理、文献等的研究,也有一部分是关于中外交流史,如文化史、经济史等比较研究。分析来看,主要有以下几方面的成就与特色:

其一,关于广东及岭南地区历史文化的研究。岭南地区与中国历代政治中心相距遥远。近代以来,广东在中国政治、思想、文化、对外经济文化交流等方面迅速发展。广东及岭南文化也成为近现代学者关注和研究的重点领域。《岭南学报》的最大特色也在于这一领域的成果,代表者如饶锷编写,饶宗颐补订之《潮州艺文志》二十一卷,其中十三卷发表于《岭南学报》,其余卷则因抗日战争时期岭南大学迁移在战火中遗失。又如陈序经的《南北文化观》,全文分三编:第一编系统比较、阐述和评判历史上的南北文化观、梁启超及近代南北文化观,阐发作者对南北文化的观点;第二编说明南方之所以为西化的策源地的原因和贡献;第三编简要介绍南方几位最具影响力的代表人物在近现代中国主张西化方面的观点。又

---

① 《岭南学报》编辑部. 岭南学报征文启事[J]. 岭南学报,1929(1):封三.
② 王瑞.《岭南学报》与中国近代学术[J]. 温州职业技术学院学报,2012(4):86-89,93.

如何格恩在《岭南学报》上发表15篇文章,其中包括张九龄和蜑族研究。张九龄是唐朝韶州曲江(今广东韶关)人,何格恩对其学术生平、政治生活进行了全面系统的研究,撰写了《张九龄年谱》《张九龄年谱补正》《张九龄之政治生活》《张曲江著述考》等成果。蜑人以舟为居,以捕鱼运载为生,"蜑"又作"蛋""疍",《岭南学报》上发表的关于蜑族研究的论文有《蜑族的来源质疑》《唐代的蜑蛮》《蜑族事迹年表初稿》,对粤东、潮汕地区蜑人的起源和历史做了相关的史料考证和梳理。有关疍民的研究和社会调查成果,还有如《三水河口蛋民调查报告》《沙南蛋民调查:绪言》《沙南蛋民调查专号》《钱江九姓渔户考》。岭南大学著名学者冼玉清在《学报》发表有12篇文章,多是对广东先贤的研究和考证,如《梁廷枏著述录要》《粤东印谱考》《苏轼居儋之友生》《招子庸研究》《苏轼与海南动物》《陈白沙碧玉考》《唐张萱石桥图考》《天文家李明彻与漱珠冈》《何维柏与天山草堂》《杨孚与杨子宅》等。《岭南大学》第2卷第2、3期,第4卷第1期,第5卷第3、4合期相继刊载了广东名贤陈澧的遗稿,对保存和传播广东学术文化有积极的意义。此外还有《广东的土纸业》《广东木棉树》《广东南路》《广州部曲将印》《广州定期刊物的调查(1827—1934)》《广州市北山区地理》《广州市河南岛下渡村七十六家调查》《海南岛白沙黎语初探》《清代广东贸易及其在中国经济史上之意义:鸦片之役以前》《清代粤东械斗史实》《明两广总督戴耀》《清广州府知府李威传》《粤北砰石红色盆地》《粤北侵蚀面及横谷》《与朗山论诗:黄公度先生(遵宪)遗稿》。《岭南学报》1935年第4卷第1期刊登《广东》专号,刊有汪宗衍的《陈东塾先生年谱》、谢扶雅的《光孝寺与六祖慧能》、郑师许的《龙溪书院考略》、黄仲琴的《明两广总督戴耀传》等。这些成果从历史学、文学、文献学、社会学、经济学等多方面对广东的历史、文化、经济、民俗等展开了丰富的研究,具有重要的学术价值。

其二,新方法、新史料下的研究。20世纪20—40年代,中国考古发展迅猛。全国各地考古调查和发现为人文社会科学带来了大量新的研究资料,促进了传统学术方法的不断转变。同时,社会学研究方法和西方实证主义研究方法的传入,促进了中国社会调查、民间文献的整理研究活动的发展,学术研究也从上层社会、体制的研究逐渐下移,关注基层社会发展与普通民众,社会学、社会史、地方史、民俗学等的发展得到推动。《岭南学报》刊载了多篇有关考古、社会调查、民俗学等的研究成果,如《和平县城砖》《旧凤凰村调查报告》《殷虚书契前后编集释序》《牂牁江考》《珠江三角洲》《敦煌石室稽古录》等。颇具代表性的如梁方仲发表的有关明代赋役制度的研究,是典型的利用民间历史文献资料对明代基层社会经济史的研究,包括《明代黄册考》《易知由单的研究》《明代一条鞭法年表》等。

其三,传统考据方法与新研究方法交融发展。以陈寅恪为代表,他先后在学报发表 7 篇有关元白诗考证与研究的论文,包括《白乐天之先祖及后嗣》《白乐天之思想行为与佛道之关系》《论元白诗之分类》《元和诗体》《白乐天与刘梦得之诗》《白香山琵琶引笺证》《元微之古题乐府笺证》。这是陈寅恪《元白诗笺证稿》的重要附论,是其研究唐史的重要成就。另有陈寅恪有关中古史研究成果,包括《从史实论切韵》《〈秦妇吟〉校笺旧稿补正》《崔浩与寇谦之》《论唐高祖称臣于突厥事》等。① 陈寅恪在研究中运用大量史料、资料进行引证的方法,将传统的考据、考证之学与现代学术方法中之比较、实证主义等方法进行了良好融合。

其四,有关中国古代文学、文字学的研究。在这些领域中,有对个体的研究,也有对某一时代某一问题的研究,其中涉及诗歌、戏曲、文集、文字、方言、音系等。如《越娘背灯》《湛然居士集十四卷题记》《台山方音》《诗底逻辑》《诗迭咏谱》《诗经中的民歌新探》《诗外传十卷题记》《十八世纪欧洲文学里的赵氏孤儿》等。在文字学方面,如杨树达的《论语四章疏义》《古爵名无定称说》《积微居彝器铭文说》《彝铭中所见之古人》《彝铭中之本字》《新识字之由来》《彝铭中之本字》等。

其五,有关佛教研究。代表者如《本校关于佛教之文献》,黄仲琴的《佛教入中国诸说之因袭及推进》《唐三平大师碑》,谢扶雅的《光孝寺与六祖慧能》,何格恩的《慧能传质疑》《金仙与上仙》。这些成果从对中国佛教的起源和历史,到广东地区佛教历史的研究,促进了中国现代宗教史

---

① 黄湛.《岭南学报》小史述略——兼论陈寅恪与《岭南学报》[J].岭南学报(复刊号)(第一、二辑合刊),2015:499-505.

的发展。

此外,《岭南学报》刊载了一部分书评,及时传递学界出版和研究动态,帮助学者及时了解学术前沿。

《岭南学报》是中国 20 世纪 30—40 年代华南地区的重要学术期刊,在当时学术界具有重要的学术地位和影响。该刊以推进岭南学术文化发展为宗旨,鼓励岭南大学校内外学者积极投稿,在促进岭南历史文化方面做出了重要的贡献,同时也积极推动了中国现代学术与学术方法的发展。

3.《中国文化研究汇刊》(Bulletin of Chinese Studies)

《中国文化研究汇刊》初由金陵大学、华西协和大学、齐鲁大学三所大学联合出版,受哈佛燕京学社资助,成为抗日战争时期哈佛燕京学社重点资助的出版刊物,也是这一时期教会大学的重要学术刊物。

1941 年,金陵大学、齐鲁大学、华西协和大学三大学共同起草发布《金陵、齐鲁、华西三大学中国文化研究所联合出版委员会简章》,规定:①

(1)本委员会为华西、金陵、齐鲁三大学中国文化研究所合作出版之机关。

(2)本会由三大学校长指定 9 人组织之,并推定 1 人为主席。

(3)本会之职务如下:①编辑《三大学中国文化研究汇刊》,每年出版一卷;②处理三大学中国文化研究所之其他联合出版事宜。

(4)本会定于每月第二星期之星期二午后二时开常会一次,如有必要事件,得由主席临时召集之。

(5)本会汇刊暂定 4 月中集稿,9 月中旬出版。

(6)本会汇刊之撰写人以三研究所之专任人员为限,不收外稿。

(7)本会分为编辑及事物两股,由三大学研究所轮流担任之。

(8)本会办公费暂由三大学研究所公摊。俟得哈佛燕京学社专款后归还之。

(9)本会会址暂设华西大学研究所内。

据此规定,《中国文化研究汇刊》由三所大学分别推举三人联合组成

---

① 南京大学高教研究所校史编写组. 金陵大学史料集[G]. 南京:南京大学出版社,1989:57.

了编委会,除三所大学校长外,金陵大学李小缘、商承祚,华西协和大学闻宥、吕叔湘(后调至金陵大学),齐鲁大学顾颉刚、钱穆等曾任编委会委员。刊物具体编辑工作由三所大学轮流负责,每所大学负责一年。

《中国文化研究汇刊》还发布有《汇刊条例》,规定:①

(1)本刊内容暂时偏重于中国西部之研究。

(2)本刊的主要门类如下:考证论文,调查报告,重要史料,书报评论。

(3)本刊登载文字不限于中文,中文中亦不拘语体及文言,但均须加以标点。

(4)本刊稿件由主编人于集稿后送委员会审查,必须时得由委员会转请会外专家审查之。

(5)本刊之形式如下:每卷约12万字,横行,加标点,用上等道林纸印刷,16开,每期后附各篇文字之英文提要(由作者自撰,或自作中文提要交会翻译之),每期后附著作人履历。

(6)本刊在上海印刷。

(7)本刊文字版权为各研究所所有,他处不得转载。

《中国文化研究汇刊》自 1941 年 9 月由齐鲁大学负责编辑出版第 1 期始,共出版 10 期。② 1942 年上海科学公司印制出版第 1 期,1942 年 9 月出版第 2 期,1943 年 9 月出版第 3 期。1944 年,燕京大学加入进来,《汇刊》变为四大教会大学合作刊物。1944 年出版第 4 期上下册。第 6 至 8 期由华西协和大学、金陵大学两校联合编辑。1951 年华西大学文学院中国文化研究所单独编辑出版第 10 期,编辑委员包括甄尚灵、闻宥、赵卫邦、缪钺。该期提出:"今后主要内容,为以马列主义的观点方法,研究中国民族、语言、历史、古物等学科。对于西南地区的实际问题,尤予特别

---

① 南京大学高教研究所校史编写组. 金陵大学史料集[G]. 南京:南京大学出版社,1989:57-58.

② 王雪玲. 齐鲁大学国学研究所初探[D]. 上海:华东师范大学,2007(4):32.

注意。"但此后该刊未再出版。①②

《中国文化研究汇刊》收录文章皆为四所大学中国研究领域的学术成果，作者多为当时学界著名学者，成果质量较高，颇具学术影响，如商承祚、孙次舟、刘铭恕、刘国钧、顾颉刚、韩儒林、张蓉初、闻宥、张维华、严耕望、孔玉芳、王伊同、许毓峰、甄尚灵、张维思、吕叔湘、傅懋绩、蒋大沂、史岩、徐益棠、杨汉先、胡厚宣、刘朝阳、徐中舒、陈寅恪、束世澂、唐文播、杨明照、王钟翰、斯维至、傅吾康、葛毅卿、赵卫邦、缪钺、王文才、孙望、徐复、胡光炜等。发文较多者有徐益棠、闻宥、刘铭恕、吕叔湘等人。该刊也因此成为当时国内中国研究领域独树一帜、水准较高的学术刊物。

《中国文化研究汇刊》的内容涉及历史、民俗、语言与文字、文学、艺术、民族、考古等多个领域，尤为关注中国西部问题，"中国西部，种族复杂，多未经调查，古物埋藏，多未经发掘，在研究上极有灿烂之前途，现在创办此刊，为三大学永久合作之机关，偏重于中国西部之研究"。③ 其中，历史学研究涵盖古代政治制度史、经济史、社会史、民族史、中外交通史等，成果有刘国钧《建安时代之政治思想》、顾颉刚《古代巴蜀与中原的关系说及其批判》、韩儒林《读蒙古世系谱》、张蓉初《新元史氏族表蒙古部族分类质疑》、张维华《汉武帝伐大宛与方士思想》、严耕望《两汉郡县属吏考补正》、孔玉芳《东汉诏举制度考》、王伊同《五胡通考》、徐中舒《井田制度探原》、斯维至《两周金文所见职官考》、缪钺《南北朝之物价》《北魏立三长制年月考》等。发文多者如刘铭恕，先后有十余篇成果，如《契丹民族丧葬制度之变迁及其特点》《郑和航海事迹之再探》《宋代海上通商史杂考》《宋代陷北之美术考古家毕少董》《辽代之头鹅宴与头鱼宴》《金元之南家与宋代之口语文学》《元代之户口青册》《苏莱曼东游记证闻》《宋代出版法及对辽金之书禁》《宋代辽金文化之南渐》《辽代帝后之再生

---

① 王绿萍编著.四川报刊五十年集成(1897—1949)[M].成都:四川大学出版社,2011(11):611.
② 吴玫主编,王瑞宇,包海峰副主编.影像南大——南京大学百年图传[M].南京:南京大学出版社,2015(1):110.
③ 顾颉刚整理.金陵、华西、齐鲁三大学中国文化研究所第一次联系会议记录[A]//徐雁,等,杰出人物与中国思想史:金陵大学中国文化研究所考述[M].南京:江苏教育出版社,2000:246.

仪》等,内容涉及宋元时期社会经济、民俗、文学等领域。又有徐益棠,发文近十篇,关注古代社会、城市区域与人口等的发展史,如《凉山倮民之类政治的组织》《南宋杭州之都市的发展》《宋代平时的社会救济行政》《中国南北之人口升降》《南京之人文区域》《补元史仓官表》《明代救济行政之衰退》等。考古报告与研究成果因战乱原因较少,有孙次舟《嵩县唐墓所出铁翦铜尺及墓志之考释》、徐中舒《黄河流域穴居遗迹考》等。语言、文字及音韵学研究成果有闻宥《论汉藏语族中 m>ŋ 之演化》《汶川瓦寺组羌语音系》《论唐蕃会盟碑中所见之藏语前置子音与添首子音》《川滇黔罗文之比较》,甄尚灵《论汉字意符之范围》《汉字俗解小考》,张维思《歌戈麻古音新考》,吕叔湘《论"底""地"之辨及"底"字的由来》《"见"字之指代作用》《"个"字的应用范围,附论单位词前"一"的脱落》等。这些研究成果反映了 20 世纪 40 年代哈佛燕京学社资助的四所教会大学在中国研究领域的发展状况与水平。在抗战的艰难时期,《中国文化研究汇刊》为中国学术界提供了一个珍贵的学术交流平台,这是哈佛燕京学社在推进中国研究领域所做出的重要贡献。

4.《福建文化》(*Fukien Culture*)

《福建文化》是福建协和大学重要的学术刊物之一,由该校福建文化研究会于 1931 年 12 月创刊。主编为金云铭。金云铭同时还担任福建协和大学图书馆主任之职。

《福建文化》自 1931 年 12 月至 1948 年 6 月,共出版 3 卷 38 期。第 1 至 27 期由福建文化研究会出版,第 28 期至 31 期由福建协和大学文学院出版,第 32 期至 38 期由福建协和大学中国文化研究会(福建文化研究会后更名为中国文化研究会)出版。1949 年,《福建文化》与《协大艺文》合并为《协大学报》。

在 38 期中有 8 期专号,包括:李卓吾专号、风土特辑、漳州史迹专号、福建谜语专号、福建月令歌谣专号、福建谚语专号、福建理学专号、郑和专号。

《福建文化》共刊载 267 篇文章,其中有关福建文化的研究成果达 210 篇。从论文研究主题分析来看,主要包括以下几个领域:福建文化研究书目、福建历史及人物研究、福建民族与民俗文化研究、福建地方语言、方言与文学艺术研究、福建宗教思想研究、福建地方调查与风物研究、福建地理、气候物产研究,及其他人文历史综合研究。①

福建文化书目研究是《福建文化》比较重视的领域。书目为学术之门径,金云铭等学者深入开展这一领域的整理研究,对有关福建文化的学术成果和著述进行目录整理。在《福建文化》刊载的《福建文化研究书目》中共收录书目441种。② 金云铭对这些书目"收集成编,并举其重要者,稍缀数语,以供关心本省文化者之观焉"。相关评语,或指明某书之学术价值,或说明其内容特色,为研究者查阅资料提供参考。

为深入搜集福建文化相关资料,《福建文化》还刊登启事,征集关于福建文化的书籍。福建历史研究涉及福建地区历代著名史事,如明代倭患、佃农风潮、清代福建人口迁徙等。

福建历史人物研究范围广泛,涉及福建地区历代著名学者、政治家、思想家等,如王审知、蔡襄、李刚、郑樵、朱熹、李贽、俞大猷、戚继光、郑成功、李光地、林则徐等。作者有王治心、郭毓麟、萨士武、刘强、徐天胎、郑益士、陈易园、张锡祜等人。③ 这些成果在梳理史料和文献基础上,深入研究和介绍历史人物的生平事迹,对他们在各个领域的成就、历史贡献、功绩等予以客观的评价,是福建文化研究的重要成果。

有关福建民族、民俗文化的研究是福建文化研究的特色部分。相关成果涉及福建地区少数族群的民族研究,福建地区民间各类风俗习惯的研究等,如福建瑶民、各府婚丧嫁娶风俗、祭祀、年俗等,以及各地考古史迹等,对了解福建的地方社会文化历史与概貌有重要的参考。④

有关福建地方语言、方言与文学艺术研究,成果数量在《福建文化》总刊文量中占据优势。研究内容涉及福建语言、谚语、谜语、歌谣、诗歌、民间故事、神话传说等,如在《福建文化》第3卷出版的谜语专号、月令歌谣专号、谚语专号3期专号。作者有刘强、邱清廉、张锡祜、郭毓麟、高琼珍、李兆民等人。另有《福州方言小拾》《福州童谣二十一首》《永泰歌谣

---

① 林晋宝. 福建协和大学编辑出版刊物研究[D]. 福州:福建师范大学,2011:38.
② 林晋宝. 福建协和大学编辑出版刊物研究[D]. 福州:福建师范大学,2011:38.
③ 林晋宝. 福建协和大学编辑出版刊物研究[D]. 福州:福建师范大学,2011:39-41.
④ 林晋宝. 福建协和大学编辑出版刊物研究[D]. 福州:福建师范大学,2011:42.

十四首》等成果。这些成果对福建地区老百姓在日常生活中积累的有关气候、节气、地理、农务常识,或民间艺术、哲学思想成果进行了深入的整理,对保存和传承这些地方文化遗产有重要意义。

此外,《福建文化》刊载有关福建历史地理、气候物产,以及各行业发展与历史等成果,是福建文化研究的重要组成部分,这些成果涉及福建各地区的概况,包括多地名胜古迹、政区沿革,各类物产如鱼类、茶叶、水果、早稻等,以及福建地区商业贸易、航海、渔业、农业、医药等。①

从《福建文化》的刊文内容和类别可以看出,该刊紧密围绕福建地方历史文化研究主题,吸纳不同研究专题的学术成果进行编辑刊登,展现了福建地区丰富生动的历史文化面貌。这些成果引用史料丰富、研究方法多样,促进了福建历史文化研究的发展。《福建文化》成为当时学术界地方历史文化研究的代表性刊物之一。

---

① 林晋宝. 福建协和大学编辑出版刊物研究[D]. 福州:福建师范大学,2011:44.

第六章 引得编纂：
哈佛燕京学社中国研究之导引

中国古代虽无索引之名，但有索引之实，且历史悠久。大约自魏晋以后，中国已在古代字书、韵书、类书、书目等类文献的基础上发展出了具有索引之实的通检、备检、韵编、串珠、检目等。三国魏文帝时期，刘劭等编纂之《皇览》被认为是中国古代索引的起源之一；唐代林宝《元和姓纂》，宋代黄邦先《群史姓纂韵谱》、陈思《小字录》等为姓名索引；宋代徐锴《说文韵谱》、明代张士佩《洪武正韵玉键》、明末傅山《两汉书姓名韵》、清代章学诚《明史列传人名韵编》及蔡烈先《本草万方针线》等为专书索引。① 明代《永乐大典》《佩文韵府》，以及人名索引等的编撰，进一步具备了索引的基本功能。清代章学诚《校雠通义》从理论上推动了索引的发展，并出现了一些索引代表著作，如汪辉祖《史姓韵编》、冯津《历代画家姓名便览》、李兆洛《历代舆地韵编》、黎永椿《说文通检》等。② 索引编制方法也逐渐发展出类序法、音韵法等。

西方索引最早可追溯至中世纪的《圣经》语词索引。15 世纪 60 年代

---

① 中国大百科全书出版社编辑部编.中国大百科全书 图书馆学 情报学 档案学[M].北京：中国大百科全书出版社，1993：408.
② 印永清，万杰.哈佛燕京引得处背景研究[J].上海高校图书情报学刊，1995(03)：46-48,55.

德国A.奥古斯丁纳斯的《布道的艺术》一书有主题索引,美国于1737年出现了专书索引。1830年德国文摘刊物《药学总览》索引出版,1848年美国William F.Poole(威廉·弗雷德里克·普尔)编制了《普尔期刊文献索引》,1851年美国出现的报纸索引《纽约时报索引》等。在此基础上,关于目录索引编制理论与方法研究不断发展,出现了专著,如1856年英国A. Crestadoro(克里斯塔多罗)的《图书馆编目技术》等。1877年,英国成立了世界上第一个索引学会。至此,欧美索引的编制出版、理论研究、学术机构等日趋成熟。① 发达的索引实践与理论在汉学研究领域逐渐获得关注和应用,一些学者采用索引方法作为整理汉学文献、开展汉学研究的科学方法。

20世纪初,中国整理国故运动高涨,随着西方现代索引理论与技术的传入,催生了索引运动的发展和高涨,中国学术界开始重视索引的编制。哈佛燕京学社成立后,学术兼具中西的洪业意识到索引编纂对促进学术研究和中国古籍整理的重要意义,积极筹划和促成了哈佛燕京学社引得编纂处的成立与发展。

一、引得编纂处之缘起与设立

引得,音译自英文"Index",旧称"索引""索隐"。洪业认为它"是一种学术的工具,学者用之,可于最短时间中,寻检书籍内部之某辞或某文"。引得之译,有"引而得之"之意。②

1929年至1930年,洪业受邀赴哈佛大学访问讲学。在此期间,在与哈佛大学学生进行课堂交流时,有学生反映中国古籍浩如烟海,种类与数量繁多,学生在学习的过程中缺少必要的查检资料参考工具书,导致学习研究无从下手,难得门径,此事深深地触动了洪业。因为缺乏工具书,洪业幼时习《春秋》经传而苦之,"三十年来,又则为诸家论说所眩,左右进退,莫所适从"。③ 而"西文重要书籍,皆附有Index,其便检寻书中内容。

---

① 中国大百科全书出版社编辑部编.中国大百科全书 图书馆学 情报学 档案学[M].北京:中国大百科全书出版社,1993:408.
② 陈礼明.燕京梦痕忆录[M]// 陈明章.学府纪闻:私立燕京大学.台北:南京出版有限公司,1982:34-35.
③ 《春秋经传引得》序//洪业,等,编.春秋经传引得.哈佛燕京学社引得编纂处,1937.

中国旧籍,素阙此类研究工具"①。洪业"很羡慕美国大众可随意翻阅各种参考工具,如百科全书、索引、地图、统计表、年表、族谱……",认为在中国这些都是很难看到。"中国没有这些工具,要提高知识水准,必定困难重重"。洪业特地访问了《读者文摘期刊指导》创办人,去研究怎样组织这类刊物,也到美国国会图书馆考察中文书如何编目。②

洪业"以少时读书不知利用学术工具之苦,故后来教书,决不令青年再蹈其覆辙,处处留心于工具之使用。然中国前代学者,最不注意于工具书之纂辑,甚且鄙笑之,故此类书弥少,青年虽欲使用而不得",③④"近年英美有引得学校,引得专书,以教育编制引得之人才,而新出版之书籍,除徒供消遣之小说与无关实学之空言而外,皆附有引得焉。"⑤故以此事为己任,久欲作一大规模之编制,⑥发展这一"为人之学"。

1929 年,洪业向哈佛燕京学社提议成立哈佛燕京学社引得编纂处,组织整理和编纂中国古籍,为学者研究中国文化提供学术工具书。这一提议得到了哈佛燕京学社董事会成员伯里克的支持,伯里克敏锐地认识到编制引得对促进中国文化研究的重要作用。

1930 年 4 月,经学社董事会会议讨论,该项提议获得通过。学社同意每年向哈佛燕京学社引得编纂处提供 6000 美元的资助,并任命洪业为哈佛燕京学社引得编纂处主任。⑦ 1930 年 9 月,待洪业返回燕京大学后旋即成立引得编纂处。

二、引得编纂处之发展与变迁

哈佛燕京学社引得编纂处的发展大致经历了试验(1933 年 6 月前)、发展(1933 年 6 月至 1941 年 12 月)、转移(1942 年 9 月至 1945 年 10

---

① 二十年国内学术界消息:"引得编纂处之工作"[J]. 燕京学报,1931(9).
② (美)陈毓贤. 洪业传[M]. 北京:北京大学出版社,1996:67.
③ 洪业等编. 引得说 引得特刊 4[M]. 北京:燕京大学图书馆引得编纂处, 1932.
④ 洪业等编. 引得说 引得特刊 4[M]. 北京:燕京大学图书馆引得编纂处, 1932.
⑤ 刘梦溪主编. 中国现代学术经典 洪业 杨联陞卷[M]. 石家庄:河北教育出版社,1996.
⑥ 洪业等编. 引得说 引得特刊 4[M]. 北京:燕京大学图书馆引得编纂处, 1932.
⑦ 陈礼明. 燕京梦痕忆录[M]// 陈明章. 学府纪闻:私立燕京大学. 台北:南京出版有限公司,1982:34-35.

月)、恢复(1945年10月至1951年)四个阶段。

1.试验阶段(1930年9月至1933年6月)

1930年7月,洪业返回燕京大学后立即着手组建引得编纂处。编纂处办公室自1930年9月起设立于燕京大学图书馆内。洪业在1932—1933年引得编纂处工作报告中曾提到:"学社董事会允许引得编纂处有三年的试验发展时期。这一阶段内,学社同意我对编纂处可自由地进行管理、指导,有权根据时机的需要进行内部的变动。董事会已对引得编纂处前两年的发展提供了每年3000美金的资助经费,第三年的资助经费是4000美金。三年的试验阶段即将于1933年6月30日结束。1933年7月我将提交完整的三年发展报告,预报告则可帮助学社董事会和司徒雷登校务长在四月份的学社年度会议上讨论有关引得编纂处是否继续开展问题时参考。"① 由此可见,哈佛燕京学社引得编纂处在哈佛燕京学社和洪业的规划下,确立前三年为试验性阶段。

在1930年9月至1933年6月间的试验阶段,引得编纂处共先后完成了12种引得正刊和5种特刊的编纂和出版工作。以1932年12月引得编纂处正式出版洪业著《引得说》为界限,可以把试验阶段分为前期试验和后期试验。

前期试验主要是设立组织机构,招聘编校及相关工作人员,完成基本建制工作,尝试引得编纂;后期试验则是确立引得编纂处之发展规划、发展目标,并在引得编纂实践的基础上建立引得编纂工作科学的技术、方法、流程、步骤及工作规范,创制检字方法与系统、《引得编纂手续纲要》。

在1931年12月之前的前期试验中,引得编纂处共出版有5种引得正刊和1种引得特刊。正刊具体包括:《说苑引得》(1931年2月,据《四部丛刊》本)、《白虎通引得》(1931年6月,据《四部丛刊》本)、《考古质疑引得》(1931年7月,据海山仙馆本)、《历代同姓名录引得》(1931年8月,据1886年海宁陈氏慎初堂藏本)、《崔东壁遗书引得》(1931年,刊印于1937年,据顾颉刚辑点亚东书局本)。引得特刊为《读史年表附引得》

---

① A Preliminary Report of the Harvard-Yenching Institute Sinological Index Series, Feb. 29, 1933 [A]. Harvard-Yenching Institute Archives:Yenching University Annual Report 1928-1947:76-100.

（1931年2月）。其中，《说苑引得》是引得编纂处编纂出版的第一种引得，也抱有投石问路之目的，洪业及编纂处同仁希望藉此了解学界对引得之编纂体例、形式、内容等的意见，结果得到了很好的反响。不过因编纂经验不足，《说苑引得》初印后，发现错误很多，后重编刊印。这一时期所出版的五种引得，从选本来看，多以篇幅不大，编辑不甚烦琐，而学术研究又很急需的几部古籍为重点。

1931年，经上述五种引得编纂实践后，洪业手订《引得编纂手续纲要》，确立引得编纂步骤、环节，规范各环节具体工作内容与方法。洪业之所以编订此引得《纲要》，原因无非在于欧美的引得理论和实践，并不完全适用于中文书籍，语言文字的差异、书籍性质的不同决定了欧美引得编纂理论和方法必须加以改革。在充分考虑和研究中文古籍内容与语言文字的特性基础上，洪业创制新的适用于中国古籍引得编制的方法。

《燕京学报》曾载一段介绍引得编纂处工作之语，言："西洋以字母拼字，各字排列，早有公认次序。中国之学术工具检字方法，或以韵，或以部首，皆不便于初学者之用；即改依笔画排列，亦嫌同笔画之字太多。近时汉字检字新法，有数种，引得所用之庋撷法，即其一也。检字排列，实较他种为整齐，而同一号码之字数亦较少。然是否最易通行，惟久试乃知。今所已出版各种，后皆附有拼音引得，盖即庋撷检字之引得也。以罗马字母拼汉字，稍受中学教育者，皆能为之；是不劳学习检字新法，而引得仍可用也，此其一。《说苑》《白虎通》皆采用《四部丛刊》本，可称适当。此外更参考通行各本，制附各本卷页推算表，是《四部丛刊》本之引得，亦可应用于别种版本也，此其二。古籍流传既久，讹误漏衍，常所不免。清儒治学，校勘唯勤。然校勘记录，或离书单行，或仅附书后，往往不加标号，读者遂有往返寻检，功半事倍之劳。引得于原书目注后，兼载校勘卷叶，是一检而两得，此其三。以上三点，皆本西书Index所无，且所不必有；而用诸中国旧籍，则甚便利。"[1]此段语阐明了中西引得编纂之差异，及中国字庋撷法创制之原因。

---

[1] 余逊,容媛.引得编纂处之工作.二十年（一月至六月）国内学术消息[J].燕京学报，1931(9).

自 1932 年起，在总结引得编纂实践经验的基础上，洪业完成了《引得说》，并以此为依据进一步开展引得编纂工作，共编纂出版了引得正刊 7 种，特刊 4 种。

《引得说》于 1932 年 12 月由引得编纂处正式出版，标志着哈佛燕京学社引得编纂处之引得编纂工作确立了完善的理论体系与方法体系。《引得说》分三部分，第一部分阐述"何谓引得"，第二部分阐述中国字庋撷法，第三部分详解引得编纂法。

"何谓引得"？洪业认为："引得者，予学者以游翔于载籍中之舟车也。舟车愈善，用其所游愈广，所入愈深。"①

洪业深入分析和总结当时流行之检字方法，如笔画法、部首法、音韵法、四角号码检字法等各家优劣利弊，根据汉字笔画的特征与类型，引入罗马数字系统，发明整理了中国字庋撷法。

在中国汉字检字方法理论中，针对汉字之方块字特性，有定体、取角之理论，在中国字庋撷法之前，其他汉字检字方法以"先取角后定体"为基准，而中国字庋撷法颠覆了这一原则，反其道而行，"先定体后取角"。中国字庋撷法，以中、国、字、庋、撷五字代表单体字、全包围、上下、半包围、左(中)右五种类型之结构。庋有收藏、取入之意，撷有取出之意，故此法也有中国字编入检出之意。② 五字为汉字之定体，也即汉字类型，洪业用罗马数字 1 至 5 代表此五字之类型。

表 6-1：中国字庋撷法五种字体之定体③

汉字定体	数码	说明
中	1	单体字，整字不可分开，如其可分，则其中任何一部分只余一笔
国	2	全包围字体，包括三面或四面受围，或上面受托，下面受盖，或左右受遮

---

① 洪业等编. 引得说 引得特刊 4[M]. 北京：燕京大学图书馆引得编纂处，1932.
② 彭忠德. 洪业与中国的"引得"之学[J]. 福建论坛(文史哲版)，1999，(01)：62-64.
③ 郑康郦. 洪业与引得编纂处研究[D]. 福建师范大学，2013：29..

续表

汉字定体	数码	说明
字	3	上下字体
庋	4	半包围字体,或左壳体字,即字的左面及左边遮蔽者
撷	5	左右或左中右结构字体

庋撷二字细分可有十个汉字部件,分别以 0 至 9 代表,取汉字之四角笔画为 4 个号码。①

表 6-2:中国字庋撷法笔画号码

笔画	号码
丶	0
一	1
丿	2
十	3
又	4
扌	5
纟	6
厂	7
目	8
八	9

另外还有最后一个号码,计算方式为:计算汉字内部所含方格之数量。如汉字没有方格或方格内有非正直或非正横之笔画,则方格数为 0;如大方格内包含若干小方格,则只计小方格数量,不计大方格数量;如果方格数量超过 9 个,则一律计为 0。因此,中国字庋撷法将每一汉字规定

---

① 郑康郎. 洪业与引得编纂处研究[D].福建师范大学,2013:29.

为由 6 个数字号码组成。① 这一检字方法优势在于重码字少,尤其适用于规模庞大之书籍检字所用,因重字少,优势更为明显,且使用者不必对汉字部首进行苦记硬背,但其缺点则在于规则繁琐,掌握不易。

引得编纂方法具体分为:选书、择本、标钩、校钞片、排片、校排片、送印、校印样、发印九个步骤。②

《引得说》是我国现代目录学史、索引学史上较早的一部理论撰著,在当时学术界引起了较大的反响,促进了我国现代索引学的发展。

1932 年至 1933 年 6 月间,引得编纂处共出版正刊 7 种,特刊 4 种。在这一阶段,引得编纂处因处于经验摸索阶段,曾制定有选书标准:(甲)未闻有他处拟引得者;(乙)凡伪书暂不为引得;(丙)凡次料暂不为引得;(丁)凡曾经外人翻译而译本有引得者,暂不为引得;(戊)凡书预算编引得时间,须超过二月以上者,暂放后。

表 6-3:1932—1933 年 6 月引得编纂处引得出版一览表

序号	书名	底本依据	时间
正刊 1	仪礼引得附郑注引书及贾疏引得	《经》《注》据《四部丛刊》本,《疏》据上海锦章书局石印本	1932.1
正刊 2	四库全书总目及未收书目引得	大东书局排印本	1932.9
正刊 3	全上古三代秦汉三国六朝文作者引得	1894 年粤中刊本	1932.12
正刊 4	三十三种清代传记综合引得		1933.1
正刊 5	艺文志二十种综合引得		1933.2
正刊 6	佛藏子目引得		1933.3
正刊 7	世说新语引得附刘注引书引得	《四部丛刊》本	1933.5
特刊 1	诸史然疑校订附引得		1932.4

---

① 彭忠德. 洪业与中国的"引得"之学[J]. 福建论坛(文史哲版),1999,(01):62-64.
② 国内学术界消息:"引得编纂处十年概况"[J]. 燕京学报,1940(8).

续表

序号	书名	底本依据	时间
特刊2	明代敕撰书考附引得		1932.6
特刊3	引得说附引得		1932.12
特刊4	勺园图录考附引得		1933.2

哈佛燕京学社引得编纂处几种引得出版后,得到了社会文化学术界的广泛关注,许多评论接踵而至,这也是洪业所期待的,他希望从这些评论中多方吸收意见和建议,改进引得编纂的内容和方法技术。①

例如:《大公报》文学增刊1931年8月10日版,对引得丛刊第一种和第二种给予了较高的评价。该刊评论指出:(哈佛燕京学社引得编纂处)引得所用排检系统(filling system)与四角号码系统相似。尽管该刊不想过多地比较和评论两种检字系统的价值,却敢预言学生会更喜欢哪种系统。评论以很大的篇幅阐述了引得丛刊在底本选择上的明智之举,肯定和赞誉了引得编纂所应用的从一种版本到其他版本的技术方法,并支持在年代表中补充资料和完善引得,肯定了图表的相关缩减原则,然而遗憾的是用的是纸而非胶片。②

《中国新书月报》第1卷第10期评论道:《说苑引得》《读史年表》及《白虎通引得》的出版,有三方面特别值得评论:其一,中国字庋撷汉字检字系统具有比其他系统更为清晰、整洁有序的优势。每一种引得所附韦氏罗马拼音和笔画法检索工具对使用者提供了极大的帮助,这样可以使他们即使不学习庋撷法也可以使用引得。其二,所有引得所选择的底本均是众多版本中较好的版本,并设计了有关其他版本的交叉参考图表,可帮助其他版本的获得者可以毫无困难地使用引得处所用版本之引得。其

---

① A Preliminary Report of the Harvard-Yenching Institute Sinological Index Series,Feb. 29, 1933 [A]. Harvard-Yenching Institute Archives:Yenching University Annual Report 1928-1947:76-100.

② A Preliminary Report of the Harvard-Yenching Institute Sinological Index Series,Feb. 29, 1933 [A]. Harvard-Yenching Institute Archives:Yenching University Annual Report 1928-1947:76-100.

三,这种包含有一种书籍之不同版本的引得系统是一个很好的节省劳力的参考工具书,对研究性学生有很大的帮助。①

此外还有《北平图书馆月报》(第 5 卷第 4 期)、*Jen Wen*(第 3 卷第 4 期)、《浙江图书馆月报》(第 1 卷第 5 期)、《中华教育界》(第 12 卷第 4 期)、《中国社会和政治科学评论》(第 15 卷第 4 期)、*Toung Pao*(第 28 卷第 3—5 期)、《日本历史杂志》(*Shi Cho* 第 2 卷第 2 期)、*Shina Gaku*(第 5 卷第 2 期)均对引得编纂处所编引得给予了多方评价。另有 Hou Ao 先生 1931 年 9 月 6 日、7 日发表于《北平晨报》(文学增刊)的支持洪业及《仪礼引得》的文章等。由此可见哈佛燕京学社引得编纂处引得出版后在社会文化学术界所引起的反响。

洪业还收到了来自国内外学术界很多学者的来信和评价。如恒慕义(Arthur Hummel)博士在美国国会图书馆报告中对引得显示了特别的兴趣(1934 华盛顿),对引得丛刊第 10 种《艺文志二十种综合引得》(1933 年 1 月)评论言:"这四卷引得是截至目前编辑人员所取得的最大成就。他们证明了其工作开展的价值及必需性。"②

许多学者的评论观点与上述见诸报刊之观点没有太大的差异。综观这些学术评论,大致有几方面:

①引得所编纂的文本字词引得,获得了一致的满意。

②学者们一致希望引得编纂处继续开展引得编纂工作,尽快开始编纂一些比较大部头的经、史类引得。

③请求引得编纂处再版一些旧的古籍,并提供这些文献的标点、批校、引得,如此前所编之《诸史然疑校订附引得》。

④有关引得使用之中国字庋撷法检字法,人们对其明确评价还有一些犹豫,但是对引得附加之威氏拼音和笔画检字法表达了一致的满意,这两种工具对不熟悉庋撷法的使用者而言很有帮助。也有王云五四角号码

---

① A Preliminary Report of the Harvard-Yenching Institute Sinological Index Series, Feb. 29, 1933 [A]. Harvard-Yenching Institute Archives:Yenching University Annual Report 1928-1947:76-100.

② Report of Graduate Work Conducted at Yenching University on the Harvard-Yenching Institute Foundation for the Academic Year 1933-1934 [A]. Harvard-Yenching Institute Archives:Yenching University Annual Report 1928-1947:108-109.

法的忠实拥护者反对庋撷法。对于汉字排检系统的问题,洪业认为 Basil M. Alexeieve 先生在致洪业的一封信函中,表达得十分中肯,他认为:没有任何系统是完全完美的,但是每两套中的一套将会和另一套一样好。

⑤关于洪业为《白虎通》与《仪礼引得》所撰序,Hou Ao 先生给予较高评价。伯希和教授同意洪业的结论,但是他认为不应该用《太平御览》去考察宋代早期的文本状况。

⑥关于引得的印制没有相关的评论。诺斯(Eric M. North)博士来信提出了一些关于改进印刷技术的意见。①

洪业认为哈佛燕京学社引得编纂处三年的试验阶段是成功的。他在1932—1933 年度的工作报告中提出了新的试验目标:一是接受西方引得编制原则和技术方法,将其应用于中国文献的引得编制中,结果可能会令引得编纂者和引得使用者均感到满意;二是哈佛燕京学社引得编纂处引得的出版会刺激和促进其他机构开展其他引得的编纂出版活动,尤其是那些商业出版机构。② 对于后者,洪业并不太抱有希望,他认为目前商业出版机构仍然太稚嫩。洪业认同引得编纂处同仁的看法,如果哈佛燕京学社资源许可的话,引得丛刊可以持续开展编纂出版数年。原因之一在于有很多重要的中国经史类著作需要编纂引得。如果学社支持对中国古籍,尤其是经学、哲学、历史类古籍文献编制引得的话,将是对中国研究的一个巨大贡献。③

在哈佛燕京学社继续支持引得编纂的前提条件下,洪业对引得编纂工作的未来改革提出了两点建议:

其一,在现有编辑中任命一位为引得编纂处主任或副主任,为安全起见,洪业可以为引得丛刊的编辑出版志愿服务一些年,但出于自身学术研

---

① A Preliminary Report of the Harvard-Yenching Institute Sinological Index Series, Feb. 29, 1933 [A]. Harvard-Yenching Institute Archives:Yenching University Annual Report 1928-1947:76-100.

② A Preliminary Report of the Harvard-Yenching Institute Sinological Index Series, Feb. 29, 1933 [A]. Harvard-Yenching Institute Archives:Yenching University Annual Report 1928-1947:76-100.

③ A Preliminary Report of the Harvard-Yenching Institute Sinological Index Series, Feb. 29, 1933 [A]. Harvard-Yenching Institute Archives:Yenching University Annual Report 1928-1947:76-100.

究考虑,他觉得未来还是应减少在引得丛刊工作上的时间。洪业认为引得编纂处试验和出错的时期已经过去,如果引得编纂处可以继续运行的话,引得编纂处职员的薪金待遇应与燕京大学其他教职员持平,因为当时这些员工的薪水低于燕京大学的水平。引得编纂处每年的工作报告和下一年的预算报告应通过北平办事处提交给哈佛燕京学社。财务事务可继续通过燕京大学财务办公室负责清理和审计。年度预算显示过去两年平均每年的产出为1500页,约计4500美元,其中1800美元为印刷成本,平均每种引得750套,剩余则为引得编纂处薪水开支。①

其二,鼓励引得编纂处之外的学者参与引得编纂工作。如果遇有合适的手稿,经评估可行的话可考虑出版这些学者所编纂之引得。《引得说》总结了引得编纂的具体程序,并附有很多已出版引得之例证,可促进中国学者开展引得编纂工作。此前引得编纂处已出版有其他学者的引得成果,但是这些手稿在出版前仍然需要引得编纂处的编辑做大量的校辑工作。未来,引得编纂处可实行的较好的激励方法是选择质量相对好的引得手稿,尽量减少编辑工作量。是时,洪业持有福开森(John C. Ferguson)与其中国助理在20年内编纂完成的18卷引得手稿,该引得是有关100余种含有中国画家绘画作品注解的各类著作的综合引得。如出版,预计有500页4万个条目。对此,引得编纂处还有经费可支持此项出版。但须待哈佛燕京学社决定引得编纂处未来发展计划后再做定夺。②其后此出版计划因福开森的出版形式要求与引得编纂处存在分歧而取消。③

洪业对引得编纂处三年试验性阶段的发展表示满意,坦言:哈佛燕京学社董事会在过去三年中克服日益严重的财务困境,坚定地支持引得编

---

① A Preliminary Report of the Harvard-Yenching Institute Sinological Index Series, Feb. 29, 1933 [A]. Harvard-Yenching Institute Archives: Yenching University Annual Report 1928-1947: 76-100.

② A Preliminary Report of the Harvard-Yenching Institute Sinological Index Series, Feb. 29, 1933 [A]. Harvard-Yenching Institute Archives: Yenching University Annual Report 1928-1947: 76-100.

③ A Preliminary Report of the Harvard-Yenching Institute Sinological Index Series, Feb. 29, 1933 [A]. Harvard-Yenching Institute Archives: Yenching University Annual Report 1928-1947: 76-100.

纂处的发展。与此同时,引得编纂处同仁克服诸事纷扰、齐心协力、安静而稳步地开展引得编纂工作,无论这些引得出版物是否对学者具有价值,都不能忘记它们是这些人在过去的这段极为艰难恶劣的时期精诚合作,克服重重苦难才得以完成的成果。①

2.发展阶段(1933年7月至1941年12月)

随着初期检字方法的创制、引得编纂实践及方法等成熟完善,哈佛燕京学社引得编纂处引得编纂工作自1933年下半年开始正式进入发展阶段,这一时期持续至1941年燕京大学被迫关闭。

(1)引得编纂

1933年,聂崇岐开始正式担任引得编纂处副主任一职,"佐主任处理日常事务及总负编校之责",分担了洪业先生身兼数职的负担,也进一步使引得编纂处未来工作重点有了一个较为清晰的计划和转变。引得处编纂工作重点开始转向十三经、二十四史,及先秦诸子等传统经典文献,先后出版引得正刊27种,引得特刊14种。② 完成了除《尚书》外十二经,二十四史之前四史,及《庄子》《墨子》《荀子》,还陆续出版了《全上古三代秦汉六朝文作者引得》《宋诗纪事著者引得》《元诗纪事著者引得》《辽金元传记三十种综合引得》,以及《崔东壁遗书》《世说新语》《容斋随笔五集》《琬琰集删存》等。③

表6-4:1932—1941年哈佛燕京学社引得编纂处出版引得一览表

序号	书名	时间
正刊 1	容斋随笔五集综合引得	1933.10
正刊 2	苏氏演义引得	1933.10
正刊 3	太平广记篇目及引书引得	1934.1

---

① A Preliminary Report of the Harvard-Yenching Institute Sinological Index Series, Feb. 29, 1933 [A]. Harvard-Yenching Institute Archives: Yenching University Annual Report 1928-1947:76-100.

② 冰心,萧乾主编.燕大文史资料第十辑[G].北京:北京大学出版社,1997:252.

③ 冰心,萧乾主编.燕大文史资料第十辑[G].北京:北京大学出版社,1997:252.

续表

序号		书名	时间
正刊	4	新唐书宰相世系表引得	1934.5
正刊	5	水经注引得	1934.7
正刊	6	唐诗纪事著者引得	1934.7
正刊	7	宋诗纪事著者引得	1934.7
正刊	8	元诗纪事著者引得	1934.10
正刊	9	清代书画家字号引得	1934.10
正刊	10	刊误引得	1935.11
正刊	11	太平御览引得	1935.5
正刊	12	八十九种明代传记综合引得	1935.7
正刊	13	道藏子目引得	1935.10
正刊	14	文选注引书引得	1937.1
正刊	15	礼记引得	1937.9
正刊	16	藏书纪事诗引得	1937.11
正刊	17	春秋经传注疏引书引得	1937.11
正刊	18	礼记注疏引书引得	1937.11
正刊	19	毛诗注疏引书引得	1938.3
正刊	20	食货志十五种综合引得	1938.12
正刊	21	三国志及裴注综合引得	1939.2
正刊	22	四十七种宋代传记综合引得	1940.6
正刊	23	辽金元传记三十种综合引得	1940.8
正刊	24	汉书及补注综合引得	1940.12
正刊	25	周礼引得附注疏引书引得	1941.1
正刊	26	尔雅注疏引书引得	1941.3
正刊	27	全汉三国晋南北朝诗作者引得	1931.2
特刊	1	日本期刊三十八种中东方学论文篇目附引得	1933.9
特刊	2	封氏闻见记校正附引得	1933.11

续表

序号	书名	时间
特刊 3	清画传辑佚三种附引得	1934.1
特刊 4	毛诗引得	1934.10
特刊 5	周易引得	1935.10
特刊 6	春秋经传引得	1937.5
特刊 7	琬琰集删存附引得	1938
特刊 8	一百七十五种日本期刊中东方学论文篇目附引得	1940.2
特刊 9	杜诗引得	1940.9
特刊 10	六艺之一录目录附引得	1940.9
特刊 11	论语引得	1940.11
特刊 12	孟子引得	1941.1
特刊 13	尔雅引得	1941.6
特刊 14	增校清金石题名碑录附引得	1941.6

引得出版物继续获得社会的广泛关注。其中，1935年《八十九种明代传记综合引得》出版后，在《中国书目季刊》（Quarterly Bulletin of Chinese Bibliograpgy, Vol. II, No. 4, Dec. 1935）、《图书展望》（T'u Shu Chan Wang, No. 4, Jan. 1936）、《大公报》（Ta Kung Pao, May 1, 1936）上出现了三篇评论，高度评定该引得对中国历史研究所具有的杰出贡献。马伯乐（Henri Maspero）在《亚洲学报》（Journal Asiatique）（Tome CCXXVI, No.2, Avril-Juin, 1935）上对引得编纂处初期编纂出版的前七种引得给予批评，对此，洪业对其逐一反驳。① 1937年出版之《礼记引得》及其洪业所著导言，得到了法国著名汉学家伯希和教授的高度评价，认为这是一部精良之作，洪业之导言具有极高的学术价值。②

---

① A Report on the Harvard-Yenching Institute Sinological Index Series 1935-1936 [A]. Harvard-Yenching Institute Archives: Yenching University Annual Report 1928-1947: 170-173.

② Harvard Yenching Institute Peiping Office Annual Report Restricted Fund 1936-1937 [A]. Harvard-Yenching Institute Archives: Yenching University Annual Report 1928-1947: 235-236.

1937年,法国法兰西铭文与美文学院(the Academie des Inscriptions of the Institute de France)鉴于洪业在汉学引得丛刊编纂和出版领域所做出的杰出贡献,授予洪业1936—1937年度"儒莲奖"(Stanislas Julien Prize)。① 华沙大学夏白龙(Witold Jablonski)博士在《华裔学志》(*Monumenta Serica*)1938年卷三上发表了一篇题名为 Le Professor William Hung, Laureat du Prix Stanislas Julien(洪煨莲教授荣获儒莲奖)的文章,褒奖洪业和引得编纂处的贡献。②

1937—1938年度,引得编纂处计划下一年度转向地理或历代职官系统的综合引得领域,但未见其后有相应转变。③ 1939—1940年度,因战争原因,引得丛刊销售无法按时收到书商的回款,纸张价格上涨四倍,印刷工人的费用也增长了2.5至3倍,引得编纂处工作愈加艰难。④

1940年5月30日晚,燕京大学第二学生宿舍楼发生火灾,引得编纂处的印版存于此楼。大火迅速被扑灭,但引得编纂处印版损失颇多,经查印版大部分毁于救火的水,损失总计LC＄5778.78。不幸的是引得编纂处没有保险,无法获得理赔。其后,引得编纂处在燕京大学镜春园租了部分临时空间用于存储印版,并补买了保险。⑤

哈佛燕京学社引得编纂处所建立的引得编纂标准对中国索引发展产生了深刻的影响,越来越多的引得著作出现。如1933年至1934年间,上海孙逸仙基金会每月出版一卷报纸和期刊分类引得,尽管在印刷和校对质量上有待提高,但它显然已是一项非常有价值的服务。上海商务印书馆在1933—1934年间也开始编制引得,但编纂质量不高。对此,洪业认

---

① Harvard Yenching Institute Peiping Office Annual Report Restricted Fund 1936-1937 [A]. Harvard-Yenching Institute Archives:Yenching University Annual Report 1928-1947:235-236.

② Harvard Yenching Institute Peiping Office Annual Report Restricted Fund 1937-1938 [A]. Harvard-Yenching Institute Archives:Yenching University Annual Report 1928-1947:271-275.

③ Harvard Yenching Institute Peiping Office Annual Report Restricted Fund 1937-1938 [A]. Harvard-Yenching Institute Archives:Yenching University Annual Report 1928-1947:271-275.

④ Report on the Harvard-Yenching Institute Sinological Index Series, July 23, 1941 [A]. Harvard-Yenching Institute Archives:Individual Papers. Hung, William. Yenching University. Correspondence, 1940-1947.

⑤ Report on the Harvard-Yenching Institute Sinological Index Series, July 23, 1941 [A]. Harvard-Yenching Institute Archives:Individual Papers. Hung, William. Yenching University. Correspondence, 1940-1947.

为引得编纂实践未来将会在中国普遍流行,哈佛燕京学社应不遗余力地建立起一套尽可能高的标准,从而促进引得编纂的发展。①

(2)引得校印所

这一时期,引得编纂处工作进展顺利,效率提高,有一个重要原因在于引得校印所(The Index Printing Press)的成立,这是哈佛燕京学社引得编纂处在学社经费资助,及燕京大学数位同仁集资基础上成立的一个小规模的出版机构。

引得校印所建立的原因之一是长期以来,引得编纂处与原来合作的印刷公司距离太远。尽管有燕大的公车运输服务,可将稿件校样一天内往返运输数次,但新政府规定巴士只能为邮局运输信件和包裹。② 这一问题严重影响了哈佛燕京学社学术刊物、引得编纂处之引得,以及燕京大学校内学术成果、刊物的印刷出版工作。

1933年7月,洪业、顾颉刚、容庚、马鉴、田洪都、聂崇岐、韩叔信、李书春、李安宅、于式玉、蔡一谔、容媛、张克刚等共同出资创办了引得校印所,9月起正式开展印刷业务。③ 本年12月10日,顾颉刚组织开会讨论技术观摩社及引得校印所事。④⑤ 上述这些人多数为哈佛燕京学社研究成员或引得编纂处职员,他们集资入股,成为引得校印所的董事,成立"引得校印所股"。引得校印所在之后曾不定期召开董事会,商讨校印所经营、业务与发展事务,并组织召开引得校印所年会⑥。其中,顾颉刚对组织学术社团、编辑学术刊物等活动一直有浓厚的兴趣,有着较强的社团或组织经营能力,⑦他在引得校印所的创办过程中发挥了重要的筹划与联络作用,直至其1938年10月离职转聘云南大学。顾颉刚曾在日记中提

---

① A Report on the Harvard-Yenching Institute Sinological Index Series, June 15, 1934 [A]. Harvard-Yenching Institute Archives:Yenching University Annual Report 1928-1947:123.

② A Report on the Harvard-Yenching Institute Sinological Index Series, June 15, 1934 [A]. Harvard-Yenching Institute Archives:Yenching University Annual Report 1928-1947:123.

③ A Report on the Harvard-Yenching Institute Sinological Index Series, June 15, 1934 [A]. Harvard-Yenching Institute Archives:Yenching University Annual Report 1928-1947:123.

④ 汪洪亮.顾颉刚与李安宅的人生交集和思想学术异同[J].中国藏学,2015(02):37-45.

⑤ 顾颉刚.顾颉刚日记 第3卷 1933—1937[M].联经出版事业公司,2007:120-121.

⑥ 汪洪亮.顾颉刚与李安宅的人生交集和思想学术异同[J].中国藏学,2015(02):37-45.

⑦ 刘开军.洪业对顾颉刚的学术影响[J].史学史研究,2007(04):59-66.

到:"此一年中,共做一万四千元之营业,而予所经手者至七千余元,此予之所以忙也。"①又1935年9月3日顾颉刚在致郑德坤信函中云:"我现在比前几年你在此时要忙一倍以上。……燕大方面指导工作与编纂工作,仍脱离不了。……此外通俗读物编刊社还在进行,引得校印所亦谋发展。"② 1936年3月6日晚,引得校印所董事会在田洪都处召开,除上述人员外,还有郭绍虞。③ 1936年9月18日,引得校印所还组织召开了年会。④ 李书春担任引得校印所第一任主管,负责管理校印所日常事务和印刷工的培训工作。后设助理二人,为关长庆和贵增祥。

引得校印所的经费除了股东集资资金外,还来源于过去黄金交易价格较高的几年间拨款基金的汇率盈余,其中4000美元用于引得校印所的设备购置。引得校印所非商业运营,主要业务是负责引得丛刊和哈佛燕京学社期刊、特刊的印刷工作。⑤ 间或在排版机空闲时,承担部分国立北平图书馆、国立清华大学图书馆、国立北平研究院(the National Peiping Research Institute)等机构的出版物印刷工作。⑥

引得校印所的印刷费根据城市印刷机构标准的费用来评估。引得校印所所得收益主要用于三方面:一,每年向哈佛燕京学社引得编纂处支付资金总额的百分之十,约4000美元,保留百分之五;二,用于购买扩增引得校印所设备;三,印刷工人的继续培训。引得校印所的建立使得员工得到更好的培训,减少了校对工作的负担。自校印所成立后,新的引得已可直接印制编辑准备好的卡片。它是当时北京最好的印刷公司,可以承担

---

① 顾潮编著.顾颉刚年谱[M].北京:中国社会科学出版社,1993:221.
② 顾颉刚致郑德坤信函辑录[J].档案与史学,2002(04):3-12.
③ 汪洪亮.顾颉刚与李安宅的人生交集和思想学术异同[J].中国藏学,2015(02):37-45.
④ 汪洪亮.顾颉刚与李安宅的人生交集和思想学术异同[J].中国藏学,2015(02):37-45.
⑤ A Report on the Harvard-Yenching Institute Sinological Index Series, June 15, 1934 [A]. Harvard-Yenching Institute Archives:Yenching University Annual Report 1928-1947:123.
⑥ Report of Graduate Work Conducted at Yenching University on the Harvard-Yenching Institute Foundation for the Academic Year 1934-1935 [A]. Harvard-Yenching Institute Archives:Yenching University Annual Report 1928-1947:137-139.

各种印刷工作。①②

引得校印所的建立不仅节省了过去每年向其他印刷厂支付的百分之五的印刷费,还极大地提高了引得编纂处校印引得的工作效率,在工作环节上,减少了印刷厂和编辑室之间交换校样的次数,过去需要校对六七版校样,校印所设立后只需要三四版。多年来,引得编纂处一直试图试验出一种合适的工作方法,可使印刷工人直接油印引得卡片,不需要将卡片复制于稿纸上这一中间环节。③ 校印所的设立,节省了引得编纂过程中从手稿复制到卡片,又对卡片进行校对的额外步骤,随着排版印刷工人服务质量的提高,校样质量越来越好,编辑工作比以前更加容易。1934—1935年度,引得校印所在为引得印刷所用之铅字版制作纸垫的试验上获得成功。印制引得需要大量的铅字,许多印刷机构都无法制作清晰的纸型(paper mats),经过数次试验,校印所成功试验出制作清晰纸型的技术,降低了引得印制的成本与售价。④

自1937年开始,引得编纂处与引得校印所参与哈佛燕京学社汉和图书馆书本式目录印制出版,及洛克菲勒基金资助之卡片目录印制计划。此两项项目开展期间,一度因战争期间交通通讯不便,以及中国国内经济通货膨胀等原因导致书目校样、卡片运寄出现多次延误或运寄过程出现错误、不知所踪等情况,又有铅字购买等问题,拖延了项目的进展,但依然取得了一定的成绩。引得校印所先后完成了汉和图书馆书本式目录多个类目的印制,卡片目录亦完成了大量卡片罗马化及校对、印制等工作。1941年12月8日,燕京大学关闭,被日军接管。引得校印所由综合研究

---

① Report of Graduate Work Conducted at Yenching University on the Harvard–Yenching Institute Foundation for the Academic Year 1933–1934［A］. Harvard–Yenching Institute Archives：Yenching University Annual Report 1928–1947：108–109.

② A Report on the Harvard–Yenching Institute Sinological Index Series, June 15, 1934［A］. Harvard–Yenching Institute Archives：Yenching University Annual Report 1928–1947：123.

③ A Report on the Harvard–Yenching Institute Sinological Index Series, June 15, 1934［A］. Harvard–Yenching Institute Archives：Yenching University Annual Report 1928–1947：123.

④ Report of Graduate Work Conducted at Yenching University on the Harvard–Yenching Institute Foundation for the Academic Year 1934–1935［A］. Harvard–Yenching Institute Archives：Yenching University Annual Report 1928–1947：137–139.

调查所转归新民印刷馆接收。①

（3）哈佛燕京学社中英字典编纂计划

1935—1936年度，哈佛燕京学社叶理绥社长上任后，开始计划开展一项中英字典编纂计划。哈佛燕京学社引得编纂处参与了此项工作，部分职员开展了对一批参与中英字典编纂项目的新进临时职员的业务培训工作。这些临时职员的工作内容主要是：将中文字典款目进行剪切并粘贴至空白卡片上，后按照罗马字母顺序进行排列。空白卡片由哈佛燕京学社提供并运寄至引得编纂处。

1936年6月底，引得编纂处完成了《佩文韵府》的词条款目603,600张卡片的剪贴工作。燕京大学新闻系教授聂士芬（Vernon Nash）出版了名为《三字典引得》（*Trindex*，1936）的字典引得，这是一部集合《佩文韵府》、《康熙字典》、《吉尔斯中英字典》（*Gile's Chinese English Dictionary*）三种字典的引得，对学生很有帮助，同时也对引得编纂处改进庋撷法有所帮助。②

1936—1937学年间，引得编纂处又相继完成了《康熙字典》《辞通》《辞源》《集韵》等著作中相关词条款目的剪贴工作，部分还根据罗马字母完成排序。《经籍纂诂》也基本完成，并开始了《辞海》款目的剪贴工作。③1941年4月哈佛燕京学社为进一步推进字典编撰计划的开展，董事会决议聘任赵元任博士负责协助字典项目的开展。其后，随着燕京大学的关闭，字典计划也随之搁置。待1945年燕京大学复校，引得校印所重新开始运作后，许多铅字版片遗失，在之后的工作报告中，字典编纂计划未见提及，仅1949年提及有房兆楹参与字典计划。可见此计划最终搁置。然在该项计划开展过程中，引得校印所为编制字典款目卡片做出了巨大的贡献。

---

① 引得校印所. 引得校印所启示[A]. 燕京大学档案 YJ48074.
② A Report on the Harvard-Yenching Institute Sinological Index Series 1935-1936 [A]. Harvard-Yenching Institute Archives：Yenching University Annual Report 1928-1947：170-173.
③ Harvard Yenching Institute Peiping Office Annual Report Restricted Fund 1936-1937 [A]. Harvard-Yenching Institute Archives：Yenching University Annual Report 1928-1947：235-236.

(4)哈佛燕京学社汉和图书馆卡片目录计划

20世纪20至30年代,在洛克菲勒基金会的支持下,美国部分大型远东图书馆,如普林斯顿、芝加哥和哥伦比亚等的图书馆迅速壮大。1935年起,该基金会开始关注图书馆的组织与管理领域。1935年11月29日,史蒂文斯(David H. Stevens)博士召集有志于远东资料编目之士召开会议,来自国会图书馆、哈佛、耶鲁、哥伦比亚和加州大学的代表参加了本次会议。会议针对当时美国各图书馆所采用的各种中日文文献编目方法的效果进行了讨论,初步探讨了进一步改善中日文编目技术的计划。① 紧接着,1936年,美国学术团体协会远东研究委员会(一个是中国研究委员会,一个是日本研究委员会)共同创建了一个关于美国图书馆远东文献编目的分支机构——编目委员会,主任是哥伦比亚大学的贾德纳(Charles Sidney Gardner),另外两位成员是欧柏林学院(Oberlin College)Clarence Herbert Hamilton教授,华盛顿弗利尔美术馆东方艺术部(Oriental Art at the Freer Gallery of Art)主任A. G. Wenley先生。编目委员会主要职能是:(1)完善现有的编目方法,介绍新的、更好的中日文文献的编目方法;(2)监督用于编目的经费的使用。同时这个委员会的成员还对各类图书馆现正使用的编目方法进行了非正式的个别调查和集体调查。②

同年,哈佛燕京学社董事会上社长叶理绥教授建议出版汉和图书馆所藏汉籍书本目录,裘开明据此提出出版书本式和卡片式两种目录的计划。并在最初因考虑成本问题,计划每一款目作为一个独立的单元,采用目录卡片形式印制,每条款目可裁开贴于空白卡片上作为目录卡片使用,书本式目录也因此可作为他馆目录卡片之基础。对此,贾德纳博士认为裘开明的建议虽合理,但是实际执行太费人力,建议加入洛克菲勒基金会的资助计划中,这样书本目录和目录卡片可按原计划采用排印的方法印刷。洛克菲勒基金会最终决定资助哈佛燕京学社书本式目录和目录卡片

---

① Letter of Alfred K'aiming Ch'iu to Herrlee Glessner Creel, October 14, 1947[A]. HYL Archives.
② Letter of Alfred K'aiming Ch'iu to Herrlee Glessner Creel, October 14, 1947[A]. HYL Archives.

计划,提供8600美元的经费,哈佛燕京学社则投入1400美元。① 同时,哈佛燕京学社董事会还决议通过了《汉和图书分类法》的印刷出版计划。最初计划书本式目录全书规模约有2000页,附作者和书名索引;卡片目录印制300套,并按100美元一套对外出售,每套卡片总计4000张。哈佛燕京学社还计划每十年印制一卷新增图书目录。②

1937年开始,哈佛燕京学社引得编纂处与引得校印所在洪业、聂崇岐的领导下,开始参与上述书本式目录和卡片目录印制计划,及《汉和图书分类法》的印刷出版工作。具体而言,聂崇岐主力参与卡片罗马化拼音校对工作,李书春负责目录校样反馈邮寄、分类法印制、卡片目录核校及印刷相关事务,赵丰田参与卡片目录的罗马化工作。洪业、田洪都、李书春共同负责协商和评估了书本式目录、卡片目录罗马化、校核及印刷出版等预算费用。其中书本式目录之印刷费约计3000美元,③卡片目录经费约计1万美元,④分类法出版约计900美元。

1937年1月,裘开明启程前往中国。4月,哈佛燕京图书馆中文书籍目录稿片寄往引得编纂处。在1937年至1938年秋,裘开明在中国督促目录卡片计划的运作,主要是目录卡片的罗马拼音校对。他与引得编纂处同仁完成了卡片目录和目录款目细节的检查工作。在此期间,由于早期缺乏必要的工具,大多书目录款目缺少作者信息,包括生卒年、字、号等,裘开明在燕京大学图书馆同仁的协助下,查找和补充了相关款目的作者信息,统一了所有卡片的内容和形式,修改了许多中文文献的分类,重新排列卡片,按照现行分类法的类名为600多种丛书中所含约20,000种子目编制分析款目,完成对汉和图书馆35,000种书籍书目记录的核对工作。目录款目之罗马拼音校对工作由学生人工校对和引得编纂处副主任聂崇岐复核校对完成,至1938年1月共完成30,000张卡片的罗马化工作。⑤

---

① Letter of Alfred K'aiming Ch'iu to Herrlee Glessner Creel, October 14, 1947[A]. HYL Archives.
② Serge Elisséeff. Letter of Elisséeff to Harold L. Leupp:1936[A].Cambrige, Mass.:Harvard-Yenching Institute Archives.
③ Letter of Alfred K'aiming Ch'iu to Serge Elisséeff, April 14, 1937 [A]. HYL Archives.
④ Letter of Alfred K'aiming Ch'iu to David H. Stevens, April 22, 1937[A]. HYL Archives.
⑤ Letter of William Hung to Elisséeff, Feb. 22, 1938.

目录款目之罗马拼音工作十分重要和谨慎,燕京大学魏鲁男博士、聂崇岐、顾廷龙等人先后参与校对书名和作者的罗马拼音工作,日文目录卡片的作者姓名和书名的罗马化拼音由学社社长叶理绥教授负责校正。1939年6月30日至1940年7月1日间,由伯烈伟(Polevoy)教授和柯立夫(Francis W. Cleaves)博士负责校对书名和作者的罗马化拼音。①②

1938年10月,裘开明在给哈佛燕京学社叶理绥社长的信函中报告哈佛燕京学社汉和图书馆印制书本式目录进展时指出:汉和图书馆书目式目录计划编撰6个索引,具体包括2个主题索引(中文索引与英文索引),2个书名索引(威妥玛拼音索引和王氏四角号码索引)和2个作者索引(威妥玛拼音索引和王氏四角号码索引),采用比书目主体部分小一些的字体印刷,预计为600页。这些索引的编制工作多由引得编纂处承担。如作者和书名的拼写由哈佛燕京学社引得编纂处副主任聂崇岐带领引得编纂处工作人员完成。③ 在工作过程中,引得编纂处与汉和图书馆及裘开明馆长保持密切联系和沟通,严格遵照汉和图书馆目录计划之要求来开展工作。如李书春与裘开明往来信件多封,讨论卡片目录各版校样之问题,"在新改样上皆注有各项问题,务祈一一批答,以便照办",④各类目录校样传递于哈佛与燕京之间。

书本式目录的第一卷和目录卡片的第一个系列儒家经典类于1938年9月印刷出版。同年,为汉和图书馆出版《汉和图书分类表》《汉和图书分类法》。⑤⑥ 分类法所使用之英文铅字,系李书春委托裘开明自美国铅字公司(American Type Founders Sales Corporation)购得。⑦ 原因在于,引得校印所长于中文印刷,英文书版工作较少,故英文铅字种类不多,李书春鉴于此问题,决定购买英文字类以应需用,其时,北平地区出售铅字

---

① Memorandum on the Harvard-Yenching Institute Chinese Card Project.
② Letter of Alfred K'aiming Ch'iu to Dorothy M. Eggert, October 21, 1943 [A]. HYL Archives.
③ Letter of Alfred K'aiming Ch'iu to Serge Elisséeff, October 6, 1938 [A]. HYL Archives.
④ 李书春致裘开明函,1938年10月6日[A]. HYL Archives.
⑤ Letter of Alfred K'aiming Ch'iu to Mortimer Graves, October 10, 1938 [A]. HYL Archives.
⑥ Letter of Alfred K'aiming Ch'iu to Mortimer Graves, October 19, 1938 [A]. HYL Archives.
⑦ Letter of Alfred K'aiming Ch'iu to Mortimer Graves, November 16, 1939 [A]. HYL Archives.

处所售之铅字体式不美观,故委托裘开明向美国哈佛印刷部代购,并确定铅字制式"由六磅至廿八磅之斜、正、黑、白各体每字母选购三枚"。①

1938年9月,裘开明召集洪业、齐思和、田洪都、李书春等人在齐思和的住宅召开会议,嘱田洪都代为管理汉和图书馆目录卡片、书本目录以及分类法印刷等事,并确定印费为每版20美分。② 在此期间,哈佛燕京学社还要求引得编纂处负责汉和图书馆目录卡片的整理、排序、核对、打包、寄运和统计工作,并负责分配汉和图书馆书本式目录的副本。③

1940年7月,书本式目录之历史地理卷(500页)在北平出版,④包含了汉和图书馆所藏近半数的方志文献在其中。⑤ 至1941年12月珍珠港事件爆发,燕京大学关闭,书本目录出版了四卷:(1)儒家经典;(2)哲学与宗教;(3)历史;(4)社会科学(第四卷社会科学类已印刷完毕,但未装订)。前三卷共计827页,总计共印刷卡片50套(全部目录),每套12,530张12,195种书,另有新采购的、不在书本目录上的3,182种书的目录卡片也付印完毕。其中42套从中国寄出,另外8箱未寄出,因燕京大学校园被日军侵占,即毁于战火。寄出的42套卡片中,共向中国、美国、加拿大和欧洲的图书馆发行了20套,每套售价200美元,仅相当于在二战以前从美国波士顿向中国北平海运同等数量的空白卡片所需的费用,价格十分低廉。⑥⑦

三卷之后,汉和图书馆还有六卷校样,分别是:第四卷社会科学、第五

---

① 李书春致裘开明函,1938年11月16日[A]. HYL Archives.
② Letter of Alfred K'aiming Ch'iu to Arthur William Hummel, December 9, 1938 & 李书春致裘开明函,1939年5月28日,以及田洪都致裘开明函,1939年11月22日[A]. HYL Archives.
③ Letter from William Hung to Elisséeff, Jan. 17, 1940. [A]. Harvard-Yenching Institute Archives:Individual Papers. Hung, William. Yenching University. Correspondence, 1938–1939.
④ Chinese Japanese Library Harvard University Report of the Librarian for the Year June 30, 1939 to July 1, 1940[A]. HYL Archives.
⑤ Alfred K'aiming Ch'iu. Reminiscences of a Librarian. Harvard Journal of Asiatic Studies, Vol.25(1965):718 &A. K. Chiu: Cataloguing at Harvard Yenching Library: Accomplishments and Prospects[A]. HYL Archives.
⑥ Alfred K'aiming Ch'iu. Reminiscences of a Librarian. Harvard Journal of Asiatic Studies, Vol.25(1965):7-18 & A. K. Chiu: Cataloguing at Harvard-Yenching Library: Accomplishments and Prospects[A]. HYL Archives.
⑦ Letter of Alfred K'aiming Ch'iu to Herrlee Glessner Creel, October 14, 1947[A]. HYL Archives.

卷语言和文学、第六卷艺术、第七卷自然科学、第八卷农林工艺、第九卷总录书志。此六卷在战争期间被缩微化,卡片可以通过缩微胶卷得到清晰的制作。其中社会科学卷和丛书卷已由引得校印所印刷,但直到 1944 年汉和图书馆仍未收到。第十卷为书目索引卷。汉和图书馆当时另有计划出版 1937 年夏天到 1941 年 12 月 7 日汉和图书馆新购 10,000 册中文书的目录作为增补卷。①

3.转移阶段(1942 年 9 月至 1945 年 10 月)

1941 年 12 月,太平洋战争爆发。12 月 8 日清晨,燕京大学被日军封锁,引得编纂处工作被迫中止。因家庭原因,在燕京大学封闭之后仍留居北京的聂崇岐,心中始终没有放弃设法继续开展哈佛燕京学社引得编纂处引得工作的念头。1941 年 9 月,法国政府在北京成立了中法汉学研究所(Centre Franco-Chinois d'Etudes Sinologiques),聂崇岐旋即带领燕京学社引得编纂处贵增祥等 8 名工作人员,转入中法汉学研究所,成立通检组,并担任主任一职,兼任研究所研究员,负责通检编纂工作,开始以中法汉学研究所通检组之名编辑出版通检。②

通检,也即索引、引得,是中国传统目录学史上早已有之类型。中法汉学研究所成立通检组,一方面旨在为汉学研究提供文献参考工具。自汉学研究所成立后,法国许多汉学家被派来学习,研究所先设有民俗学组,对通检组选题影响很大,侧面说明通检组服务和满足于汉学研究所学术研究需要。另一方面,受哈佛燕京学社引得编纂处引得出版经验的启发,中法汉学研究所亦欲在此领域有所建树,推动法国汉学研究的发展。而当时又恰逢燕京大学关闭,引得编纂处职员无所归依,为中法汉学研究所通检组的成立提供了契机。中法汉学研究所以通检为名,与哈佛燕京学社引得编纂处之引得在名称上巧妙地区分开来,避免了当时日军针对燕京大学的一些干涉和阻挠,同时又实际上延续了引得编纂事业的继续发展。这是中法汉学研究所与哈佛燕京学社合作的结果。

1942 年至 1945 年间,在聂崇岐主持下的中法汉学研究所通检组出

---

① Letter of Alfred K'aiming Ch'iu to Dorothy M. Eggert, July 26, 1943[A]. HYL Archives.
② 冰心,萧乾主编.燕大文史资料·第十辑[G].北京:北京大学出版社,1997:253.

版了10种通检。其中,《山海经》《战国策》是在聂崇岐离开通检组之前已选本标钩完成之本。在通检编纂过程中,哈佛燕京学社引得编纂处多年积累的引得编纂经验应用于通检编纂工作中,同时又积极吸取了在北京的部分法国汉学学者的意见和建议,进行创新。这种创新主要体现在几个方面:

首先,检字法的运用。通检编纂选用了汉字笔画排检法。又因通检目的之一是服务于法国汉学研究,故还有威妥玛式拼音检字,以及法文拼音检字等。汉字笔画排检法使用过程中,遇有同笔画者依《康熙字典》214部首为序。

其次,选题。通检组尽力避免与引得编纂处之引得出现重复,避开引得编纂处原来之十三经、纪传体正史、先秦诸子等主题,选择秦汉子部书、纪传体正史之外的史部书,所选书籍篇幅规模不大,延续了哈佛燕京学社引得丛刊诸子引得的编纂。

再次,底本多选择《四部丛刊》或《四部备要》影印本为底本。①

表6-5:1942—1945年中法汉学研究所通检组通检出版一览表

序号	题名	出版时间
1	论衡通检	1943.1
2	吕氏春秋通检	1943
3	风俗通义通检	1943
4	春秋繁露通检	1944
5	淮南子通检	1944
6	潜夫论通检	1945
7	新序通检	1946
8	申鉴通检	1947
9	山海经通检	1948

① 杨宝玉.中法汉学研究所与巴黎大学汉学研究所所出通检丛刊述评[J].北京大学学报(哲学社会科学版),1987,(04):48-58.

续表

序号	题名	出版时间
10	战国策通检	1948

4.恢复阶段(1945年10月至1951年冬)

1945年冬,抗日战争胜利,原燕京大学、中法大学复校,燕京大学一批教授和哈佛燕京引得编纂处聂崇岐等人返回燕大,恢复哈佛燕京学社引得编纂处工作。聂等人返回燕大后,中法汉学研究所通检组工作受到影响。1946年冬,聂崇岐推荐印度国际大学中国学院离任回国的吴晓铃任通检组主任,并留下邓诗熙。其后,中法汉学研究所通检组成员为吴晓玲、邓诗熙、王娇婷三人。① 吴晓铃对中国古籍有精深的掌握,邓诗熙在检字法、拼音法等方面非常精通,二人保证了通检组工作的顺利开展。②

哈佛燕京学社引得编纂处自1941年12月随着燕京大学的关闭而关停后,所遗留之印刷板片、引得卡片被日军损毁严重,故1945年10月引得编纂处工作恢复后的第一年主要工作是清点、重新整理过去四年间的损失。据清查:

(1)《庄子引得》印刷板片被日本人按废纸卖掉,所幸洪业教授保留有一份复本;

(2)《墨子引得》,百分之九十之印刷板片丢失,引得编纂处将重印;

(3)《史记及注释综合引得》,部分卡片丢失,剩余则顺序混乱。部分职员正在重新编排卡片,并尽快送去印刷;

(4)《后汉书及注释综合引得》,绝大部分卡片丢失,剩余的卡片十分混乱。6月份,卡片被重新编排,并补编了之前丢失的卡片;

(5)《宋人文集题名引得》,原卡片混乱不堪,正在重新整理;

(6)《中国目录综合词典》,少量卡片丢失。

截至1941年秋天,引得编纂处已经出版39种引得,19种特刊,共58

---

① 杨宝玉.中法汉学研究所与巴黎大学汉学研究所所出通检丛刊述评[J].北京大学学报(哲学社会科学版),1987,(04):48-58.

② 邹新明,孙金娟.聂崇岐:从哈佛燕京"引得"到中法汉学研究所"通检"的关键人物[J].大学图书馆学报,2004(05):83-86.

种引得,因原始财产清册的遗失,很难统计有多少种引得复本丢失。①

抗日战争长期的耗损,本已使中国社会经济满目疮痍、虚弱不堪,国民政府内部问题加剧了经济危机的速度。数次社会经济改革举措失效,导致社会经济体系濒临崩溃。北平物价飞涨,通货膨胀不可遏制,燕大教职工的生活和工作极为艰难。但即使在这种艰难时期,引得编纂处依旧坚持运转,1945年底至1950年间,先后出版引得正刊2种:《史记及注释综合引得》(1947年12月)、《后汉书及注释综合引得》(1949年5月);特刊4种:《庄子引得》(1947年6月)、《墨子引得》(1948年5月)、《荀子引得》(1950年3月)、《孝经引得》(1950年12月)。

引得校印所在燕京大学复校后随即恢复工作,但在日军占领期间损失惨重。恢复时期的一项重要工作也是统计过往损失,并重新开始相关出版工作。

从1945年12月6日李书春致裘开明信函中可见引得校印所损失程度:"今兹战事告终,燕校恢复,快慰奚如! 想彼此同情也。大札读悉,关于校印所情形,当日美战起,本所即于12月9日与燕校同时被日军接受,当时一纸一物毫未取出,整个沦入日人手中,并以日人强横行动,使人不敢向迩,及避免一切是非计,此后即未敢接近燕园。直至日人降服,吾等接受燕校时始入校印所院中。校印所不但一切物品皆空,即门窗垣壁破坏情形已使人不能辨认。所有房屋皆不堪用,……总之,在校印所所存上项各种,皆被日人全部运至他处,现在详查,在燕校存者,仅有:1—3册大书目第1册70册,第2册61册,第3册37册,目录片157,500张。小本书目仅有残存散书页一部分,未印之目录白片700匣,每匣千张。此外则无从考证矣……至此次事变本所所受损失,以现在物价论,其数之巨,或达十万万以上(约合美金20万)……本所因承印贵处印品所受损失物品之数目,约共85,000,000元。此外……贵处应付未付之欠款,约合联洋36,500,000元。计以上两项,本所因承印贵处印品所受之损失,共约联洋121,500,000元,按现在美金价1元换联洋5,000元计,约共美金

---

① Harvard Yenching Institute Peiping Office Annual Report Restricted Fund 1945-1946 [A]. Harvard-Yenching Institute Archives:Yenching University Annual Report 1928-1947:356-357.

24,300元。"①此函还仅显示引得校印所所承汉和图书馆两项目录印制项目之损失,已如此惨重。

又有记载:"日投降后,本学校与新民印书馆进行交涉要还,该馆主管人均事事推诿。后经日方涉外部之交涉,该馆于十月八日开始运送机器等件未及十分之一。至双十节北平举行日军投降仪式后日方涉外部停止战权,而该馆之运送机器因之而停止。徐亚东、李树德于日敌降服后隐匿燕京大学铅字及机器等项,存于海甸印德印刷所等。"②

1946年6月,洪业抵达哈佛,陆续收到北平哈佛引得校印所经理李书春的几封信,得知哈佛引得校印所、汉和图书馆书本式分类目录以及洛克菲勒目录卡片项目在战争中的损失情况和目前的现状后,建议董事会重新启动书本式目录和洛克菲勒目录卡片项目。③

1946年底,"引得校印所股"鉴于旧欠过多、战时物资损失惨重,欲将校印所交归燕京大学经营,并发出启示:"敬启者,民国二十二年,本校数位同人以感觉校中刊物在城内印刷不便,集资开办引得校印所于成府。营业至民国三十年夏,多数股东以不欲再行继续,爰有退股及将引得校印所交与引得编纂处办理之决议,其退股金按原股十倍业发还,第交割尚未清楚即遭十二月八日之变。去秋复校引得校印所亦同时恢复,惟以旧欠过多,物资损失亦巨,当时即有交归校营之意,后因种种关系未能实行。今由鄙人等以股东名义将该印刷所加以清查,计资产所值约合美金二万元(详表一),负债方面计有三项:(一)十二八以前外债计当时流通券二十二万余元(详表二)。今拟以美金五千元清结。(二)一年来新欠计银行伍佰万元连同利息共五百六十万元又黄金十二两约合三百二十万元,两作合计八百八十万元合美金贰仟元(详表三)。(三)股东退股金共捌万元,拟以美金九百余元清偿(详表四)。合计共约美金七千伍佰元。今拟将该所奉交燕京大学经营,其一切产业当归校有。惟校方须负清偿其一切新旧债责,查该所一年以来曾向学校借用款项并借物资修缮碓房居

---

① 李书春致裘开明函,1945年12月6日[A]. HYL Archives.
② 引得校印所. 引得校印所启示[A]. 燕京大学档案 YJ48074.
③ Chinese Japanese Library Harvard University Report of the Librarian for the Year July 1, 1945 to June 30, 1946[A]. HYL Archives.

房屋通计美金□左右,倘如此移交则学校可占有美金贰仟元利益也。此致燕京大学校务委员会。——引得校印所股蔡一锷、聂崇岐、容媛全上十一月二十六日。"①

1947年3月,裘开明向洛克菲勒基金会提交《哈佛燕京学社中文图书印刷目录卡片备忘录》(Memorandum to the Project of Printed Cards for Chinese Books),②连同哈佛燕京学社社长所写的正式项目申请书一起提交给洛克菲勒基金会,申请继续开展并完成中文图书印刷卡片目录项目。《备忘录》陈述了哈佛燕京学社中文书目录卡片项目继续开展的必要性和优势,认为哈佛燕京学社中文书目录卡片项目是一个有组织的整体,如果将该项目中止或者转交给其他研究机构势必导致已经发行的目录卡片的实用性降低,导致已采纳哈佛燕京学社汉和图书馆目录的图书馆蒙受巨大损失。③哈佛燕京学社请求基金会另外拨款用于印刷设备的更换,并为战时被日军在燕京损毁的中文分类目录剩余卷册进行铅字排版。④

1948年,栾植新继任哈佛燕京学社引得校印所主管。裘开明通过北平办事处执行干事陈观胜转达哈佛燕京学社恢复汉和图书馆书本式目录和卡片目录印制的计划,初步决定自1948年7月1日起恢复该项计划,而不必继续等待洛克菲勒基金会的第二次资助。哈佛燕京学社董事会同意提供3000美元经费资助,外加卡片目录销售收益,共计6000美元。汉和图书馆决定采用影印复制或者重新排版中比较便宜的一种方法重印丢失卡片,并分发给各订户,并请引得校印所接手此项工作。针对洛克菲勒基金会捐款迟迟不到位的情况,裘开明指出原因在于基金会希望国会图书馆承担集中编目和出版卡片目录的工作。⑤ 本年7月1日,书本式目录和卡片目录计划正式重新启动。然此时由于中国国内经济混乱,物价

---

① 引得校印所. 引得校印所启事[A]. 燕京大学档案 YJ48074.
② Letter of Alfred K'aiming Ch'iu to Herrlee Glessner Creel, October 14, 1947[A]. HYL Archives.
③ Letter of Alfred K'aiming Ch'iu to Herrlee Glessner Creel, October 14, 1947[A]. HYL Archives.
④ Letter of Alfred K'aiming Ch'iu to Herrlee Glessner Creel, October 14, 1947[A]. HYL Archives.
⑤ Letter of Alfred K'aiming Ch'iu to Kenneth Chen, May 5, 1948[A]. HYL Archives.

飞涨，项目面临卡片和印制成本的不断上涨，困难重重。北平办事处与引得校印所一起展开了卡片目录的订购和向北美东亚图书馆邮购的工作。①

至1947—1948年度，《汉和图书馆汉籍书本式目录》前三卷共有42套卡片目录分发给包括汉和图书馆在内的19所图书馆。绝大多数图书馆都是美国的图书馆，另有北平燕京大学图书馆、英国牛津大学图书馆、瑞典斯德哥尔摩远东古物博物馆（Museum of Far Eastern Antiquities）、荷兰莱顿大学汉学研究所（Sinological Institute at Leiden University）以及加拿大多伦多皇家安大略博物馆（Royal Ontario Museum）。除此之外，卡片目录已无剩余存货，已无完整成套的卡片目录出售给订户。日军侵略者在战争期间损毁了保存于燕京大学的8套卡片目录。洪业、聂崇岐和陈观胜在过去的三年里抢救出来的卡片目录尚不足以凑成一套完整的卡片目录。为此，汉和图书馆决定通过缩微影印的方式重印丢失的卡片目录，以满足后续订购机构的需求。按计划，馆藏目录重印和续印工作继续在引得校印所进行。但是当时因中国局势不稳定，所以无法确定馆藏目录编印计划能否顺利进行，即使可以继续进行，编印的费用较上一次编印也会增加。②

1948年底，因华北局势变化，哈佛燕京学社董事会在11月份纽约召开的董事会上投票表决将学社在中国的办事处从北平迁移到其他与学社有紧密关系的华南或华西地区教会大学。1949年北平办事处移至岭南大学，刚刚启动的书本目录和卡片计划又戛然而止。汉和图书馆拟在美国进行照相复制这些目录与卡片，③但考虑到印刷成本过高及卡片质量与原来有所不同，裘开明继续请托陈观胜在香港寻找可承印卡片的公司，分别是商务印书馆和致生洋纸行。④ 然经过核算，成本需要8000美元。

---

① Letter of Kenneth Chen to Alfred K'aiming Ch'iu, October 14,1948[A]. HYL Archives.
② Chinese Japanese Library of the Harvard-Yenching Institute at Harvard University Report of the Librarian for the Year July 1, 1947 to June 30, 1948[A]. HYL Archives.
③ Letter of Alfred K'aiming Ch'iu to Herrlee Glessner Creel, December 3, 1948[A]. HYL Archives.
④ Letter of Kenneth Chen, Executive Secretary, Harvard-Yenching Institute, Yenching University, Peiping, China, to Alfred K'aiming Ch'iu, April 11,1949[A]. HYL Archives.

与此同时,中国社会局势正在翻天覆地地变化,书目计划最终彻底搁浅。另外,国会图书馆正在尝试着把汉和图书馆已印好的书本式目录上的条目裁剪下来粘贴到卡片上,制成目录卡片,并向全美有需要的远东图书馆发行。考虑到加入国会图书馆合作编目项目,汉和图书馆还可自己编印书本式目录,同时一条书目还可以免费获得十张根据本馆书本式目录制成的目录卡片。汉和图书馆最终决定放弃原来的书目印制计划。

1949年7月,裘开明在回复国会图书馆东方部部长恒慕义来信时,正式确定放弃原来书本式目录和卡片计划,参加国会图书馆主持的中日文文献合作编目项目及集中印制目录卡片项目,决定自1949—1950学年度开始停止印刷和发行哈佛燕京学社汉和图书馆中日文文献目录卡片,并将剩余已编目但尚未印书目的2040种日文书编目数据提交国会图书馆,中文未出版的后六卷目录希望可粘贴在国会图书馆空白卡片上提交,具体包括:1.在中国印刷之卡片目录;2.由哈佛大学出版社印刷之卡片目录;3.平版印刷卡片目录;4.使用非永久性紫墨水的Ditto复制卡片。①

三、引得编纂处之组织与管理

哈佛燕京学社引得编纂处办公地点最早设于燕京大学图书馆内,除洪业被学社任命为主任,负责全面规划和领导引得编纂处工作外,下设编辑三人,分任编校引得,具体负责引得之编纂、校印工作;设经理一人,掌采往书札及一切杂物,负责来往信件及各项杂物;书记及抄录员五人,掌缮录引得稿件及引得卡片。后增设副主任一人,辅助主任处理日常事务及负责总编校工作。又陆续增设印刷所,增加编辑兼校印所主任一人,助理二人,书记八人。

引得编纂处成立之初,聂崇岐、田继综、李书春三人担任编辑,马锡用任经理。对引得编纂处的发展,除洪业外,尤以聂崇岐、李书春二人贡献卓著。王钟翰回忆道:"直到1930年秋,引得编纂处正式成立,(洪业)得

---

① Letter of Alfred K'aiming Ch'iu to Arthur William Hummel, July 7, 1949[A]. HYL Archives.

其门人聂崇岐、李书春、田继综诸君的帮助,才将中国字庋撷法整理出来。"① "经过三年试验之后,于1933年又进行了一次改组,先生(洪业)仍任准综理大政方针外,编辑聂崇岐升任副主任,专主编纂;编辑李书春负责校印。""以后又增设了引得校印所,设主任一人,由编辑李书春兼任",后增设助理二人,为关长庆和贵增祥。加上抄录员八人,引得编纂处职员总计十五人。洪业认为,引得编纂之所以能够取得当时的成就,他所提拔的聂崇岐和李书春两个学生功不可没。1935年秋,田继综离职,赵丰田继任编辑。② 1945年10月,引得编纂处恢复工作后,职员共有7人,1946年,洪业赴美,引得编纂处人员所剩寥寥。1948年,栾植新继任引得校印所主任。1949—1950年度,引得编纂处人员共有八人,具体为:代理主任聂崇岐,编辑王钟翰,校对员:关长庆(四月离职,未补人)、贵增祥,校对书记:马玉(冈)、李旧仁,书记:张士德、高(彬)元。③

在引得编纂处发展过程中,另外还有齐思和、翁独健等人也曾参与其引得编纂工作。二十年间,人员往复,先后有30人曾在该处工作。除了正式的职员和印刷工人外,约有八分之一引得是引得编纂处之外的学者来稿,如顾颉刚、许地山、侯毅、邓嗣禹、蔡金重、梁佩贞、房兆楹等人。此外,洪业与聂崇岐还积极鼓励研究生参与索引的编纂工作,如燕大国文系研究生高贻盼曾参与《杜诗引得》的校对工作。④ 燕大历史学硕士杜联喆协助校订《读史年表》。⑤ 通过引得编纂工作,培养出了数位颇有成就的学者,如聂崇岐、田继综、齐思和、王钟翰、翁独健等人。

(1)聂崇岐

聂崇岐是哈佛燕京学社引得编纂处和中法汉学研究所通检编纂工作至关重要的人物,从事引得编纂工作二十年,他尝言:"编书、整理古籍,是好汉子不干,赖汉子干不了的事。能写大文章的人,不屑于编书;而你若

---

① 王钟翰.洪煨莲先生与引得编纂处[G]//中华书局编辑部编.学林漫录八集.北京:中华书局,1983:54,55-57.
② 马学良.哈佛燕京学社汉学引得丛刊研究[D].河北大学,2007:11.
③ 引得编纂处一年工作报告 1949—1950 [A]. Harvard - Yenching Institute Archives: Yenching University Annual Report 1949-1950:32.
④ 刘梦溪.中国现代学术经典·洪业 杨联陞卷[M].石家庄:河北教育出版社,1996.
⑤ 洪业.洪业论学集[M].北京:中华书局,1981:9.

没有一定的学识,整理起古书来,会闹些笑话。"① 聂崇岐一生于古籍整理沉心执着,钩沉索隐,甘心为他人学术研究做嫁衣裳之事,独自完成的引得即达 13,000 多页,并创造了一种推算表《各板页数推算表》,促进引得编纂的精确性,在中国现代索引史上具有重大的贡献和地位。

聂崇岐素有"铁面御史"之绰号,源于其性格耿直,做事认真,富有责任心,为哈佛燕京学社引得编纂处的发展做出了卓越的贡献。他自 1933 年担任编纂处副主任以后,实际全面负责编纂处工作,从每年引得出版之计划,到引得编纂之每一环节,皆倾注了大量心力。

1941 年 12 月,燕京大学关闭,聂崇岐因家庭原因滞留北平,一心寻找机会恢复引得编纂处工作。1942 年,聂崇岐带领引得编纂处数位职员加入中法汉学研究所,一手创立通检组。1945 年,燕京大学复校后,聂崇岐又带领原引得编纂处职员返回燕大,恢复引得编纂处工作。聂崇岐返回燕大后,身兼燕京大学历史教授、哈佛燕京学社北平办事处执行干事、引得编纂处主任,及燕京大学图书馆代理馆长,学术、教学、管理事务等数职,工作十分繁忙。

(2) 李书春

李书春,生平资料鲜见。据《史学年报》、王钟翰之《洪煨莲先生与引得编纂处》,及《山西文史资料》等显示,李为河北临城县人(临城县北农村),曾就读于孔祥熙创办的山西铭贤学校,②1925 年考入燕京大学历史系,1929 年毕业,研究题目为《李文忠公鸿章年谱》。③ 李书春长于人际交往事务,又于企业经营管理方面颇具才能,并在主管引得校印所期间得到充分地印证。

李书春是洪业欣赏的得意弟子之一,最早即开始跟随洪业参与引得编纂处的创办与引得编纂校印活动。1933 年 7 月开始担任引得校印所主管,直至 1948 年。在此期间,李书春负责全面管理引得校印所的相关

---

① 段昌同.逝水尘二十年——忆聂崇岐先生[M]//中华书局编辑部编.学林漫录八集.北京:中华书局,1983:73.

② 毕业同学略录[G]//《山西文史资料》编辑部.山西文史资料全编 第 5 卷 第 50 辑—第 60 辑.1999:505-524.

③ (四)本系历届毕业论文题目表[J].史学年报.1939,3(1):200.

事务,主要包括:筹备和建立引得校印所,组织开展校印所设备设施建设,通过与北平其他印刷公司、机构的广泛交流,及时了解印刷行业的发展状况,加强引得校印所在硬件方面的建设;协调、安排引得编纂处引得校印工作,一方面担任引得编纂处编辑,参与引得的审校工作,另一方面负责管理引得的印刷事务。招聘和组织校印所职员业务与技术培训,包括临时印刷工人的培训,促进引得编纂过程中校排片、校印样、印刷等环节的质量和效率。此外,据哈佛燕京学社引得编纂处 1937—1938 年度报告显示:李书春多年前曾经编制了一部《汉书》卡片引得,引得编纂处曾计划对这些卡片进行重新核查和出版;带领职员积极探索新的印刷技术和方法,成功试验出为铅字版制作清晰纸型的技术,降低了引得印制的成本与售价;配合引得编纂处,承担哈佛燕京学社汉和图书馆书本式目录和卡片目录印刷出版项目,及汉和图书馆分类法出版计划等;负责与汉和图书馆密切联络,开展该项目卡片罗马化拼音校对、卡片校样的校印、铅字与纸张等基础设施的采购,以及卡片与校样、成品存储运寄,并协助汉和图书馆开展目录征订等工作。《裘开明年谱》收录了李书春在 1934—1947 年间与汉和图书馆裘开明馆长来往信件 40 余通,内容主要涉及汉和图书馆之书目与卡片目录印刷工作,组织校印所开展哈佛燕京学社期刊、特刊的印刷工作,以及国立北平图书馆、国立清华大学图书馆、国立北平研究院等机构的部分出版物印刷工作。此外,还曾与聂崇岐主办和发行《大中》杂志,该杂志是一种综合性期刊,倡导学术,以历史与文学研究成果为主。①

(3)田继综

田继综,后更名田农,字园丁,曾用笔名健者。原籍河北省遵化县。1904 年 10 月 11 日生于遵化南新城镇,蒙古族。1928 年燕京大学历史系毕业,获文学士学位。1930 年任北平二中史地课教员。同年,翻译出版《日本之文明》,并任哈佛燕京学社引得编纂处编辑,参与了十几种引得的编辑工作,1934 年辞职,转至私立辅仁大学附属中学教历史课。② 1940

---

① 凌孟华.《大中》月刊之编辑与发行人小考[J]. 出版发行研究,2014(02):104-106.
② 1934—1935 年度研究生工作报告.

年,任北京大学文学院历史系讲师、副教授、教授。1945年,抗战胜利后,历任国立北平临时大学、私立中国大学讲师、国立长白师范学院史地系副教授。1950年,调北京师范大学附中任教。一年后,赴天津,任河北师范学院历史系副教授。

田继综参与了十几种引得的编辑工作,并独立编纂了《八十九种明代名人传记综合引得》(1959年中华书局影印重印)。①

四、引得编纂之方法与程序

1. 指导思想

洪业在创办引得编纂处之初,即对引得编纂有十分明确的观念和主张,这种思想是一种中西合璧式的编纂观。洪业在《引得说》中言:"关于引得的原理,我们可感谢有西洋的典型可遵,关于编纂的手续,我们却要自行试验摸索。"②

(1)引得之名称

洪业定名"引得",显现了他对中国学术文化传统,及传统目录学的继承,和吸收西方"Index"思想而实现的巧妙的融合创新。引得,"引而得之,皆可详引,得其所哉,须臾觅得",③它们分别出自孟子《滕文公》下、李翱《李文公集》之《答朱载言书》、孟子《万章》、元稹《元氏长庆集》之《连昌宫词》。④ 这一名称,既符合西文"Index"之音译,又具有中国文化传统表达之意蕴,达到了中西方对同一事物名称上的完美结合。它有别于日文翻译之"索引",亦别于中国习日改良之"索隐",还别于中国传统目录学之类书、通检。

---

① [庆60华诞]校庆征文选登:建校初期的几位老先生[EB/OL][2017-01-23]. http://www.hebjy.net/college/217050.html.
② 刘梦溪主编. 中国现代学术经典 洪业 杨联陞卷[M]. 石家庄:河北教育出版社,1996:43.
③ 刘梦溪主编. 中国现代学术经典 洪业 杨联陞卷[M]. 石家庄:河北教育出版社,1996.
④ 平保兴. 博采众长创皮撷集中才力编引得——洪业索引学思想之研究[J]. 图书馆理论与实践,2011(10):62-64.

（2）编纂之方法

首先，洪业与引得编纂处同仁创造之"中国字庋撷法"，既充分吸收借鉴了当时现行几种汉字检字方法的优劣得失，又认识到西方罗马数字系统运用于检字系统的优势，同时他还注重科学地分析汉字的字体特征。洪业相对认可王云五之"四角号码检字法"，这与他试图创制中西合璧检字方法之思路较为相似，但对该法之弊端亦直言不讳。

其次，在中国古代类书与西方"Index"之间找寻融合、改良与创新之法。中国古代类书，系采辑若干古籍中有关事物的记载，将其依类或按韵编排，以备检索文章辞藻、掌故事实之书。类书可考证事物起源、发展与流变，考古代史事、典章制度、艺术、禽虫、草木、医学、器物等源流演变，其文章辞藻可供习作参考，其辑录之方式为保存古代文献起到了重要的作用，为研究古籍、辑佚、校勘和补充史事提供重要参考。类书有不同的编纂方法，或按类编辑，如《艺文类聚》《太平御览》《古今图书集成》等，或按韵编排，如《初学记》《永乐大典》《佩文韵府》等。

洪业认真研究和分析类书的编纂方法与特征，在其基础上加以改良，提出引得中"文""录""钥""目""注""数""引""得"八术语，以《说苑引得》为例细述方法。

再次，因书而异、因类详略的科学引得方法。引得之法，因书而异。洪业言：经史之类，所涵蕴之奥义名物，往往皆有助于考据，其引得自必详尽无遗而后可。至若杂考之作，如《日知录》《十驾斋养新录》等，精要所在，端为其对某一事一物研究之结果。初不在其文中之各种名词，故引得仅注意考据之大纲细目即可，固不必如经史之赡详也。但此类述作，时代先后，各有不同，引得方法，自应有别。如《容斋随笔》《考古质疑》等著在元明以前者，其所引用之书，现时或已残缺，或已遗失，为之引得，颇有资于校雠辑佚；若夫近世之作，其所徵引者，在今日尚皆通行；既无裨于勘校，其引得之当从略，自不待言。①

以科学规范的编纂纲要来确保引得质量。洪业制定《引得编纂手续

---

① 《崔东壁遗书引得》序[M]//哈佛燕京学社引得编纂处.崔东壁遗书引得.哈佛燕京学社,1931.

纲要》,规范每一步骤的具体方法和职责,务使每一道工序都做到责任到人。

关于引得之序的设置。引得编纂处每种引得前皆有一序,这些序言撰稿最多者为洪业,其次为聂崇岐。其他序言或出自引得编纂者之手,或为引得原书研究领域之著名学者。引得序言在篇幅上多达到学术论文之规模,甚至为长篇规模。这些序言内容通常述及引得底本之成书或学术源流、版本及流传、内容与学术价值、学术异议与相关考证史料等,与古籍提要、书志颇类,为引得点睛之处,具有极高的学术价值。洪业之《杜诗引得序》即阐述了杜甫诗集之版本源流、演变、得失等,篇幅宏大,展现了洪业在杜甫研究方面的卓越水平,获得海内外汉学界的高度赞誉。可以说引得序言的设置,是哈佛燕京学社引得丛刊成就与价值中重要的一部分,是哈佛燕京学社推进中国研究的重要学术成果。

2.工作程序

"应怎样把中国先人累积的知识组织起来,让未来的科学家、历史学家及其他学者可轻易索取,中国急需一些像索引、词汇索引(concordance)的工具,翻检法得先改进。中国的文字不靠字母而且不遵照一定的逻辑形成,用214个部首检字甚为牵强且不方便;用音韵检字的问题是同音字太多,找起来费事,而且很多字的读音根本没法确定。"①②

工作程序主要分:选书、择本、标钩、钞片、校片、排片、校排片、送印、校印样、加序、发印11个步骤。

(1)选书

选择某种书,或某一专题之若干种书为引得编纂目标,确定引得编纂题目。引得编纂处早期选书的目标主要是那些书籍内容规模不大的古籍,目的主要在于试验和积累引得编纂方法和经验,并且希望在短期内尽可能多地出版引得成果,因此选择了《说苑》《白虎通》《仪礼》等"篇幅不甚重,不必久延时日即可出版"③之书。在基本确定引得编纂程序、方法

---

① 陈毓贤.洪业传[M].北京大学出版社,1996:81.
② 陈滔娜.哈佛燕京学社校际合作史[M].南京:江苏人民出版社,2014:314.
③ 刘梦溪主编:中国现代学术经典 洪业 杨联陞卷[M].石家庄:河北教育出版社,1996:46.

后,选书开始转向十三经、二十四史,及先秦诸子等传统经史文献。此外,还有部分外来之自选书籍,如《四库全书总目及未收书目引得》《二十种艺文志综合引得》等皆为外来稿件。①

(2) 择本

根据选书结果,比较和确定拟编引得之书籍的精良版本。所谓底本之优劣,依版本、内容等为判断依据。中国古籍的重要特征在于版本繁多,丛刊、单行、官刻、家刻、坊刻、抄本、宋本、元本、明本、清本、递修本等,每种书籍必须选择好的底本才能确保引得编纂的质量和学术与参考价值。引得编纂处确立了择本原则:一为可靠,二为流通。可靠指书籍内容准确,少讹误,流通指书籍有流传之本,容易获得。② 例如,洪业在《仪礼引得序》中指出:"《仪礼引得》者,首由薛淑周(肇基)前辈老先生钩标目注;再引得编纂处编辑诸君校订编纂而成。……《经》《注》,用《四部丛刊》影印明嘉靖时徐氏覆宋刻本。《疏》则用近(1926)上海锦章图书局石印覆嘉庆二十一年(1815)南昌府学刻《十三经注疏》本;叶德辉曾列举徐氏本之较宋严州本为善者若干条,故用之。然南昌本所附之阮元《校勘记》每具各本异文,其凡与目注有关者,亦辄标《校勘记》卷叶附焉。"③可见,引得编纂处在选本上态度谨慎,会深入比对众本,择其善者而取用。

(3) 标钩

亦称圈目、标点。确定拟编引得之书籍版本后,按照书籍性质、引得编纂要求,将书籍引得词目标记出来。此步骤为引得编纂关键环节。词目选择之数量、质量,直接影响引得编纂成败优劣。此步骤一般由三人协作完成,其中两人各执同版本书籍,标钩、圈记词目,第三人则负责比照分析,并与前两人商议确定最终词目。

(4) 钞片

由书记,即抄录员将词目录于白卡片上,一目一片。每张卡片末标注词目所出自书籍之卷号、章号、页号,及异文检查号。

---

① 郑康邮. 洪业与引得编纂处研究[D].福建师范大学,2013:47.
② 郑康邮. 洪业与引得编纂处研究[D].福建师范大学,2013:47-49.
③ 洪业. 洪业论学集[M]. 北京:中华书局,1981:50.

(5)校片

抄录完毕之卡片,须经助理、编辑校对两次。第一次是勘定词目正误及斟酌词目恰当与否,第二次是将词目卡片(引得款目)与原书分离后再次进行正误,确保引得的准确性。校对后须在每张卡片上钩出应编钥号之字。

(6)排片(编号)

工作人员将与原书分离出来的引得款目卡片依照顺序排列。引得丛刊主要采用"中国字庋撷法"编号,又另附笔画法、拼音法,帮助使用者多途径检索。

(7)校排片(稿本)

将排好的引得款目卡片交助理初校、编辑复校,仔细核查每一款目的正误等。

(8)送印

经校对的校排片送至引得校印所印刷出清样,备发印前的校对所用。

(9)校印样

卡片经校对后,即被送至哈佛燕京学社引得校印所排印出清样,再反馈至引得编纂处编辑审核相关内容,包括引得款目格式、字体、编号、拼音及笔画检字稿、卷页对照表、叙例等。通常,书记负责一校,助理负责二校,编辑负责三校。在引得校印所成立之前,一书引得需要校对六七版校样。自校印所成立后,校对工作负担减少,校印所可直接印制编辑准备好的卡片,节省了引得编纂过程中从手稿复制到卡片,又对卡片进行校对的额外步骤。此外,随着排版印刷工人服务质量的提高,校样质量不断提高。如有讹误的地方,"则用挖补法另印正字贴其上"。[1]

(10)加序

每一种引得,皆有一序,由编辑会举一人拟之。许多序言篇幅很长,学术价值极高,是引得的重要组成部分。

此外,最后发印工作是根据校对反馈,比对清样对错,进一步修改后,

---

[1] 刘梦溪主编. 中国现代学术经典 洪业 杨联陞卷[M]. 石家庄:河北教育出版社,1996:71.

签发开印。1935年,引得校印所在为铅字版制作纸型的试验上获得成功,降低了引得印制的成本与售价。① 同时,引得编纂处还在当时极其有限的机械造纸技术条件下,选择相对合适的纸张印刷,如选用八十磅的道林纸,十六开本,字号选择五号宋体,注释用六号,每页中横排四十行,直分二至四行不等。②

五、引得编纂之类型与体例

哈佛燕京学社引得丛刊包含两个系列:一为引得正刊系列,计41种,不附原文;一为引得特刊系列,计23种,引得附录原本之校勘、标点本,总计63种。此外,中法汉学研究所通检组的通检成果,因编纂成员皆为哈佛燕京学社引得编纂处原班团队,某种程度上可以说也是学社引得成果的一部分。

1.引得类型

除上述从出版系列所分之正刊、特刊类别外,哈佛燕京学社引得丛刊从内容上而言,可分为逐字引得、人名引得、书名(篇目)引得、图录与谱系引得、关键字(词)引得五种类型;从引得底本之类型上而言,可分为经部经典引得、史部史书引得、子部诸子引得、集部诗文集及传记引得、期刊论文引得五种。

(1) 逐字引得

逐字引得,以文献中的每一字、词作为标目对象,以字、词所属句子为限定词,标注字、词在文献中的位置。此类引得多为选本篇幅不长,如经书、诸子引得等,以文献中之字、词为标目,下列全书所有出现该字、词之句子和位置,在某种程度上实现了全文检索的功能。

(2) 人名引得

此类引得,以文献中人名或文献责任者为目标,予以揭示标引。人名

---

① Harvard-Yenching Institute Archives. *Report of Graduate Work Conducted at Yenching University on the Harvard-Yenching Institute Foundation for the Academic Year 1934-1935* [A]. Yenching University Annual Report 1928-1947:137-139.

② 朱积孝.试论哈佛燕京学社引得编纂处的著述活动与引得编纂法.辽宁省图书馆,1985(4):16-18.

索引分为两种类型,一为著者引得,揭示文献作者及其著作、研究成果情况,如《全上古三代秦汉三国六朝文作者引得》《全汉三国晋南北朝诗作者引得》,以及唐、宋、元诗纪事著者引得;二为人物传记引得,揭示人物之传记资料,如《四十七种宋代传记综合引得》《辽金元传记三十种综合引得》《八十九种明代传记综合引得》等。另外还有字号引得。

(3) **书名引得**

此类引得,以文献中书名、篇名为对象予以揭示标引,并注明其出处。按照引得底本性质可分为:书目引得,如《四库全书总目及未收书目引得》《佛藏子目引得》等;注疏引书引得,如《春秋经传注疏引书引得》《尔雅注疏引书引得》等。

(4) **图录与谱系引得**

图谱、谱系与图书历来为学者所重视,"索像于图,索理于书","见书不见图,闻其声而不见其形;见图不见书,见其人不闻其语"。①② 因此,图谱、谱系是中国古代文献中具有重要文化学术价值的一类文献,不可忽略。编制引得,对学者利用图谱、谱系有很大的帮助。此类引得,底本性质为图录、谱系、世系等文献,如《新唐书宰相世系表引得》《勺园图录考附引得》等,为哈佛燕京学社引得丛刊中独特的一类,较为鲜见。

(5) **关键字(词)引得**

以文献中人名、地名、书名、篇名、术语、事项、政令制度等一切对使用者具有参考价值的关键字、词为对象,予以标引。此类引得属于综合性引得,融合其他四种引得特征于一体,又区别于各类引得。其反映在引得名称上通常称综合引得,如《后汉书及注释综合引得》。此类引得质量与标目的质量有极大的关联,如何取舍,相比其他类引得更为复杂,编辑之主观能动性较强。

2.内容结构

引得款目是引得著录标引的最基本单元,也是引得的主体组成部分。哈佛燕京学社引得丛刊之款目由"文""录""钥""目""注""数""引"

---

① (宋)郑樵撰.四库家藏 通志略(四)[M],山东画报出版社,2004:19.
② 马学良.哈佛燕京学社汉学引得丛刊研究[D].河北大学,2007:19

"得"组成系统、独特的体系。

其中,"文"是"引得以寻检之者也",即引得所为之编纂的原始文献内容。"录"是"著者之意也",即引得之款目。"钥"即检索信息,是按照一定规则为标目汉字确立编码,是款目排序所依据的号码。"目"是"头目之意也",是引得所要标引检索的内容,即今天之标目。不同类型的引得,标目的类型不同,如逐字引得,标目为字、词;人名引得,标目则为著者姓名、字号等;书名引得,标目则是文献中之书名、篇目名称等。"注"是注释,是引得之修饰语言、限定词。"数"为标目所在文献出处之号码。"从钥到注,通称为'引'","从数引导原书之文,是以为'得'"。"引"与"得"合并而成"录"。这是洪业引得编纂理论的重要思想。上述八个术语构成了哈佛燕京学社引得编纂处引得编纂理论中引得内容结构的完整体系。

3.款目体例

汉学引得丛刊每种引得前皆附有一则"凡例",说明引得体例。每种引得之"凡例"既有共同原则与体例,又有差异之处。其共同之体例与原则主要有以下几个方面:

(1)检字方法

64种引得中除少数几种外,其余皆使用中国字庋撷法。

(2)款目形式

引得每页有版式标准,又可称为"编排模",不同类型引得,款目形式略有差异,但大致相同。以逐字、词引得为例,如:5/36 282 柏常骞问齐景公通露寝之台,18/6a-b。其形式总结为:

"钥"(Ⅰ至Ⅴ五位罗马数字)"标目"(字或词)

"注"(文字,如遇与标目相同之字或词,以"○"代之),"数"(原文献出处之卷数/篇数/页数/行数)

其中,每一款目各要素以字号、字体加以区别,如标目用五号字,注为六号字。页数,古书又为叶,分上下两面,以字母a、b代之。

(3)款目体例

①"目"之体例

如标目为逐字或词,则将文献全文中含有此字、词的所有句子按照出现顺序依次列于其下。相同之句,则列一句,在其后将卷、篇、页、行数信息罗列于后,以";"间隔。

如标目为人物姓名或字号,以名为主,以参见方法注别称、字、号、官职、郡名、避讳改字于后。同姓名者,列籍贯于后,以相区别。姓名、籍贯相同者,再列朝代、官爵于后。信息不详者,以"?"注之。女性者,知姓名者依前法;未婚者以父名之后列其名,已婚者则以父名、夫名并列附于之后。未知姓名者,或以父、夫名后列"女""妻"字为目。仅知姓者,加"氏"于后。僧、尼、道士者,名后注"释""尼""道"。

②"注"之体例

不同引得类型,注之体例不同。对逐字、词引得而言,字、词之外所述句子的其他内容皆为注。对关键字(词)引得而言,则依所在句子分割关键词,按照文意解析列于下。

③"数"之体例

逐字引得之"数",揭示目之卷、页、篇、行位置之数字;书名、篇目引得之"数",揭示目之书名、篇目、页数。

(4) 参照系统

引得款目之间存在有不同的关系,有效地揭示不同款目之间的关系,可拓展使用者资料查找的广度。引得丛刊以参见、互见的形式建立了一套较为系统的引得款目参照系统。主要运用于以下几种引得或情况:

①逐字、词引得,字、词之后诸字以互见形式揭示。

②书名、篇名引得,一书多名者,以常见之名为主目,别名用互见。

③人名引得,一人之名、字、号、别名等,以姓名为主款目,其他则以互见揭示。

上述体例系引得丛刊各体例中较为相同之体例。不同引得还有其他特色之处。

4.引得序言

"所谓序者,我们叙述原书著撰之来历,及其版本之源流,并稍评量其价值焉。"此为哈佛燕京学社引得丛刊引得序言之目的和功能。

引得丛刊每种引得之序言皆由不同研究领域的专家撰写而成。引得之序规模大小、字数不等,最少者数百字以内,最长者十余万字。序之内容结构与研究论述深度由撰写者决定。一般根据引得底本文献之撰著、版本、内容、流传、递藏等情况论述需要而决定,又与不同专家对序言体例、内容设定有关。

引得丛刊序言撰写最多者为洪业,计有十几篇,其次为聂崇岐。聂崇岐从事史学研究,尤精于宋史、职官制度史等领域,其所作序言集中于史部、集部。

表6-6:哈佛燕京学社引得丛刊"正刊"序言统计表

刊号	序言名称	引得编纂者	作者	成文时间	字数
1	说苑引得序			1931.2	1000
2	白虎通引得序		洪业	1931.6	6500
3	考古质疑引得序	梁佩贞	洪业	1931.7	900
4	历代同姓名录引得序			1931.8	1200
5	崔东壁遗书引得序;原序		顾颉刚;引得编纂处	1931.9	200;400
6	仪礼引得附郑注引书及贾疏引得序		洪业	1932.1	10000
7	四库全书总目及未收书目引得序	魏尔翁独健	洪业	1932.2	6000
8	全上古三代秦汉三国六朝文作者引得			1932.9	800
9	三十三种清代传记综合引得序		房兆楹	1932.12	500
10	艺文志二十种综合引得序				
11	佛藏子目引得序		许地山	1933.5	1500
12	世说新语引得附刘注引书引得序	许地山等		1933.3	2000
13	容斋随笔五集综合引得序		聂崇岐	1933.4	500
14	封氏演义引得序	侯毅	侯毅	1933.1	300

续表

刊号	序言名称	引得编纂者	作者	成文时间	字数
15	太平广记篇目及引书引得序		邓嗣禹	1933 秋	7000
16	新唐书宰相世系表引得序		周一良 聂崇岐	1934.3；1934.2	13000；500
17	水经注引得序	郑德坤	郑德坤	1934.1	18000
18	唐诗纪事著者引得序	李书春	李书春	1934.7	280
19	宋诗纪事著者引得序				500
20	元诗纪事著者引得序				400
21	清代书画家字号引得序		蔡金重	1934.1	280
22	刊误引得序	蔡金重	侯毅	1934.11	410
23	太平御览引得序		聂崇岐	1934.12	12600
24	八十九种明代传记综合引得序		田继综	1935	600
25	道藏子目引得序		翁独健	1935.7	2000
26	文选注疏引得序				
27	礼记引得序		洪业	1936.11	
28	藏书纪事诗引得序		蔡金重	1937.9	1800
29	春秋经传注疏引书引得序		洪业	1937.12	300
30	礼记注疏引书引得序				350
31	毛诗注疏引书引得序				300
32	食货志十五种综合引得序				450
33	三国志及裴注综合引得序				7000
34	四十七种宋代传记综合引得序			1939.2	300
35	辽金元传记三十种综合引得序			1940.6	400

续表

刊号	序言名称	引得编纂者	作者	成文时间	字数
36	汉书及补注综合引得序			1940.8	450
37	周礼引得附注疏引书引得序				450
38	尔雅注疏引书引得序				240
39	全汉三国晋南北朝诗作者引得序	蔡金重	蔡金重		240
40	史记及注释综合引得序			1947.12	550
41	后汉书及注释综合引得			1949.5	2600（正文1000）

表6-7：哈佛燕京学社引得丛刊"特刊"序言统计表

刊号	序言名称	作者	成文时间	字数
1	读史年表附引得		1931.2	
2	诸史然疑校订附引得序 四库全书总目诸史然疑提要	赵贞信	1932.4	1400
3	明代勅撰书考附引得 顾颉刚序 自序	顾颉刚 李晋华	1932.5	1500 3000
4	引得说	洪业	1932.12	
5	日本期刊三十八种中东方学论文篇目附引得 周序 田序	周作人 田洪都	1933.9	1000 700

续表

刊号	序言名称	作者	成文时间	字数
6	封氏闻见记校证附引得 许增唐文粹缀言 顾颉刚序 赵贞信序	顾颉刚 赵贞信	1933.11	1700 14000
7	清画传辑佚三种附引得序	洪业	1933.1	780
8	毛诗引得序	聂崇岐	1934.1	1000
9	周易引得附标校对经文序			400
10	琬琰集删存附引得序；原序			550
11	一百七十五种日本期刊中东方学论文篇目附引得序	刘选民	1940.1	550
12	杜诗引得序	洪业	1940.8	100000
13	六艺之一录目录附引得序		1940.9	200
14	论语引得附标校经文序	赵丰田	1940.11	400
15	尔雅引得附标校经文			370
16	增校清朝进士题名碑录附引得序	房兆楹	1941.3	1000
17	庄子引得序	齐思和	1947.4	2000
18	墨子引得序	齐思和	1948.5	500
19	荀子引得	齐思和		
20	孝经引得 无序			

引得丛刊序言的内容多数是对引得底本作者、成书过程、书籍内容与结构、书籍版本及异同、书籍流传所进行的系统考证。

以洪业《礼记引得序》为例，该序又名《两汉礼学源流考》。作者详细考证论述了《礼记》源流，及不同时代诸家版本之内容、特征，并比较分析其与诸《礼》之关系。序中，洪业运用大量文献资料，旁征博引，间以述评和考证，将有关礼学的争论梳理得有条有理。虽为引得序，然从篇幅至内容来看,是一篇极具学术价值的论文。该序得到了海外汉学界的赞誉,如法国铭文学院等。

又如《春秋经传注疏引书引得序》,洪业对《春秋》《公羊》《穀梁》《左传》的内容可信性、成书时间、作者,以及诸版本之特征进行了客观、深入的考证,证实了《春秋》内容真实性,一解学术史上这一千古疑案,其所引史实资料、文献资料多达540条,可见其文献学、史学造诣之深厚。序言中还结合了古代天文史料记载与现代天文学知识加以互证,证实《春秋》的日蚀记载的准确性。有学者认为这是比《礼记引得序》学术水平更高的一篇成果。

1940年,洪业又为《杜诗引得》撰写了7万余字的序,系统论述了自宋至清,历代杜甫诗集版本的源流演变与得失,重点梳理了杜诗版本学和注释学的嬗变史,对历代杜诗注本之间的先后脉络关系以及注释特色进行了论析,描述了杜诗学史的发展概貌,对各时代杜甫诗集的重要版本进行详细的考证、甄别和客观的评论。洪业对清代重要注本的关注和评价,一定程度上扭转了学术界向不重视清代杜诗注本的偏见。此外,他还对历代杜集伪注伪书及诸本间辗转抄袭造假情况予以深入甄别、考证和揭露。洪业还在该序中首次提出编纂杜诗校集评本的构想。该序在杜诗研究领域中,其学术水平可谓当时杜诗研究的最高水平,与后来洪业所著之《中国最伟大的诗人杜甫》《再论杜甫》等构成了其杜甫研究的完整体系。①

聂崇岐1934年撰《太平御览引得序》,全文近1.3万字,详述有关《太平御览》编纂、内容、版本、及引得编纂之事。序文通过引诸文献,对《太平御览》纂修缘起、成书时间、纂修作者等进行考证,辨证史实讹误。《太平御览》卷前有《经史图书纲目》,聂序考证此《纲目》系宋仁宗以后好事者所撰辑,并批判《纲目》分类驳杂凌乱,重杂讹谬。他又系统考证《纲目》之末所述《太平御览》引书种类,谓其所列诸书,重复讹谬。此序还对《太平御览》各部内容有简要介绍,指陈其中之错误杂乱,言《御览》:"因

---

① 孙微,王新芳. 洪业《杜诗引得序》考论[J]. 中国文学研究,2016(01):28—32.

杂抄类书,未加细校,故引书书名,亦错误杂乱,至不一致。"①例如,引一书内容,有另一书文窜入;或引同一书文,繁简不同,内容相异;或引书之文与世间流行之原书不同等。聂序对《太平御览》刻本予以考证,述论诸刻本概况与特征,含北宋刊本、宋刊本、宋闽刊本、宋蒲叔献刊本、宋椠本、明倪炳校刻本、明活字本、清汪昌序活字本、清张海鹏刻本、清鲍崇城刻本、广东重刊鲍氏本、石印本、日本仿宋刊本等。序文之末还述及《太平御览引得》编纂缘由及过程,及参编与协助者。

另有部分引得因与校证合体,故序言内容有所不同。如引得特刊之《诸史然疑》《封氏闻见记校证附引得》融校订、标点、引得三种方法为一体,一如顾颉刚所言"凡读书所需要者已统通顾到"。后者有顾颉刚序、赵贞信自序。赵序指出其校订和引得方法尊胡适于《国学季刊发刊宣言》所言之索引式整理和结账式整理,标点方法遵胡适《请颁行新式标点符号议案》,并简述古代标点的发展与近代标点的革新。其自序阐述了对《封氏闻见记》校正及编制引得的缘由,以例论结合方式,阐释了作者古书校证方法及观点,并具体述及《封氏闻见记》校证的独特方法及成果,即:"我校勘这书的根据大概为三种,一别本,二他书引本,三本书引他书。在别本中,我不但把人所不容易见到的那些抄本、校本、刊本的校文列上,即是人所极容易见到的几个丛书本子,如畿辅本、学津本、学海本的校文也收进了。"②这种异于古人校勘必选好本、古本、孤本的观点有其合理之处,好坏本皆收,古本今本尽取,可助读者分辨各本之样式、好坏等。此外,自序还述及作者校证过程中利用古书索引的方法。作者于序文末提出对校证、引得之观点:"一部书必须经过校勘、标点、辨伪、集释、引得五种手续,然后学人用之方极便利。"③反映了1930年代国故整理的另一种

---

① 聂崇岐.《太平御览引得》序[M]//哈佛燕京学社引得编纂处编.太平御览引得.北京:哈佛燕京学社引得编纂处,1934:10.
② 赵贞信.《封氏闻见记校正附引得》自序[M]//赵贞信.封氏闻见记校正附引得.北京:哈佛燕京学社引得编纂处,1933:19.
③ 赵贞信.《封氏闻见记校正附引得》自序[M]//赵贞信编.封氏闻见记校正附引得.北京:哈佛燕京学社引得编纂处,1933:26-27.

发展方向。

《八十九种明代传记综合引得序》言:"适国立北平图书馆馆长袁守和先生建议编纂明代传记引得,以下接清传,并尤尽力协助,俾观厥成。本处既承袁先生提议,又以明人重气节,尚标榜,私史之多,远超前代,若能综合而为之引得,则于明史研究,为益当非浅鲜。""本编所收,自正史以至私人记述交游之作,都共八十九种。""明代传记,诸家著录,无虑二百余种,而存于今日者,亦在百种以上,今兹所收,仅取较普通或较重要者而已,不敢云备也。""三十三种清代传记综合引得,仅列姓名,本编则并及字号,其能予用者以较大便利,不劳言喻。"①该序简要说明了本引得编纂缘由、甄选文献方法及引得编纂特色。

郑德坤《水经注引得序》约1.8万字,内容述及《水经注》之源流、内容价值、研究经过,及版本因袭。其中的源流考涉及《水经》撰者与成书时代考证,《水经》注本之郭璞注三卷版本考,及郦道元《水经注》四十卷版本及流传。对郭璞注本,序云:"郭璞注三卷,《隋志》著录,杜佑作《通典》时犹见之。清毕沅《山海经篇目考》有'《水经》二卷,撰人阙,郭璞注'之标题,并说明之曰据《隋志》。《山海经》下有'《水经》三卷,郭璞注'。《旧唐志》作二卷,郭璞撰,谓此《水经》、《隋》《唐》二志皆次在《山海经》后,当即《海内经》中文也。此为毕氏之笃识,郭氏《水经注》合于《山海经》,未知始于何时,今不复单行矣。"②对郦道元《水经注》,序述及郦道元小传,总结此注成就与特点在于:"《水经》引天下之水百三十七,江河在焉。郦氏寻图访迹,因水以证地,即地以存古,迁贸毕陈,故实骈列;所引枝流一千三百五十二,古代郡县,端委并包,使搜渠访渎者,一展卷如案古图书。""夫自《班志》而后,《续汉书》之述水道,极为草率,若非道元矜奇炫博,后魏以前地理书,搜罗殆尽,沿波及澜,琐而不失之杂,则唐以前地

---

① 《八十九种明代传记综合引得》序[M]//田继综编,引得编纂处校订.八十九种明代传记综合引得.北京:哈佛燕京学社引得编纂处,1935.
② 郑德坤.《水经注引得》序[M]//郑德坤编.水经注引得:第一册.北京:哈佛燕京学社引得编纂处,1934.

理有不足言之叹也。""郦书为古代地理之总结,固不可抹杀之事实也。""郦氏引书,凡四百三十七种,而以史籍居多",①作者引宋明清学者对此注之研究观点,证其所引书籍,多为久佚阙籍,于史学、考古、水利有重要史料价值。郦注另一特色"因地致详,凡魏以前故事旧文及各地传说异闻,皆可考求而得,仿佛《搜神记》之异本,《太平广记》之原形。所载故事,以神仙鬼怪为最多"。序还追溯此特点之成因。此外,序文指出《水经注》在唐代不被推重,五代之乱又致其缺佚多卷,宋虽重此注但未有专门研究者。宋本《水经注》流传较少,金元更稀。直至明永乐后,学者率相考据,刊刻阅点,校注笺疏,序文简述了18种明抄刻本之版本概况。清儒治学重考据,《水经注》研究成果丰硕,序文简述了50种清至民国所见抄刻本之版本,梳理了清学者研究此注之经过及版本变迁。② 细观每种版本介绍,多述及版本基本特征及内容特色,兼及校注、疏、刻者之介绍,成书过程等信息,序作者对各家版本得失之评价,显现了作者对《水经注》研究及诸家版本之精熟。序文阐明了此注引得编纂缘起和过程,显现了作者精审的治学思想和科学的引得编撰之法。

上文仅举诸篇序言中内容较长,又颇具文献学、版本学及史学价值者为例,其余序言,篇幅相对较短,但内容精审,注重对引得对象之学术史、选书标准、编纂目的的简要揭示。

《哈佛燕京学社引得丛刊》序言是引得丛刊的重要组成部分。每篇序言长短不一,内容特色各异,帮助使用者了解引得对象的学术研究背景、引得底本选择的标准,及引得编纂目的和功能,集中展现了丰富的版本学、文献学和史学价值。

---

① 郑德坤.《水经注引得》序[M]//郑德坤编.水经注引得:第一册.北京:哈佛燕京学社引得编纂处,1934.
② 郑德坤.《水经注引得》序[M]// 郑德坤编.水经注引得:第一册.北京:哈佛燕京学社引得编纂处,1934.1:序6-23.

六、引得之学术价值与历史影响

齐思和《荀子引得》序言:"有为己之学,有为人之学。专门研究,一家著述,餍个人求知之欲,博当世身后之名,此为己之学也。若夫辞书字汇,通检图谱,及一切所谓工具书者,学者资之为治学之利器,编者不能藉之一获名,此为人之学也。夫为人与为己,非特其功用之大小不相侔,抑其用心之公私,不亦相去悬远哉?顾工具书之编纂,费力多而得名难,且亦非一手一足之烈所克从事,学者率畏其难而不为,甚或引孔子'古之学者为己,今之学者为人'之言以相讥议焉。夫孔子所谓为人者,盖指当时之曲学阿世,哗众取宠,言行不相顾者言之耳。若工具书之纂辑,舍己为人,以学问之天下之公器,乃深符乎孔子勿我之旨,岂在其摒斥之列哉?"①

20世纪初,伴随着整理国故运动的发展,受西方索引理论和思想的影响,中国索引运动迅速兴起。中国最早出现的索引出自西方传教士在上海编制的中文《圣经》索引,其后索引理论和方法开始在中国传播。1910年代,欧美中国留学生回国,积极推进西方索引理论和方法的传播,及索引编制活动的开展。胡适、梁启超、陈垣、顾颉刚、何炳松、洪业、郑振铎、钱玄同、蔡元培、刘复、赵元任、钱亚新、万国鼎、王重民、杜定友、袁同礼、刘国钧、金敏甫、姚名达、沈祖荣、李小缘、毛坤、汪辟疆、王柏年、聂崇岐等呼吁倡导索引运动的开展,并投入索引编制、汉字排检法、索引方法的实践。②③

顾颉刚在《燕京大学引得编纂处》言:"索引,也是研究的基础的一种,它能给你一个钥匙,使你在许多头绪不清的材料中找出头绪,而得到你所需要的东西。"④

---

① 齐思和.《荀子引得》序[M]// 引得编纂处编纂.荀子引得.上海:上海古籍出版社,1986.
② 王余光.索引运动的发生[J].出版发行研究,2003(06):74-76.
③ 韩永进编,程焕文主编.中国图书馆史·近代图书馆卷[M].北京:国家图书馆出版社,2017.
④ 顾颉刚.燕京大学引得编纂处的引得[J].图书评论,1933(9):2.

1925年,中华图书馆协会成立。梁启超在中华图书馆协会成立大会的演讲中提出:"我还有一个重大提案,曰编纂新式类书。"梁启超认为中国古籍浩如烟海,"除需要精良的分类和编目之外,还须有这样一部大而适用的类书,方能令图书馆的应用效率提高"。梁启超所谓的"新式类书"指的就是索引。①

1925年,中华图书馆协会正式设立了我国最早的索引机构——索引检索组。② 1928年,中华图书馆协会索引委员会委员杜定友、万国鼎、刘国钧、金敏甫、陈普炎、钱亚新、毛坤等联合草拟发布旨在推动中国索引发展的启事,言:"彼等视一书之索引,为其中必不可少之部分,并视索引之编制,为出版者应尽之义务而阅者应享之权利,但在我国鲜有注意及此者。同仁等为发展文化起见故拟广为宣传,促成索引之事业。"③④

1930年,哈佛燕京学社引得编纂处的成立,开启了中国索引编撰事业的全新发展时代。顾颉刚言:"近年虽有在书后附着的,但只偶然一见,依然未被重视。燕京大学附设的引得编纂处,即是专做索引的一个机关,这是中西交通之后有计划的引用外国整理书籍文件的方法于中国的第一次。"⑤哈佛燕京学社引得编纂处是中国首个大规模开展文献索引编制的机构。洪业在借鉴林语堂《汉字索引制说明》、王云五《四角号码检字法》等前人成果的基础上,创制中国字庋撷法,亲自拟定《引得编纂手续纲要》,组织人员有计划地系统地编纂引得。1930—1950年间,哈佛燕京学社引得编纂处先后编辑出版了64种引得,正刊41种,特刊33种。另外,成立于1942年的中法汉学研究所,承哈佛燕京学社引得编纂处的人员力

---

① 韩永进编,程焕文主编.中国图书馆史·近代图书馆卷[M].北京:国家图书馆出版社,2017.
② 何炳松.拟编中国旧籍索引例议[G]//何炳松著;刘寅生,房鑫亮编.何炳松文集 第2卷.北京:商务印书馆,1997:596.
③ 王雅戈,侯汉清.近代索引研究的先驱万国鼎——纪念万国鼎先生诞辰110周年[J].大学图书馆学报,2008,(04):106-110.
④ 韩永进编,程焕文主编.中国图书馆史·近代图书馆卷[M].北京:国家图书馆出版社,2017.
⑤ 顾颉刚.燕京大学引得编纂处的引得[J].图书评论,1933(9):2.

量,在1942—1952年间,编纂出版了15种索引,以《中法汉学研究所通检丛刊》《巴黎大学汉学研究所通检丛刊》为名出版。引得编纂处为中国古籍整理做出了杰出的贡献,为古籍内容检索提供了科学的索引工具。它不仅是中美汉学研究交流合作的产物,而且为中美汉学研究交流发展提供了便捷的工具。①

---

① 韩永进编,程焕文主编.中国图书馆史·近代图书馆卷[M].北京:国家图书馆出版社,2017.

第七章 燕京大学图书馆：
哈佛燕京学社在华中国研究之保障

书籍资料是高等教育和学术研究发展所依赖的基础资源,而资助相关机构考察、发现、搜集和保存文化及古代文物也是哈佛燕京学社成立的目的之一。

1924年以前,燕京大学图书馆仅有数百册中文书籍。同年秋,在洪业教授的主持下,在新的图书馆专项经费的资助下,燕京大学图书馆逐渐建立起来一个非常优异的馆藏。1925年夏,燕大图书馆中文藏书数量已达3.5万册。自1928年春开始,在哈佛燕京学社中国研究经费资助下,燕大图书馆开始了一项特别的中文藏书建设计划。燕京大学组建了一个中文图书采购分委员会积极开展书籍采购工作。这一时期,中国国内经济不景气、内战频发的局势导致许多私人藏书流向市场,一定程度上为书籍采购提供了有利的条件。燕京大学图书馆以极低廉的成本建立起了颇具规模的中文馆藏。截至1929年,燕大图书馆藏书达到10万册。同年,洪业、博晨光联名起草并获学社通过的《哈佛燕京学社备忘录》将资料建设作为学社在第一个五年内的三个工作重点之一。[①] 此后哈佛燕京学社

---

① 陶飞亚,梁元生.《哈佛燕京学社》补正[G]//山东大学历史文化学院.历史文化论集.济南:齐鲁书社,2000:768-779.

积极在图书资料购置方面为燕京大学及其他教会大学提供资助。20余年中,学社捐助的六所中国教会大学将大量经费投资于图书资料建设,燕京、金陵、齐鲁、华西等大学的图书馆在20世纪30—40年代,除少数几个国立大学图书馆外,很少有可以与它们相比,在私立大学图书馆中更是具有明显的优势。①

一、购书经费

燕京大学图书馆每年购书经费来源有四项:(一)学校普通经费。校方分配给各系用于添置西文书籍及图书馆采购西文参考书、工具书、杂志等,每年的经费数量要视学校经费多寡而定。(二)哈佛燕京学社图书费。在接受哈佛燕京学社资助的六所中国教会大学中,燕京大学无疑是其中获益最大的。从1928年起哈佛燕京学社北平办事处就逐年向燕京大学图书馆拨付购书费,②专门用于购置与中国研究有关的中西书籍,特别是重要的中文典籍和有关中国问题研究的外文书。(三)法学院各学系图书费。用于购置该院各学系应用的参考书籍。(四)其他临时特别图书费。③

表7-1:1932年度燕京大学图书馆经费情况表④

	学校拨付的经常费	燕京学社拨付的经费	其他
行政费	14,000美元	7000美元(哈佛燕京学社购书费及代哈佛大学买书手续费)	

---

① 陶飞亚,吴梓明.基督教大学与国学研究[M].福州:福建教育出版社,1998:325.
② 聂崇岐.简述"哈佛燕京学社"[G]//《文史资料选辑》编辑部.文史资料精选 第2辑.北京:中国文史出版社,1990:369.
③ 燕京大学学生自治会.燕大三年[M].燕京大学学生自治会.1948:12.
④ 田洪都.田洪都先生报告[N].燕京大学校刊,1932-04-22(1).

续表

	学校拨付的经常费	燕京学社拨付的经费	其他
书费	5000 美元,由学校图书馆委员会分配给各学系	国币 30,000 元,用于购买与中国研究有关的书籍;10,000 美元,用于购买西、日文东方学书籍	国币 1200 元,用于购买以上三种范围以外的图书;100 美元,用于购买各学系所需要而尚未购买的图书

其中,哈佛燕京学社北平办事处拨付的图书费是燕京大学图书馆每年购书经费中最主要的来源,[1]这可从燕京大学图书馆每年自学校获得的经常费与哈佛燕京学社图书费的金额比较中可见一斑。1929—1930、1934—1935、1935—1936 年度燕京大学拨给图书馆的经常费分别为 10,406 元、[2]20,188 元、[3]35,410 元[4],而从 1928 年起,燕京学社每年拨给燕京大学图书馆的购书款少者三四千,多者 1 万美元,如按当时 1 美元兑换 14 元国币计算,燕京学社图书费远远高于学校拨给图书馆的经常费。可见,1928 年后燕京学社北平办事处拨付的图书费已成为支持燕京大学图书馆藏书建设的重要经费来源。燕京大学图书馆历年购书经费情况如下。

表 7-2:燕京大学图书馆历年购书经费一览表[5]

时间	中文购书费		西文购书费		总计	
	美金	折合国币(元)	美金	折合国币(元)	美金	折合国币(元)
1927—1928		50,000		10,000		60,000[6] 661—663

---

[1] 图书馆审购委员会本年委员. 田洪都谈图书馆经费来源[N]. 燕京新闻, 1940-10-19(1).
[2] 教育部统计室. 二十二年度全国高等教育统计[M]. 南京:教育部统计室,1936:82.
[3] 教育部统计室. 二十三年度全国高等教育统计[M]. 北京:商务印书馆,1936:57.
[4] 陈训慈. 调查中国之图书馆事业[J]. 图书馆学季刊, 1936(14):680-684.
[5] 燕京大学图书馆.中华图书馆协会会报[J], 1942(3-4):16-17.
[6] 田洪都. 燕京大学图书馆概况[J].图书馆学刊,1928(4):661-663.

续表

时间	中文购书费		西文购书费		总计	
	美金	折合国币（元）	美金	折合国币（元）	美金	折合国币（元）
1938	5000	70,000	10,000	140,000	15,000	210,000
1939	7000	100,000	10,000	140,000	17,000	240,000
1940	8000	110,000	12,000	170,000	20,000	280,000
1941	3000	30,000	10,000	100,000	13,000	130,000

从上表可以看出,在哈佛燕京学社图书费的资助下,至1941年太平洋战争爆发前燕京大学图书馆的购书经费逐年稳定增长。值得注意的是,哈佛燕京学社北平办事处拨付给燕京大学图书馆的购书经费历来以美金为结算单位,"七七事变"以后,美元价值提高,使得燕京大学图书馆的购书经费激增。① 1940年该馆购书经费高达20,000美元,折合成国币280,000元。

此外,从燕京大学图书馆历年藏书价值的增长情况也可以看出哈佛燕京学社图书费对燕京大学图书馆藏书建设的贡献。在1928年获得燕京学社北平办事处的图书费支持之后,燕京大学图书馆该年度的藏书价值陡然增加了70,343.01元,增长了近50%,1931—1932年度,燕京大学图书馆藏书价值更是比上一年度增长了近10万元。可以说,燕京学社北平办事处拨付的图书费为燕京大学图书馆的藏书建设提供了长期稳定的经费支持。据统计,截至1949年,燕京大学图书馆所藏图书近四分之三为燕京学社经费所购置②。

---

① 燕京大学图书馆.中华图书馆协会会报[J],1942(3-4):16.
② 张玮瑛,王百强,钱辛波.燕京大学史稿[M].北京:人民中国出版社,1999:410.

表7-3:燕京大学图书馆历年藏书价值统计表(1919—1933)①

时间	中日文书 LC $	西文书 LC $	总数 LC $	比上年度增加
1919—1928	80,000.00	70,000.00	150,000.00	
1928—1929	144,222.84	76,120.17	220,343.01	70,343.01
1929—1930	164,421.25	79,736.48	244,157.73	23,814.72
1930—1931	189,807.11	121,099.12	310,906.23	66,748.50
1931—1932	219,956.16	190,080.06	410,036.22	99,129.99
1932—1933	230,235.00	213,847.04	444,082.04	34,045.82

如上所述,在燕京学社北平办事处的资助下,燕京大学图书馆获得了比较充裕的购书经费,这在"七七事变"后中国动荡不安的时局下是难能可贵的,因为当时北方许多大学图书馆正面临着经费来源枯竭及货币贬值的困境。以北京大学图书馆为例,"七七事变"前,北大图书馆的购书经费基本维持在每月6000~9000元,而1938年迁往云南昆明后,当年和下一年西南联大图书馆每月购书经费只有1868元和1982元,仅是原北大图书馆的三分之一,且由于国币大幅贬值,实际的购书费能购买的图书非常有限。② 可见,燕京学社图书费对燕京大学图书馆在图书资料购置方面的支持是至关重要的。

燕京大学图书馆之所以能从哈佛燕京学社北平办事处获得如此充裕的购书经费支持,与二者的密切联系是分不开的。哈佛燕京学社北平办事处历任执行干事中,洪业曾任燕京大学图书馆馆长及大学图书馆委员会主席,聂崇岐曾任燕京大学图书馆馆长,博晨光曾任大学图书馆委员会委员。历任执行干事都非常重视图书资料购置。1928年后,燕京大学从哈佛燕京学社获得的资助中用于研究部分的经费是每年20,000余美元,且数目不固定,分别用于购买图书、文物,印行学报,设立研究生奖学金,

---

① 燕京大学图书馆.燕京大学图书馆概况[J].燕京大学图书馆编印,1933:13.
② 吴晞.北京大学图书馆九十年记略[J].北京:北京大学出版社,1992:67,89.

以及文史哲三系教授中获得学社研究员名义者的薪金和津贴,①可以说并不宽裕。但哈佛燕京学社北平办事处每年拨付给燕京大学图书馆的购书费占了相当比重,由此可见哈佛燕京学社北平办事处对图书资料的重视。

二、藏书发展

燕京大学创校初期,燕京大学图书馆的馆舍只有一间房屋,一个书架,几百本书,图书严重不足。因经费有限,图书馆仅能购买开课所必需的图书,馆藏在一段时间内增长得非常缓慢。② 自1928年燕京大学图书馆开始获得学社资助后,燕京大学图书馆藏书开始飞速增长,从1927年的27,324册增加到1929年的195,881册,两年间藏书增加了168,557册,增长了近7倍,跃居全国大学图书馆第四,仅次于三所国立大学图书馆(清华大学、中山大学和北京大学)。③

表7-4:1933—1934年全国大学图书馆藏书排名一览表④

排名	图书馆	藏书量
1	私立燕京大学图书馆	269,152
2	国立中山大学图书馆	260,515
3	国立清华大学图书馆	257,898
4	国立北京大学图书馆	227,196
5	私立金陵大学图书馆	181,534

至1933—1934年度,全国大学图书馆馆藏超过十万册的只有11所,

---

① 聂崇岐.简述"哈佛燕京学社"[G]//《文史资料选辑》编辑部.文史资料精选 第2辑.北京:中国文史出版社,1990:364.
② 张玮瑛,王百强,钱辛波.燕京大学史稿[M].北京:人民中国出版社,1999:415.
③ 教育部高等教育司.二十一年度全国高等教育概况统计[M].南京:教育部高等教育司,1934:113.
④ 教育部统计室.二十二年度全国高等教育统计[M].南京:教育部统计室,1936:106.

燕京大学图书馆更是以 269,152 册的藏书名列各大学之首。下面我们分析一下 1919—1952 年间燕京大学图书馆藏书增长情况。

表 7-5：1919—1952 年燕京大学图书馆历年藏书一览表

年份	藏书量(册)	全国排名	年份	藏书量(册)	全国排名
1919	200①		1934—1935	285,083②	第一位
1925	13,000③		1936—1937	305,439④	
1927	27,324⑤		1937—1938	322,874⑥	
1928	98,831⑦	第四位	1938—1939	336,647⑧	
1929—1930	195,881⑨	第四位	1939—1940	358,208⑩	
1930—1931	216,782⑪	第四位	1940—1941	385,444⑫	
1931—1932	242,116⑬	第二位	1942—1943	3,500⑭	
1932—1933	257,155⑮	第三位	1948	379,177⑯	
1933—1934	269,152⑰	第一位	1952	580,000⑱	第三位

---

① 燕京大学图书馆. 燕京大学图书馆概况[M]. 北京：燕京大学图书馆，1933：4.
② 教育部统计室. 二十三年度全国高等教育统计[M]. 北京：商务印书馆，1936：122.
③ 汤燕，吴晞. 燕京大学图书馆纪略[J]. 北京高校图书馆，1993(2)：57-60,53.
④ 刘家峰，刘天路. 抗日战争时期的基督教大学[M]. 福州：福建教育出版社，2003：119.
⑤ 张玮瑛，王百强，钱辛波. 燕京大学史稿.[M] 北京：人民中国出版社，1999：415.
⑥ 刘家峰，刘天路. 抗日战争时期的基督教大学[M]. 福州：福建教育出版社，2003：119.
⑦ 教育部高等教育司. 二十一年度全国高等教育概况统计[M]. 南京：教育部高等教育司，1934：113.
⑧ 刘家峰，刘天路. 抗日战争时期的基督教大学[M]. 福州：福建教育出版社，2003：119.
⑨ 燕京大学图书馆. 燕京大学图书馆概况[M]. 北京：燕京大学图书馆，1933：4.
⑩ 刘家峰，刘天路. 抗日战争时期的基督教大学[M]. 福州：福建教育出版社，2003：119.
⑪ 燕京大学图书馆. 燕京大学图书馆概况[M]. 燕京大学图书馆，1933：4.
⑫ 刘家峰，刘天路. 抗日战争时期的基督教大学[M]. 福州：福建教育出版社，2003：119.
⑬ 燕京大学图书馆. 燕京大学图书馆概况[M]. 北京：燕京大学图书馆，1933：4.
⑭ 刘家峰，刘天路. 抗日战争时期的基督教大学[M]. 福州：福建教育出版社，2003：119.
⑮ 燕京大学图书馆. 燕京大学图书馆概况[M]. 北京：燕京大学图书馆，1933：4.
⑯ 燕京大学学生自治会. 燕大三年[M]. 1948：41.
⑰ 教育部统计室. 二十二年度全国高等教育统计[M]. 教育部统计室，1936：106.
⑱ 张玮瑛，王百强，钱辛波. 燕京大学史稿[M]. 北京：人民中国出版社，1999：421.

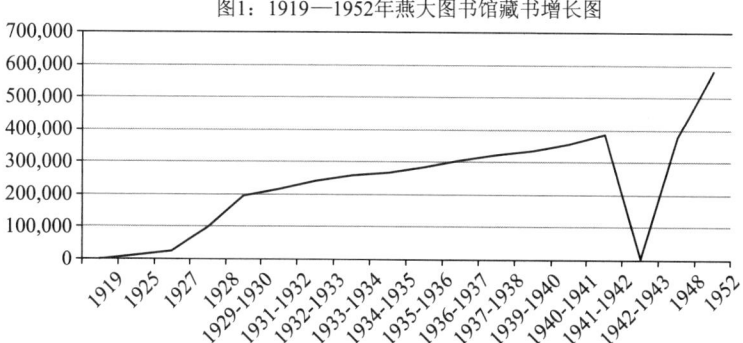

图1：1919—1952年燕大图书馆藏书增长图

从以上两个图表可以看出,燕京大学图书馆的藏书自1928年开始得到了快速增长,①建馆不到十年就跃居全国大学图书馆前列。在哈佛燕京学社图书费的长期支持下,至1952年院系调整时,燕京大学图书馆的藏书已达580,000余册,另有金石拓片12,000余张,木刻书板2000余块,在当时的大学图书馆中仅次于北京大学和中山大学图书馆,居全国第三位。②

三、西文采购

作为教会大学,燕京大学有着良好的西文文献收藏基础和传统。1925年该馆13,000册藏书中,西文藏书几乎比中文藏书多一倍。③ 哈佛燕京学社向燕京大学图书馆提供的购书资助中,也特别强调加强外文文献的采购,尤其是外文东方学书刊是学社支持采购的重点之一。1929年的《哈佛燕京学社备忘录》明确主张除了收集中国的方志、丛书和杂书外,必须要大量收集欧洲相关中国研究著作,分配15,000美元专门用于购买欧洲著作,图书馆认为"这是相当紧迫的任务,因为燕京在这方面的书很少,我们希望中国研究生能知道欧洲汉学家在干什么"。④ 1937年学

---

① 1942—1945年间燕京大学图书馆藏书的急剧下滑的原因是1941年底太平洋战争爆发后,燕大校园为日军所占领,燕大被迫迁往四川成都。燕京大学图书馆的藏书未及撤出,全部落入日本人之手。
② 吴晞.北京大学图书馆九十年记略[M].北京:北京大学出版社,1992:120.
③ 汤燕撰.吴晞校.燕京大学图书馆纪略[J].北京高校图书馆,1993(2):60.
④ 陶飞亚,梁元生.《哈佛燕京学社》补正[G]//山东大学历史文化学院.历史文化论集.济南:齐鲁书社,2000:774.

社社长叶理绥在向董事会报告时指出,燕京大学图书馆已进入一个良好的发展阶段,但馆藏资源唯一缺乏的是绝大部分重要的西文丛书,并且北京其他图书馆亦非常缺乏西文文献。燕京大学图书馆委员会主席洪业向董事会申请特别经费来增强这部分馆藏。之后,董事会通过了关于向在中国资助机构图书馆提供额外拨款,用于资助西文图书采购的计划。①在学社图书费的资助下,1938—1941年,燕京大学图书馆每年的西文图书采购经费皆在10,000美元以上,大大高于中文图书的采购经费(见表7-1)。

  随着燕京大学的中国化、世俗化,特别是1929年向中国政府申请立案获批之后,燕京大学图书馆在文献采购重点上发生了变化,在继续保持原有西文文献收藏优势的基础上,图书馆逐渐加大了对中文文献的采集力度。20世纪20年代后期,燕京大学图书馆的中文藏书量开始超过西文藏书量。同时,虽自欧战发生后,东西方交通梗塞,邮寄困难,燕京大学图书馆的西文书购买面临诸多不便,但该馆购书部西文组长邢云林经验丰富、心灵手敏,且善利用外汇方式托日本公司代购科学、社会学等类图书,既经济又便利,促进了馆藏所购西文图书质量的提升。但1941年美国公布冻结日本及日本在华占领区资金以后,燕京大学图书馆购买欧美图书大受影响。②

  虽然西文藏书占总藏书的比重持续下降(见表7-6),但燕京大学图书馆仍然非常重视西文图书的采购,每年用于西文文献采购的经费仍然大大高于中文文献(见表7-1),只是由于西文图书价格相对于中文图书价格较高,以及受战争影响购求困难,所以西文文献采购数量相对较少,但整体上燕京大学图书馆累积的西文文献已较为丰富。1948年,燕京大学图书馆西文藏书达69,470册,西文杂志1435种6465合订册,及13,983册单本,西文东方学杂志之精多,在当时国内并不易多见③。

---

① 程焕文.裘开明年谱[M].桂林:广西师范大学出版社,2008:177.
② 燕京大学图书馆.中华图书馆协会会报[J],1942(3-4):16.
③ 燕京大学学生自治会.燕大三年[M].1948:41 自刊.

表7-6:燕京大学图书馆中西文图书比例统计表

时间	中文(册)	所占百分比	西文(册)	所占百分比
1925	藏书13,000册,其中西文藏书比中文藏书多一倍①			
1927②	15,300	56%	12,024	44%
1928③	78,963	79.9%	19,868	20.1%
1929—1930④	168,881	86.2%	27,000	13.8%
1930—1931⑤	187,732	86.6%	29,050	13.4%
1931—1932⑥	210,064	86.8%	32,052	13.2%
1932—1933⑦	220,411	85.7%	36,744	14.3%
1935⑧	200,000	83.3%	40,000	16.7%
1948⑨	309,707	81.7%	69,470	17.3%

四、古籍特藏

1929年《哈佛燕京学社备忘录》特别指出:图书资料收集的重点应该是欧洲汉学著述、中国地方志、未收入丛书的中国文集、善本、杂集。⑩ 哈佛燕京学社北平办事处提供的图书费使得燕京大学图书馆加大了古籍善本的收集力度,"凡有价值之版本,皆广事罗致。其孤本则借抄以藏之。古刻珍本亦尽力而求"。⑪ 所购藏中文古籍尤以地方志、诗文集、丛书、金石、类书为大宗。至1952年院系调整时,燕京大学图书馆所藏线装书达

---

① 汤燕,吴晞. 燕京大学图书馆纪略[J]. 北京高校图书馆,1993(2):58.
② 张玮瑛,王百强,钱辛波. 燕京大学史稿. [M] 北京:人民中国出版社,1999:415.
③ 刘家峰,刘天路. 抗日战争时期的基督教大学[M]. 福州:福建教育出版社, 2003:27.
④ 燕京大学图书馆. 燕京大学图书馆概况[M]. 北京:燕京大学图书馆,1933:4.
⑤ 燕京大学图书馆. 燕京大学图书馆概况[M]. 北京:燕京大学图书馆,1933:4.
⑥ 燕京大学图书馆. 燕京大学图书馆概况[M]. 北京:燕京大学图书馆,1933:4.
⑦ 燕京大学图书馆. 燕京大学图书馆概况[M]. 北京:燕京大学图书馆,1933:4.
⑧ 许晚成. 全国图书馆调查录[M]. 上海:龙文书店,1935:188.
⑨ 燕京大学学生自治会. 燕大三年[M]. 1948:11 自刊.
⑩ 程焕文. 裘开明年谱[M]. 桂林:广西师范大学出版社,2008:33.
⑪ 张玮瑛,王百强,钱辛波. 燕京大学史稿1919—1952 [M] 北京:人民中国出版社,1999:421.

30万册,采购经费百分之九十九是来自哈佛燕京学社北平办事处资助的购书款。①

(1)善本古籍

燕京大学图书馆对古籍的采购宗旨以实用为主,以教员、学生日常必需参考之书为主要收集范围,认为普通古籍无碍于研究,且更为实用,价格也较为低廉,可以用余款另购其他书籍。② 在实用古籍经多年积累已有一定基础后,燕京大学图书馆才开始注意购入善本古籍。特别是"七七事变"以后,燕京大学图书馆加大了对方志、年谱、宗谱、总集、别集及碑帖等的收购,所获较多。另外由于战乱,许多民间私人藏书纷纷散出,大量珍本秘笈流入市场,燕京大学图书馆趁时搜集了许多珍稀古籍,其中不乏善本。③ 在哈佛燕京学社北平办事处捐助的图书费支持下,燕京大学图书馆完成了两次比较重要的古籍购买活动:一是1949年,图书馆以折价黄金二两的价格购得庚辰本《脂砚斋重评石头记》,此书是迄今历史上保存最为完整的早期抄本;二是1950年,图书馆以1,250万元国币购入了明弘治善本《西厢记》,这两部书与百回钞本《绿野仙踪》并称为燕京大学图书馆藏"三宝"。④

另外,从燕京大学图书馆每年在图书展览会上展出的宋椠元刊、名人稿本校本钞本、明清精刻本及西文珍贵文献等珍藏可窥见燕京大学图书馆的善本珍藏规模(见下表7-7)。1935年,哈佛燕京学社引得编纂处李书春参观完图书展览会后,在《图书展览志盛》中写道:"燕京大学图书馆收藏之富,在全国学校图书馆中首屈一指。校友返校节(四月二十七日)举行展览会,琳琅满目,美不胜收。吾人平日阅书仅及一隅,今则四部俱列,得广闻见,讵非盛事乎。兹分纪之:关于书籍方面,宋元本凡十数种,永乐大典、四库全书各有一册,虽不谓多,足备一格。稿本校本均极可贵。

---

① 沈津.《中国大陆古籍存藏概况》绪论[M]//沈津.书韵悠悠一脉香.桂林:广西师范大学出版社,2006:376.
② 张玮瑛,王百强,钱辛波.燕京大学史稿1919—1952.[M]北京:人民中国出版社,1999:410.
③ 燕京大学图书馆.中华图书馆协会会报[J],1942(3-4):16.
④ 孟雪梅.近代中国教会大学图书馆研究[M].北京:国家图书馆出版社,2009:98-99.

明清刊本则洋洋大观矣……"①历年参展珍藏数量见表7-7。

表7-7:燕京大学图书馆图书展览会善本珍藏参展数量一览表②

	1934年	1935年	1937年
宋元刊本	9	9	12
明刊本	145	66	52
清刊本	26	9	21
稿本	15	16	23
钞本	85	58	28
批校本	20	6	17
西文善本	39	66	51

1952年院系调整时燕京大学图书馆藏善本古籍书达3578种37,484册,以明、清刻本及钞本居多,宋、元版本亦不少;日文善本152种1069册,以美术考古附图本居多。③ 燕京大学图书馆珍善本收藏之富,在全国大学图书馆中享有盛名。

(2)地方志

燕京大学图书馆是国内图书馆中最早重视收藏地方志的单位,④地方志藏量在全国各图书馆中首屈一指,相比起以刻本古籍收藏为主的其他图书馆,燕京大学图书馆则以珍贵的稿本和钞本收藏居多,并且尤以乡土志为多,如湖北的通山、黄冈、月山、乾镇,陕西的咸阳、甘泉、宜川、岐山、神木、镇安等处乡土志稿本,均是稀见本。⑤ 到1940年时燕京大学图

---

① 李书春.图书展览志盛[J].燕京大学图书馆报,1935(76):1-2.
② 燕京大学图书馆.图书展览目录[N].燕京大学图书馆报特刊,1934,1935,1937.
③ 张玮瑛,王百强,钱辛波.燕京大学史稿[M]北京:人民中国出版社,1999:421.
④ 1938年哈佛燕京学社社长叶理绥曾向董事会建议哈佛燕京学社汉和图书馆购买中国地方志,认为这是购买的好时机,因为中国的国立北平图书馆和北京图书馆均没在购买此类书籍,仅有燕京大学图书馆在采购。见程焕文.裘开明年谱[M].桂林:广西师范大学出版社,2008:191.
⑤ 李书春.参观图书展览记[J].燕京大学图书馆报,1936(93):1-2.

书馆已收集了大部分清代文集和 2003 种地方志,共 20,021 册。①

(3) 古籍丛书

燕京大学图书馆收藏有完整配套的文史丛书,是国内图书馆中此类图书收藏最丰富的图书馆之一。特别是类书收藏异常丰富和珍贵,如饶伸《学海君道部》仅清内府有收藏,刘凤校刊的《海录碎事》、胡继宗《书言故事大全》、彭好古《彭氏类编杂说》、章潢《图书编》均是罕见本。其他如焦竑《献徵录》、俞宪《盛明百家诗》、潘江《龙眠风雅》、赵一清《三国志注补》、周松蔼《松蔼遗书》、施彦士《求己堂八种》等,或原为禁书,世人难得一见,或其书板已遭毁坏,皆为罕见珍本。②

(4) 石刻拓片

1931 年夏,燕京大学教授洪业、顾颉刚、容庚前往大名、洛阳、曲阜等处为燕京大学图书馆购得石刻拓片千余件,当年冬季又从徐瀛从处购得拓片数百件,以后陆续购藏,至 1939 年已累积了不下六千件。③ 经多年购藏,到 1952 年时,燕京大学图书馆收藏的金石拓片已达 12,000 余件。④

(5) 缩微胶卷

1938—1947 年间,美国国会图书馆将国立北平图书馆寄存的 3000 种善本书中选出 2800 种,共 280 万页,制件成缩影胶片 1070 卷,赠送中国的三家图书馆。⑤ 燕京大学图书馆为扩充善本书藏起见,陆续购藏。

(6) 西文东方学文库

燕京大学图书馆主要收藏西文书中研究中国及东方文化的著作,以贝施福(James Whitford Bashford,1849—1919)所赠西文东方学书籍为基础,经过多年添购,至院系调整前共有善本近 600 种 1300 多册。据 1938 年的统计,当时燕京大学图书馆的西文东方学文库与《美国各图书馆藏西

---

① Philip West. *Yenching University and Sino-Western Relations*, 1916-1952[M]. Cambridge, Mass.:Harvard University Press,1976:191.
② 李书春. 图书展览志盛[J]. 燕京大学图书馆报,1935(76):2.
③ 容媛. 燕京大学图书馆所藏石刻草目序[J]. 燕京大学图书馆报,1939(122):2.
④ 吴晞. 北京大学图书馆九十年记略[M]. 北京:北京大学出版社,1992:120.
⑤ 燕京大学学生自治会. 燕大三年[M]. 1948:11-12 自刊.

文东方学选编联合目录》所列各书相比较,仅缺四种,可见其质量之高。①

在1933年《燕京大学图书馆概况》中,有燕京大学图书馆两个特藏的专门介绍,其中一个就是西文东方学文库,并说明该收藏是"关于研究中国及东方文化的西文书籍。至1933年,共有4279册。其中一部分为前贝主教所赠"。"这个特藏中多为孤刻珍本,为燕大特藏之始源。1928年春,哈佛燕京学社成立,对于该类书籍,特加注意,数量与质量,都有一定增加。"燕京大学图书馆的工作统计表也把东方学书单辟一栏,以示区别,并存放于特别图书室,成为燕京大学图书馆的一大骄傲。

---

① 刘家峰,刘天路. 抗日战争时期的基督教大学[M]. 福州:福建教育出版社,2003:60.

第八章 哈佛购书处：
哈佛燕京学社中国研究之协助

美国哈佛大学哈佛燕京图书馆创始于哈佛大学图书馆总馆——怀德纳图书馆(Widener Library)的汉文文库(Chinese Collection)，发展于位于博伊尔斯顿楼(Boylston Hall)的汉和文库(Chinese-Japanese Collection, 1928—1929)和汉和图书馆(Chinese-Japanese Library, 1929—1964)，兴盛于位于神学路(Divinity Avenue)的哈佛燕京图书馆(Harvard-Yenching Library, 1965—)，①其藏书规模仅次于美国国会图书馆亚洲部，是西方最有学术影响力的东亚图书馆，其中尤以中国研究藏书闻名于世。其中文藏书之所以能够独步欧美，一方面是白手起家的首任馆长裘开明数十年如一日悉心收集购求的结果，另一方面则得益于燕京大学图书馆的持续襄助，特别是燕京大学图书馆哈佛购书处(简称"哈佛购书处")的设置起到了十分重要的作用。在某种程度上说，如果没有哈佛购书处，哈佛燕京图书馆就不会有如此丰富的中文藏书。研究哈佛购书处的历史，不仅有助于揭示哈佛燕京图书馆中文藏书的来源与发展过程，以及哈佛燕京学社在促进有关中国研究的文献资源建设的发展历史，而且有助于从藏书

---

① 程焕文.跨越时空的图书馆精神——"三位一体"与"三维一体"的韦棣华女士、沈祖荣先生和裘开明先生[J].中国图书馆学报,2002(5):61-65;2002(6):66-70.

建设的角度探究民国时期东学西渐的历史。

一、成立经过

1879年,哈佛大学首次聘请中国宁波人戈鲲化开设中文课程,开启了哈佛大学中国研究的历史,然而当时的哈佛大学中文藏书寥若晨星。1910年,哈佛学院图书馆开始零星收集中文藏书,后又于1914年接受日本东京帝国大学教授服部宇之吉和姊崎正治捐赠之1600册日文书籍,奠定了哈佛大学亚洲藏书的原始基础。①

1927年,哈佛学院图书馆馆长柯立芝在哈佛大学开设远东历史课程,并因此逐渐积累了一些远东藏书,但是苦于无专人编目整理,遂决定正式聘请当时在哈佛大学攻读博士学位的厦门大学图书馆馆长裘开明担任哈佛学院图书馆汉和文库主管,由此开启了哈佛大学有计划地建设亚洲馆藏的历史。

起初,裘开明主要通过北京、上海、东京等地代理商为汉和文库购买中日文书籍。由于中国书商大多不愿意赊账销售,汉和文库的中文书籍主要购自可以处理国外业务的中国上海商务印书馆、万卷楼(Wan Chuan Lou & Sons)和中华书局三家机构。于是,在中国设立代理商或代理机构,直接向当地书商购买图书,成为汉和文库的迫切需要。

与此同时,1925年,哈佛大学与燕京大学签订临时合作协议,霍尔遗产董事会同意从哈佛燕京学社的账户中向燕京大学司徒雷登汇寄6000美元,请其委托中国的某位图书馆馆长帮助哈佛燕京学社采购书籍。是为哈佛燕京学社与燕京大学合作采购书籍的最初动议。

1928年1月4日,哈佛燕京学社正式成立。哈佛学院图书馆柯立芝馆长希望请燕京大学图书馆为哈佛学院图书馆代理中文书籍购买工作,这一想法得到了时任燕京大学历史系教授兼燕京大学图书馆馆长洪业的

---

① Alfred K'aiming Ch'iu. *Reminiscences of a Librarian* [J]. Harvard Journal of Asiatic Studies,1965(25):7-18.

支持,双方就购书计划、选书原则、装运事项、交易细则等进行了初步商讨,①由此开始了燕京大学图书馆为哈佛学院图书馆汉和文库代购中文书籍的工作。仅1928年,汉和文库就先后三次向燕京大学图书馆寄送总计达8000美元的高额订单,燕京图书馆则收取5%的最低一般管理费用。而这一年,汉和文库除向上海商务印书馆和中华书局直接购买书籍外,大部分书籍均来自燕京大学图书馆代购。②

1929年4月,洪业在赴哈佛大学担任中国史访问讲师期间,与博晨光联名向哈佛燕京学社提交《(机密)哈佛燕京学社备忘录》。在《备忘录Ⅵ:哈佛燕京学社——制定规划,第一个五年期,哈佛燕京学社的图书馆》(*Memoranda VI*: *Harvard-Yenching Institute*, *Mapping Out a Program*, *First Period of Five Years*, *the Libraries of the Institute*)中,洪业提出:哈佛燕京学社董事会在第一个五年发展时期最好每年平均向哈佛燕京学社提供40,000至50,000美元的购书经费;汉和文库目前重点收集的书籍应是:欧洲汉学著述,中国地方志,未收入丛书的中国文集、善本、杂集。此外,洪业还建议设立联系哈佛大学汉和文库和燕京大学图书馆的书目处(bibliographical bureau)③。这一建议为汉和文库中文藏书建设方针的完善,以及汉和文库与燕京大学图书馆联合编印目录卡片、联合书籍采购的合作起到了积极的推动作用。

1930年夏,裘开明返回北平参与中国中央研究院社会调查所为期一年的研究工作。在此期间,汉和图书馆④由赴美的燕京大学图书馆馆长田洪都代任,⑤裘开明则担任燕京大学图书馆顾问,与燕京大学图书馆订

---

① William Hung. *Letter of William Hung to Archibald C. Coolidge. Cambridge*[A]. Harvard-Yenching Library Archives, January 12, 1928.

② Alfred K'aiming Ch'iu. *Chinese-Japanese Collection of Harvard College Library at Harvard University*: *Annual Report of the Custodian* (*July* 1, 1928 *to June* 30, 1929). Cambridge [A]. Harvard-Yenching Library Archives, January 16, 1930.

③ William Hung. Memoranda: *Harvard-Yenching Institute* (*Confidential*). April 1, 1929. Cambridge [A]. Harvard-Yenching Institute Archives: William Hung 1928-1929.

④ 1929年夏,哈佛学院汉和文库正式更名为"哈佛燕京学社汉和图书馆",Chinese-Japanese Library of the Harvard-Yenching Institute,由哈佛燕京学社和哈佛大学文理学院共同管理。

⑤ 汤燕,叶道纯. 燕京大学图书馆[G]//张玮瑛,王百强,钱辛波. 燕京大学史稿1919—1952. 北京:人民中国出版社,1999:419.

购部同仁共同展开为汉和图书馆订购书籍的工作。为避免购买副本,裘开明在离开哈佛大学之前已将汉和图书馆的目录卡片复印件寄往北平,因此,燕京大学有完整的汉和图书馆馆藏目录可用以指导购书。1930年7月至1931年6月间,汉和图书馆的中文书籍均通过燕京大学图书馆采购。至少有50家书商在为燕京大学图书馆提供各种图书目录,燕京大学图书馆通过综合考虑书价、出版和印刷质量等因素来购买各类书籍。①

鉴于燕京大学图书馆能够为汉和图书馆购买书籍提供积极的协助,同时燕京大学图书馆人力资源充足,且成本低廉,在裘开明、洪业、田洪都等人的推动下,哈佛燕京学社董事会和哈佛燕京学社图书馆委员会主席白雷格(Robert Pierpont Blake)教授逐渐开始认同和支持哈佛学院汉和图书馆与燕京大学图书馆联合购买书籍的合作计划。

1931年8月,田洪都返回北平,裘开明在返回哈佛大学之前与田洪都面商并最终达成了哈佛燕京学社汉和图书馆与燕京大学图书馆在北平联合购买书籍,以及联合翻印汉和图书馆目录卡片的协议。② 1932年,哈佛燕京学社正式设立"北平燕京大学图书馆哈佛大学汉和图书馆办事处",俗称"燕京大学图书馆哈佛购书处"。

二、发展变化

燕京大学图书馆哈佛购书处成立之初的一年多时间里,汉和图书馆与燕京大学图书馆的合作并不如人意。燕京大学图书馆在为汉和图书馆采购书籍中存在着质量不精,不按订购计划订购,工作拖拉,经费超支等问题,③导致哈佛燕京学社出现了许多不满的声音。1933年,哈佛燕京学

---

① Hung-tu Tien. *Chinese-Japanese Collection of Harvard College Library at Harvard University: Annual Report of the Librarian* (July 1, 1930 to July 1, 1931). Cambridge [A]. Harvard-Yenching Library Archives: Chinese-Japanese Library of the Harvard-Yenching Institute at Harvard University: Annual Report of the Librarian, First to Tenth, 1927-1936, July 1, 1931.

② Alfred K'aiming Ch'iu. *Reminiscences of a Librarian*[J]. Harvard Journal of Asiatic Studies, 1965(25):7-18.

③ Alfred Kaiming Chiu. *Chinese-Japanese Library, Harvard University, Report of the Librarian for the Year June 30, 1932 to July 1, 1933*. Cambridge [A] Harvard-Yenching Library Archives, November 10, 1933.

社图书馆委员会委员贾德纳对燕京大学图书馆的服务提出了质疑和尖锐的批评,建议放弃燕京大学,改由一家北京书店代订新的出版物。①

1934年,田洪都致函裘开明,解释了造成这一问题的部分原因在于燕京大学图书馆内部正处于人事变动过渡期,承诺努力改善工作。裘开明将这一解释转达给了哈佛燕京学社图书馆委员会,并建议:鉴于中国其他商业机构因无利可图不愿担任汉和图书馆在中国的购书代理机构,应继续由燕京大学图书馆作为汉和图书馆在中国购书的代理机构。②

1934年4月9日,白雷格主席向学社董事会作《图书馆委员会报告》,阐述了通过燕京大学图书馆为汉和图书馆购买中文新书的优点以及具体办法,建议每年从预算中拨出约10,000元国币,作为燕京大学为汉和图书馆购买中文新书的经费,由燕京大学指定一位专门的工作人员从事该项工作。③ 为此,燕京大学图书馆于1934年正式任命顾廷龙为燕京大学图书馆哈佛购书处采购负责人,洪业则负责善本鉴定。顾廷龙自1932年起任燕京大学图书馆中文采访部主任,长于古籍善本鉴定,加之洪业的亲自参与,购书处工作迅速改善,此后为汉和图书馆购入的古籍善本渐多,代购工作有显著改善。④

1937年"七七事变"后,日寇侵占北平,哈佛购书处为汉和图书馆代购书籍的事务受到较大的影响,且日益严重。裘开明开始在西南地区物色代理机构,以协助哈佛购书处开展订购工作。1939年2月23日,裘开明馆长在致西南联大图书馆严文郁馆长的信中言:"燕京大学图书馆处于沦陷区,已经不能再为敝馆购买任何新刊和新书,所以敝馆决定在西南地

---

① Robert Pierpont Blake. Letter of Robert Pierpont Blake to George Henry Chase. Cambridge[A]. Harvard-Yenching Library Archives, April 22, 1934.

② Alfred K'aiming Ch'iu. Letter of Alfred K'aiming Ch'iu to Robert Pierpont Blake. Cambridge[A]. Harvard-Yenching Library Archives, March 16, 1934.

③ Report of the Library Committee. Cambridge[A]. Harvard-Yenching Library Archives, April 9, 1934.

④ Alfred Kaiming Chiu. Chinese-Japanese Library, Harvard University, Report of the Librarian for the Year June 30, 1933 to July 1, 1934. Cambridge[A]. Harvard-Yenching Library Archives, October 20, 1934.

区物色代理。"①在其后的几年中,汉和图书馆通过中国国内迁往西南地区的部分图书馆、教育机构,以及中华图书馆协会等协助,持续购入抗战时期的新出版物,以及西南地区地方志文献等。②哈佛购书处则协助为代购机构进行书目查重,避免重复订购,并负责处理许多书籍代订的付款手续。

1941年,太平洋战争爆发,日军全面接管燕京大学,哈佛购书处的工作被迫中断。

1945年,燕京大学复校后,哈佛购书处恢复为哈佛代购书籍的工作。在1946年至1950年间,哈佛购书处共订购各类书籍约2070种10,140册。

1952年,燕京大学撤销,燕京大学图书馆哈佛购书处也随之被撤销。

三、购书方针

燕京大学图书馆哈佛购书处的购书方针由哈佛燕京学社与汉和图书馆决定。哈佛燕京学社成立之初设立有图书馆委员会,负责讨论制定汉和图书馆每年的购书方针与计划。白雷格任主席,成员有燕京大学洪业教授、哈佛大学梅光迪教授、裘开明、法国学院伯希和教授。购书方针内容涉及书籍订购的重点、优先原则、经费预算与分配等。购书方针总体上以哈佛燕京学社和哈佛大学的中国研究之需要为基本原则,每年根据具体的研究需要而做出相应调整,并及时传达给哈佛购书处。

1937年11月,哈佛燕京学社决定正式解散图书馆委员会,由社长负责领导汉和图书馆工作。另外,汉和图书馆成立有专家顾问委员会,成员包括伯希和、国立北京大学钢和泰、洪业、博晨光、梅光迪。顾问委员会为

---

① Alfred K'aiming Ch'iu. *Letter of Alfred K'aiming Ch'iu to Yen Wen-yu. Cambridge*[A]. Harvard-Yenching Library Archives, February 23, 1939.

② Alfred K'aiming Ch'iu. *Letter of Alfred K'aiming Ch'iu to Francis C. M. Wei. Cambridge*[A].Harvard-Yenching Library Archives, July 31, 1939.

汉和图书馆提供藏书发展意见①。

燕京大学图书馆哈佛购书处遵照汉和图书馆的购书方针展开相应的订购工作。根据协议,燕京大学图书馆哈佛购书处每种书籍同时订购两份,一份寄往哈佛,一份留存燕大。洪业规定,燕大在购置中日韩文图书时,如系善本、珍本或钞本,通常送到哈佛,而燕大则以影印本办法留存。洪业认为哈佛收藏善本的条件优于国内,且付得起高价书款,燕京大学可以用节省余款购置其他书籍。

燕京大学图书馆为协助哈佛燕京学社汉和图书馆采购书籍,制定了专门的采购程序。《燕京图书馆概况》载:"哈佛燕京学社图书费,专为购置国学有关之中西书籍。……中文书籍之选购,先由中文书籍审购委员会审定,然后再由本馆购置之。"②燕京大学图书馆哈佛购书处书籍选购工作具体由顾廷龙负责,③洪业负责审购,中文书籍审查委员会委员也参与审查。此中文书籍审查委员会隶属燕京大学图书馆委员会,成员由马季明(主席)、田洪都、容庚、顾颉刚、邓之诚组成。④

汉和图书馆及哈佛购书处的购书方针总体以儒家经典、哲学、语言、传记、工具书、考古、历史、地方志、丛书等为购藏重点,1935年进一步加强搜购中国各省地方志,1937年以后加强对中国西南地区新出版物的搜集。⑤⑥ 二战结束后哈佛大学重新开始重视远东研究,1946年设立了东亚区域研究项目(the East Asiatic Regional Studies Program),加强现当代中日韩研究,汉和图书馆及哈佛购书处进一步加强了对现当代中文书籍

---

① Alfred K'aiming Ch'iu. *Chinese-Japanese Library of the Harvard-Yenching Institute at Harvard University Report of the Librarian for 1955-1956*. Cambridge[A]. Harvard-Yenching Library Archives.
② 燕京大学图书馆. 燕京大学图书馆概况[M]. 北京:燕京大学图书馆,1933:13.
③ 1939年7月,顾廷龙离开燕京大学出任上海合众图书馆馆长之职,购书处的工作继续由洪业、田洪都、陈鸿舜、刘楷贤等人,以及燕京大学图书馆订购部同仁协理。
④ 燕京大学图书馆. 图书馆委员会本学期首次会议[J]. 燕京大学图书馆报. 1931(14):封面.
⑤ Alfred K'aiming Ch'iu. *Chinese-Japanese Library Harvard University Report of the Librarian for the Year June 30, 1938 to July 1*. Cambridge[A]. Harvard-Yenching Library Archives,1939.
⑥ 裘开明. 裘开明致杜联喆信函. Cambridge[A]. Harvard-Yenching Library Archives, 1943年7月12日.

的搜集。①

四、购书经费

自1929年夏哈佛学院汉和文库正式由哈佛燕京学社和哈佛大学文理学院共同管理,更名为哈佛燕京学社汉和图书馆,其经费由哈佛燕京学社直接管理,得到了专项、持续、稳定的经费保障,其中包括向燕京大学图书馆哈佛购书处的拨款经费。

表8-1:哈佛燕京学社汉和图书馆1927—1950年度购书经费统计②

年度	购书总经费(美元)(含装订费)③	燕京购书处购书费(国币元)
1926—1927	3000.00	0
1927—1928	5200.15	3181.49
1928—1929	6156.79	
1929—1930	7789.85	
1930—1931	6440.81	31,700.49
1931—1932	12,787.82	19,181.67
1932—1933	3225.60	21,599.18
1933—1934	3254.53	3257.48
1934—1935	4483.66	6697.72
1935—1936	11,629.37(7,093.12④)	7511.35,结存165.27

---

① Alfred Kaiming Chiu. The Harvard-Yenching Institute Library[J]. The Far Eastern Quarterly, 1954(1):147-152.

② 本表数据来源于笔者对哈佛燕京图书馆现藏该馆历年年度报告统计而成。每年度时间自本年7月1日至次年6月30日止,1941年度因战争原因未含燕京购书处支出。

③ Alfred Kaiming Chiu. Chinese-Japanese Library of the Harvard-Yenching Institute at Harvard University Report of the Librarian for the Year July 1, 1947 to June 30, 1948. Cambridge[A]. Harvard-Yenching Library Archives.

④ Chinese-Japanese Library Harvard University Report of the Acting Librarian for the Year June 30, 1936 to July 1, 1937. Cambridge[A]. Harvard-Yenching Library Archives.

续表

年度	购书总经费(美元)(含装订费)	燕京购书处购书费(国币元)
1936—1937	4576.21	7698.44,结存 2,801.56
1937—1938	11,743.96(7243.96①)	17,351.40,结存 7145.82
1938—1939	8816.10(11,768.7②③)	42,719.77
1939—1940	10,160.32	98,935.445,美金 234.84,结存国币 6187.305
1940—1941	14,664.99	111,033.96
1941—1942	3855.70	
1942—1943	5242.20	
1943—1944	3766.59	
1944—1945	5237.97	
1945—1946	6476.77	1802.95 美元（1945.10—1946.10）
1946—1947	9075.57	21,891,337.00,结存 18,410,078.00
1947—1948	9217.89	10,431,449.00
1948—1949	8332.23	1752.80 美元
1949—1950	8019.62	2000.30 美元

由表1可见,1926—1950年间,汉和图书馆的历年度购书经费总额均在3000美元以上。1931—1932年度,图书馆购书经费首次超过1万美元。1932—1935年间,由于美国经济衰退,哈佛燕京学社的经费来源——霍尔铝业公司的利润大幅减少,导致哈佛燕京学社在此期间收入

① Chinese-Japanese Library Harvard University Report of the Acting Librarian for the Year July 1, 1937 to July 1, 1938. Cambridge[A].Harvard-Yenching Library Archives.
② Chinese-Japanese Library Harvard University Report of the Librarian for the Year June 30, 1938 to July 1, 1939. Cambridge[A].Harvard-Yenching Library Archives.
③ 常规预算支出 7768.70 美元,追加预算支出 4000 美元。

急剧减少,甚至出现赤字局面,学社自1932年开始全面削减开支,图书馆每年的购书经费也大幅减少,许多书籍订购计划被迫停止。1936年,裘开明藉哈佛大学成立300周年之机,向哈佛燕京学社提出增加购书经费,加强方志建设的建议。1937—1941年间,汉和图书馆购书经费连年突破1万美元。这一时期正值中国抗日战争时期,而汉和图书馆在中国的购书工作并未受到大的影响,反而有较大的增长,原因主要在于全面抗战爆发后,很多私人藏书散出,流向市井,书源充足。同时,中国国内政治经济时局不稳,民不聊生,国币价值、外汇汇率波动极为频繁,相较于中国国内其他图书馆和藏书机构面临货币贬值和经费严重短缺困境,相对稳定的美元经费支持为汉和图书馆、燕京大学图书馆的购书工作带来了巨大的优势,使它们成为民国时期中国旧书业市场首屈一指的大户。正如裘开明1938年10月在北京期间致函叶理绥社长时所言:"现在是在中国图书市场购买图书的好时机。我正在努力搜集汉和图书馆所缺少的一些重要书籍。"①

哈佛燕京学社每年根据汉和图书馆的购书预算,向燕京大学财务处拨付专款,用于燕京大学图书馆哈佛购书处的购书支出,主要支出项目包括:图书、方志、杂志、邮费、装订费、行政办公费(薪水)及其他杂费等(见表8-2)。

1941—1945年间,随着燕京大学被日军占领,哈佛购书处工作陷于停顿,汉和图书馆主要通过中国内迁往西南地区和香港等地的部分图书馆、文化机构,乃至个人代购书籍,但仍困难重重。何多源在1941年4月29日致裘开明的信中曾指出:"中国交通不便,搜购刊物极感困难,且时有损失。……中国自经此次抗战后,许多以前认为最普通之书,现在亦难于购得。……乱世如斯,公私所藏书如秦火胡灰,都非意外。"②这一时期,汉和图书馆的购书款由美直接汇寄,少数则仍通过燕京大学支付,但因战争原因,未留下相关统计档案。1945年,抗日战争结束,燕京大学复校,哈佛购书处代购工作逐渐恢复,购书经费每年保持在2000美元左右。

---

① Alfred K'aiming Ch'iu. *Letter of Alfred K'aiming Ch'iu to Serge Elisséeff. Cambridge*[A]. Harvard-Yenching Library Archives, January 13, 1938.

② 何多源. 何多源致裘开明信函. Cambridge[A].Harvard-Yenching Library Archives,1941年4月29日.

表8-2：燕京大学图书馆哈佛购书处历年购书经费统计（单位：国币元）①

时间	总计用款	书款	方志	杂志	邮费	杂费	装订	行政办公费（薪水）
1930—1931	31,700.49	30,703.54		929.95	67			
1931—1932	19,181.67	13,828.63		841.13		4511.91		
1932—1933	21,599.18	7773.67		853.25		1547.30	967.68	5507.25
1933—1934	3257.48	1092.87		650.7		1197.19	316.70	
1934—1935	6697.72	4249.51		468.54		498.98	346.69	1134
1935—1936	7511.35, 结存165.27	4021.70		501.70		992.08	390.6	1440
1936—1937	7698.44, 结存2801.56	2873.04	919.61	562.22		1589.37	314.20	1440
1937—1938	17,351.40, 结存7145.82	5407.22	8714.66	47.58	724.53		574.22	1883.19
1938—1939	42,719.77	23,877.56	13,911.34	90.40	1173.6	10.70	777.68	2878.42

① 本表数据据哈佛燕京图书馆藏哈佛购书处历年购书报告统计而成。

续表

时间	总计用款	书款	方志	杂志	邮费	杂费	装订	行政办公费（薪水）
1939—1940	98,935.445 美金 234.84 结存 6187.305	54,371.74 拓片 5500	21,628.02	199.06 美金 1.00	6320.43	136.84	3274.69	6767.015
1940—1941	111,033.96	39,033.3 拓片 13,000	35,248.60	21.40	7337.5		6634.55	9658.54
1945.10—1946.6	2,048,848	838,048		346,600		336,250	446,500	
1946.7—1946.10	1,844,647	725,637		525,900	162,950	400,560	29,600	
1946.11—1947	21,891,337, 结存 18,410,078	6,970,137		2,258,850	2,892,360		2,208,000	7,561,990
1947—1948	1,043,144,900	550,165,100		250,113,800	95,614,000		92,189,000	2,520,100
1948—1949	1752.80 美元	562.40 美元		429.50 美元	166.21 美元		77.31 美元	935.55 美元
1949—1950	2000.30 美元	969.21 美元		35.69 美元	72.70 美元		128.57 美元	794.13 美元

五、购书方式

哈佛燕京学社汉和图书馆及其燕大哈佛购书处是民国时期中国国内书籍市场上最活跃的购书机构。通过对哈佛燕京学社汉和图书馆所藏燕京大学图书馆哈佛购书处的历年购书报告，以及购书处历年的购书单、购书发票进行全面查阅、统计和分析，可清晰地发现，哈佛购书处购书的主要渠道大致分为四种：其一是向各类出版机构、书店购书，其二是向部分教育研究机构购书，其三是委托机构或个人代购，其四是以抄写方式复制书籍（见表8-3）。

表8-3：燕京大学图书馆哈佛购书处购书联系单位/个人①

时间	出版机构/书店	教育研究机构	个人	总数
1930—1931	54	7	13	74
1931—1932	34	9	11	54
1932—1933	48	11	10	69
1933—1934	20	7	4	31
1934—1935	38	10	2	50
1935—1936	36	9	2	47
1936—1937	45	10	3	58
1937—1938	47	7	1	55
1938—1939	56	4	8	68
1939—1940	74	9	1	84
1940—1941	86	5	13	104
1947—1948	26	0	0	26
1948—1949	28	2	1	31
1949—1950	8	2	1	11

① 本表数据据哈佛燕京图书馆藏燕京大学图书馆哈佛购书处历年购书报告分析统计。

1. 出版机构、书店

哈佛购书处先后与北京、上海、南京、杭州、云南、浙江等地的240余家出版机构、书店、教育机构有购书关系。其中1940—1941年度出版机构、书店联系数量达86家，为历年之最，1939—1940年度亦有74家。这些出版机构、书店等多数集中于北京、上海等地，许多更是北京琉璃厂、隆福寺一带的百年老店，又或是起于近代、繁荣数十年的旧书店，又有民国时期新兴的出版机构（见表8-4），从这些书店可窥民国时期中国旧书业的面貌。

表8-4：与燕京大学哈佛购书处有联系之出版机构、书店①

拔提书店	汉文堂	蟠青书室	国闻周报总发行部	西苑报社
百双楼	翰文斋	佩文斋	天津河北月刊社	希古书店
拜经楼书店	恒古堂	橪学斋	通学斋书店	效贤阁
宝会斋	衡鉴堂	奇珍斋	同好堂	新生书店
宝明斋	宏达堂	企古堂	同和堂	修绠堂书店
宝铭堂	宏远堂	企古斋	同文书店	修文阁
宝书堂	华文书店	勤有堂	桐醴阁	修文阁
宝文书局	怀古堂	青云斋书店	蔚文阁	燕昌号
宝文斋	环球书报社	庆文堂	蔚珍堂	燕京影印社
保萃斋	会文书局	庆文斋	文粹堂	益斋
保古堂	会文堂	群玉斋	文粹斋	肄文堂
保古斋	会文斋	荣华堂	文殿阁	懿古书店
抱经堂（杭州）（上海）	稽古堂书店	瑞文斋	文古书店	懿古堂
北京商务印书馆	今古书店	瑞芝阁	文华阁	蟬隐庐

① 书店信息来源于笔者对哈佛燕京图书馆现藏燕京大学图书馆哈佛购书处历年书款报告统计

续表

拔提书店	汉文堂	蟠青书室	国闻周报总发行部	西苑报社
北洋光华印刷局	晋古阁	三雅堂	文华堂	永茂书店
北洋兄弟印刷局	经腴堂	三友堂	文汇阁	友仁堂
博文书店	经香楼	山西书局	文会阁	有正书局
澄云阁	经训堂	上海良友图书公司	文津阁	悦古斋
持雅斋书店	景山书社	上海商务印书馆	文奎堂书庄	云御宅
崇文斋	竞进书社	神州国光社	文魁阁	藻玉堂
纯华阁	敬文斋	慎玉堂书店	文来堂	振文阁
萃文斋	敬业堂	生活书店	文莱阁	振文斋
粹雅堂书庄	敬义堂	石经阁书店	文燐堂	正中书局
大东书局	九经堂	石渠阁	文禄阁	知文阁
大同书店	聚古堂	史宅	文禄堂	直隶书局
大雅堂	聚珍堂	世界书局	文泉阁	致雅堂
带经堂书店	钧古堂	书业诚书店	文瑞阁	觯斋书社
德友堂	开明书店	水茂书店	文瑞斋	中国书店
东来阁	开通书店	思贤阁	文通阁	中国图书馆服务社
东雅堂	来青阁	松古堂	文雅堂	中国文化社
多文阁书店	来薰阁	松筠阁	文友堂	中华书局
二孟斋	赖古堂	宋经楼（杭州）	文祐堂	中原书店
二友	黎光阁	宋远堂书坊	文渊阁	周氏善本书店

续表

拔提书店	汉文堂	蟠青书室	国闻周报总发行部	西苑报社
斐英阁	铭珍斋	苏州大华书店	文艺阁	籀经堂
复初斋书局	穆斋鬻书处	苏州国学小书堆	文宗阁	宗文书店
富晋书社	南京中国文化专业公司	邃雅斋	五华山房书店	尊文阁
观古堂	南阳山房	天都阁	五洲会计书局	作家书屋
函雅堂				

2. 教育研究机构

哈佛购书处同时也与部分教育研究机构建立关系,或委托其代购书籍,或向其购买出版物等,如中国地质调查所、中国银行经济研究室、上海科学社、中国太平洋国际学会、浙江省立图书馆、中国古物保管委员会、故宫博物院、云南图书馆、云南昆华民众教育馆、燕京影印社、国立北平图书馆、嘉业藏书楼、南京监务署、私立武昌华中大学中国文学系研究室、西南联合大学图书馆、大理华中大学、国立中央图书馆、岭南大学图书馆、香港正中书局等。

1941年,北平沦陷,燕京大学图书馆哈佛购书处的直接代购工作陷于困顿。汉和图书馆开始设法拓展其他代购渠道。西南联合大学图书馆馆长严文郁、大理华中大学校长韦卓民、国立中央图书馆馆长蒋复璁、迁移香港的广州岭南大学图书馆何多源、北平图书馆馆长袁同礼等均曾协助过该馆购书。1944年6月,哈佛燕京学社汉和图书馆还参加了美国图书馆协会中文资料联合采购计划(the ALA Program for Joint Purchase of Chinese Materials),委托由中华图书馆协会成立的代购机构购买中文书籍。

3. 个人代购

据不完全统计:先后有50余人协助哈佛购书处为其代购书籍,著名者如容庚、房兆楹、冯汉翼、冯少儒、冯续昌、傅振之、何多源、黄廷斌、伦明、洪业、何旭初、王欣夫、田洪都、杨明照、郑振铎等人（见表8-5）。

表8-5：燕京大学哈佛购书处代购人员统计①

C. Chao	郭心培	裘开明	项铁元	张绍衡
C. Fany	韩文乡	容庚	谢廷式	张受骞
Chanlea S. Yandna	韩学川	孙述万	徐度	张松林
北泽弥三郎	何多源	田洪都	薛茂如	张悦邻
陈仁塙	何旭初	王欣夫	杨滨	张兆统
邓文如	洪业	王云峰	杨明照	郑季铭
杜联喆	黄廷斌	王云鹤	杨汝信	郑健庵
房兆楹	金元达	王仲华	姚淑玉	郑振铎
冯汉翼	蒋复璁	韦卓民	严文郁	周子仪
冯少儒	李敬铭	吴寄荃	伊曾筠	朱士嘉
冯续昌	刘亦谋	吴丰培	于冠英	朱松子
傅寿昆	刘子茹	夏关枝	张建菴	朱肇洛
傅振之	伦明			

4.抄写复制

哈佛购书处还通过抄写方式复制部分珍稀难得之书。在《哈佛大学图书馆驻平采访处汉籍拓片账单粘存簿》中曾出现过的承抄者有张悦邻、王仲华、傅寿昆、王云鹤、王云峰、姚淑玉、冯少儒、项铁元、石星五、阮惟吾、德恩沛、薛茂如、何旭初等人。②

此外，哈佛购书处还负责协理汉和图书馆委托代购机构对订购书籍予以装订，装订分两种：其一，线装书仅一册者改为精装，两册以上者不仅改为精装合订本，且制作中国函套；其二新式装订图书均精装后邮寄；其

---

① 本表数据来源于哈佛燕京图书馆藏燕京大学图书馆哈佛购书处历年购书报告。
② 徐雁.中国旧书业百年[M].北京：科学出版社，2005:418.

三,装订用蓝色洋布或土布,以烫银字书以书名及作者。① 装订样式遵汉和图书馆设计,装订费由汉和图书馆承担。

六、购书概况

燕京大学图书馆哈佛购书处凭借哈佛燕京学社稳定的经费来源,为汉和图书馆搜购了大量珍贵书籍。1932年至1950年间,购书处购书数量总计14,504种,122,300册,占汉和图书馆这一时期中文新增数量的50%以上。

表8-6:燕京大学图书馆哈佛购书处年度购书统计②

时间	购书数量	
	种	册
1930—1931	1635	15,930
1931—1932	620	7451
1932—1933	1232	7479
1933—1934	207	1382
1934—1935	499	3703
1935—1936	300	5221
1936—1937	249	3467
1937—1938	794	7355
1938—1939	1002	13,588
1939—1940	2812	18,019
1940—1941	3600	29,000
1945.10.1—1946.10.23	19	129

---

① 裘开明.裘开明致何多源函[A].Harvard-Yenching Library Archives,1941年5月28日.
② 本表数据来源于哈佛燕京图书馆藏哈佛购书处历年购书报告,时间自本年7月1日至次年6月30日止。部分年份的中文购书量高于哈佛燕京图书馆的中文新增数量,原因可能为哈佛购书处当年部分已订购书籍因书籍到货或邮寄延迟原因未被哈佛燕京图书馆及时统计。

续表

时间	购书数量	
	种	册
1946—1947	202	1655
1947—1948	545	2626
1948—1949	195	367
1949—1950	593	4928
总计	14,504	122,300

从表8-6可知,1938—1940年间哈佛购书处年购书量逾1万册,1940年度高达2.9万册,可见抗日战争全面爆发后的前四年是当时中国书业市场交易最活跃的时期。战争导致古籍文献大量散出,为哈佛燕京学社、燕京大学等这类资金雄厚的机构提供了极好的购书契机。谢兴尧回忆道:"盖丧乱之余,各地方之世家巨族,昔日收藏,大皆流出,……至其销路,时购买力最强者,若哈佛燕京社、大同书店,皆购寄美国,年各约数十万元。……又近三四年来,燕京大学及哈佛社因时会关系,挟其经济力,颇买得不少佳本。于是珍本秘籍,多浮海而去"。①

在哈佛购书处的协助下,汉和图书馆中文藏书迅速增长。至1951年,其中文藏书总量达33,152种192,348册,藏书规模居美国东亚图书馆前位(见表8-7)。

表8-7:哈佛燕京学社汉和图书馆1927—1950年中文藏书情况②

时间	中文藏书		新增中文书	
	种数	册数	种数	册数
1927年以前		4526		

---

① 谢兴尧.堪隐斋随笔:事变后之旧书业[M].沈阳:辽宁教育出版社,1995:30-31.
② 本表数据来源于哈佛燕京图书馆藏该馆历年年度报告,每年度时间自本年7月1日至次年6月30日止。

续表

时间	中文藏书		新增中文书	
	种数	册数	种数	册数
1927年2月1日—7月1日		7942		
1927年7月2日—1928	9561	15,248		
1928—1929	10,125	24,511	868	11,600
1929—1930	11,546	44,103	1421	19,592
1930—1931	12,529	54,432	983	10,329
1931—1932	14,412	71,036	1883	16,604
1932—1933	15,599	79,484	1187	8448
1933—1934	16,680	86,651	1281	7167
1934—1935	17,938	92,668	1058	6017
1935—1936	18,971	101,818	1033	9150
1936—1937	19,632	108,852	661	7073
1937—1938	20,184	114,973	552	6121
1938—1939	20,885	124,252	730	9779
1939—1940	22,345	144,114	1435	19,862
1940—1941	24,656	159,624	2336	15,510
1941—1942	25,337	164,516	681	4892
1942—1943	25,457	165,059	120	543
1943—1944	25,465	165,084	8	25
1944—1945	26,244	166,612	779	1528
1945—1946	26,986	168,357	742	1745
1946—1947	29,393	179,003	2407	10,646
1947—1948	30,742	184,893	1349	5890
1948—1949	31,395	186,353	653	1460
1949—1950	32,167	188,844	774	2491

续表

时间	中文藏书		新增中文书	
	种数	册数	种数	册数
1950—1951	33,152	192,348	983	3504
总计			23,924	179,976

这一时期,汉和图书馆在古籍善本、地方志、丛书、新文化书籍等方面发展尤为卓著,裘开明、洪业、顾廷龙、田洪都、容庚、陈鸿舜等人做出了卓越的贡献。哈佛燕京图书馆①现藏的 30 余种宋元刻本,1400 余部明刻本,2000 余部清初刻本,1000 余部稿本、钞本,以及唐人写经、明清学者尺牍、民国名人手札、舆图、石刻拓片等,②多数购于汉和图书馆和哈佛购书处时期。至 1950 年 7 月,该馆藏中国方志达 2870 种,30,527 册,为当时西方收藏中国地方志最多的图书馆;中文丛书亦达 1215 种,含独立著作超过 32,000 种。此外,自 1937 年以后,汉和图书馆加强对新文化书籍的购买,"以有关国学及中国问题者为限",③内容涉及中国经济、革命、社会思潮、新民主主义、苏联研究、近代史、中国共产党、职工运动、土地改革、农村调查等主题,④反映了当时汉和图书馆对中国新形势下社会政治、经济、文化思想发展趋势的及时把握。

燕京大学图书馆同样借助哈佛燕京学社提供的购书经费购买了大量书籍。燕京大学成立初期藏书约 4 万册,而且西文书多于中文书。自 1928 年获得哈佛燕京学社支持后,尽力补充中国古籍,1929 年中文图书达 140,000 册,1933 年达 220,411 册,1940 年时燕京大学图书馆已经收集了大部分清代丛书和 2003 种 20,021 册地方志,⑤1950 年藏书达

---

① 1965 年,哈佛燕京学社汉和图书馆更名为"哈佛燕京图书馆"。
② 沈津.《美国哈佛大学哈佛燕京图书馆中文善本书志》后记[M]//沈津.美国哈佛大学哈佛燕京图书馆中文善本书志.上海:上海辞书出版社,1999:925-926.
③ 裘开明.裘开明致何多源函[A].Harvard-Yenching Library Archives,1941 年 4 月 5 日.
④ 燕京大学图书馆哈佛购书处一九四九年度所购新文化书籍目录[A].Cambridge:Harvard-Yenching Library Archives,1949.
⑤ Philip West. *Yenching University and Sino-Western Relations*,1916-1952[M]. Cambridge,Mass.:Harvard University Press,1976:191.

400,000万册。① 在当时中国大学图书馆中名列前茅,雄厚的藏书实力为燕京大学的学术研究提供了坚实的基础。

哈佛燕京图书馆与燕京大学图书馆的交流合作历史实质上就是哈佛燕京图书馆藏书实力从小到大,独步欧美东亚图书馆的历史。1930—1950年,正是欧美各国纷纷开始建立东亚图书馆的黄金时期,许多东亚图书馆由于经费有限、购书管道不畅通等原因,通常发展缓慢。哈佛燕京图书馆选择了独特的藏书发展策略——与燕京大学图书馆建立长期密切的交流合作关系。这种藏书发展策略具有多种优势:其一,因为霍尔基金会的关系,哈佛燕京学社与燕京大学具有难以分割的血缘关系;其二,因为这种血缘关系,燕京大学图书馆得以成为哈佛燕京图书馆在中国值得信赖且十分稳定和可持续发展的藏书合作采购伙伴,从而确保了哈佛燕京图书馆能够源源不断地从中国采购中文书籍;其三,与通过书商采购书籍不同的是,许多精通中国文化典籍的燕京大学知名教授都以各种方式参与燕京大学图书馆哈佛购书处的书籍采购工作,从而确保了哈佛燕京图书馆以比较低廉或者公道的价格采购大量高质量的中文书籍。这种具有特别优势的合作伙伴关系,使得原本具有雄厚东亚研究实力、高度重视藏书建设和充足购书经费的哈佛燕京学社和哈佛燕京图书馆如虎添翼,加上中国社会的动荡,私人藏书的大量散出,哈佛燕京图书馆在中文书籍的采购中可谓是尽得天时地利人和。正是这种20年(1930—1950年)来的天时地利人和造就了哈佛燕京图书馆的迅速辉煌,同时也带动燕京大学图书馆后来居上迅速成为中国大学图书馆中的佼佼者,而燕京大学图书馆的丰富馆藏最终亦为北京大学图书馆在20世纪50年代以后执中国大学图书馆之牛耳奠定了重要的基础。

---

① 张寄谦. 哈佛燕京学社[M]//章开沅,林蔚主编. 中西文化与教会大学. 武汉:湖北教育出版社,1991:138-163.

第九章　卡片目录计划：
哈佛燕京学社中国研究之门径

裘开明(Alfred K'aiming Ch'iu,1898—1977),字阊辉,1898年出生于浙江镇海县。1912年就读于湖南长沙美国圣公会学校——湘雅中学(St. James Middle School),1915年被美国圣公会推荐免费就读于文华中学。1918年被推荐免费攻读武昌文华大学文科,1920年改修图书馆学,师从"中国现代图书馆运动之皇后"韦棣华女士和"中国图书馆学教育之父"沈祖荣先生。1922年毕业,获文学学士,成为中国第一届图书馆学专业毕业生。毕业后担任厦门大学图书馆第一任馆长。1924年前往美国纽约公共图书馆学校攻读图书馆学硕士学位,1925年考入哈佛大学文理研究生院(the Graduate School of Arts and Sciences)攻读经济学博士学位,同时继续完成纽约公共图书馆学校的一年实习课程,1927年获图书馆学硕士学位,1933年获哈佛大学哲学博士学位。在哈佛大学攻读博士学位期间,于1927年担任哈佛大学怀德纳图书馆(Widener Library of Harvard University)汉和文库主管(the Custodian of the Chinese-Japanese Collection)。1928年哈佛燕京学社成立,1929年汉和文库自哈佛学院图书馆迁出,与哈佛燕京学社合署办公,更名为哈佛燕京学社汉和图书馆(the Librarian of Chinese-Japanese Library,1965年更名为哈佛燕京图书馆),裘开明任馆长。1965年退休,担任馆长达38年,创立哈佛燕京图书馆,并将之发展成为西方最大的东亚图书馆。1965年创办美国明尼苏达大学图书馆东亚图书馆。1966年创办香港中文大学图书馆。1977年11月逝世于美国剑桥。①

裘开明终生致力于图书馆事业,为美国东亚图书馆发展做出了卓越贡献,被美国图书馆界和学术界誉为"美国东亚图书馆馆长之领袖"(the Dean of the East Asian Librarians in the United States)和"西方汉学研究的引路人"。② 著名华裔图书馆学家钱存训先生认为裘开明的贡献主要有三方面:(1)领导哈佛燕京图书馆在两次世界大战中全力搜购珍贵中文古籍和各类新书。(2)针对哈佛燕京图书馆藏书的内容与特色,结合中国传统分类理论方法和西方现代图书分类法,编制《汉和图书分类法》,成为当时西方图书馆对东亚语文图书普遍采用的分类法。(3)在他的主持下,哈佛燕京图书馆与燕京大学图书馆合作,率先开展以卡片目录取代中国传统的书本式目录的活动,吸取西文图书编目思想,著录与西文相同的项目,并加注罗马字拼音、按字母顺序排列,促使中西文图书目录的统一。此外,以卡片目录为基础编印书本目录,创造卡片式书本目录的典范。③

一、哈佛大学中文图书编目法与中文卡片目录的创制

1927年裘开明担任哈佛大学汉和文库主管,1929年留任哈佛燕京学社汉和图书馆馆长。其时,他面临的最大专业技术问题是中文和日文图书的分类编目问题。

就图书分类而言,20世纪初中国图书馆普遍使用四部分类法,但随着西学东渐,西学兴起,四部分类法无法适应新学图书的编目需求。其时美国普遍使用《杜威十进分类法》《美国国会图书馆分类法》,因为学科的

---

① 程焕文.裘开明简介[M]//程焕文.裘开明年谱.桂林:广西师范大学出版社,2008:1.
② 程焕文.裘开明简介[M]//程焕文.裘开明年谱.桂林:广西师范大学出版社,2008:1.
③ 钱存训.裘开明图书馆学论文集 序言[C]//程焕文.裘开明图书馆学论文集.桂林:广西师范大学出版社,2003:序言1-2.

差异,这些图书分类法只适合欧美图书的分类,并不适用于中文图书的分类。《杜威十进分类法》传入中国后,经历了"补杜""改杜""仿杜"的中国现代图书分类法的发展。裘开明亦仿照《杜威十进分类法》,结合中国传统的四库法,于1930年创制《汉和图书分类法》,其后该分类法成为20世纪欧美东亚图书馆普遍采用的图书分类法。

就图书编目而言,20世纪图书馆目录的最大革新是从书本式目录向卡片目录的转变。19世纪末,美国图书馆界开始普遍使用卡片目录,且以美国国会图书馆目录为圭臬,形成比较一致的编目规则。在中国,图书馆过去习惯采用书本式目录,1912年后开始引进美国卡片目录,1925年中华图书馆协会成立后逐渐普及。① 那时的卡片目录均为手写,卡片的著录项目(如书名项、作者项、分类主题、排架号)都不同,在卡片目录的著录项目、种类和格式上没有统一规范。因为中文与英文的文字差别,裘开明既无法沿袭哈佛大学图书馆编目规则进行中文图书编目,又无适合的中文图书编目规则借用,于是自创一套中文图书编目规则。

裘开明认为,中国传统书目体例可分为解题、簿录与考订三种流派,三种流派源流有别,承袭有制,然各有优劣利弊。解题派"以条叙学术派别,论断群书得失为主旨",书之内容与价值揭示值得肯定,然书目冗繁,论断难免偏颇是其缺点。簿录派"谨记甲乙部次,只标图书名目",简洁有余,于书之内容揭示不足。考订派"专究版本之先后,钞校之精粗,音训之异同,字画之增损,授受之源流,翻摹之本末,篇第之多寡,行字之数目,行幅之疏密,装缀之优劣",这种重视版本优劣、真伪、源流的鉴别考证方法,对内容价值的评品不足。三种流派的利弊,虽各有不同,但均不适用于现代图书馆编目。裘开明认为:"盖现今之图书馆,应付群众使用,几至供不应求。编目者势难得先儒之宽闲,作正确之解题,精密之考订。然书目为用,在因目寻书。是每书亦不得不有相当之节述,使未睹书仅见目者,略知其内容与形式,故书目之体例及其详略,应如何为适当,实为今日图书馆编目亟待解决之一问题。"②

---

① Alfred K'aiming Ch'iu. Memorandum on the Harvard - Yenching Institute Chinese Card Project[C]//程焕文.裘开明图书馆学论文集.桂林:广西师范大学出版社,2003:175.

② 裘开明.中国图书编目法[M].上海:商务印书馆,1931:1-3.

美国普遍采用的编目规则虽然可"因目寻书"、"应付群众使用",但因文字殊异,原有的中文和日文编目完全采用罗马拼音而不用汉字,因此并不能完全适用于中文和日文图书的编目。在裘开明看来:(1)图书馆编目的对象是书籍,书籍编目必须使用与书籍内容相一致的语言,原因之一在于使用书籍的读者多半懂得书籍内容所使用的语言,任何偏离这一原则的做法必然会增加编目的成本。(2)如果有关书籍作者、题名、版本、出版项、版式等信息完全以罗马拼音或英语著录于卡片,那么卡片仍然无法识别该书是中文还是日文。只有增加与书籍内容一致的语言,才能清晰地描述书籍。① (3)如果完全以罗马拼音描述或以混合形式描述书籍,人名和翻译混合著录于一起,将使卡片目录信息显得混乱而不和谐。

于是,裘开明根据在中国的编目经验,"参酌吾国固有书目学之载籍,诸家书目史志艺文之体例,及西洋编目法之著作,将中国旧籍编目诸难点,如考著者、定书名、审版本、纪图卷、示内容等,讨究折衷,以求解决"。② 1928—1929年,裘开明研订了中西结合、古今一体的哈佛燕京学社汉和图书馆编目规则,形成长达138页的编目手册,内容包括编制字典式目录的完整程序和细节,以及各类卡片的规范格式。其显著特点是:以纯中文、日文来著录馆藏中日文书籍,而将作者与题名的罗马拼音著录于卡片的底部。这一做法可突出以图书原有的语言文字,使著录的目录信息与图书保持一致,便于读者使用;同时,在卡片目录的排检上又可以兼顾汉字排检和罗马拼音排检的多重需要,提供多种检索途径和检索便利。

在完成哈佛燕京学社汉和图书馆编目规则的基础上,裘开明于1931年编撰出版《中国图书编目法》(*How to Catalogue Chinese Books*,上海商务印书馆),提出了如下详细而系统的中文图书编目规则与方法:③

(1)目录卡片的著录项目:书名、著者、版本、图卷、细目、附注。

---

① 裘开明. Some Basic Standards for the Acquisition, Cataloging and Use of Far Eastern Materials in the Harvard-Yenching Library[C]//程焕文.裘开明图书馆学论文集.桂林:广西师范大学出版社,2003:191-192.

② 裘开明.中国图书编目法[M].上海:商务印书馆,1931:1-3.

③ Alfred K'aiming Ch'iu. Memorandum on the Harvard-Yenching Institute Chinese Card Project[C]//程焕文.裘开明图书馆学论文集.桂林:广西师范大学出版社,2003:目录.

(2)目录卡片的种类:书名卡片,著者卡片,注、释、校等目录卡片,标题目录卡片,分析目录卡片,丛书目录卡片,特殊图书目录卡片,目录卡片索引等。

(3)目录的种类:字典式目录、书架目录、分类目录。

(4)目录排列法:每种目录卡片之后"附图数幅,表明行款。末附目录片之印法,及编目参考书举要,聊备编目实际之用"。①

裘开明还将王云五之《四角号码检字法》应用于目录排列方法,并推介到北美图书馆界。"斯法之立足于国外,实自裘君以之排列美国哈佛大学之汉文图书目片始。"②王云五在《中国图书编目法》序中提到:"中国图书编目法,向鲜有专书。裘开明先生,遂于图书馆之学,本其研究心得,与在国内外大学图书馆任职之经验,笔之于书,蔚然成一家言,洵足以应现在之需要而补其缺憾。""书中对于目录片之内容,规定其应载事项;目录片之形式,列举其写法;而于目录之种类及排列,亦言之不厌求详;并多为实例,以示规范。学者奉为圭臬,则于中国图书编目之具体方法,思过半矣。"③

裘开明在1927年担任哈佛大学怀德纳图书馆汉和文库主管时起草了印制中文图书目录卡片的计划。鉴于手写卡片目录人工成本较高且效率较低,裘开明创建了以 Ditto 复制主单元卡片的中日文卡片目录编制方法。

哈佛大学怀德纳图书馆汉和文库从1927年开始实施中日文卡片目录的"单元卡(unit card)"制度,通过 Ditto 复制技术对主卡(master unit card)进行复制。这种单元卡制仅需编制一张描述全部书目信息的主单元目录卡片,然后根据需要复制若干张卡片即可生成不同类型的卡片目录,从而取代过去同一种书籍需要手写4至5张不同形式卡片的状况。因为当时图书馆界对卡片目录的需求有限,如果采用一般的印刷方法印制卡片目录,显然不够经济,而 Ditto 复制法节约时间、成本,具有一般印刷方法无法代替的优势,因此这种用机器快速复制卡片的方法迅速被中

---

① 裘开明.中国图书编目法[M].上海:商务印书馆,1931:目录.
② 裘开明.中国图书编目法[M].上海:商务印书馆,1931:序.
③ 裘开明.中国图书编目法[M].上海:商务印书馆,1931:序.

美中文图书馆广泛接受和采用。

1928年哈佛燕京学社成立,哈佛燕京学社汉和图书馆接收了哈佛大学哈佛学院图书馆所有的中日文藏书,成为世界上第一个提出和采用机械复制中文书单元目录卡片方法的图书馆。哈佛燕京学社对大量复制中文图书目录卡片的重视程度与日俱增,汉和图书馆为中日文藏书的不同目录建立了完善的体系,包括:

(1)书名和作者目录,作者包括团体和个人(含编辑者、汇编者、注释者、翻译者等),按汉字的罗马拼音排列;

(2)书名和作者目录,按照汉字结构排列(王氏四角号码法);

(3)分类主题目录,包括中日文丛书的分析目录;

(4)排架目录,卡片目录,按照图书馆藏书在书架上的位置排列。

建立这样一个完善的卡片目录体系,每本书至少需要7或8张卡片。

裘开明不仅将中文图书编目法和卡片目录技术应用于哈佛燕京学社汉和图书馆,而且将其应用于为哈佛大学相关院系及其周边图书馆代购的中文图书,为哈佛学院图书馆、法学院图书馆、皮博迪考古学与人类学博物馆(Peabody Museum of Archaeology & Ethnology)、福格(Fogg)艺术博物馆等提供中文图书编目卡片。

裘开明并不满足于中文图书编目法和中文卡片目录在一馆一地的应用,而是着眼于在欧美东亚图书馆的普遍推广使用,于是发起了旷日持久的卡片目录计划。

二、哈佛大学与燕京大学联合印制中文卡片目录计划

1929年4月,洪业与博晨光在《哈佛燕京学社备忘录》中提出哈佛燕京学社汉和图书馆第一个五年发展规划,其中有关设立联系哈佛燕京学社汉和图书馆和燕京大学图书馆的书目处的建议,为其后哈佛燕京学社汉和图书馆和燕京大学图书馆联合编印目录卡片的合作奠定了基础。

1931年,因为撰写博士学位论文,需要到河北做一年的农村社会调查,经哈佛燕京学社批准,裘开明馆长与燕京大学图书馆馆长田洪都交换

任职,各自代理对方图书馆馆长一年。因此,裘开明与田洪都协商达成联合翻印哈佛燕京学社汉和图书馆目录卡片的合作协议。田洪都在代理哈佛燕京学社汉和图书馆馆长期间,根据裘开明的意见草拟了《关于在哈佛和燕京印制哈佛燕京学社图书馆馆藏中日文图书目录卡片的计划》,详细阐述计划的必要性、工作地点、工作方式和程序,以及预算等,每种图书需要10张卡片,两馆每种图书共需20张卡片。需时两年,成本总计约5,250美元。针对哈佛燕京学社汉和图书馆使用Ditto复制技术印制目录卡片存在字迹不够清晰持久的缺点,田洪都建议改为平版印刷或活字印刷方法,并在中国印刷卡片,因为中国劳动力资源成本较低,所缺活字可现场补齐,还可利用中国其他图书馆的书目,亦可向中国其他图书馆提供目录卡片服务。

田洪都的建议大概源自上海商务印书馆的尝试。1929年上海商务印书馆在经理王云五推动下开始出版《万有文库》,第一辑收录著作1010种2000册,统一开本出版。1930年初,在第一辑《万有文库》出版的同时,印制一套3000张的印刷目录卡片,随书赠送。虽然这些书的分类和编目还有改进空间,且卡片形式遭到批评,但作为在中国的第一次尝试,它证明印刷中文目录卡片是可行的。遗憾的是,因为印刷卡片目录的成本较高,商务印书馆没有为其他的出版物继续印刷目录卡片。尽管如此,商务印书馆出版的第一套印刷中文目录卡片开创了中国印刷中文图书目录卡片的先河。

有鉴于此,裘开明认为,因为图书馆印刷卡片目录并非商业项目,因此必须获得教育基金会的资助方可实施。于是,裘开明向洛克菲勒基金会申请经费用于购买卡片目录印刷所需铅字。在洛克菲勒基金会支持下,自1931年起,哈佛燕京学社图书馆不断将馆藏目录卡片寄往燕京大学图书馆,由燕京大学负责在北京翻印①,在1931年至1936年间共复制大约40,000张卡片。② 这一联合翻印目录卡片的合作不仅使燕京大学

---

① 哈佛燕京学社汉和图书馆. 汉和图书馆1930年年度报告:1930[A]. Cambrige, Mass.:Harvard-Yenching Institute Archives.
② Alfred K'aiming Ch'iu. Letter of Alfred K'aiming Ch'iu to James Roland Ware:April 22, 1937[A]. Cambrige, Mass.:Harvard-Yenching Institute Archives.

图书馆拥有了哈佛燕京学社汉和图书馆的全部汉和馆藏目录,而且为燕京大学图书馆帮助哈佛燕京学社汉和图书馆采购中文书籍的查重工作提供了方便,也为其后在北平印制哈佛燕京学社汉和图书馆书本式目录奠定了基础。

基于哈佛燕京汉和图书馆与燕京大学图书馆联合印制哈佛燕京学社汉和图书馆馆藏目录的成效,裘开明提出进一步的合作建议:鉴于国立北平图书馆馆藏资源的绝对优势,燕京大学图书馆应与国立北平图书馆合作开展该项计划,进而还可与北平所有图书馆开展合作,将馆藏图书的卡片进行复制。裘开明推测这些卡片的总量可能覆盖现有中文图书的90%,这对全国其他图书馆而言是一项福祉。该计划可以称为由燕京大学图书馆和国立北平图书馆牵头的北平所有图书馆卡片式联合目录计划。① 但由于种种原因,该项计划最终并未执行。尽管如此,裘开明的建议对国立北平图书馆仍有不可忽视的参考价值。1932年,国立北平图书馆向哈佛燕京学社提出申请资助印刷中文目录卡片的计划,每年印刷1万种书的目录卡片,每种书印制4种不同的卡片,采用红黑双色印刷,共印20套。该计划采取复合卡片方法,而不是单元卡方法。由于该计划所需启动资金庞大,又因为当时美国经济低迷,哈佛燕京学社无力资助该计划的启动。② 后来国立北平图书馆向洛克菲勒基金会提交了这个计划,并根据裘开明和其他图书馆长的建议,不采用复合卡形式和双色印刷,使预算大大减低,于是获得了洛克菲勒基金会的资助。1936年初,国立北平图书馆启动印刷目录卡片项目,编制目录卡片的范围为1912年1月以后出版的图书,采用单元卡的形式,即一种书一张卡片,用不同的字体和字号对各种著录项进行强调和区分。从1936年到1941年12月珍珠港事件爆发,一共出版了10,600种目录卡片。③

---

① 裘开明,田洪都.哈佛大学哈佛燕京学社汉和图书馆馆长年度报告(1930年7月1日至1931年7月1日):1931[A].Cambrige, Mass.:Harvard-Yenching Institute Archives.
② Alfred K'aiming Ch'iu. Memorandum on the Harvard-Yenching Institute Chinese Card Project[C]//程焕文.裘开明图书馆学论文集.桂林:广西师范大学出版社,2003:176.
③ HYL Archives:Memorandum to the Project of Printed Cards for Chinese Books. April, 1947.

三、洛克菲勒基金会书本式目录和卡片目录印刷计划

20世纪30年代以后,洛克菲勒基金会对美国远东图书馆的发展一直比较关注。由于洛克菲勒基金会的远见和重视,一些大学的远东图书馆,如普林斯顿大学、芝加哥大学和哥伦比亚大学等的远东图书馆,借助洛克菲勒基金会的资助迅速壮大。而洛克菲勒基金会的注意力不只停留在资助各大学购买远东地区文献上,还进一步关注图书馆的组织和管理,使之成为学者的研究中心。为此,洛克菲勒基金会人文科学部主任史蒂文斯(David H. Stevens)博士于1935年11月29日召集有志于远东文献编目之士召开会议,邀请著名的英国日本学专家桑塞姆爵士(Sir George Bailey Sansom)和来自国会图书馆、哈佛、耶鲁、哥伦比亚和加州大学的代表,讨论美国各图书馆采用的各种中日文文献编目方法的效果,并提出进一步完善的暂定计划。①②

与此同时,美国学术团体协会(ACLS)远东研究委员会编目委员会对中文编目的发展亦发挥了重要作用。1936年美国学术团体协会远东研究委员会(一个是中国研究委员会,一个是日本研究委员会)共同创建关于美国图书馆远东文献编目的分支机构——编目委员会,有三名成员,主任是哥伦比亚大学的贾德纳(Charles Sidney Gardner),另外两位成员是欧柏林学院(Oberlin College)的韩穆敦(Clarence Herbert Hamilton)教授、华盛顿弗利尔美术馆东方艺术部(Oriental Art at the Freer Gallery of Art)主任温利(Archibald Gibson Wenley)。编目委员会有两个主要职能:(1)完善现有编目方法,介绍新的、更好的中日文文献的编目方法。(2)监督用于编目的经费的使用。比如,洛克菲勒基金会通过美国学术团体协会发放到各个图书馆的经费(1938—1940年度,哥伦比亚大学获得了这类经费)。编目委员会成员还对各类图书馆使用的编目方法进行非正式的个

---

① Alfred K'aiming Ch'iu. Letter of Alfred K'aiming Ch'iu to David H. Stevens:December 11, 1936[A], Cambridge, Mass.:Harvard-Yenching Institute Archives.

② Alfred K'aiming Ch'iu. Memorandum on the Harvard-Yenching Institute Chinese Card Project[C]//程焕文.裘开明图书馆学论文集.桂林:广西师范大学出版社,2003:178-179.

别调查和集体调查。①

1936年,在社长叶理绥教授建议下,哈佛燕京学社董事会决定出版哈佛燕京学社汉和图书馆书本式中文图书目录。裘开明立即提出出版书本式和卡片式两种目录。鉴于同时出版两种目录需要大量资金,裘开明建议采用卡片目录的式样出版书本式目录,每一条款目都可成为一个独立的单元卡片,待书本式目录印成后,可以裁开,贴于空白卡片上作为目录卡片使用。这样,哈佛燕京学社汉和图书馆的书本式目录就可作为其他图书馆目录卡片的基础。这种以卡片目录式样印制发行书本式目录的思想来源于通常一个人服药有片剂和水剂两种选择的医学实践启示。②

美国学术团体协会(ACLS)编目委员会主席贾德纳博士认为裘开明的这个建议虽然合理,但实行起来太费人力,还是采用排印的方法印刷书本目录和卡片目录更好,并建议将哈佛燕京学社汉和图书馆的目录出版计划纳入洛克菲勒基金会的资助计划。为此,贾德纳博士拟定了一项向洛克菲勒基金会申请经费资助的卡片目录和书本式目录印制计划。于是,叶理绥提出的出版哈佛燕京学社汉和图书馆中文图书书本式目录计划发展成为同时印制相同格式的书本式目录与卡片目录计划。

1936年11月9日,哈佛燕京学社董事会会议议决通过贾德纳的计划,同意出版哈佛燕京学社汉和图书馆书本式目录和卡片目录,供哈佛燕京学社汉和图书馆和美国其他图书馆使用,其中书本式目录全书约有2,000页,附作者和书名索引;卡片目录印制300套,并对外出售,100美元一套,每套卡片总计4,000张。哈佛燕京学社还计划每十年印制一卷新增图书目录。③

1936年12月5日,裘开明制定关于中文藏书目录印刷项目的试行草案,确定项目预算实施和分配方案。12月12日,哈佛燕京学社董事会执行委员会会议表决通过:(1)图书馆的目录卡片以半价出售给其他图书

---

① Alfred K'aiming Ch'iu. Memorandum on the Harvard-Yenching Institute Chinese Card Project[C]//程焕文.裘开明图书馆学论文集.桂林:广西师范大学出版社,2003:179.
② Alfred K'aiming Ch'iu. Reminiscences of a Librarian[C]//程焕文.裘开明图书馆学论文集.桂林:广西师范大学出版社,2003:3-14.
③ Serge Elisséeff. Letter of Serge Elisséeff to Harold L. Leupp:1936[A]. Cambrige, Mass.:Harvard-Yenching Institute Archives.

馆;(2)出售卡片的收入作为特别基金,由社长或执行委员会支配,其中有一部分不超过2,000美元的经费,可作为聘请一名中文编目员到购买卡片的图书馆帮助建立目录体系的薪水和交通费,其余经费用于新卡片的印刷,这些新卡片主要是哈佛燕京学社汉和图书馆所未入藏而美国国会图书馆和普林斯顿大学葛思德图书馆(Gest Library)有藏的书籍。①

该书本式目录和卡片目录印制计划采用的是卡片目录式样,其卡片目录分主卡片和分析卡片两种。

主卡片的著录内容包括七个方面:

(1)有关人物或书籍责任者的所有信息,如作者、注解者、编者。除作者名字外,作者的字、号也须著录,作者名字后以西历显示作者生卒年。如果作者确切的生卒年不详,可著录其在世期,如果此亦不详,则著录其朝代。

(2)书名、卷数。

(3)出版时间、出版地、出版者和图书的编辑、印刷者。

(4)书籍的物理信息,包括书籍的页数、卷册、函套等。

(5)书目解题或其他注释、说明。

(6)丛书和杂书(类书)的子目。

(7)右下角为索书号,近小孔处为序号、编号。②

分析卡片仅有作者和题名信息,括号附加一系列信息,描述单本书所在丛书的卷册信息。此外,在卡片左下角显示分析分类号。

主卡片和分析卡片以分类号代替图书的主题,任何卡片上均没有主题标目,因为在哈佛燕京学社出版的《中文图书分类目录》中任何分类号的主题均可轻易地查明。这对即使不使用哈佛燕京图书馆分类系统的图书馆来说亦非常有用③。

目录卡片上作者、编辑者、责任者、题名的罗马拼音转换则采用1912

---

① Alfred K'aiming Ch'iu. Letter of Alfred K'aiming Ch'iu to David H. Stevens:December 11, 1936[A],Cambridge, Mass.:Harvard-Yenching Institute Archives.

② Alfred K'aiming Ch'iu. Printed Cards for Chinese Books[C]//程焕文.裘开明图书馆学论文集.桂林:广西师范大学出版社,2003:160-161.

③ Alfred K'aiming Ch'iu. Printed Cards for Chinese Books[C]//程焕文.裘开明图书馆学论文集.桂林:广西师范大学出版社,2003:161.

年出版的《汉英字典》(A Chinese-English Dictionary)的威妥玛拼音,以便年轻学生准确辨识中文姓名和书名,同时也适用于那些不懂中文的图书馆。

卡片目录式样如下:

```
          庄存与字方耕(1719—1788)撰
        味经斋遗书清光绪八年(1832)阳湖庄氏重刻本
                十一种,十册,一函
                 Chuang, Ts'un-yü
   Wei ching chai I shu
   细目
   册1    象传论一卷      2~3   象象论一卷
    4    系辞传论二卷      5    八卦观象解二卷
    6    卦气解一卷       6    尚书既见三卷
                           ○
   Harvard-Yenching Institute      21:1     154/4157 见下片
```

```
                味经斋遗书片二
   册06    尚书说一卷         07    毛诗说四卷
    08~10  春秋正辞十一卷     10    春秋举例一卷
    10    春秋要旨一卷



                           ○
   Harvard-Yenching Institute      21:1     154/4157
```

```
朱熹字元晦一字仲晦号晦翁(1130—1200)撰
诗经集传  二〇卷
(在汉文大系第十二册)
        Chu, His
Shih ching chi chuan




431                          〇
Harvard-Yenching Institute   1341    9100/3304
```

1936年12月5日,裘开明致函洛克菲勒基金会人文科学部主任史蒂文斯,提交印刷出版《哈佛燕京学社汉和图书分类法》(*Harvard Yenching Classification System for Chinese and Japanese Books*)和哈佛燕京学社汉和图书馆书本式目录与目录卡片计划,申请10,000美元资助,前者是为哥伦比亚大学、芝加哥大学、加州大学等大学配备分类目录。这与美国学术团体协会编目委员会主席贾德纳博士提出的图书馆目录卡片印刷和发行的计划,即《美国图书馆界中日文图书统一分类系统印刷计划》(*Project for Printing a Uniform System of Classification for Chinese and Japanese Books in American Libraries*)基本一致。后者是在编印哈佛燕京学社汉和图书馆中文图书书本式目录基础上,印刷50套目录卡片,在全美发行。因为哈佛燕京图书馆本身需要7套目录卡片,故向哈佛燕京学社申请在1937—1938年度财政拨款中增加1,400美元用于购买目录卡片,并增加为编制书名和作者索引所需经费600美元。① 最后裘开明共申请到10,600美元的启动资金,包括:(1)洛克菲勒基金会的8,600美元赠款用于1937年哈佛燕京学社汉和图书馆现有馆藏的目录卡片印刷和发行;(2)1,400美元在哈佛燕京学社汉和图书馆1937—1938年度的预算中开支;(3)另外600美元在1937—1938年度哈佛燕京学社的出版项目预算中开支,用于

---

① Alfred K'aiming Ch'iu. Report of Alfred K'aiming Ch'iu to Harvard-Yenching Institute Trustees: November, 1936 [A], Cambridge, Mass.: Harvard-Yenching Institute Archives.

支付编制目录和卡片目录罗马化①。

1937年1月,裘开明启程前往中国。4月哈佛燕京学社汉和图书馆中文图书目录卡片寄往中国,裘开明督促卡片目录印刷计划的实施,特别是卡片目录的罗马拼音校对。

1937年7月1日,哈佛燕京学社汉和图书馆将15箱150万余张价值约3,424美金的标准空白卡片寄往燕京大学。由于战争,承运公司误发运至东京,经过半年多沟通和寻找,1938年夏才成功转运至天津港。这一事故导致卡片目录印刷计划延迟近一年,也增加了很多排字印版保留和存放的成本②。在15箱空白卡片下落不明期间,裘开明借燕京大学图书馆空白卡片印制了新地方志的目录。

1937年11月8日,哈佛燕京学社董事会议表决通过向卡片目录印刷计划额外追加1,200美元预算③。其后裘开明请求哈佛燕京学社追加1,500美元拨款,用于罗马化工作和印刷铅字的购买,以补充此前曾向洛克菲勒基金会申请将部分基金会资助经费用于购买目录印刷所需铅字的不足④。

1938年1月,裘开明与两位助手基本完成卡片目录和目录款目细节的校对。罗马拼音的校对工作则由学生校对,由燕京大学引得编纂处副主任聂崇岐复核,至1938年1月完成3万张卡片的罗马拼音校对工作。因目录校正、索引编制、罗马拼音校对等工作尚未完成,同时因自美国寄出的空白目录卡片数月来杳无音信,裘开明向哈佛燕京学社叶理绥社长申请推迟返美,将在华时间延长半年,以便指导目录与卡片的校正、印刷出版、目录索引的编制等工作⑤。同时请求叶理绥社长邀请一些西方汉

---

① Library Print Cards Provisional Protocol:December 5, 1936[A], Cambridge, Mass.:Harvard-Yenching Institute Archives.
② Alfred K'aiming Ch'iu. Letter of Alfred K'aiming Ch'iu to Serge Elisséeff:March 5, 1938[A], Cambridge, Mass.:Harvard-Yenching Institute Archives.
③ Harvard-Yenching Institute. Trustees Meeting of Nov. 8, 1937:Nov. 8, 1937[A].Cambridge, Mass.:Harvard-Yenching Institute Archives.
④ Alfred K'aiming Ch'iu. Letter of Alfred K'aiming Ch'iu to James Roland Ware:April 22, 1937[A]. Cambridge, Mass.:Harvard-Yenching Institute Archives.
⑤ Alfred K'aiming Ch'iu. Letter of Alfred K'aiming Ch'iu to Serge Elisséeff:January 13, 1938[A].Cambridge, Mass.:Harvard-Yenching Institute Archives.

学学者协助参与这项工作。①

1938年秋,裘开明返回哈佛大学。1939年,哈佛燕京学社聘请汉学家参与在燕京大学图书馆印制的卡片目录的校对,起初魏鲁男博士负责校对中文卡片目录的书名和作者姓名罗马化拼音,社长叶理绥教授则亲自负责校正日文卡片目录的书名和作者姓名罗马化拼音。在1939年6月30日至1940年7月1日间,改由伯烈伟教授和柯立夫博士负责校对书名和作者姓名的罗马化拼音。

自1938年夏天开始,燕京大学引得校印所开始印制哈佛燕京学社汉和图书馆目录,哈佛燕京学社汉和图书馆同时开始向14家图书馆出售书本式目录和卡片目录。1938年9月书本式目录《美国哈佛大学哈佛燕京学社汉和图书馆汉籍分类目录》第一卷"儒家经典类"和卡片目录正式印刷出版。到1941年12月珍珠港事件爆发时,书本式目录出版三卷:(1)儒家经典,(2)哲学与宗教,(3)历史。前三卷收录图书12,195种,共12,530张卡片。② 第四卷社会科学类印刷完毕,但未装订,因日军占领燕京大学被毁,只有部分卡片被保存下来。书本式分类目录共10卷2,600页,整套目录定价12美元。配套的卡片目录印刷1.5万种,以空白卡片的成本价出售给欧美图书馆。③ 直到二战以后,美国订户只收到书本目录的前三卷,卡片只收到10638号之前的卡片。除书本式目录上列出的图书外,新采购的、不在书本目录上的3,182种书的卡片目录也付印完毕,但未邮寄到各个图书馆。

1941年12月珍珠港事件爆发后,燕京大学被日军占领,哈佛燕京学社汉和图书馆的目录印制计划被迫终止,直至战后才恢复。

三卷之后,关于社会科学、语言与文学、艺术、科学与技术、综合类书籍与目录学书目在战争期间被缩微化,卡片可以通过缩微胶卷得到清晰地制作。仅有馆藏有关诗歌、散文等集部目录被印制成卡片,替代了墨迹

---

① William Hung. Letter of William Hung to Serge Elisséeff: Feb. 22, 1938[A]. Cambridge, Mass.: Harvard-Yenching Institute Archives.
② HYL Archives: Memorandum to the Project of Printed Cards for Chinese Books. April, 1947.
③ Alfred K'aiming Ch'iu. Printed Cards for Chinese Books[C]//程焕文.裘开明图书馆学论文集.桂林:广西师范大学出版社,2003:162.

正在褪色的 Ditto 卡片。

四、美国图书馆协会中国合作采购与编印卡片目录计划

1944 年初,美国图书馆协会和研究图书馆协会成立一个联合委员会,共同发起"中国合作采购计划"(China Cooperative Purchasing Program)。联合委员会由 13 位合作图书馆的馆长组成,芝加哥大学图书馆馆长 Ralph A. Beals 担任主席。中国合作采购计划的基本内容是:13 个参与图书馆都提供一笔定额的共用购书经费,交由美国图书馆协会审计部统一管理,然后利用在重庆的中华图书馆协会成立一个图书代购机构,合作采购战时中文出版物。其后,中华图书馆协会为协助该项计划的实施,专门组建了一个委员会,作为该项计划的采购代理机构。1944 年 6 月,13 个合作图书馆签订了合作协议,并于当年的 7 月 1 日执行。①

该项计划的购书范围为当代出版物,包括:(1)中国问题研究;(2)战时中国经济与统计资料;(3)有关中国和中国人的原始文献;(4)科技出版物。这些资料通过美国国务院商品处的斡旋从重庆寄往设在美国芝加哥大学图书馆的书籍分配中心,然后分发给各合作图书馆。②

1944 年 11 月,大多数图书馆收到第一批书,共 22 种 29 册。1945 年 6 月 30 日,参与馆修订协议书,但没有涉及进一步的财政投入问题。1947 年 3 月收到最后一批书,共 15 种 19 册。总计每个参与图书馆共收到 347 种书。③

鉴于大多数参与图书馆都不具备中文编目的能力,而且一些图书馆甚至没有专职人员负责管理中文书籍,加上战争的缘故,国立北平图书馆和哈佛燕京学社都中断了卡片目录的印刷业务,联合委员会在实施中国

---

① Alfred K'aiming Ch'iu. Memorandum on the Harvard-Yenching Institute Chinese Card Project[C]//程焕文.裘开明图书馆学论文集.桂林:广西师范大学出版社,2003:181.
② Alfred K'aiming Ch'iu. Memorandum on the Harvard-Yenching Institute Chinese Card Project[C]//程焕文.裘开明图书馆学论文集.桂林:广西师范大学出版社,2003:181.
③ Alfred K'aiming Ch'iu. Memorandum on the Harvard-Yenching Institute Chinese Card Project[C]//程焕文.裘开明图书馆学论文集.桂林:广西师范大学出版社,2003:181.

合作采购计划的同时又发起了一项合作编目与卡片目录印刷计划,并委托哈佛燕京汉和图书馆实施。11个合作图书馆参与了这一延伸计划,后来没有参与中国合作采购计划而是通过其他途径购买中文图书的美国国会图书馆和康奈尔大学图书馆也参加了这项合作编目与卡片目录印刷计划。这项合作编目与卡片目录印刷计划名为合作编目,其实就是裘开明负责卡片目录的编目工作,然后由裘开明的办公室交付哈佛大学印刷厂印刷,最后将卡片目录分发各参与图书馆。①

在1941年珍珠港事件爆发之前,哈佛燕京汉和图书馆在中国印刷的卡片目录以极低的价格出售,每张售价0.25美分,只相当非印刷目录卡片价格的25%。国立北平图书馆的卡片目录在中国国内发售的价格也不贵,订购整套目录的价格是每张0.5美分,订购某些书或某个主题的卡片目录则每张0.8美分。战后,在美国国内印刷的卡片目录每张卡片售价为9美分,因为没有财政资助,哈佛燕京汉和图书馆在印制目录卡片上存在经费困难。

虽然裘开明完成了所收到的347种书籍的编目工作,并陆续交付给哈佛大学印刷厂印刷,但到1947年时,只印完179种书的卡片目录,哈佛大学印刷厂便不再愿意按照原来洛克菲勒基金资助哈佛燕京学社印刷卡片目录的价格继续承印卡片目录。因为很难找到其他的中文印刷厂,这项卡片目录的印制工作被迫终止。尽管如此,至1947年,哈佛燕京学社汉和图书馆完成179种图书1,600张目录卡片的编目和印制,11个图书馆购买了这批目录卡片。②

五、美国国会图书馆中日韩卡片目录再版计划

二战后,美国国会图书馆决定同时以书本式目录和卡片目录的形式出版1939年1月后出版图书的累积目录(Cumulative Catalogue),包括

---

① Alfred K'aiming Ch'iu. Memorandum on the Harvard-Yenching Institute Chinese Card Project[C]//程焕文.裘开明图书馆学论文集.桂林:广西师范大学出版社,2003:181-182.
② Alfred K'aiming Ch'iu. Memorandum on the Harvard-Yenching Institute Chinese Card Project[C]//程焕文.裘开明图书馆学论文集.桂林:广西师范大学出版社,2003:182.

《美国国会图书馆著者目录：国会图书馆累计卡片目录》(*The Library of Congress Author Catalog；a Cumulative List of Works Represented by Library of Congress Printed Cards*)、《全国联合目录：国会图书馆累计著者卡片目录和美国其他图书馆书名目录》(*The National Union Catalog；a Cumulative Author List Representing Library of Congress Printed Cards and Titles Reported by Other American Libraries*)等，这些书目与哈佛燕京学社汉和图书馆从1937年开始出版书本式目录和卡片目录的计划基本相同，可见裘开明的高瞻远瞩。

在美国国会图书馆编辑出版《全国联合目录》的过程中，裘开明不断致函美国国会图书馆，希望将中日韩卡片目录列入《全国联合目录》，获得美国国会图书馆的认可。在此基础上，裘开明与国会图书馆东方部主任恒慕义共同商定了《全国联合目录》中日韩卡片目录的著录格式和著录项目，实现了所有成员馆提交卡片目录的统一。①

自1949年至1958年，美国有10个图书馆向国会图书馆提交中日韩图书目录主卡片，包括加州大学伯克利分校图书馆、加州大学洛杉矶分校图书馆、哥伦比亚大学图书馆、芝加哥大学图书馆、哈佛大学图书馆、斯坦福大学胡佛研究所与图书馆、密歇根大学图书馆、西雅图华盛顿大学图书馆、耶鲁大学图书馆。在此期间，美国国会图书馆共印制完成83,807张目录卡片，其中中文目录卡片49,317张，日文目录卡片32,459张，韩文目录卡片2,031张。哈佛燕京学社汉和图书馆在裘开明博士的领导下，分别提交中文目录卡片17,456张，日文目录卡片10,698张，韩文目录卡片333张②，约占美国国会图书馆再版中日韩卡片目录总数的34%。

1959年哈佛大学怀德纳图书馆配置胶印设备用于复制图书馆目录卡片，因此哈佛燕京学社汉和图书馆开始重印中日韩文卡片目录。1960—1962年，哈佛燕京学社汉和图书馆总计印制中日韩文目录卡片

---

① Alfred K'aiming Ch'iu. Letter of Alfred K'aiming Ch'iu to Arthur William Hummel：August 22, 1949[A]. Cambridge, Mass.：Harvard-Yenching Institute Archives.
② Alfred K'aiming Ch'iu. Printing Cards for Far Eastern Books from Harvard University Chinese-Japanese Library, 1938-1963[C]//程焕文.裘开明图书馆学论文集.桂林：广西师范大学出版社,2003：168.

105,908张。中文卡片目录仍按照裘开明的中文图书编目法著录,日文和韩文卡片目录则遵循 ALA 和 LC 著录规则,中日韩文卡片目录中的作者、题名等均附有罗马化拼音。① 1959—1962 年,哈佛燕京学社汉和图书馆向美国国会图书馆提交中文主卡片 1,240 张,作者卡片 642 张;日文主卡片 1,633 张,作者卡片 828 张;韩文主卡片 1,578 张,作者卡片 1,294张②。

六、裘开明的历史贡献

1966 年,裘开明退休。在为哈佛燕京学社汉和图书馆服务的 38 年间,裘开明一手将该馆从一个仅有几千册藏书的汉和文库发展成为北美东亚图书馆的翘楚,其图书分类编目思想与方法对欧美东亚图书馆的兴起与发展产生了广泛而深远的影响。裘开明在任时正是卡片目录从发展到兴盛的时期。裘开明创制的中文图书编目法成为欧美东亚图书馆中日韩图书编目的圭臬,为欧美东亚图书馆的建立和兴起奠定了专业技术基础。裘开明的卡片目录计划不仅使当时的哈佛燕京学社汉和图书馆在图书编目上处于欧美东亚图书馆领先地位,而且对全球中文图书编目产生了重大影响。

哈佛燕京学社汉和图书馆是欧美东亚图书馆中唯一印刷和发行中文图书卡片目录的图书馆。20 世纪 30—60 年代,北美东亚图书馆和部分欧洲东方图书馆的中文图书编目均采用裘开明的《中文图书分类法》和《中国图书编目法》。这些图书馆通过抄录《美国哈佛大学哈佛燕京学社汉和图书馆汉籍分类目录》著录款目,或直接购买哈佛燕京学社汉和图书馆的卡片目录,建立起各自的中文图书分类编目体系。在裘开明的指导下,该馆还相继印刷出版了《哈佛大学哈佛燕京学社汉和图书馆日籍分类

---

① Alfred K'aiming Ch'iu. Printing Cards for Far Eastern Books from Harvard University Chinese-Japanese Library, 1938-1963[C]//程焕文.裘开明图书馆学论文集.桂林:广西师范大学出版社,2003:169.

② Alfred K'aiming Ch'iu. Printing Cards for Far Eastern Books from Harvard University Chinese-Japanese Library, 1938-1963[C]//程焕文.裘开明图书馆学论文集.桂林:广西师范大学出版社,2003:169.

目录》(Harvard-Yenching Classified Catalogue of Japanese Books)和《哈佛大学哈佛燕京学社图书馆韩籍简目》(1962年),全面揭示中日韩图书,为欧美中日韩研究的发展奠定了技术基础。

在中美图书馆发展史上,哈佛燕京学社汉和图书馆与燕京大学图书馆联合印刷中文图书书本式目录和卡片目录,不仅构筑了中美图书馆间的中文图书编目合作桥梁,而且推动了国立北平图书馆中文卡片目录计划的实施,为全国图书馆的编目发展作出了贡献。尤为重要的是,国立北平图书馆编制卡片目录的范围是1912年1月以后出版的图书,而哈佛燕京学社汉和图书馆的卡片目录是1912年以前出版的图书,两馆出版的卡片目录几乎没有重复。此外,哈佛燕京学社汉和图书馆卡片目录按照韦氏拼音将作者姓名和书名罗马化,并且在作者款目中含有作者生卒年的西历年份;而国立北平图书馆卡片目录没有这些信息,作者姓名和书名的读音没有指示,作者项著录非常简单,只有姓名和生活朝代,没有生卒年。这种没有重复的互补关系,使国立北平图书馆的卡片目录和哈佛燕京的卡片目录共同构成了既迥异其趣又浑然一体的包罗古今中文图书的卡片目录体系。

在资源共享上,20世纪50年代,裘开明力促美国国会图书馆《全国联合目录》收录中日韩卡片目录,并向美国国会图书馆积极提供中日韩文卡片目录,使美国国会图书馆的《全国联合目录》在收录范围上更加完备,促进了北美东亚图书馆馆藏中日韩文资源的公开和全美乃至全球的共享,推动了中日韩研究的发展。

诚如程焕文先生所言:"裘开明博士是20世纪欧美东亚图书馆事业的伟大先驱者,又是学贯中西的图书馆学术大师。在图书分类学、编目学、目录学、版本学等诸方面,裘开明先生融中国的传统学术成就与西方的近现代学术精华于一炉,开创了既与中西图书馆学术迥异其趣,又与中西图书馆学术兼容并蓄的独特'东亚图书馆学术'体系。"①

---

① 程焕文.裘开明简介[M]//程焕文.裘开明年谱.桂林:广西师范大学出版社,2008:1.

第十章 教会大学图书馆：
哈佛燕京学社在华中国研究之支持

20世纪20年代后期,霍尔遗产基金会、哈佛燕京学社开始资助中国部分教会大学的发展,包括燕京大学、岭南大学、金陵大学、齐鲁大学、福建协和大学、华西协和大学等在内的教会大学图书馆从中获得了部分经费资助,在有关中国研究的文献资源建设方面获得明显的发展。

一、金陵大学图书馆

金陵大学图书馆是以该校之前身书院藏书为基础发展而来,正式成立于1911年。早期,该馆馆舍并非专有,位于乾河沿金陵大学中学部青年会楼,规模仅如阅览室。1917年夏,图书馆迁至新落成的科学馆三楼。1920年,迁至行政院大楼三楼,并陆续扩大空间。1934年,国民政府捐资20万帮助金陵大学建设新图书馆,1937年金陵大学图书馆新馆落成。

金陵大学图书馆历任馆长有恒谟(美籍,1910—1913年)、克乃文(美籍,1913—1927年)、刘国钧(1927—1928年)、李小缘(1928—1929年)、陈长伟(1929—1931年,代理)、刘国钧(1931—1943年)、曹祖彬(1943—1946年)、贝德士(美籍,1948—1951年)、李小缘(1948—1951年)。

刘国钧,字衡如,1899年生于江苏南京。1922年赴美国威斯康星大学攻读哲学和图书馆学,1925年获哲学博士学位。同年,回国任金陵大学图书馆中文书籍部主任兼哲学教授,后任金陵大学图书馆馆长、文理科科长、图书馆学系教授等职,1929年任国立北平图书馆编纂部主任。1944年,任国立西北图书馆馆长。1951年以后,任北京大学图书馆学系教授、图书馆学教研室主任、代理系主任、系主任等职,并兼任北京大学学术委员会委员、北京图书馆顾问等。1979年被推选为中国图书馆学会名誉理事。1980年6月27日因病逝世于北京。一生论著丰富,尤在图书馆学基础理论、分类、编目等领域有卓越的成就,著有《中国图书分类法》《图书馆学要旨》《图书馆目录》《中国书史简编》《刘国钧图书馆学论文选集》等。

金陵大学对图书馆建设十分重视。校长每年确立一图书馆委员会,受馆长领导,辅助图书馆管理。经费由校方每年根据一定比例拨款,每年比例因学校收益变化而不稳定,多者可至6%,少者可至2%。1928年,金陵大学获霍尔遗产基金会和哈佛燕京学社资助后,图书馆作为该校发展中国研究的重要组成部分,开始持续获得来自哈佛燕京学社的经费。

金陵大学图书馆每年根据一定的预算计划,参考中国各书局书目、出版年鉴、美国图书馆研究会目录及英美等国图书馆目录等,广泛购置中西文图书、普通参考书、小册子、杂志、报纸等出版物。中文图书除采购各类型普通文献外,还注重收集与课程有关的参考书和有研究价值的图书。具体方式是,由建议采购的教师先行填写配书单,再经科长(相当于今天的学院院长)同意签字,最后送交图书馆,经相关馆员审核后才能予以采购。每学期订购西文书约300种,并向美国国会图书馆订购相应的编目卡片,以保证新订购之西文书可被及时编目。①

此外,图书馆每年还特别采购具有一定价值的善本、方志等古籍文献。1930年,在哈佛燕京学社经费资助和影响下,金陵大学中国文化研究所成立,对文献资料的搜集十分重视。该所具体负责人李小缘指出:"研究本国文化可据资料,大别有二:曰史籍,曰古物。古物足以证史,亦足以纠史。而其弥补史阙,功用尤大。商周史籍,传世无多,记载简略。

---

① 程焕文.中国图书馆史·近代图书馆卷[M].北京:国家图书馆出版社,2017:250-251.

研究古代文化者，每苦无所依据。且古书真伪杂糅，难于尽信，早有定论。治学之士，处境如斯，多所缺疑，则又感枯窘。不得已而辗转于故纸堆中，穷搜冥索，考订史事。传讹承误者有之，穿凿附会曲为之说者有之。实则果有古物当前，则片言可决，不待讼纷纭也。本所有鉴于斯，史学而外兼重考古学，思以考古学补就史学之穷。于本所刊行《南阳汉画像汇存》等书，即可见用意之所在。且学术国家公物也，一学术机关努力之效果，他学术机关尽可利用。如河南通志馆编纂文物志时，借用本所刊物《十二家吉金图录》内河南出土铜器七十余件之底版，本所毫无吝啬而借予之是。学术亦民族共业也，学术事业有宜于通力共赴者，辄奋起而赴之。"①故自文化研究所成立以后，金陵大学开始更加积极搜集与中国文化研究相关的各类型资料。如1930年10月，扬州吴氏测海楼藏书由北平富晋书社运至上海转售，金陵大学图书馆刘国钧、李小缘、万国鼎赴上海选购。同时，他们还赴上海中国书店、博古斋、汉文渊、来青阁、蟫隐庐、医药书局等处购书。购得测海楼珍本数百种，方志百余种，如明代史料《皇明诏化类编》以及明代大板包背原装之《政和本草》诸书。

至1932年底，金陵大学图书馆藏书达167,710册，其中中文图书95,756册，西文图书21,925册，小册子49,979册，报刊约1000余种。图书馆陆续建立了几种专藏：(1)中山纪念藏，专集孙中山先生著作及论述国民党的书；(2)甲骨文，藏殷墟甲骨250片，及相关研究书籍；(3)美国国会图书馆所印卡片式目录之目录②；(4)钦嘉乐纪念藏，1923年为纪念逝世之金陵大学华言科主任钦嘉乐，该科学生及友人募捐10,000基金，专购论述中国的西文书入藏金大图书馆，作为纪念；(5)同学会特藏，从1926年起开始收集，专集金陵大学同学之著作；(6)乡村参考书之特藏，从1936年起收藏，为偏远乡村服务人员而设；(7)本校刊物；(8)本校讲义。③ 馆藏地方志和丛书亦为一大特色。至1935年，地方志数量达2500余部24,000余册，仅次于北平图书馆，位居大学图书馆第1位。丛书300余部17,000余册。类书70余种5000余册。此外，善本百余种，包括元

---

① 姜庆刚.《金陵学报》与金陵大学的国学研究[D]. 南京：南京大学，2005：12.
② 金陵大学总务处编. 私立金陵大学要览[M]. 南京：私立金陵大学，1947：11.
③ 程焕文. 中国图书馆史·近代图书馆卷[M]. 北京：国家图书馆出版社，2017：950.

明刊本、清代殿本、家刻精本、日本本、高丽本、禁毁书等。①

1936年,金陵大学图书馆藏书量达205,316册,位居全国大学图书馆藏书量第5位。同年,金陵大学文学院征集社会历史参考资料,发布《中国社会历史参考资料征集办法大纲》,征集内容规定:凡关于中国社会历史上可供学术研究参考之资料,不论实物、模型、拓片、图样、表格、书籍等物均在征集之列。② 征集范围分两类二十门:一类是器物,包括实物、模型、照片、图样;一类是文献,包括印本、抄本、照片、拓片等,尤重家谱、地方志文献的收集。在1937年金陵大学西迁成都前,图书馆文献藏量达339,184册,其中,中西文小册子7万册。中文杂志720余种,26,000余册;西文杂志460余种,41,000余册。③

抗日战争期间,因学校西迁时图书馆部分书籍未能转移,1942年7月金陵大学被日军占领后,馆内遗留的大量图书资料遭到破坏和掠劫,总计73,928册。其中中文书21,353册,西文书4373册,中文杂志10,492册,西文杂志10,733册,中文小册子10,508册,西文小册子16,469册。古籍善本因安置于婺源,幸免于难。④

图书馆迁至川西后,开始广泛搜集图书,弥补战时文献不足,先后收书35,000余册,金石拓片100种。除购买外,图书馆还接受各类捐赠。如该校汇文书院时期创办人福开森(John Calvin Ferguson,1866—1945),生平热衷文物收藏,积四十年之力,费巨资,搜集字画、甲骨、玉器、古瓷、钱币、彝器等数千件,又于抗战中继续搜集,所得悉数捐赠该校。时任中国文化研究所研究员的商承祚为其中之甲骨文作考释并公开发表。⑤

---

① 姜庆刚.《金陵学报》与金陵大学的国学研究[D]. 南京:南京大学,2005:12.
② 《文学院暑假征集中国社会历史参考资料》,《金陵大学校刊》,1936年9月7日,第3版//赵晓芬. 金陵大学历史系与中国近代史学教育[D]. 武汉:华中师范大学,2016(5):19.
③ 姜庆刚.《金陵学报》与金陵大学的国学研究[D]. 南京:南京大学,2005:12.
④ 金陵大学总务处编. 私立金陵大学要览[M]. 南京:私立金陵大学,1947:9.
⑤ 金陵大学总务处编. 私立金陵大学要览[M]. 南京:私立金陵大学,1947:14.

表 10-1:1929—1945 年金陵大学图书馆历年经费与藏书量统计①

时间	经费	藏书量	
		图书	小册子
1929—1930	17,804.84	94,465	45,311
1930—1931	45,465.49	104,806	44,975
1931—1932	30,397.28	114,749	47,093
1932—1933	32,321.59	120,942	47,822
1933—1934	26,087.40	124,833	57,701
1934—1935	11,727.76	130,080	70,309
1935—1936	20,754.89	134,155	7,7180
1936—1937	27,524.02	339,184	
1937—1938	17,677.10	145,323	86,981
1938—1939	22,820.34	147,229	89,721
1939—1940	34,095.78	148,167	115,704
1940—1941	58,697.76	150,135	98,661
1941—1942	117,738.15	151,143	100,097
1942—1943	223,315.22	无统计②	
1943—1944	376,151	23,973(成都)	101,202
1944—1945	1,535,343	24,353(成都)	13,308
1946—1947		408,401	95,429

抗日战争结束后,金陵大学复校,图书馆积极恢复图书建设工作。至1947年,金陵大学图书馆馆藏文献总量达 408,401 册,其中中文书 165,230 册,西文书 38,635 册,中文杂志 58,751 册,西文杂志 50,356 册,中文小册子 6,686 册,西文小册子 88,743 册。中文书含地方志 2000 余

---

① Annual Financial Report of the Trustees of the University of Nanking[A]. 亚联董档案:RG011-195-3376.
② 本年度因图书馆藏书被日军劫掠损毁无法统计数据,仅成都有一部分图书。

种24,000余册,丛书200种15,000余册,类书70余种5000余册。史部书籍、笔记、札记、丛书,计有33,641册。元明刻本、清代殿本、家刻精本,均有收藏。特色馆藏如边疆资料、四川剧本,及有关抗战图书,收藏颇丰。① 各种字典、年鉴、辞源、辞海、韵典,唐宋以下各代诗文集等,亦广为搜罗。② 西文书中含有关于中国学术之英德法文著作460册,西文东方学报全套19种,日文杂志全套14种194册,国内各学术机关刊行之学报,亦收有全套。③丰富的藏书为金陵大学的中国文化研究提供了坚实的资料基础。

二、岭南大学图书馆

岭南大学图书馆成立于1906年。其时,岭南大学为岭南学堂,校址刚迁至康乐园。为完善教学设施,促进教学发展,学校在原来所受捐赠图书基础上,成立教员阅书参考室,与博物标本室合建,地址设于学校马丁堂三楼。其后随着学校规模的扩充,图书资料逐渐增多,原教员图书阅览室实际发展为图书馆,地址迁至马丁堂二楼西侧。1916年,岭南学堂大学部正式开展文理科教育,同年,图书馆迁入学校格兰堂东侧,面积达150平方米。1918年学校正式更名为岭南大学,其后图书馆在行政管理制度、业务划分和开展、人事建设等方面得到不断完善。学校专门设立图书馆委员会,设主席1人,委员3人。初时,委员包括时任岭南大学副监督之钟荣光,巴斯韦尔,罗飞云。委员会定期召开会议,除委员会委员外,还有各院系院长或系主任,依据会议讨论主题,邀请不同院系代表参与。委员会主要职能在于分配购书经费,审查文献资源订购,管理图书报刊交换等。

1927年,私立岭南大学校董事会成立,8月1日,校董事会与原纽约董事局举行正式交接仪式,学校正式更名为私立岭南大学,成为国人自办

---

① 金陵大学总务处编. 私立金陵大学要览[M]. 南京:私立金陵大学,1947:9-10.
② 金陵大学总务处编. 私立金陵大学要览[M]. 南京:私立金陵大学,1947:9-10.
③ 金陵大学总务处编. 私立金陵大学要览[M]. 南京:私立金陵大学,1947:13.

大学,并在随后开始了一系列的机构和管理改革举措。① 1927年12月27日,第五次校董会会议通过了《私立岭南大学图书馆组织章程》,规定了图书馆组织的依据、地位、馆长聘任与职责、馆员聘任与职责、部门设置与职责、图书订购办法、阅览规则、总分馆等。② 1928年图书馆从格兰堂迁回马丁堂,从最初占据二楼而逐渐发展到拥有整栋马丁堂。并在新建成的科学院二楼设立分馆,用于收藏自然科学期刊,共有数千种。③

1937年,抗日战争全面爆发前,岭南大学图书馆藏书总量达18万多册。抗日战争期间,广州沦陷,岭南大学辗转迁校,并一度暂避香港,图书馆曾借用香港大学冯平山图书馆二楼藏书。香港沦陷后,图书馆又随校迁回广东,在韶光曲江县仙人庙镇大村复校期间,建立临时图书馆。其后学校相继辗转迁至坪石、黄坑、仁化、连县、五岭、梅县等地,期间,图书馆藏书受战争损坏、散失数量达6万余册。抗战胜利后,图书馆随学校迁回广州康乐园校址的马丁堂。④

岭南大学在20世纪30年代发展繁荣时期,每年向图书馆分配较为充足的经费,加强其藏书建设。岭南大学图书馆的购书经费来源主要包括学校每学年度的常规拨款、哈佛燕京学社经费、各院系的图书费和其他特别购书费等。⑤ 1936年,岭南大学图书馆经费位居全国教会大学图书馆之首,金额达55,504国币,燕京大学、金陵大学次之。⑥⑦

表10-2:1934—1941年岭南大学图书馆中文图书购置经费统计表⑧⑨

学年	中文图书购置费(美元)	管理费及1/3年度预算费(美元)
1934—1935	2300	2200

① 周旖. 岭南大学图书馆藏书研究[D]. 广州:中山大学,2010:15-24.
② 周旖. 岭南大学图书馆藏书研究[D]. 广州:中山大学,2010:19.
③ 岭南大学图书馆一览[J]. 广州:岭南大学图书馆,1936.9:2,6,8.
④ 周旖. 岭南大学图书馆藏书研究[D]. 广州:中山大学,2010:23-24.
⑤ 程焕文. 中国图书馆史·近代图书馆卷[M]. 北京:国家图书馆出版社,2017:255-256.
⑥ 调查中国之图书馆事业[M]. 图书馆学季刊,1936.12(14):680-684.
⑦ 周旖. 岭南大学图书馆藏书研究[D]. 广州:中山大学,2010:95.
⑧ Harvard-Yenching Institute Archieves:Lingnan University 1930-1938[A].
⑨ Harvard-Yenching Institute Archieves:Lingnan University 1940-1945[A].

续表

学年	中文图书购置费(美元)	管理费及1/3年度预算费(美元)
1935—1936	1875	1050
1936—1937	1250	990
1937—1938	970	640
1938—1939	400	279.36
1939—1940	346.70	283.91
1940—1941	1002	441.57

据岭南大学提交哈佛燕京学社报告显示:1937—1938年度,图书馆新增中文图书4837册。1938—1939年度,新增中文图书2885册,有关中国的西文图书73册。1939—1940年度,新增中文图书4671册,有关中国的西文图书116册,自然科学外文书631册。1940—1941年度,新增中文图书3842册,有关中国的西文书籍171册,自然科学外文书926册。1944—1945年度,新增中文图书5098册,中文杂志2154册。① 可见,岭南大学图书馆在中国研究相关藏书资料建设方面做出了积极的努力。

岭南大学图书馆历任馆长(主任)有:葛理佩(Henry B. Graybill,美籍,兼任,1906—?)、冯世安(Chester G. Fuson,美籍,兼任)、邓勤(Kenneth Duncan,美籍,兼任,?—1917)、巴罗赞(John G. Barrow,美籍,兼任,1917—1919)、特嘉(Jessie Douglass,美籍,1919—1922)、谭卓垣(1922—1930.03,1933.09—1937.08)、陈普炎(1931.01—1933.09,代理)、何多源(1937.08—1945,代理)、路考活(Howard G. Rhoads,美籍,1945年下半年)、周钟岐(1945年下半年,兼代)、王肖珠(1945.12—1948.08)、陆华琛(1948.09-1952)。② 其中,华人图书馆长谭卓垣、何多源、王肖珠为图书馆发展做出了杰出贡献。

谭卓垣,广东新会人,生于1897年。1916年考入岭南大学,1919年

---

① Report to Harvard - Yenching Institute 1944 - 1945 [A]. Harvard - Yenching Institute Archieves:Lingnan University 1940-1945:162.
② 周旖. 岭南大学图书馆藏书研究[D]. 广州:中山大学,2010:27.

获学士学位,自学生时期即在图书馆工作。1922年开始担任馆长。1928年曾兼任广州市图书馆协会委员会委员。1930年赴美国芝加哥大学图书馆学研究院攻读图书馆学硕士学位,1931年毕业,1933年获博士学位,同年8月回国,继续担任岭南大学图书馆馆长。1935年起兼任中华图书馆协会《图书馆学季刊》编委,1936年时曾担任中华图书馆协会第三次年会总委员会委员。自1936年起兼任岭南大学教务长。1937年8月,任北平协和医学院图书馆主任。1938年上半年,赴夏威夷大学东方学院图书馆任主任职,①在此期间他始终协助岭南大学图书馆中文藏书的建设工作,与主管岭大图书馆事务的黄念美等人联系频繁。1956年10月20日在夏威夷逝世。②

何多源,又名观泽,广东番禺人,1926年毕业于广州宏英英文专门学校。曾担任中山大学图书馆中文编目主任、广州大学图书馆馆长兼教育系教授、勷勤大学教育学院图书馆学教员,后受聘于岭南大学图书馆,担任总务主任兼参考部主任。1937年8月起代理岭南大学图书馆馆长一职,至抗战胜利后方改北平图书馆之聘。③ 解放后历任华南联合大学副教授、图书馆主任,中山大学副教授、图书馆副馆长,广东省中心图书馆委员会副主任,广东图书馆学会第一届副会长(1963年2月—1967年3月)、第二届理事会理事;中国民主同盟盟员。④

岭南大学图书馆特色馆藏主要有以下几类:(1)西文科学期刊672种,种数占全国图书馆之首,涵盖大部分世界顶级自然科学学术期刊,其中整套无缺者82种。馆藏2255种中文期刊中,整套无缺者达1143种,位居华南各图书馆之首。(2)1911年至1937年的日报全份,此批完整的报纸为"重要史料,极不易得,国内图书馆之藏有全份者绝少"。(3)善本古籍:如清代广东著名藏书家曾钊之旧藏抄本。(4)"中国问题研究"西文出版物,截止到1938年4月已达2049册,为19世纪末至20世纪上半叶期间的出版物,少量17世纪中叶和18世纪初西方传教士描写中国的

---

① 会员消息[J]. 中华图书馆协会会报,1938-07-30,13(1):17.
② 周旖. 岭南大学图书馆藏书研究[D]. 广州:中山大学,2010:29-30.
③ 会员消息[J]. 中华图书馆协会会报,1946-12-15,19(4-6):15.
④ 周旖. 岭南大学图书馆藏书研究[D]. 广州:中山大学,2010:30.

出版物,还有关于中国的西文期刊311种,以及有关岭南地区社会、经济和文化的西文出版物。① 其中,中文善本古籍和"中国问题研究"西文文献是岭南大学图书馆自哈佛燕京学社经费资助开始后的重点藏书建设领域。不同于燕京大学的中国研究藏书建设集中于人文社会科学领域,岭南大学这部分藏书建设是从过去的理、工、农、医,逐渐扩展至文、史、哲等领域。

中文古籍是岭南大学图书馆利用哈佛燕京学社经费大力搜购的重要文献。20世纪30—40年代,图书馆通过访购、捐赠等渠道,获得大量珍贵的古籍文献。图书馆积极访求购买广东地区著名藏书家私人珍藏古籍,如曾钊、徐甘棠、李文田、潘宗周、徐绍桢、甘翰臣等的私人藏书。其中,图书馆获赠徐甘棠藏书达2万余册。同时,图书馆还广泛关注南、北古旧书业市场,积极在北平、上海等地搜购古籍。这一时期,受时局影响,许多私家藏书流入旧书市场,岭南大学利用教会大学经费相对充足的优势,与燕京大学一起积极抢购古籍。如1932年,岭南大学曾委托陈受颐在北平访购古籍。容肇祖、周连宽等人也均曾为岭南大学图书馆搜购文献。1937年,何多源编撰的《馆藏善本图书题识》,揭示了岭南大学图书馆藏部分古籍善本图书的版本与内容价值。至1937年抗日战争全面爆发以前,岭南大学共收藏善本古籍174种,其中明刻本80种,抄本51种,以曾钊旧藏居多。曾钊(1793—1854),字勉士,又字敏修,广东南海人,1825年(道光五年)选乙酉科拔贡,有藏书楼面城楼,是清嘉道年间广东著名的藏书家。曾钊面城楼藏书散出后,多为顺德温澍梁所得,藏于漱绿楼,少数入顺德大良龙凤镳六篆楼。岭南大学相继收入部分温、龙氏藏书,以及二人递藏之曾氏藏书。善本中,明刻本以宋明史料、明人文集为主,为明代历史文化研究提供了珍贵的资料。此外,图书馆还十分注重地方文献的收藏和建设,岭南大学搜购和保存了大量广东地方文献、粤人文集,以及有关海关、边防、专门地方文献等。1941年,岭南大学在哈佛燕京学社经费及其他美国基金会经费支持下,成立了中国文化研究室,图书馆在何多源的主持下,加强有关中国研究文献的购藏。

---

① 程焕文.中国图书馆史·近代图书馆卷[M].北京:国家图书馆出版社,2017:258.

中国研究西文文献是岭南大学图书馆专藏特色之一,也是哈佛燕京学社经费资助下重点建设的藏书领域。早自1917年,岭南大学图书馆即将馆藏中国研究西文文献予以专门分类、编目,以专藏形式处理,藏书内容初期以自然科学和应用科学类文献为主,如有关华南地区农业、生物、气候、地理,以及商业、经济等文献,支持本校农科、商科的教学、科研。①

20世纪30年代,中国研究西文文献专藏文献内容逐渐从自然科学、应用科学扩展至人文社会科学领域,涉及中国社会、政治、经济、历史、文学、语言、哲学、宗教、科学、艺术、矿产、工业、医学、民俗等。这不仅是本校文科教学研究发展需要,而且也受到哈佛燕京学社资助岭南大学发展中国研究影响。叶理绥社长曾明确支持岭南大学图书馆收集和采购有关中国的西文著作,由学社给予经费支持。1936年,哈佛燕京学社编制出版《关于中国的重要西文书籍选目》(*Check List of Important Western Books on China*, 2nd ed. 1936),为学社资助之教会大学图书馆藏书建设提供指导。至1938年11月,岭南大学图书馆在此书目指导下已收藏该书目所列307种专著中之123种,17种期刊中之12种。② 其后,哈佛燕京学社又编制有《中国学外文著作复制本目录》(*Catalogue of Facsimile Edition of Sinological Foreign Works*),亦是岭南大学西文文献购书指南,此外还有《美国图书馆中的汉学研究书目》。③ 至1941年1月,岭南大学图书馆对照上述目录所列324种文献,已购藏有关中国的重要西文著作141种。档案显示:1940—1941年度,岭南大学董事会特别拨款700美元,用于购买西文中国学著作,实际购买经费为三分之一;岭南大学美国董事也提供200美元用于支持图书馆购藏此类文献;图书馆委员会拨款150美元用于购藏此类文献,预计增至225种。④ 截至1941年11月13日,新增西文中国学书籍54种71册,购藏主要渠道是通过当时国内外出版机构或古旧书店、书刊代理机构订购,如上海别发洋行、广协书局总发行所、英国

---

① 周旖. 岭南大学图书馆藏书研究[D]. 广州:中山大学,2010:179.
② 周旖. 岭南大学图书馆藏书研究[D]. 广州:中山大学,2010:180.
③ 周旖. 岭南大学图书馆藏书研究[D]. 广州:中山大学,2010:236.
④ Letter from Olin D. Wannamaker to Serge Elisséeff, Feb. 1, 1941[A]. Harvard-Yenching Institute Archieves:Lingnan University 1940-1945:45.

W. Heffer and sons, Ltd.、牛津的 B. H. Blackwell, Ltd.、法国巴黎的 Librairie Orientaliste Paul Geuthner、美国纽约 Orientalia, Inc.等。①

岭南大学图书馆中国研究西文文献除涵盖学科范围广泛外,还有突出的一个特色,即部分西文文献是直接有关岭南地区的研究。明清时期,广州作为中国唯一对外通商口岸,是西方社会了解中国的重要窗口,也是中西文化交流的重要渠道。岭南地区因此而成为西方中国研究学者的重要区域。这些有关岭南地区研究的西文文献内容涉及岭南地区社会、民族、乡村、民俗、人类学、语言、自然与气候、工业、农业、经济、法律,以及西方教会在华南地区传教事业的发展、回忆录等。②

此外,因战争原因,哈佛燕京学社所需的很多书刊无法从中国北方地区获得,尤其是不同地区的政府出版物。叶理绥社长曾于1940年底委托岭南大学帮助学社购买书刊,如当地的期刊出版物、地方文献、政府出版物,以及其他有关中国研究的出版物。学社请裘开明馆长与岭南大学联系,沟通所需购买的图书种类等问题。自1941年岭南大学开始陆续为哈佛燕京学社购买书刊,学社曾于当年7月份向岭南大学拨款500美元用于购买书刊。何多源等人在其中协助良多,如许多政府出版物不容易获得,何多源利用个人能力争取相关政府机构通过岭南大学向学社赠送出版物。1941年,岭南大学图书馆为学社购买了一部分当地书刊,并委托重庆和其他地方的书商为学社搜集部分在香港无法购买到的图书,后通过香港邮局向学社分批寄送书刊。③④

三、齐鲁大学图书馆

1917年齐鲁大学图书馆成立。1922年由加拿大危培革(Winnipeg)之奥古士丁(Augustine)长老会支会捐赠巨款建成新馆,称奥古士丁图书

---

① 周旖. 岭南大学图书馆藏书研究[D]. 广州:中山大学,2010:182.
② 周旖. 岭南大学图书馆藏书研究[D]. 广州:中山大学,2010:201-2013.
③ Letter from Huang Yen-Yu to Serge Elisséeff, April 18, 1941[A]. Harvard-Yenching Institute Archieves:Lingnan University 1940-1945:58.
④ Letter from Serge Elisséeff to Huang Yen-Yu, July 9, 1941[A]. Harvard-Yenching Institute Archieves:Lingnan University 1940-1945:62.

馆。1930年,齐鲁大学代理校长,也是促成哈佛燕京学社与齐鲁大学合作的幕后功臣林济青,赴北京为齐鲁大学购买了大批中文古籍,总计2810种32,400卷,其中不乏珍本。其后又购进了一批图书,使当年图书馆中文藏书量达61,000余册,英文藏书量达15,000册,另有中文期刊435册,英文280册。① 至1931年底,齐鲁大学图书馆藏书量达82,720册②。1936年,该馆新增中文藏书3214册,外文藏书456册,其中哈佛燕京学社资助购买中文新书707册,外文新书134册③,藏书总量位居全国大学图书馆藏书量第4位。1937年,哈佛燕京学社叶理绥社长访问齐鲁大学时,校方鉴于原有图书馆藏书和阅览空间较小,无法满足现有学生规模,向学社申请资助扩建图书馆,叶理绥批准学社增拨10,000美元(100,000法币)用于扩建该校图书馆、古物陈列室,及研究人员办公室。④

全面抗日战争时期,齐鲁大学迁往成都,图书馆馆藏文献未能随校迁移。在成都时期,齐鲁大学图书馆重新购置文献资料。1940年中文藏书量达11,137册,并获得当地藏书家罗氏支持,获2万余册罗氏藏书的免费使用权。同时,图书馆订阅了一些基本的期刊杂志,其中中文杂志15种,保证齐鲁大学师生和国学研究所的基本资料需求。1941—1942年度,图书馆新增图书909册。因战争时期寄运困难,外文图书未有新增。1942—1943年度,图书馆以4万元购买唐氏3,000卷私人藏书,包括二十四史,及部分有关中国地理方面的古籍。⑤ 1946—1947年度,由于经费紧缺,齐鲁大学仅购买图书190册,杂志111册,获得捐赠图书70册和杂志583册。⑥ 同年,学校回迁济南时,图书资料损失也很严重,约计20,000

---

① Shantung Christian University Bulletin No. 83 Report of the Acting President and Administrative Office 1931-1932[A]. 亚联董档案:RG011-263-4246:11.

② Shantung Christian University Bulletin No. 82 Colleges of Arts and Science English Catalogue 1931[A]. 亚联董档案:RG011-263-4246:104.

③ Shantung Christian University (Cheeloo University) Sinological Research Insititute Seventh Yearly Report[A]. 亚联董档案:RG011-246-4017:302.

④ Shantung Christian University (Cheeloo University) Sinological Research Insititute Seventh Yearly Report[A]. 亚联董档案:RG011-246-4017:302.

⑤ Shantung Christian University(Cheeloo University) Sinological Research Insititute Thirteenth Yearly Report[A]. 亚联董档案:RG011-246-4017:325.

⑥ 吴克明. Cheeloo University Sinological Research Institute Seventeeth Annual Report[A]. 亚联董档案:RG011-244-4003:156.

册,很多是珍本。① 至 1949 年,齐鲁大学藏书总量为 118,000 册,仅比 1937 年多了数千册。②

在图书资料建设的同时,齐鲁大学购置有部分珍贵的古物,设立有文物陈列室,便利于教授,兼使全校学生于一览之下即可明了中国文化之变迁。古物藏品初借自明义士和齐树平个人收藏,后有研究所陆续购得之物。其后明义士藏品留存齐鲁大学,变相捐赠。藏品包括书画、拓片、铜器、瓷器等。

四、福建协和大学图书馆

福建协和大学图书馆早期仅是设立于福建观音井旧青年会所内的一间小规模藏书楼,藏书以辅助教学的课本类书籍为主,藏书来源以学校教授捐赠为基础,如首任校长庄才伟赠送的数百册藏书等。当时学校学生更多的是借用格致书院、英华书院图书馆藏书。③

1924 年,图书馆开始有专人管理,藏书得到整理和登记,并制定了较为规范的借阅规则,随着藏书不断发展,其教学辅助功能逐渐增强。1926 年,图书馆迁至学校新建成的科学馆内第一层。1927 年,学校增拨经费扩大图书馆发展规模,藏书数量不断增多,馆员人数增加至十余人。1930 年,图书馆迁至新落成的文学院上层。1931 年,随着福建协和大学获国民政府教育部立案,学校各项机构和职能逐渐得以完善,图书馆正式确立归属学校教务处管理,并在校务会议中成立了图书馆委员会,促进图书馆的管理和发展。

1931—1932 年度,图书馆新增中文图书 5712 册,总量达 18,801 册,新增英文图书 1482 册,总量达 10,600 册,④另有中西文期刊 236 种,馆藏

---

① 吴克明. Cheeloo University Sinological Research Institute Seventeeth Annual Report[A]. 亚联董档案:RG011-244-4003:156.
② 王雪玲. 齐鲁大学国学研究所初探[D]. 上海:华东师范大学,2004:16.
③ 曹娴静. 私立福建协和大学图书馆研究[D]. 福州:福建师范大学,2011:19.
④ Annual Report of the President of Fukien Christian University 1931-1932[A]. 亚联董档案:RG011-108-2392:29-35.

总量达 30,000 余册。① 1934 年,图书馆藏书总量近 70,000 册。

1938 年,因抗日战争,福建协和大学图书馆随学校迁至邵武,除部分藏书成功迁移,原校区藏书遭到损掠,损失严重。据统计,中外文书刊损失约 39,071 册,沙善德(Malcolm F. Farley, 1896—1941)教授考古馆内所存 3000 册图书及 3600 件文物也遭损毁。抗日战争期间,沙善德教授以图书馆的名义利用哈佛燕京学社经费购买古籍,后在学校迁回邵武后,被留在福州保管财产的美国人沙惠龙(Surton)带回美国。1944 年,福州第二次沦陷,图书馆遭遇大火损毁。据统计,战争期间,福建协和大学图书馆损失书籍近 40,000 册。其后,学校努力恢复发展,到 1945 年,藏书达 130,000 册,其中中文藏书以文史、丛书居多,福建地方文献、地方志更成为一大特色,西文藏书以自然与应用科学居多。② 1948 年,图书馆藏书总量达 140,000 余册,中文藏书 80,000 余册,西文藏书 25,000 余册,中西文期刊约 35,000 册。

福建协和大学图书馆购书经费一方面来源于学校拨款经费,另一方面来源于包括哈佛燕京学社在内的各类捐助经费。哈佛燕京学社经费所采购图书,以文史为主,尤其是为促进福建文化研究发展,在福建地方文献采购上发挥了重要作用,这些文献包括地方志、乡贤著述,有关福建民俗、民族、社会与经济的资料,以及谱牒资料、碑刻资料等。

在福建协和大学图书馆发展过程中,自 1928 年起担任图书馆员,后升为图书馆主任的金云铭(1904—1987),贡献卓著。金云铭,又名金文铭,号宁斋,1904 年生于福建闽侯,1924 年自福州英华书院毕业后考入福建协和大学社会科学系,1928 年毕业后受聘成为图书馆首位中国籍馆员,1934 年开展了对中国 70 余所图书馆的调查,同年,升任主任。1948 年,赴美国哥伦比亚大学图书馆研究学院攻读图书馆学硕士学位,1950 年回国,历任福建协和大学、福州大学、福建师范学院、福建师范大学副教授、教授、图书馆馆长等职。在任福建协和大学图书馆主任期间,金云铭通过学习他馆发展经验,逐渐积累了丰富的文献资源建设经验,领导图书

---

① 曹娴静. 私立福建协和大学图书馆研究[D]. 福州:福建师范大学,2011:8.
② 曹娴静. 私立福建协和大学图书馆研究[D]. 福州:福建师范大学,2011:20.

馆积极开展图书搜购和藏书发展工作,尤其是在搜集珍稀古籍和有关福建地方文化资料方面,通过多种渠道积极获取线索,购买和争取捐赠,先后收集福建各地地方志、家谱、族谱、诗文集等400余部,主编出版《馆藏福建地方文献及闽人著述书目》,为福建地方文化研究提供重要的参考,为福建协和大学图书馆的发展做出了重要的贡献。①

在福建协和大学图书馆藏书中,陈宝琛捐赠藏书是该馆中文古籍藏书重要组成部分。这批藏书来自于陈宝琛赠书和图书馆自陈宝琛之子陈几士手中购买的图书,总量约30,000余册80,000余卷。这批藏书中有许多珍贵的福建地方文献,约有130余部。另有约49种四库禁毁书籍,这些书籍存世极少,十分珍贵。② 1934年,图书馆设立"陈弢庵先生书库"专藏。西文藏书是福建协和大学图书馆藏的另一特色。这些藏书主要通过捐赠和购买获得,为学校师生了解国外学术发展和进展打开了一扇重要的窗口。西文藏书内容涵盖文学、艺术、历史、地理、宗教、自然科学等多个类别,语种包括英文、法文、日文等多种文字。其中有一部分有关中国历史文化研究的著作,是中国研究的重要参考文献。

五、华西协和大学图书馆与博物馆

华西协和大学图书馆建立于1914年,1928年新图书馆馆舍竣工。该馆以为华西地区中国文化和其他文化学习与研究中心提供资料支持为目标。自1928年开始,图书馆得到哈佛燕京学社经费资助,加强中文图书和有关中国研究之西文文献采购。从历年的财务报告看,学社经费在图书馆的支出主要包括中外文图书采购、馆员薪酬、馆舍维护等。1947—1948年度,学社经费在图书馆的支出总额为国币444,357,844元。

初期,图书馆面临因距离出版中心远而导致的购书困难。③ 学校决定派遣图书馆陈主任赴外地购书。1932—1933年度,陈主任赴上海、南

---

① 曹娴静. 私立福建协和大学图书馆研究[D]. 福州:福建师范大学,2011:28.
② 曹娴静. 私立福建协和大学图书馆研究[D]. 福州:福建师范大学,2011:27.
③ Report of the Chinese Department to the Harvard-Yenching Institute 1931-1932 [A]. 亚联董档案:RG011-281-4424a:798.

京、北平等地采购约 474 种 11,133 册书籍。1935—1936 年度,图书馆中文藏书达 69,454 册,外文藏书 15,259 册,总量为 84,713 册(一说 112,640 册①)。图书馆历来注重四川地方文献、地方志、丛书等文献的收集,以及部分有关中国的外文图书。1937 年,图书馆购买县志 60 种 667 册,至 1945 年,图书馆"收藏四川方志为最多,凡二百六十余种,已达一百四十二县,故全国收藏四川方志者,以本馆为最备"。② 另有珍贵古籍刻本、抄本、名人手迹,含元刻本 2 种,明刻本 30 余种,抄本、手迹"如《成都志》、《蜀广记》、《叙水厅志》、《芦山志》、《珊瑚网》、《古今法书》,及顾印愚先生之遗翰,宝兰泉侍御手批之《朱子小学集注》,李申夫先生之手谕,刘庸夫先生之《如见其人集》等"。③ 图书馆根据杜威分类法对馆藏中文文献进行编目,以现代图书馆方法管理藏书和提供服务。

华西协和大学首任校长毕启(J. Beech)和一批传教士在学校创办之初即希望建立一所博物馆,使之成为"世界上研究华西地区汉族和非汉族的最好的博物馆",与图书馆一起成为"世界上研究华西文明的最好的研究机构"。华西地区具有独特丰富的自然人文地理,为博物馆的建立和发展提供了良好的条件。1914 年,美国学者戴谦和(Daniel Sheets Dye)筹建华西协和大学博物馆。1919 年,博物馆正式成立。戴谦和任馆长,带领博物馆在收藏、陈列、展览、研究等方面开展了卓越的工作,致力将博物馆建设成为"大学课堂之外的教学机构"。④ 博物馆早期的藏品以戴谦和、陶然士、叶长春的采集和采购品为主,部分来源于传教士捐赠。1919 年,博物馆正式成立时,藏品已颇具规模。

1928 年,在美国人赖梦德和哈佛燕京学社的捐助下,华西协和大学建成懋德堂,为图书馆和博物馆的专门建筑。博物馆又名哈佛燕京博物馆。1932 年秋,在戴谦和推荐下,华大聘请葛维汉(David C. Graham)为博物馆馆长。他在谈及博物馆的发展时,认为:博物馆的目的是提供华西地区汉族和非汉族的物品或材料,借此物品或材料说明华西地区汉族和

---

① 陈训慈. 中国之图书馆事业[J]. 图书馆学季刊,1936,10(4):680-684.
② 华西协和大学图书馆概况[J]. 中华图书馆协会会报,1945(4-6):3-4.
③ 华西协和大学图书馆概况[J]. 中华图书馆协会会报,1945(4-6):3-4.
④ 周蜀蓉. 传教士与华西协和大学博物馆的创建[J]. 宗教学研究,2014(4):220-227.

非汉族的文化发展,并以此做更有效的教育项目。它应该是一个实施广泛教育项目的中心,应该成为一个重要的研究中心。①

1933年,博物馆设自然历史部,主要收藏昆虫、鱼类、鸟类、哺乳类等标本,以及菌类、蕨类、结子植物等植物标本。在哈佛燕京学社的经费支持下,博物馆在20世纪30—40年代增强了反映华西地区历史文化、人类学发展的资料和古物收集,注重收集反映民族、民俗文化的文物和资料,包括藏族、羌族、苗族、彝族等文物,同时也得到了国内外各界人士的捐赠。博物馆的藏品类型包括川康地区出土之新旧石器时代文物、各民族文物、瓷器、铜器、玉器、衣物、墓葬品、刺绣、书画等。1935—1939年间,该馆还收集有长征史料。至1939年7月,博物馆藏品量达25,445件。②

表10-3:1939年7月前华西协和大学博物馆藏品统计

藏品类别	数量(件)	藏品类别	数量(件)
中国	17470	巴基斯坦	48
西藏(中国)	3922	加拿大	15
苗族(中国)	1056	香港(中国)	10
美国	709	暹罗	9
羌族(中国)	536	印度	8
欧洲	284	土耳其	7
日本	141	爪哇	7
洛洛(Lolo,中国)	100	伯尔尼	1
纳西族(中国)	69	韩国	1
非洲	52		

葛维汉接任博物馆馆长时,即着手组织博物馆馆员对馆藏藏品进行

---

① 周蜀蓉. 传教士与华西协和大学博物馆的创建[J]. 宗教学研究,2014(4):220-227.
② Report of the Chinese Department to the Harvard-Yenching Institute 1938-1939 [A]. 亚联董档案:RG011-281-4424a:988.

清点、登记、分类、编目、修复等整理,使之得到更安全、更有序的收藏和利用。对馆藏中最具价值的部分藏品,博物馆进行拍照登记。博物馆藏品目录分为书本式目录和卡片目录,每年对新增藏品进行详细的登记。1936年底,在哈佛燕京学社博晨光的建议及学社经费的资助下,葛维汉前往南京、上海、济南、天津、北平、安阳、开封、西安、长沙等地,考察当地博物馆发展情况,前后做了14场学术报告,与各地博物馆从业者进行经验交流,并收集了一些有价值的铜器和陶器。①

每年,博物馆接待上万的参观者,如1936年参观人数达1.4万人,其中有许多中学教师和学生,国内外知名学者等。1937—1938年度,迫于抗日战争局势内迁的各类学校汇聚成都,华西协和大学博物馆成为各学校组织学生学习中国历史文化的一个重要场所。博物馆一方面积极组织专题展览供参观学习,一方面配合各校有关中国历史文化教学,开展相关学术报告,葛维汉、郑德坤等人本年度共开设5场学术报告。②

在收藏古物的同时,博物馆还积极开展考古活动,先后参与汉州太平、叙府,重庆曾家岩汉墓、邛崃唐宋邛窑、成都琉璃场窑等地考古活动,并结合考古发现撰写考古报告,结合馆藏古物开展有关的历史文化研究。如戴谦和《华西发现的石器》《中国建筑格构研究:以四川古遗文物为例》等,葛维汉《汉州发掘简报》《叙府汉墓发掘报告》《重庆汉墓发掘报告》《成都琉璃场窑址》等30余篇论文,以及林名均《广汉古代遗物之发现及其发掘》等,成果丰硕。③ 博物馆自建立以来一直保持有开展学术研究的传统,每年有四到五项研究项目开展。如1938—1939年度,葛维汉从事苗族习俗、四川瓷器等研究,John Kao依据葛维汉收集的样本进行四川釉料研究,Lewis C. Walmsley开展中国建筑影像工作,戴谦和从事四川地区地震历史记录研究及四川建筑模式等研究。④ 据统计,华西协和大学博

---

① Report of the Chinese Department to the Harvard-Yenching Institute 1936-1937 [A]. 亚联董档案:RG011-281-4424a:919.
② Report of the Chinese Department to the Harvard-Yenching Institute 1937-1938 [A]. 亚联董档案:RG011-281-4424a:963-964.
③ 周蜀蓉. 传教士与华西协和大学博物馆的创建[J]. 宗教学研究,2014(4):220-227.
④ Report of the Chinese Department to the Harvard-Yenching Institute 1938-1939 [A]. 亚联董档案:RG011-281-4424a:991-992.

物馆是1948年初全国仅存的13所博物馆之一,为保存珍贵文物,提供珍贵学术研究资料,传承历史文化遗产做出了卓越的贡献。

六、图书馆学研究之推动

在哈佛燕京学社经费资助下,燕京大学、金陵大学、岭南大学、齐鲁大学、福建协和大学、华西协和大学,以及华中大学的图书馆得到了有效的发展。除前文所述有关中国传统历史文化与研究的文献增长外,各图书馆在图书馆管理、人才建设、图书馆学术发展等方面也收到良好的效果。这些教会大学图书馆经费相对比其他图书馆要充足一些,图书馆发展规模不断扩大,吸引了一些优秀的图书馆学人才前来任职。如金陵大学李小缘、刘国钧、洪有丰,燕京大学洪业、田洪都、皮高品、顾廷龙、朱士嘉,齐鲁大学桂质柏,福建协和大学金云铭,岭南大学谭卓垣等。他们在古籍整理、索引编制、分类法、编目学等领域做出了重要的贡献。

在古籍整理方面,各教会大学积极利用哈佛燕京学社经费采购中国古籍珍本文献,如燕京大学参与采购书籍、鉴定版本的学者有洪业、容庚、顾廷龙等人,他们一方面积极为图书馆访求书籍,一方面开展图书鉴定工作,确保了燕京大学和哈佛燕京图书馆所购书籍的规模和价值。岭南大学图书馆谭卓垣负责岭南大学古籍采购工作,还曾协助北平图书馆、燕京大学图书馆、哈佛燕京图书馆采访古籍。

在分类法研究方面,教会大学图书馆较早引进和使用西方现代图书分类法,对西文藏书进行分类,如《杜威十进分类法》(Dewey Decimal Classification)、《美国国会图书馆分类法》(Library of Congress Classification)、《卡脱氏展开分类法》(Cutter's Expansive Classification)。在这些图书分类法的基础上教会大学图书馆一方面做了改进工作,以使其更适应中国国情,另一方面吸收中西方分类法的优点,结合中国图书馆藏书的实际需求,创制了一些新的图书分类法。①

1925年夏,留美归国的李小缘担任金陵大学图书馆西文编目部主

---

① 孟雪梅. 近代中国教会大学图书馆研究[D]. 福州:福建师范大学,2007:86-89.

任,改馆藏西文图书分类使用的《杜威十进分类法》为《美国国会图书馆图书分类法》,使西文图书分类工作更为简便。

1925年秋,留美归国的刘国钧任金陵大学图书馆中籍部主任,鉴于分类法不统一的状况,结合中文图书特征,创制了《中国图书分类法》,1929年正式刊行,后被广泛采用。该法改变该馆过去使用四部分类法与《杜威十进分类法》"新旧并行"制度的现状,用3位数字为号码,略仿杜威分类法,又不拘于十分,以文献内容之学科属性为分类依据,大类划分为:总部、哲学部、宗教部、自然科学部、应用科学部、社会科学部、史地部、语文部、美术部。《中国图书分类法》因其类目层次合理并具有一定的扩充性,号码简易,检索方便,逐渐在中国多家图书馆得到广泛使用。1928年秋,中央大学区扩充教育会议决定全国各通俗教育馆、图书馆统一使用此分类法。其后,该法数次增订,至1940年增订四版。

时任燕京大学编目部主任的皮高品于1934年出版《中国十进分类法》,该法采用中西合璧的类目体系,使用多重列类法,采用多种复分、仿分技术,大量运用"见""互见"与"参见"方法,增强类表中有关类目之间的横向联系,有较为完善的类目注释系统。它冲破了四库分类法的束缚,又改革了《杜威十进分类法》的体系,以近代的科学分类体系为基础,制定出较详细的类目,结合图书馆工作的实际需要,采用中英文对照,附有类名索引,使用方便,操作性强,在分类表中的适当位置预留空位,使分类法适应新科学的发展,又在不改变体系的前提下及时补进新类目。

此外,还有洪有丰创制的《图书分类法》,该法依据《四库全书总目》,参考《杜威十进分类法》,将新旧图书分为9类。福建协和大学图书馆金云铭创制《金氏分类法》,该法以杜威分类法和各家分类法为参考,结合该馆实际情况和需求编制而成,分为十六类,并创制著者号码编列法。这些学者的创新得益于教会大学丰富的藏书样本和学术氛围。

在图书编目方面,教会大学图书馆较早引进美国卡片目录编制规则,主要是美国国会图书馆卡片目录编目规则。

1927年,华美著名图书馆学家裘开明创制了中文图书目录卡片。1931年,燕京大学与哈佛燕京学社汉和图书馆实现合作,两馆统一使用裘开明所创制的单元卡片体系及编制规则。与之相似的是福建协和大学图书馆也采用单元卡片模式,每种卡片记载书名、著者、册数、版本、出版机构、出版实践等,包括书名卡片、著者卡片、分类卡片等。①

1931年,金陵大学图书馆刘国钧、曹祖彬根据该馆需要编制了《中文图书编目条例草案》及目录卡片编制规则,李小缘等参照美国图书馆协会及美国国会图书馆等多家图书馆条例,结合自身需求编制了西文图书编目及目录卡片编制规则,确立金陵大学图书馆中西文图书的编目方法,其后被多家图书馆采用。

在目录卡片方面,1926年,金陵大学图书馆万国鼎编制《汉字母笔排列法》,及《修正汉字母笔排列法大纲》,依汉字8种笔画笔顺排列,具有很强的实用性,该法改变了金陵大学图书馆过去依据康熙字典部首排列目录卡片的旧章,提高了检索效率。金陵大学图书馆中文目录卡片包括书名、标题、著者,及篇目或丛书子目分析卡片,标题或译名等之参见片;西文目录卡片以美国国会图书馆目录卡片为基础,编目条例综合依据美国国会图书馆、威斯康星图书馆等的编目条例。

教会大学在藏书建设、古籍整理、图书分类与编目研究和实践方面,积极地推动了中国图书馆学基础理论与技术的发展。

---

① 孟雪梅.近代中国教会大学图书馆研究[D].福州:福建师范大学,2007:90-91.

参考文献

一、档案文献

[1] A Preliminary Report of the Harvard-Yenching Institute Sinological Index Series, Feb. 29, 1933 [A]. Harvard-Yenching Institute Archives: Yenching University Annual Report 1928-1947.

[2] A Report on the Harvard-Yenching Institute Sinological Index Series, June 15, 1934 [A]. Harvard-Yenching Institute Archives: Yenching University Annual Report 1928-1947.

[3] A Report on the Harvard-Yenching Institute Sinological Index Series 1935-1936 [A]. Harvard-Yenching Institute Archives: Yenching University Annual Report 1928-1947.

[4] A Report on the Harvard-Yenching Institute Sinological Index Series 1939-1940, Aug. 17, 1940 [A]. Harvard-Yenching Institute Archives: Yenching University Annual Report 1928-1947.

[5] Alfred K'aiming Ch'iu. Letter of Alfred K'aiming Ch'iu to Arthur William Hummel: August 22, 1949 [A]. Cambrige, Mass.: Harvard-Yenching Institute Archives.

[6] Alfred K'aiming Ch'iu. *Letter of Alfred K'aiming Ch'iu to Francis C. M. Wei.* Cambridge[A]. Harvard–Yenching Library Archives, July 31, 1939.

[7] Alfred K'aiming Ch'iu. *Letter of Alfred K'aiming Ch'iu to Serge Elisséeff*:January 13, 1938 [A]. Cambrige, Mass.: Harvard–Yenching Institute Archives.

[8] Alfred K'aiming Ch'iu. *Report of Alfred K'aiming Ch'iu to Harvard-Yenching Institute Trustees*:November, 1936[A], Cambrige, Mass.: Harvard–Yenching Institute Archives.

[9] Alfred K'aiming Ch'iu. *Chinese–Japanese Collection of Harvard College Library at Harvard University*: *Annual Report of the Custodian (July 1, 1928 to June 30, 1929).* Cambridge [A]. Harvard–Yenching Library Archives, January 16, 1930.

[10] Alfred K'aiming Ch'iu. *Chinese–Japanese Library Harvard University Report of the Librarian for the Year June 30, 1938 to July 1.* Cambridge[A].Harvard–Yenching Library Archives,1939.

[11] Alfred K'aiming Ch'iu. *Chinese–Japanese Library of the Harvard–Yenching Institute at Harvard University Report of the Librarian for* 1955–1956. Cambridge[A].Harvard–Yenching Library Archives.

[12] Alfred K'aiming Ch'iu. *Letter of Alfred K'aiming Ch'iu to David H. Stevens*:December 11, 1936 [A]. Cambrige, Mass.: Harvard–Yenching Institute Archives.

[13] Alfred K'aiming Ch'iu. *Letter of Alfred K'aiming Ch'iu to James Roland Ware*:April 22, 1937 [A]. Cambrige, Mass.: Harvard–Yenching Institute Archives.

[14] Alfred K'aiming Ch'iu. *Letter of Alfred K'aiming Ch'iu to Robert Pierpont Blake.* Cambridge[A]. Harvard–Yenching Library Archives, March 16, 1934.

[15] Alfred K'aiming Ch'iu. *Letter of Alfred K'aiming Ch'iu to Serge Elisséeff. *Cambridge[A]. Harvard–Yenching Library Archives, January 13,

1938.

[16] Alfred K'aiming Ch'iu. *Letter of Alfred K'aiming Ch'iu to Serge Elisséeff: March 5, 1938* [A]. Cambrige, Mass.: Harvard-Yenching Institute Archives.

[17] Alfred K'aiming Ch'iu. *Letter of Alfred K'aiming Ch'iu to Yen Wen-yu. Cambridge* [A]. Harvard-Yenching Library Archives, February 23, 1939.

[18] Alfred K'aiming Ch'iu. *Reminiscences of a Librarian. Harvard Journal of Asiatic Studies*, Vol.25(1965):7 18 &A. K. Chiu: *Cataloguing at Harvard Yenching Library: Accomplishments and Prospects* [A]. HYL Archives.

[19] Alfred K'aiming Ch'iu. *Reminiscences of a Librarian* [J]. Harvard Journal of Asiatic Studies, 1965(25).

[20] Alfred Kaiming Chiu. *Chinese-Japanese Library of the Harvard-Yenching Institute at Harvard University Report of the Librarian for the Year July 1, 1947 to June 30, 1948. Cambridge* [A]. Harvard-Yenching Library Archives.

[21] Alfred Kaiming Chiu. *Chinese - Japanese Library, Harvard University, Report of the Librarian for the Year June 30, 1932 to July 1,1933. Cambridge* [A]. Harvard-Yenching Library Archives, November 10, 1933.

[22] Alfred Kaiming Chiu. *Chinese - Japanese Library, Harvard University, Report of the Librarian for the Year June 30,1933 to July 1, 1934. Cambridge* [A]. Harvard-Yenching Library Archives, October 20, 1934.

[23] Annual Financial Report of the Trustees of the University of Nanking [A]. 亚联董档案 RG011-195-3376.

[24] Annual Report of Harvard - Yenching Institute Peking Office Yenching University Restricted Fund 1937-1938 [A]. Harvard-Yenching Institute Archives: Yenching University Annual Report 1928-1947.

[25] Annual Report of Harvard - Yenching Institute Peking Office Yenching University Restricted Fund 1938-1939 [A]. Harvard-Yenching

Institute Archives:Yenching University Annual Report 1937-1939.

[26]Annual Report of Harvard - Yenching Institute Peking Office Yenching University Restricted Fund 1946-1947 [A]. Harvard-Yenching Institute Archives:Yenching University Annual Report 1928-1947.

[27]Annual Report of the College of Arts and Letters for the Academic Year 1937 - 1938 [A]. Harvard - Yenching Institute Archives: Yenching University Annual Report 1928-1947.

[28]Annual Report of the President of Fukien Christian University 1931 -1932[A].亚联董档案 RG011-108-2392.

[29] Annual Report of Yenching University 1938 - 1939: Exhibit C: Yenching University Department of History Course Offered in 1938-1939 with Enrollment in the Same [A]. Harvard - Yenching Institute Archives: Yenching University Annual Report 1928-1947,Mass. Cambridge:254-255.

[30] Annual Report of Yenching University 1946 - 1947. *Yenching University Department of History Course Offered in* 1946-1947 *with Enrollment in the Same* [A]. Harvard-Yenching Institute Archives: Yenching University Annual Report 1928-1947,Mass. Cambridge:367-368.

[31] Annual Report to the Directors and the Board of Trustees of the Harvard-Yenching Institute on Chinese Studies Supported on the Restricted Fund 1939-1940[A].亚联董档案:11-315-4823.

[32] Annual Report to the Directors and the Board of Trustees of the Harvard-Yenching Institute on Chinese Studies Supported on the Restricted Fund 1940-1941[A]. 亚联董档案:11-315-4823.

[33]Chinese Japanese Library Harvard University Report of the Librarian for the Year July 1,1945 to June 30,1946[A]. HYL Archives.

[34]Chinese Japanese Library Harvard University Report of the Librarian for the Year June 30, 1939 to July 1, 1940[A]. HYL Archives.

[35]Chinese Japanese Library of the Harvard Yenching Institute at Harvard University Report of the Librarian for the Year July 1, 1947 to June 30, 1948[A]. HYL Archives.

[36] Chinese-Japanese Library Harvard University Report of the Acting Librarian for the Year July 1, 1937 to July 1, 1938. Cambridge[A].Harvard-Yenching Library Archives.

[37] Chinese-Japanese Library Harvard University Report of the Acting Librarian for the Year June 30, 1936 to July 1,1937. Cambridge[A].Harvard-Yenching Library Archives.

[38] Chinese - Japanese Library Harvard University Report of the Librarian for the Year June 30, 1938 to July 1, 1939. Cambridge [A]. Harvard-Yenching Library Archives.

[39] Courses of Instruction. *Department of History* [A]. Harvard - Yenhcing Library Archieves: Yenching University Bulletin: College of Arts and Letters 1932-1933, Mass. Cambrige:73

[40] Courses Offered by the College of Arts Yenching University 1949-1950. *Chinese Department* [A]. Harvard - Yenching Institute Archieves: Yenching Univeristy Annual Report 1949-1950, Mass. Cambridge:12-13.

[41] Dedication on New Site. *Opening* 1929 [A]. Harvard-Yenching Institute Archives: Yenching University 1928-1931. in China.

[42] Fukien Christian University Report for Harvard-Yenching Institute on Chinese Studies, 1933-1934 [A]. HYI Archives: Yenching University 1932-1934.

[43] Harvard Yenching Insititute Annual Report - Yenching University 1935-1936. *Harvard-Yenching Institute Scholarships of Yenching University* [A]. Harvard - Yenching Institute Archives: Yenching University Annual Report 1935-1936.

[44] Harvard Yenching Insititute Annual Report - Yenching University 1937-1938. *Harvard-Yenching Institute Scholarships of Yenching University* [A]. Harvard - Yenching Institute Archives: Yenching University Annual Report 1937-1938:

[45] Harvard Yenching Institute Peiping Office Annual Report Restricted Fund 1936 - 1937 [A]. Harvard - Yenching Institute Archives: Yenching

University Annual Report 1928-1947.

[46] Harvard—Peking Institute for Chinese Studies. *Memorandum of Conference*, September 10, 1925[A]. HYI Archives: file: HYI Preliminary to Establishment [Oriental Research Institute],1927.

[47] Harvard-Peking Institute for Chinese Studies. *Memorandum of Conference*,September 10, 1925. Cambridge[A].Harvard-Yenching Institute Archives: Preliminary to Establishment Oriental Research Institute,1927.

[48] Harvard-Yenching Institute Annual Report Yenching University 1935-1936[A]. Harvard-Yenching Institute Archives: Yenching University Annual Report 1935-1936:108-110.

[49]Harvard-Yenching Institute Archieves. *Lingnan University* 1930-1938[A].

[50]Harvard-Yenching Institute Archieves. *Lingnan University* 1940-1945 [A].

[51]Harvard-Yenching Institute Archieves. *Lingnan University* 1946-1953[A].

[52] Harvard-Yenching Institute Archive. *Report to the Administrative Committee of the Harvard-Yenching Institute*[A]. Harvard-Yenching Institute Archives-Yenching University Annual Report 1928-1947. Christian Colleges in China.

[53] Harvard-Yenching Institute Archives. *Early History. HYI Trustees and Executive Committee*, 1928-1932 [A]. Harvard-Yenching Institute Archieve,Cambridge, Mass.

[54]Harvard-Yenching Institute Archives. *Harvard-Yenching Institute Annual Report Yenching University* 1935-1936 [A]. Yenching University Annual Report 1935-1936:108-110.

[55] Harvard-Yenching Institute Archives. *Yenching University List of Courses in the Department of Chinese* 1932-1933 [A]. HYI Trustees and Executive Committee 1933-1938.

[56] Harvard-Yenching Institute Copies of Votee Bearing on the

Treasurer Ship from Minutes of First Meeting of Board of Trustees, January 4, 1928[A]. Harvard University – Harvard College Library Harvard – Yenching Library/Harvard – Yenching Institute Archives: Early History. HYI Trustees and Executive Committee, 1928 – 1932 Harvard – Yenching Institute. Cambridge, Mass.

[57] Harvard-Yenching Institute. *Trustees Meeting of Nov. 8, 1937: Nov. 8, 1937*[A]. Cambrige, Mass.: Harvard-Yenching Institute Archives.

[58] Hung – tu Tien. *Chinese – Japanese Collection of Harvard College Library at Harvard University: Annual Report of the Librarian (July 1, 1930 to July 1, 1931). Cambridge* [A]. Harvard – Yenching Library Archives: Chinese – Japanese Library of the Harvard – Yenching Institute at Harvard University: Annual Report of the Librarian, First to Tenth, 1927–1936, July 1, 1931.

[59] Institute of Chinese Cultural Studies Report July 1940 through June 1941[A]. 亚联董档案 RG11-201-3439.

[60] Interview with Professor Jams H. Woods. China Weekly Review, Nov. 2. 1929[A]. 联董档案号:335-5125-0753.

[61] John Leighton Stuart to Mr. William Hung. December 14, 1928 [A]. 联董档案号:335-5117-187-188.

[62] Leighton Stuart. *Report of President J. Leighton Stuart, March* 1925. *Board of Trustees of Peking University* [A]. 亚联董档案: RG-11-299-4654: 433-437.

[63] Letter from Huang Yen-Yu to Serge Elisséeff, April 18, 1941[A]. Harvard-Yenching Institute Archieves: Lingnan University 1940-1945.

[64] Letter from Kenneth Ch'en to H. S. Frank, Oct. 22, 1948[A]. Harvard-Yenching Institute Archieves: Lingnan University 1946-1953.

[65] Letter from Olin D. *Wannamaker to Serge Elisséeff, Feb.* 1, 1941 [A]. Harvard-Yenching Institute Archieves: Lingnan University 1940-1945.

[66] Letter from Serge Elisséeff to Eric H. *North, Jan.* 25, 146[A]. Harvard-Yenching Institute Archieves: Lingnan University 1946-1953.

[67] Letter from Serge Elisséeff to Huang Yen-Yu, July 9, 1941[A]. Harvard-Yenching Institute Archieves：Lingnan University 1940-1945.

[68] Letter from William Hung to Elisséeff, Jan. 17, 1940. [A]. Harvard-Yenching Institute Archives：Individual Papers. Hung, William. Yenching University. Correspondence, 1938-1939.

[69] Letter from William Hung to Elisséeff. *June* 5, 1940[A]. Harvard-Yenching Institute Archives：William Hung. Yenching University Correspondence, 1940-1947.

[70] Letter from Harold B. *Hoskins to Serge Elisséeff, June* 7, 1946[A]. Harvard-Yenching Institute Archieves：Lingnan University 1940-1945.

[71] Letter from Olin D. *Wannamaker to Serge Elisséeff, April* 7, 1944 [A]. Harvard-Yenching Institute Archieves：Lingnan University 1940-1945.

[72] Letter from Olin D. *Wannamaker to Serge Elisséeff, Nov.* 2, 1945 [A]. Harvard-Yenching Institute Archieves：Lingnan University 1940-1945.

[73] Letter of Alfred K'aiming Ch'iu to Kenneth Chen, May 5, 1948 [A]. HYL Archives.

[74] Letter of Alfred K'aiming Ch'iu to Arthur William Hummel, December 9, 1938 & 李书春致裘开明信函,1939 年 5 月 28 日,以及田洪都致裘开明信函,1939 年 11 月 22 日[A].HYL Archives.

[75] Letter of Alfred K'aiming Ch'iu to Arthur William Hummel, July 7, 1949[A]. HYL Archives.

[76] Letter of Alfred K'aiming Ch'iu to David H. Stevens, April 22, 1937[A]. HYL Archives

[77] Letter of Alfred K'aiming Ch'iu to Dorothy M. Eggert, July 26, 1943[A]. HYL Archives.

[78] Letter of Alfred K'aiming Ch'iu to Dorothy M. Eggert, October 21, 1943[A].HYL Archives.

[79] Letter of Alfred K'aiming Ch'iu to Herrlee Glessner Creel, December 3, 1948[A]. HYL Archives.

[80] Letter of Alfred K'aiming Ch'iu to Herrlee Glessner Creel,

October 14, 1947[A]. HYL Archives

[81] Letter of Alfred K'aiming Ch'iu to Mortimer Graves, November 16, 1939[A].HYL Archives.

[82] Letter of Alfred K'aiming Ch'iu to Mortimer Graves, October 10, 1938[A].HYL Archives.

[83] Letter of Alfred K'aiming Ch'iu to Mortimer Graves, October 19, 1938[A].HYL Archives.

[84] Letter of Alfred K'aiming Ch'iu to Serge Elisséeff, April 14, 1937[A].HYL Archives.

[85] Letter of Alfred K'aiming Ch'iu to Serge Elisséeff, October 6, 1938[A].HYL Archives.

[86] Letter of Elisséeff to Harold L. Leupp.

[87] Letter of Kenneth Chen to Alfred K'aiming Ch'iu, October 14, 1948[A]. HYL Archives.

[88] Letter of Kenneth Chen, Executive Secretary, Harvard Yenching Institute, Yenching University, Peiping, China, to Alfred K'aiming Ch'iu, April 11,1949[A]. HYL Archives.

[89] Letter of William Hung to Elisséeff, Feb. 22, 1938.

[90] Library Print Cards Provisional Protocol: December 5, 1936[A], Cambrige, Mass.: Harvard-Yenching Institute Archives.

[91] Lingnan University Annual Report to Harvard-Yenching Institute of Chinese Studies Collegiate Year 1945 - 1946. *Curriculum Program for the Major in Chinese Literature* 1945 - 1946 [A]. Harvard - Yenching Institute Archieves: Lingnan University 1945-1953.

[92] Lingnan University Financial Report [A]. Harvard - Yenching Institute Archieves: Lingnan University 1930-1938.

[93] Lingnan University Report to Harvard-Yenching Institute for the Year July 1, 1933 to June 30, 1934: Lingnan University Courses Offered 1933/1934 Semester I in the Department of Chinese [A]. Harvard-Yenching Institute Archieves: Lingnan University 1930-1938.

[94] Lingnan University Report to Harvard-Yenching Institute for the Year July 1, 1937 to June 30, 1938:Lingnan University II A List of Courses Given, with Number of Students in Each Course 1937-1938[A]. Harvard-Yenching Institute Archieves:Lingnan University 1930-1938.

[95] Lingnan University Report to Harvard-Yenching Institute for the Year July 1, 1940 to June 30, 1941:Lingnan University II A List of Courses Given, with Number of Students in Each Course 1940-1941[A]. Harvard-Yenching Institute Archieves:Lingnan University 1940-1945.

[96] Memoranda. *Harvard-Yenching Institute Summary and Explanation.* April 5, 1929[A]. Harvard-Yenching Institute Archives:Yenching University Annual Report 1928-1947. Christian Colleges in China.

[97] Memorandom on the Policy on the Proceed of Harvard-Yenching Institute concerning Education in China[A]. 联董档案号:336-5133-0264.

[98] Memorandum on the Harvard-Yenching Institute Chinese Card Project.

[99] Memorandum on the Policy on the Proceed of Harvard-Yenching Institute concerning Education in China.

[100] Minutes of the Meeting of the Board of Trustees of Peking University, September 24, 1925[A]. 亚联董档案:RG011-299-4655.

[101] Program of the Harvard-Yenching Institute in relation to the correlated program for the Christian Higher Education in the China 1936[A]. 联董档案号:011-0258-0886.

[102] Program of the Harvard-Yenching Institute in relation to the correlated program for the Christian Higher Education in the China 2/3/1936 [A]. 联董档案号:336-5132-0190.

[103] Report of Activities, 1948-1949[A]. Harvard-Yenching Institute Archieves:Lingnan University 1946-1953.

[104] Report of Graduate Work Conducted at Yenching University on the Harvard-Yenching Institute Foundation for the Academic Year 1933-1934 [A]. Harvard-Yenching Institute Archives: Yenching University Annual

Report 1928-1947.

[105] Report of the Chinese Department 1942-1943[A].亚联董档案:RG011-281-4424a.

[106] Report of the Chinese Department 1943-1944[A].亚联董档案:RG011-281-4424a.

[107] Report of the Chinese Department 1944-1945[A].亚联董档案:RG011-281-4424a.

[108] Report of the Chinese Department to the Harvard-Yenching Institute [A].亚联董档案:RG011-281-4424a.

[109] Report of the Chinese Department to the Harvard-Yenching Institute 1931-1932 [A].亚联董档案:RG011-281-4424a.

[110] Report of the Chinese Department to the Harvard-Yenching Institute 1936-1937 [A].亚联董档案:RG011-281-4424a.

[111] Report of the Chinese Department to the Harvard-Yenching Institute 1937-1938 [A].亚联董档案:RG011-281-4424a.

[112] Report of the Chinese Department to the Harvard-Yenching Institute 1938[A].亚联董档案:RG011-281-4424a.

[113] Report of the Chinese Department to the Harvard-Yenching Institute 1938-1939 [A].亚联董档案:RG011-281-4424a.

[114] Report of the Chinese Department to the Harvard-Yenching Institute 1938-1939 [A].亚联董档案:RG011-281-4424a.

[115] Report of the Chinese Department to the Harvard-Yenching Institute 1939[A].亚联董档案:RG011-281-4424a.

[116] Report of the Chinese Department to the Harvard-Yenching Institute 1940[A].亚联董档案:RG011-281-4424a.

[117] Report of the Library Committee. *Cambridge* [A]. Harvard-Yenching Library Archives, April 9, 1934.

[118] Report on Chinese Studies 1931-1932, April 21, 1933 [A]. Harvard-Yenching Institute Archieves:Lingnan University 1930-1938.

[119] Report on the Activities of the Department of Chinese, Lingnan

University, for the Academic Year July 1, 1949 to June 30, 1950[A]. Harvard-Yenching Institute Archieves:Lingnan University 1946-1953.

[120] Report on the Harvard - Yenching Institute Sinological Index Series, July 23, 1941[A]. Harvard-Yenching Institute Archives:Individual Papers. Hung, William. Yenching University. Correspondence, 1940-1947.

[121]Report to Harvard-Yenching Institute 1944-1945[A]. Harvard-Yenching Institute Archieves:Lingnan University 1940-1945.

[122]Report to the Administrative Committee of the Harvard-Yenching Institute [A]. Harvard - Yenching Institute Archive: Yenching University Annual Report 1928-1947. Christian Colleges in China.

[123]Report to the Administrative Committee of the Harvard-Yenching Institute [A]. Harvard - Yenching Institute Archives: Yenching University Annual Report 1928-1947,Cambridge, Mass.

[124]Robert Pierpont Blake. *Letter of Robert Pierpont Blake to George Henry Chase. Cambridge*[A].Harvard-Yenching Library Archives, April 22, 1934.

[125]Serge Elisséeff. *Letter of Serge Elisséeff to Harold L. Leupp*:1936 [A]. Cambrige, Mass.:Harvard-Yenching Institute Archives.

[126]Serge Elisséeff. *Paper Read at the Annual Dinner of the Associated Boards of Christian Universities in China*, April 21, 1936[A]. 联董档案号：011-0258-0918-0924.

[127] Serge Elisséeff. *The Aims of the Harvard - Yenching Institute. Harvard Alumni Bulletin*[A].联董档案号:336-5133-0261.

[128]Shantung Christian University Bulletin No. 82 Colleges of Arts and Science English Catalogue 1931[A]. 亚联董档案:RG011-263-4246.

[129]Shantung Christian University Bulletin No. 83 Report of the Acting President and Administrative Office 1931-1932[A].亚联董档案 RG011-263-4246.

[130] Shantung Christian University (Cheeloo University) Sinological Research Insititute Seventh Yearly Report[A]. 亚联董档案 RG011-246-

4017.

［131］Status of Chinese Research Work at Yenching University as Conducted under the Auspices of the Harvard-Yenching Institute[A]. Harvard-Yenching Institute Archives:Yenching University 1932-1934:32.

［132］Suggestions for a Harvard-Yenching Institute Five Year Plan for Graduate Teaching and Research at Yenching University, 1940[A].亚联董档案:RG011-315-4823.

［133］The Corelated Program for Christian Higher Education in China in Relation to the Harvard-Yenching Institute, May 15, 1933[A].联董档案号:336-5129-0032-0033.

［134］West China Union University Report to the Harvard-Yenching Institute on Chinese Studies July 1st, 1936-June 30th, 1937[A].亚联董档案:RG011-281-4424a.

［135］William Hung. *Letter of William Hung to Archibald C. Coolidge. Cambridge*[A]. Harvard-Yenching Library Archives, January 12, 1928.

［136］William Hung. *Letter of William Hung to Serge Eliséeff*:*Feb. 22, 1938*[A]. Cambrige, Mass.:Harvard-Yenching Institute Archives.

［137］William Hung. *Memoranda*:*Harvard-Yenching Institute (Confidential)*. *April 1, 1929. Cambridge* [A]. Harvard-Yenching Institute Archives: William Hung 1928-1929.

［138］Yenching University Department of Chinese Course Offerd in 1936-1937 with Enrollment in the Same [A]. Harvard-Yenching Institute Archieves:Yenching Univeristy Annual Report 1928-1947, Mass. Cambridge: 226-227.

［139］Yenching University Department of Chinese Course Offerd in 1937-1938 with Enrollment in the Same [A]. Harvard-Yenching Institute Archieves:Yenching Univeristy Annual Report 1928-1947, Mass. Cambridge: 263-264.

［140］Yenching University Department of Chinese Course Offerd in 1938-1939 with Enrollment in the Same [A]. Harvard-Yenching Institute

Archieves: Yenching Univeristy Annual Report 1928–1947, Mass. Cambridge: 256–257.

[141] Yenching University Department of History Course Offerd in 1934 –1935 with Enrollment in the Same [A]. Harvard – Yenching Institute Archieves: Yenching Univeristy Annual Report 1928–1947, Mass. Cambridge: 143.

[142] Yenching University Department of History Course Offerd in 1935 –1936 with Enrollment in the Same [A]. Harvard – Yenching Institute Archieves: Yenching Univeristy Annual Report 1928–1947, Mass. Cambridge: 178.

[143] Yenching University Department of History Course Offerd in 1936 –1937 with Enrollment in the Same [A]. Harvard – Yenching Institute Archieves: Yenching Univeristy Annual Report 1928–1947, Mass. Cambridge: 225.

[144] Yenching University Department of History Course Offerd in 1946 –1947 with Enrollment in the Same [A]. Harvard – Yenching Institute Archieves: Yenching Univeristy Annual Report 1928–1947, Mass. Cambridge: 367–368.

[145] Yenching University Department of History Course Offered in 1935 –1936 with Enrollment in the Same [A]. Harvard – Yenching Institute Archives: Yenching University Annual Report 1928–1947, Mass. Cambridge: 178.

[146] Yenching University Department of History Course Offered in 1936 –1937 with Enrollment in the Same [A]. Harvard – Yenching Institute Archives: Yenching University Annual Report 1928–1947, Mass. Cambridge: 225.

[147] Yenching University List of Courses in the Department of Chinese 1932–1933 [A]. Harvard – Yenching Institute Archives: HYI Trustees and Executive Committee 1933–1938.

[148] Yenching University Research School of Chinese Studies Report

for the Academic Year Ending June 30, 1930 [A]. Harvard‐Yenching Institute Archives：Yenching University 1928‐1931. Christian Colleges in China.

[149] Yenching University Research School of Chinese Studies Report for the Academic Year Ending June 30, 1931 [A]. Harvard‐Yenching Institute Archives：Yenching University 1928‐1931. Christian Colleges in China.

[150] Yenching University. *Yenching University Bulletin* 1935‐1936：*The Graduate Yuan*[A].Yenching University, 1937.

[151] Yenching University. *Yenching University Bulletin Annoucement of Courses* 1936‐1937[A]. Beijing：Yenching University, 1936.12.

[152] Yenching University. *Yenching University Bulletin Announcement of Courses* 1940‐1941[A]. Yenching University, 1941.1.

[153] Yenching University. *Yenching University Bulletin Graduate Annoucement* 1927‐1928[A].亚联董档案：RG011‐315‐4826.

[154] Yenching University. *Yenching University Bulletin Graduate Annoucement* 1929‐1930[A]. 亚联董档案：RG011‐315‐4827.

[155] Yenching University. *Yenching University Bulletin Graduate Annoucement* 1930‐1931[A].亚联董档案：RG011‐315‐4827.

[156] Yenching University. *Yenching University Bulletin Graduate Annoucement* 1932‐1933[A]. 亚联董档案：RG011‐315‐4827.

[157]北平私立燕京大学本科各学院学系概要[A].燕京大学布告第13号第17届,1932.1.

[158]顾颉刚整理. 金陵、华西、齐鲁三大学中国文化研究所第一次联系会议记录[A]//徐雁. 杰出人物与中国思想史：金陵大学中国文化研究所考述[M]. 南京：江苏教育出版社,2000.

[159]哈佛燕京学社北平办事处 1947‐48 年度报告[A],燕京大学档案 YJ47024,北京大学档案馆藏.

[160]哈佛燕京学社北平办事处 Cordier 计划委员会备忘录及计划 A 情况报告[A],燕京大学档案 YJ39004,北京大学档案馆藏

[161]哈佛燕京学社汉和图书馆.汉和图书馆1930年年度报告:1930[A].Cambrige,Mass.:Harvard-Yenching Institute Archives.

[162]哈燕学社翻译委员会会议纪要[A],燕京大学档案 YJ36001,北京大学档案馆藏.

[163]哈燕学社关于成立中国顾问委员会会议日程及有关会议记录[A].燕京大学档案 YJ31009,北京大学档案馆藏.

[164]哈燕学社在华工作报告[A],燕京大学档案 YJ37005,北京大学档案馆藏.

[165]何多源.何多源致裘开明信函.Cambridge[A].Harvard-Yenching Library Archives,1941年4月29日.

[166]李书春致裘开明函件,1945年12月6日[A].HYL Archives.

[167]李书春致裘开明信函,1938年10月6日[A].HYL Archives.

[168]李书春致裘开明信函,1938年11月16日[A].HYL Archives.

[169]裘开明,田洪都.哈佛大学哈佛燕京学社汉和图书馆馆长年度报告(1930年7月1日至1931年7月1日):1931[A].Cambrige,Mass.:Harvard-Yenching Institute Archives.

[170]裘开明.裘开明致杜联喆信函[A].Harvard-Yenching Library Archives,1943年7月12日.

[171]裘开明.裘开明致何多源函[A].Harvard-Yenching Library Archives,1941年4月5日.

[172]裘开明.裘开明致何多源函[A].Harvard-Yenching Library Archives,1941年5月28日.

[173]私立金陵大学文学院概况 民国二十五年至二十六年 第四号[A].亚联董档案 RG011-197-3389.

[174]私立燕京大学组织大纲,燕大一览[A].燕大档案 YJ30025 卷.

[175]吴克明. *Cheeloo University Sinological Research Institute Fifteenth Annual Report*[A].亚联董档案 RG011-244-4017.

[176]吴克明. *Cheeloo University Sinological Research Institute Seventeeth Annual Report*[A].亚联董档案 RG011-244-4003:154.

[177]研究院委员会报告.1930.6.21[A].RG011-315-4827.

[178]燕京大学本科课程一览[A].燕京大学布告第21号第11届,1928.67-96.

[179]燕京大学哈佛燕京学社奖学金简则(民国二十五年六月)[A],燕京大学档案 YJ37005,北京大学档案馆藏.

[180]燕京大学图书馆哈佛购书处一九四九年度所购新文化书籍目录[A]. Cambridge:Harvard-Yenching Library Archives,1949.

[181]引得编纂处一年工作报告 1949-1950 [A]. Harvard-Yenching Institute Archives:Yenching University Annual Report 1949-1950:32.

[182]引得校印所.引得校印所启示[A].燕京大学档案 YJ48074

二、专门著作

[1](美)艾德敷著,刘天路译.燕京大学[M].珠海:珠海出版社,2005.

[2]冰心,萧乾主编.燕大文史资料 第十辑[M].北京:北京大学出版社,1997.

[3](美)陈毓贤.洪业传[M].北京:北京大学出版社,1996.

[4]陈明章.学府纪闻:私立燕京大学[M].南京:南京出版社,1982.

[5]陈滔娜.哈佛燕京学社校际合作史[M].南京:江苏人民出版社,2014.

[6]陈寅恪.陈寅恪文集之三 金明馆丛稿二编[M].上海:上海古籍出版社,1980.

[7]程焕文.裘开明年谱[M].桂林:广西师范大学出版社,2008.

[8]程焕文.中国图书馆史·近代图书馆卷[M].北京:国家图书馆出版社,2017.

[9]顾潮编著.顾颉刚年谱[M].北京:中国社会科学出版社,1993.

[10]顾颉刚.顾颉刚日记 第3卷 1933-1937[M].台北:联经出版事业公司,2007.

[11]顾颉刚.顾颉刚日记卷二[M].北京:中华书局,2010.

[12]哈佛燕京学社引得编纂处.崔东壁遗书引得[M].哈佛燕京学

社,1931.

[13]哈佛燕京学社引得编纂处. 太平御览引得[M]. 北京:哈佛燕京学社引得编纂处,1934.

[14]刘寅生,房鑫亮编. 何炳松文集 第2卷[M]. 北京:商务印书馆,1997.

[15]洪业. 洪业论学集[M]. 北京:中华书局,1981.

[16]洪业. 中国现代学术经典 洪业卷 引得说[M]. 石家庄:河北教育出版社,1996

[17]洪业等编. 春秋经传引得[M]. 哈佛燕京学社引得编纂处,1937.

[18]教育部高等教育司. 二十一年度全国高等教育概况统计[M]. 南京:教育部高等教育司,1934.

[19]教育部统计室. 二十二年度全国高等教育统计[M]. 教育部统计室,1936.

[20]金陵大学总务处编. 私立金陵大学要览[M]. 南京:私立金陵大学,1947.

[21]刘家峰,刘天路. 抗日战争时期的基督教大学[M]. 福州:福建教育出版社,2003.

[22]刘梦溪. 中国现代学术经典 洪业 杨联昇卷[M]. 石家庄:河北教育出版社,1996.

[23]罗义贤. 司徒雷登与燕大的办学宗旨[M]. 贵阳:贵州人民出版社,2005.

[24]绿萍编著. 四川报刊五十年集成 1897—1949[M]. 成都:四川大学出版社,2011(11)

[25]Philip West. *Yenching University and Sino-Western Relations*, 1916-1952[M]. Cambridge, Mass.: Harvard University Press,1976.

[26]裘开明. 中国图书编目法[M]. 上海:商务印书馆,1931.

[27]《山西文史资料》编辑部. 山西文史资料全编 第5卷 第50辑-第60辑 9[G]. 1999.

[28]沈津. 美国哈佛大学哈佛燕京图书馆中文善本书志[M]. 上海:

上海辞书出版社,1999.

[29]沈津.书韵悠悠一脉香[M].桂林:广西师范大学出版社,2006.

[30](美)约翰·司徒雷登著,程宗家译,刘雪芬校.在华五十年——司徒雷登回忆录[M].北京:北京出版社,1982.

[31]陶飞亚,吴梓明.基督教大学与国学研究[M].福州:福建教育出版社,1998.5.

[32]田继综编,引得编纂处校订.八十九种明代传记综合引得[M].北京:哈佛燕京学社引得编纂处,1935.

[33]王启龙,邓小咏.钢和泰学术评传[M].北京大学出版社,2009.

[34]刘梦溪主编.中国现代学术经典 洪业 杨联陞卷[M].石家庄:河北教育出版社,1996.

[35]吴唏.北京大学图书馆九十年记略[M].北京:北京大学出版社,1992.

[36]吴玫主编.影像南大——南京大学百年图传[M].南京:南京大学出版社,2015(1).

[37]谢兴尧.堪隐斋随笔:书林逸话[M].沈阳:辽宁教育出版社,1995.

[38]徐雁.杰出人物与中国思想史:金陵大学中国文化研究所考述[M].南京:江苏教育出版社,2000.

[39]引得编纂处编纂.荀子引得[M].上海:上海古籍出版社,1986.

[40]徐雁.中国旧书业百年[M].北京:科学出版社,2005.

[41]许晚成.全国图书馆调查录[M].上海：龙文书店,1935.

[42]燕京大学图书馆.燕京大学图书馆概况[M].燕京大学图书馆编印,1933.

[43]燕京大学学生自治会.燕大三年[M].燕京大学学生自治会,1948.

[44]鹰谷俊之.东西佛教名人传[M].台北:华宇出版社,1985.

[45]张耀南编.知识与文化——张东荪文化论著辑要[M].北京:中国广播电视出版社,1995.

[46]张玮瑛,王百强,钱辛波.燕京大学史稿 1919—1952[M].北京:人民中国出版社,1999.

[47]张星烺.中西交通史料汇编[M].北京:中华书局,1977.

[48]章开沅,林蔚主编.中西文化与教会大学[M].武汉:湖北教育出版社,1991.

[49]赵贞信.封氏闻见记校正附引得[M].北京:哈佛燕京学社引得编纂处,1933.

[50]郑德坤编.水经注引得 第一册[M].北京:哈佛燕京学社引得编纂处,1934.

[51](宋)郑樵撰.四库家藏 通志略(四)[M],山东画报出版社,2004.

三、文集汇编

[1]陈大白主编.北京高等教育文献资料选编[G].北京:首都师范大学出版社,2002.

[2]程焕文.裘开明图书馆学论文集[C].桂林:广西师范大学出版社,2003

[3]南京大学高教研究所校史编写组.金陵大学史料集[G].南京:南京大学出版社,1989.

[4]全国政协文史资料委员会编.文史资料存稿选编 第24辑[G].北京:中国文史出版社,2002.

[5]山东大学历史文化学院.历史文化论集[G].济南:齐鲁书社,2000.

[6]陶文钊,陈永祥主编.中美文化交流论集[G].中国社会科学出版社,1999:188-209.

[7]王学珍,张万仓编.北京高等教育文献资料选编 1861—1948[G].北京:首都师范大学出版社,2004.

[8]《文史资料选辑》编辑部.文史资料精选 第2辑[G].北京:中国文史出版社,1990.

[9]燕大文史资料编委会编.燕大文史资料 第三辑[G].北京:北京大学出版社,1990.

[10]燕大文史资料编委会编.燕大文史资料 第六辑[G].北京:

大学出版社,1992.

[11]中华书局编辑部编.学林漫录 第八集[G].北京:中华书局,1983.

[12]中国大百科全书出版社编辑部编,中国大百科全书 图书馆学 情报学 档案学[G].北京:中国大百科全书出版社,1993.

四、学位论文

[1]曹娴静.私立福建协和大学图书馆研究[D].福州:福建师范大学,2011.

[2]姜庆刚.《金陵学报》与金陵大学的国学研究[D].南京:南京大学,2005.

[3]林晋宝.福建协和大学编辑出版刊物研究[D].福州:福建师范大学,2011.

[4]王雪玲.齐鲁大学国学研究所初探[D].上海:华东师范大学,2007.

[5]周旖.岭南大学图书馆藏书研究[D].广州:中山大学,2010.

[6]马学良.哈佛燕京学社汉学引得丛刊研究[D].保定:河北大学,2007.

[7]孟雪梅.近代中国教会大学图书馆研究[D].福州:福建师范大学,2007.

[8]王娟.民国学术传播中的《燕京学报》研究[D].北京:北京印刷学院,2010.

[9]王雪玲.齐鲁大学国学研究所初探[D].上海:华东师范大学,2007.

[10]颜芳.近代学术转型视野下的燕京大学国学教育[D].北京:北京师范大学,2011.

[11]赵晓芬.金陵大学历史系与中国近代史学教育[D].武汉:华中师范大学,2016(5).

[12]郑康邮.洪业与引得编纂处研究[D].福州:福建师范大学,2013.

五、期刊文献

[1] Alfred Kaiming Chiu. *The Harvard-Yenching Institute Library*[J]. The Far Eastern Quarterly, 1954(1): 147-152.

[2] 陈训慈. 调查中国之图书馆事业[J]. 图书馆学季刊, 1936(14): 680-684.

[3] 陈训慈. 中国之图书馆事业[J]. 图书馆学季刊, 1936, 10(4): 680-684.

[4] 程焕文. 跨越时空的图书馆精神——"三位一体"与"三维一体"的韦棣华女士、沈祖荣先生和裘开明先生[J]. 中国图书馆学报, 2002(5): 61-65; 2002(6): 66-70.

[5] 董新林. 中国考古视野中的鸟居龙藏[J]. 北方文物, 2017(01): 102-107.

[6] 二十年国内学术界消息："引得编纂处之工作"[J]. 燕京学报, 1931(9).

[7] 樊书华. 燕京大学与哈佛—燕京学社的建立[J]. 美国研究, 1999(01): 70-94.

[8] 傅吾康. *Sinological Research Work in Free China during the War Period 1937—1945*[J]. 中国文化研究汇刊, 1946(6): 137-172.

[9] 顾颉刚. 燕京大学引得编纂处的引得[J]. 图书评论, 1933(9): 2.

[10] 顾颉刚致郑德坤信函辑录[J]. 档案与史学, 2002(04): 3-12.

[11] 容媛. 国内学术界消息："引得编纂处十年概况"[J]. 燕京学报, 1940(8).

[12] 胡适.《国学季刊》发刊宣言[J]. 国学季刊, 1923.1(1): 1-4.

[13] 华西协和大学图书馆概况[J]. 中华图书馆协会会报, 1945(4-6): 3-4.

[14] 黄湛.《岭南学报》小史述略——兼论陈寅恪与《岭南学报》[J]. 岭南学报（复刊号）（第一、二辑合刊）, 上海: 上海古籍出版社, 2015: 499-505.

[15] 会员消息[J]. 中华图书馆协会会报, 1946-12-15, 19(4-6):

15.

[16]金陵大学图书馆馆史.

[17]李佳. 钱存训先生与《金陵学报》[J]. 云南师范大学学报,2008(6):125-129.

[18]李书春. 参观图书展览记[J]. 燕京大学图书馆报,1936(93):1-2.

[19]李书春. 图书展览志盛[J]. 燕京大学图书馆报,1935(76):1-2.

[20]林语堂. 创设汉字索引制议[J]. 科学,1917(10).

[21]林语堂. 汉字索引制说明[J]. 新青年,1918(2).

[22]林语堂. 论"汉字索引制"及西洋文学(致钱玄同)[J]. 新青年,1918(4).

[23]凌孟华.《大中》月刊之编辑与发行人小考[J]. 出版发行研究,2014,(02):104-106.

[24]岭南大学图书馆一览[J]. 广州:岭南大学图书馆,1936.9:2,6,8.

[25]《岭南学报》编辑部. 岭南学报征文启事[J]. 岭南学报,1929(1):封三.

[26]刘开军. 洪业对顾颉刚的学术影响[J]. 史学史研究,2007(04):59-66.

[27]刘一彬. 福建协和大学对福建文化研究的学术贡献及其启示[J]. 福建师范大学学报(哲学社会科学版).2010(3):149-154.

[28]罗义贤. 司徒雷登——燕京大学之父[J]. 纵横,2002(8):58-61.

[29]邹新明.聂崇岐— 从哈佛燕京"引得"到中法汉学研究所"通检"的关键人物[J]. 大学图书馆学报,2004(5):83-86.

[30]彭小舟.论哈佛燕京学社的组织特征[J].河北大学学报(哲学社会科学版),2003(2):87-90.

[31]彭忠德. 洪业与中国的"引得"之学[J]. 福建论坛(文史哲版),1999(01):62-64.

[32]平保兴. 博采众长创庋撷 集中才力编引得——洪业索引学思想

之研究[J].图书馆理论与实践,2011,(10):62-64.

[33]齐思和.燕京学报 第三十二期[J].北京:燕京大学哈佛燕京学社北平办公处,1947.6

[34]齐思和.燕京学报 第三十期[J].北京:燕京大学哈佛燕京学社北平办公处,1946.6

[35]齐思和.燕京学报 第三十一期[J].北京:燕京大学哈佛燕京学社北平办公处,1946.12

[36]钱亚新.索引和索引法[J].图书展望,1937(3).

[37]佘斯勇.《燕京学报》编辑特色述评[J].咸宁师专学报,1996,(02):79-81.

[38](四)本系历届毕业论文题目表[J].史学年报.1939,3(1):200.

[39]孙微,王新芳.洪业《杜诗引得序》考论[J].中国文学研究,2016(01):28-32.

[40]汤燕,吴晞.燕京大学图书馆纪略[J].北京高校图书馆,1993(2):57-60,53.

[41]陶飞亚,梁元生.哈佛燕京学社补正[J].历史研究,1999(6):157-164

[42]陶飞亚,刘家峰.哈佛燕京学社与齐鲁大学的国学研究[J].文史哲,1999(1):97-103.

[43]田洪都.燕京大学图书馆概况[J].图书馆学刊,1928(4):661-663.

[44]万国鼎.索引和序列[J].图书馆学季刊,1928(2).

[45]汪洪亮.顾颉刚与李安宅的人生交集和思想学术异同[J].中国藏学,2015(02):37-45.

[46]王瑞.《岭南学报》与中国近代学术[J].温州职业技术学院学报,2012(4):86-89,93.

[47]王文宝.我国民俗学运动中的女民俗学者[J].民俗研究,1992(02):94-96.

[48]王雅戈,侯汉清. 近代索引研究的先驱万国鼎——纪念万国鼎先生诞辰110周年[J]. 大学图书馆学报,2008,(04):106-110.

[49]王余光. 索引运动的发生[J]. 出版发行研究,2003(06):74-76.

[50]魏泉. 洪业与二三十年代中国现代学术的转型——以燕京大学、哈佛燕京学社为中心的考察[J].浙江社会科学,2010(9):99-103.

[51]翁独健,王钟翰. 洪煨莲先生传略[J]. 中国史研究动态,1981(8):13-16

[52]吴怀祺. 中国近代考据学和王国维的"古史新证"[J]. 北京师范大学学报,1989,(01):39-45+18.

[53]颜芳. 论燕京大学国学教育的课程体系[J]. 文教资料,2012(5):142-144.

[54]燕京大学图书馆.中华图书馆协会会报[J],1942(3-4).

[55]燕京大学历史学系. 历史学系近十年概况[J]. 燕京社会科学,1948(1):249-253.

[56]燕京学报论文格式简例[J]. 燕京学报,1948(35).

[57]《燕京学报》编辑部.《燕京学报》简章[J].燕京学报,1927(1)

[58]杨宝玉. 中法汉学研究所与巴黎大学汉学研究所所出通检丛刊述评[J]. 北京大学学报(哲学社会科学版),1987,(04):48-58.

[59]印永清,万杰. 哈佛燕京引得处背景研究[J]. 上海高校图书情报学刊,1995(03):46-48,55.

[60]余逊,容媛. 引得编纂处之工作 二十年(一月至六月)国内学术消息[J]. 燕京学报,1931(9).

[61]曾宪通. 容庚先生的学术成就与治学特点[J]. 古籍整理研究学刊,1993,(04):38-44.

[62]张何清. 哈佛燕京学社引得编纂处及其所编引得分析[J]. 河南图书馆学刊,1999(2):45-51.

[63]张荣芳. 一部学习历史研究方法的好教材——评陈智超编著《陈垣〈元西域人华化考〉创作历程——用稿本说话》[J]. 中国史研究,

2010,(02):171-176.

[64]张越.关于《燕京学报》[J].史学史研究,1996,(04):70-76,78.

[65]中华图书馆协会执行部.中华图书馆协会会报[J],1938-07-30

[66]周蜀蓉.传教士与华西协和大学博物馆的创建[J].宗教学研究,2014(4):220-227.

[67]朱积孝.哈佛燕京学社所编引得评介[J].天津师大学报,1985(4):95-97.

[68]朱积孝.试论哈佛燕京学社引得编纂处的著述活动与引得编纂法[J].江苏图书馆学报,1985(04):16-18.

[69]邹新明,孙金娟.聂崇岐:从哈佛燕京"引得"到中法汉学研究所"通检"的关键人物[J].大学图书馆学报,2004(05):83-86.

[70]左玉河.从输入到创新:民国哲学发展线索之我见[J].人文杂志,1998(04):1-4.

[71]左玉河.中国现代大学研究院制度的创建[J].北京大学教育评论,2010(03):51-64,189.

六、报纸文献

[1]博晨光.纪念周博教授报告纪要[N].北京:燕京大学校刊.第2卷第8期.

[2]哈佛燕京学社展览所藏古物[N].燕京新闻,1936-10-30(2)

[3]介绍《殷契卜辞》[N].燕京大学校刊,1933-10-14(2)

[4]全国最高学府的燕大在文化上的丰富收获(教授学生努力于研究学问,各种学术著作名满国内外)——燕大文化工作的总检讨[N].燕京新闻,1934-11-15.

[5]容媛.燕京大学图书馆所藏石刻草目序[N].燕京大学图书馆报,1939(122):2.

[6]司徒雷登讲"燕京大学中西一治"[N].燕京新闻,1935-09-24(2卷6期).

[7]田洪都.田洪都先生报告[N].燕京大学校刊,1932-04-22(1).

[8]图书馆审购委员会本年委员.田洪都谈图书馆经费来源[N].燕京新闻,1940-10-19(1).

[9]燕京大学编.本校国学研究所学则[N].燕京大学校刊,1929-12-13(V.2,No.14):第一版.

[10]燕京大学国学研究所.燕京大学国学研究所学则[N].燕京大学校刊,1929-12-13(1)

[11]燕京大学图书馆.图书馆委员会本学期首次会议[N].燕京大学图书馆报.1931(14):封面.

[12]燕京大学图书馆.图书展览目录[N].燕京大学图书馆馆报特刊,1934,1935,1937.

[13]燕京大学校刊[N],1932-09-08.

[14]《中国明器》出版[N].燕京大学校刊,1933-3-3(2)

七、网络文献

[1]北隅容家:大师辈出,誉满举国[EB/OL].(2008-07-08)[2016-10-12].http://blog.sina.com.cn/s/blog_598f4bd10100agha.html.

[2]大师传略 齐思和[EB/OL].[2016-08-17].http://localsev.lib.pku.edu.cn/bdms/bdms_portal/mr_index.asp?id=138.

[3]大学研究院暂行组织规定[EB/OL].http://pedia.cloud.edu.tw/Entry/Detail/?title=%E3%80%94%E5%A4%A7%E5%AD%B8%E7%A0%94%E7%A9%B6%E9%99%A2%E6%9A%AB%E8%A1%8C%E7%B5%84%E7%B9%94%E8%A6%8F%E7%A8%8B%E3%80%95,2016-09-5.

[4]齐文颖.齐思和:燕园第一位哈佛博士[EB/OL].[2016-08-17].

http://news.xinhuanet.com/school/2006-01/02/content_3988467.htm.

[5][庆60华诞]校庆征文选登:建校初期的几位老先生[EB/OL][2017-01-23]. http://www.hebjy.net/college/217050.html.

[6]伍振鹜.大学研究员暂行组织规定[M/OL].[2016-12-23]. http://pedia.cloud.edu.tw/Entry/Detail/?title=%E3%80%94%E5%A4%A7%E5%AD%B8%E7%A0%94%E7%A9%B6%E9%99%A2%E6%9A%AB%E8%A1%8C%E7%B5%84%E7%B9%94%E8%A6%8F%E7%A8%8B%E3%80%95.

人名索引*

A

A.G. Wenley 271
A.Lawrence Lowell(A·劳伦斯·洛厄尔) 13,18
A.G.Bowen(包文) 158
A.Crestadoro(克里斯塔多罗) 252
Alice M. Boring(博爱理) 63,81,89
Archibald C. Coolidge(柯立芝) 6,16,321
Archibald Gibson Wenley(温利) 350
Arthur Davenport(达文波) 3

Arthur Frederick Wright(芮沃寿) 43,127-128
Arthur Hummel(恒慕义) 260,282,359
Arthur V. Davis(阿瑟·戴维斯、达卫氏) 7,10
阿尔伯特·萧德(Albert M. Kninght) 2
安志敏 215,218-221,225-226,234

---

* 索引说明:本索引标注正文中出现的人物名及其在正文中的页码,原则上以人物姓名拼音为排序依据,各姓名字段下的索引条目:先排英文人名,其次排汉字人名,最后排威妥玛拼法人名。

B

B.R.Bates(贝德士) 48,159,237,362
Baron Alexander von Staël-Holstein(钢和泰) 43,49,62,87
Basil M. Alexeieve 261
巴斯韦尔 367
白寿彝 115

班书阁 115
北泽弥三郎 336
毕沅 301
冰心 44
伯里克 253

C

C.Chao 336
C.Fany 336
C.Martin Wilbur(韦慕庭) 219,223
C.N. Laird 175
Carl Schuster(卡尔·舒斯特) 59,127
Chanlea S. Yandna 336
Charles C. Stelle(雷仁福) 148
Charles Clarkson Stelle(司太雷) 38-39
Charles Martin Hall(查尔斯·马丁·霍尔) 2,6-7,9,48
Charles W. Eliot(查尔斯·W·埃利奥特) 2,6
Chester G. Fuson(冯世安) 369
Clarence Herbert Hamilton(韩穆敦) 271,350
Company(孔帕尼) 20
蔡金重 231,283,296,297
蔡烈先 251
蔡上翔 230

蔡襄 249
蔡一谔 267
蔡元培 34,54-55,213,223,231,303
蔡桢 230
曹诗成 121-123
曹祖彬 362,383
岑仲勉 238,239
常任侠 236,239,240
常燕生 185
陈安仁 218,223
陈宝琛 377
陈长伟 362
陈德芸 166,175,178,231
陈登原 159,230,238,239
陈庚荪 195
陈恭禄 162,219,225
陈观胜(Kenneth K. S. Chen) 38,41-44,109-110,126,148,177,186,196,209,280,281
陈宏志 177
陈鸿舜 340

陈华　177
陈家骥　117,118,198,200,201
陈竞明　120
陈兰甫　242
陈懋恒　215,233
陈梦家　98,119,132,141,146,215,217,232,239
陈普炎　304,369
陈挈　124
陈仁塙　336
陈荣捷　166
陈受颐　175,178,242,371,242
陈舒永　125,132,145
陈述　221
陈思　251
陈嗣英　202
陈弢庵　377
陈文渊　194,196
陈锡恩　196
陈兴乐　196
陈序经　179,241,242
陈易园　196,249

陈寅恪　37,40,44,108-110,125,160,177-178,179,213,218,221,223,231,241,242,244,247
陈裕光　158
陈垣　30-31,33-34,43-44,57,62,81,83-85,87-91,147-148,209-210,212-213,217,230,232,303
陈中凡　237
陈仲夫　218,221
陈尊统　195
陈遵统　195-196
诚质怡　57,81,148
程焕文　361
程明洲　102,122,123
程廷祚　231
程曦　178
程芝轩　198
慈炳如　181,188,189
长广敏雄　219
C.cheng　108
Ch'ien　138

D

Daniel Sheets Dye（戴谦和）　378,380
David C. Graham（葛维汉）　198,378,379,380
David H. Stevens（史蒂文斯）　271,350,354
David Nelson Rowe（饶大卫）　127-128

Derk Bodde（卜德）　44,127-128
Devid Shepherd Nivison（倪维森）　127-128
德恩沛　336
邓尔雅　207,227,242
邓诗熙　277
邓嗣禹　43,50,94,117,118,120,

126,221,230,232,234,283,296
邓文如　336
邓懿　132,146
邓之诚　43,79,89-90,92-93,95-97,99,101-103,105-107,109-110,112,113,114,118,124,132,134,148,150-155,210,218,226,231,236,326
刁瑞义　181
丁山　160,185
丁廷洧　162

丁文江　30,231
董璠　105,132,139,141-144,232
董同和　220
董作宾　196
杜定友　303,304
杜奉符　63,198-202,204
杜光简　183
杜联喆　283,336
杜洽　123
杜佑　301

E

E.J. Kelley　175
E.Swisher(史麟书)　178
E.W. Hooper(司库胡珀)　6
Earl Swisher(施维许)　127
Edward Augustus Kracke, Jr.(柯睿格)　127-128

Edward Bangs Drew(杜德维)　3
Edwin O. Reischauer(赖肖尔)　43,127-128
Eric M. North(埃里克·M.诺斯、诺斯)　12-13,17-18,173,261
Ernst Diez(厄恩斯特·迭斯)　59

F

F.W. COOK　18
Francis P.Knight(蒲德)　1-3
Francis Woodman Cleaves(柯立夫)　49,127-128,273,356
范存忠　239
范迪瑞　181,189-190
方伯常　235
方国瑜　239
方药雨　235

方壮猷　214
房兆楹　270,283,295,298,336
冯承钧　231,232
冯汉翼　336
冯家昇　40,115-117,148,150-151,215,230,232-233
冯津　251
冯少儒　336
冯续昌　336

冯友兰　31,33,43-44,57-58,81,87,
　　92,131,209-210,217,223,231
冯沅君　231,234
奉宽　131,132,139-140
服部宇之吉　321
福兰克　231
福山敏雄　219
傅光清　186
傅懋绩　247
傅山　251
傅寿昆　336
傅斯棱　185
傅吾康　247
傅衣凌　196
傅芸子　219,226
傅振之　336
傅仲涛　131-132,134

G

Gardner Charles Sidney（贾德纳）　69,
　　127,271,324,350,351,354
George Bailey Sansom（桑塞姆）　350
George Edward Taylor（戴德华）　44,
　　127
George G. Barber（巴贝尔）　16,1,8
George H. Chase（查斯）　16,18-19
George Henry Chase（蔡斯）　67
Gordon Townsend Bowles　127
甘翰臣　371
高（彬）元　283
高步瀛　231
高名凯　66-67,105-107,109-110,
　　112-113,120-121,132,145-146,
　　209,218,220-221,226,231
高琼珍　249
高文　161
高贻扮　117,283
戈鲲化　1,3-6,321
葛兰言　231
葛力　123,124
葛启扬　104,117,121-122
葛毅卿　247
龚向农　198-199,204
顾敦鍒（Ku Tun-jou）　58,115
顾颉刚　33-34,43-44,58,62,66,79,
　　81-84,87-90,92-93,95-98,116-
　　118,132-135,137-138,148-149,
　　151,179-180,183-185,190-192,
　　207-210,221,230,232,234-236,
　　246-247,254,267-268,283,295,
　　297-298,300,303-304,318,326
顾随　43,81-84,89,96,105,132,140
　　-144,210
顾廷龙　115-118,210,220,230,234,
　　273,324,326,340,381
关长庆　46,268,283
贵增祥　46,268,275,283
桂质柏　381
郭伯恭　230

郭鼎堂 230

郭际善 195

郭沫若 44,218-220,222,223,230

郭璞 301

郭绍虞 33,43-44,58,62,79,81-84,87-89,94,96,105,117,120,131-133,135,137-138,140-144,196,209-210,219,231-232,234,268

郭寿林 58

郭心培 336

郭毓麟 249

郭祝崧 202

H

H.B. Sharman（夏尔孟） 80,148

H.C. Brownell（包令留） 167,175,178

Harold B.hoskins 175

Harold E.Shadick（谢迪克） 79-80,148

Henri Cordier（考狄） 49

Henri Maspero（马伯乐） 231,265

Henry B. Graybill（葛理佩） 369

Henry S. Frank（富伦） 177

Henry Winter Luce（路思义） 9

Hilda L. Hagne（海松芬） 39,46

Homer J. Johnson（霍默·J.约翰逊） 6

Hon. Nelson T. Johnson（詹森） 30

Horrlee Glessner Greel（顾立雅） 44,104,127-128

Housea Ballou Morse（马士） 3

Howard G. Rhoads（路考活） 369

Howard S. Galt（高厚德） 89,130

韩环生 201

韩儒林 148,152,230,247

韩叔信 267

韩文乡 336

韩学川 336

杭立武 159,237

郝立权 181,188,189

何炳松 303

何多源 178-179,242,329,335,336,369-368,370-371,373

何格恩 179,242-244

何遂 240

何旭初 336

贺昌群 215

恒谟 362

洪煨莲 97,99,102,236,266,284

洪业（William Hung） 10,20,30,34,38-39,41,43,45-46,50-52,59,61,65,70,73,76,79-81,83-85,87,89,91,93,95-96,100-107,109-110,116-118,128,130,147-148,150-153,209-210,230-232,234-235,252-256,259-263,264-267,272,274,277,279,281-283,285-289,293,295-299,303,304-306,310,314,318,321-326,336,340,347,381

洪有丰　381,382

侯宝彰　183

侯堮　132

侯仁之　76,122,123,132,134,148-149,155,234

侯毅　283,296

胡道忠　159

胡福林　183,185,186,191-193

胡光炜　240,247

胡厚宣　183,247

胡继宗　318

胡经甫　81,95,102

胡俊　159

胡适　16,230,300,304

胡翔冬　159,237

胡小石　159,237

胡延钧(Hu Yen-chun)　186

怀履光　218

黄邦先　251

黄伯川　235

黄翠峰　177

黄侃　159

黄如文　177-178

黄廷斌　336

黄文弼　230,239

黄锡凌　166,175,178,179

黄延武　177,179

黄延毓　44,126,166,167,175,178

黄玉瑜　159

黄毓甲　238

黄云眉　159,230,238,239-240

黄仲琴　242,243,244

黄子通　31,33-34,43,57-58,62,79,81-89,91-93,115,118,131-132,139,209,217

H. C. Chou　89

Miss H. K. Tseng　108-109

Hou Ao 先生　260,261

Hsing Chao-chun　186,194

Huang Ju-Wen　108

Huang Yuan Tse　115

I

Ivor Armstrong Richards(瑞恰兹)　115

J

J. Beech(毕启)　378

J.G. Anderson　221

J.S. Shackford　175

J.V. A. McMurray(马慕瑞)　29

James H. Woods(伍兹)　16,59

James L. Barton(詹姆斯·L.巴顿)　13,17-18

James Robert Hightower(海陶玮)　42,49

James Roland Ware（魏鲁男） 44,
127,273,356
James Whitford Bashford（贝施福）
318
Jessie Douglass（特嘉） 369
John Bernard Tayler（戴乐仁） 81
John C. Ferguson（福开森） 261-262,
365
John Dewey（杜威） 58
John G. Barrow（巴罗赞） 369
John Kao 380
John King Fairbank（费正清） 44,127
-128
John L. Sibley（约翰·西布利） 2
John Leighton Stuart（司徒雷登） 9-
10,12-13,15,17,20,29-31,38,50,
62-63,130,206,217,321
贾兰坡 221

翦伯赞 44,209,218,219,223,224
江藩 220
江绍原 231
江有谦 202
姜立夫 241
蒋大沂 203,247
蒋复璁 335,336
蒋玄怡 221
焦竑 318
金敏甫 303,304
金同甲 220
金应熙 177
金毓黻 219,221,231
金元达 336
金云铭 248,249,376,381,382
金兆丰 230
Jen Chung 186

K

Kenneth Duncan（邓勤） 369
Knight Biggersaff（毕乃德） 59,118,
127-128
克乃文 237,362

孔祥熙 30,284
孔玉芳 183,247
邝平樟 120
邝维垣 177-179

L

Langdon Warner（兰登·沃纳） 8,11
-12
Laurence Sickman（西克门） 127
Lewis C. Walmsley 380

Logon H. Roots（吴德施） 30
Lucius Chapin Porter（博晨光） 7,10,
20,30-31,34,39,43,47-50,59-60,
62-63,67,79,83,85,89,91-94,96-

98,101-103,106,118,158,209,236,
306,310,322,325,347,380

Lucy Marian Burtt（贝卢思） 109,
112,113,148-149,153,155

赖梦德 378

蓝铁年 123,124

劳幹 219

老舍 180

雷保泰 202

雷海宗 159

黎光明 215,233

黎锦熙 81-84,89-90,132,133,135

黎永椿 251

李安宅 115,267

李炳英 198,200,202,203

李沧萍 177-179

李长傅 212

李崇惠 148

李方桂 37,40,218

李刚 249

李光地 249

李国瑜 202

李华德 217

李济 220,230

李家瑞 230

李晋华 115-116,233,297

李敬铭 336

李镜池 132,177,178,179,242

李旧仁 283

李霖灿 218,225

李培甫 198-199,201

李荣芳 67,148,149,151

李荣锦 177

李世繁 67,217,221

李书春 46,267-268,272-274,278,
282-285,296,316

李树德 279

李素英 117,120

李为衡 183

李文瑾 125,148,155

李文田 67,371

李文郁 120

李小缘 48,159-162,238,246,303,
362-364,381,383

李玄伯 218,223

李延增 117

李翊灼 236,240

李应林 163

李兆昌 179

李兆洛 251

李兆民 249

李贽 240,249

李子魁 118

郦道元 301

郦衡叔 198

梁方仲 241,242,244

梁佩贞 283,295

梁启超 242,303

梁启雄 111-112,132,145-146,230

梁上椿 219,222

梁思永 127,221

梁燕孙 220,226

林宝 251

林庚 132,146

林济青 179,374
林景润 194,196
林名均 380
林山腴 198-199,201
林昇平 183
林树惠 124
林焘 132,145,218,220
林仰山 186
林耀华 44,109,126,209
林语堂 220,304
林则徐 249
凌纯声 230
凌景埏 63,132,144,233
刘朝阳 148,202,247
刘凤 318
刘复 230,303
刘国钧 48,159,160,162,238,240,247,303,304,362-364,381-383
刘海澜(H. H. Lowry) 9
刘继宣 159
刘家驹 124
刘节 96,132,139-142,159,230
刘藜仙 199,200
刘茂华 185,186,193
刘铭恕 161,162,247
刘乃敬 48,159
刘念和 203
刘盼遂 132,139-144
刘强 249
刘劭 251
刘世传 180,182,183
刘适(Liu Shih,石泉) 124,125

刘坦 231
刘体智 230,236
刘廷芳 30-31,34,62-63,130,209
刘选民 103,120-121,212,214,298
刘亦谋 336
刘子茹 336
龙凤镳 371
卢观伟 179
卢念苏 132,146
卢前 237
陆华琛 369
陆侃如 95,98,102,132,131,139-143,231,234
陆懋德 215
陆钦墀 121
陆志韦 49-50,63,66,81,95,102-105,107,112,130,132,145,209-210,218-221,234
栾调甫 47,179,180,188,193
栾植新 280,283
伦明 336
罗常培 218,221,230
罗飞云 367
罗福颐 230,242
罗根泽(Lo Ken-tse) 58,115,217,230
罗文达 218
罗香林 115,116,230
罗秀贞 148
罗玉君 203
罗振玉 207,218,223,230,231
罗致平 177

罗倬汉　161
吕澂　218
吕凤子　159,238

吕叔湘　159,161,246,247,248
Ling Ching-yen　105
Liu Kun-yi　114

M

M.L. Cheney(庆美鑫)　148
Malcolm F. Farley(沙善德)　195,376
Margaret Bailey Speer(桑美德)　89
Monona L. Cheney(庆美鑫)　89,148
Murray Scott Frame(费宾闺臣)　63,81,83,85,147-148
Myfanwy Wood(伍英贞)　148
Myrtle A. Cline　79-80
马衡　210,215
马季明　81,326
马鉴　43,62,81-83,89-90,108,117,131-133,135,137-138,209-210,232,267
马太玄　131-132,134-135
马锡用　46,282
马彦祥　180,188
马玉(冈)　283
马裕藻　131

马宗芗　180,182,183,189
毛坤　303,304
梅光迪　325
梅贻宝　36,38,40,63,81,83,85,89,91
梅原末治　219,226
蒙思明　44,120,121,126,183,198,231,234-235
蒙文通　160-162
孟森　230
孟世杰　79-80,148
孟思明　183
闵尔昌　230,235-236
明义士　182,375
缪钺　246,247
莫伯骥　221
牟传凯　115
Meng Chao-huei　186

N

倪青原　237
鸟居幸子　132,146
聂崇岐　34,38,40-41,43,46-47,76,109-110,112-114,148,153-155,209,218-220,223,263,267,272,273,275-277,280-285,288,295-296,298-299,303,310,355
牛光夫　203

O

Olin D. Wannamaker(黄念美) 172,174,370

Owen Lattimore 127

P

P.A. Grieder 175
Paul Georg von Mollendorff(穆麟德) 3
Paul Pelliot(伯希和) 231,261,265,325
Philipe de Vargas(王克私) 62-63,79-81,83-84,89-91,96,105,109,113,147-148,151,153-154,209
Polevoy(伯烈伟) 273,356
Price(普莱斯) 20
潘长河 198
潘江 318
潘景郑 219
潘仲元 183
潘宗周 371
庞石帚 198-201,204
庞希洵 201
裴文中 148,156,210,220-221
彭好古 318
彭举 185
彭云生 183
彭芸生 198,199
皮高品 381,382
溥西园 131
Pei 133

Q

戚继光 249
齐树平 188,372
齐思和 43-44,66,99-101,103-107,109-110,112-114,126,148,152-155,207-209,218-222,232-233,274,283,298,299
钱宝琮 230
钱保塘 231
钱宾四 160
钱存训 238,343
钱穆 96,131,132,140,142,180,183-185,190-192,210,214,223,230,232,246
钱南扬 230,234
钱树棠 183
钱玄同 219,231
钱亚新 303
丘维清 177-179
邱清廉 249
裘开明(Alfed K'aiming Ch'iu) 234

-236,271-274,278,280-282,285,320-325,329,336,340,342-349,351,354-356,358-361,373,382

瞿兑之　230,232
瞿润缗　45,234,235,237
瞿宣颖　81,83

R

R.A.D. Forrest　220
R.S. Greene(顾临)　30
Ralph A. Beals　357
Richard H. Ritte(李瑞德)　148
Robert Hart(赫德)　3
Robert Pierpont Blake(白雷格)　323-325
Roger S. Greene(格林)　16
Roland W. Boyden(博登)　16-17
Reswell Sessoms Britton(白瑞华)　230
Rowley　221
Rudolph Lowenthal　49
Ryuzo Torii(鸟居龙藏)　43,67,103,106-107,109-110,156,215-219,221-222,233
饶锷　242
饶伸　318

饶宗颐　242
荣肇祖　210,242
容庚　26,31,33-34,43-46,57-58,62,67,79,81-85,87-90,92-93,95-97,99-103,105-107,116,118,131-133,135,137-144,148-149,151,177-178,207,209-210,215-216,227,230,232,234-237,241-242,267,318,326,336,340,381
容媛　43,46,94,95,97,102,215,218-227,267,280
容肇祖　175,177,184,217-218,223,227,230,371
阮惟吾　336
阮真　242
Ru Chien-kang　118

S

Samuel Wells Williams(卫三畏)　2
Serge Eliséeff(叶理绥)　39,67,104,172-175,177,183,187,196,204-205,217,270-271,273,314,329,351,355-356,372-374
Stanley D. Wilson(韦尔巽)　81,89

Surton(沙惠龙)　376
Sven Hedin(斯文·赫定)　58
萨士武　249
赛珍珠　237
桑原骘藏　213
森畅　219

善秉仁 218
商承祚 159,160,162,220,230,234-235,238,240,246,247,365
邵潭秋 202,203
佘贤勋 161
沈国华 98,132,141-142
沈鸿济 148
沈鉴 183-184,190-192
沈启无 132
沈士远 131
沈嗣庄 201
沈维均 45,116,216,233
沈尹默 57,81,131
沈祖棻 160,203
沈祖荣 303,342
施彦士 318
施友忠 62-63
石星五 336
史考特 109
史迈士 238

史岩 159,161,162,220,247
束世澂 247
司徒森 177
斯维至 247
宋仁宗 299
苏秉琦 220
苏东坡 220
孙伯恒 235
孙次舟 183,191,247,248
孙伏园 185
孙贯文 203
孙海波 231,234,235,236
孙楷第 146,209,218,230
孙碌 181-182,189
孙秋帆 235
孙述万 336
孙望 160,247
孙文青 231,238-240
孙铮 132,146
Shi Yu Chung 109

T

T.H. Barker(柏基根) 148
Thomas Francis Wades(威妥玛) 3
谭超英 117
谭春霖 109
谭其骧 148,150-153,214-215,230,232
谭卓垣 369,381
汤吉禾 183
汤用彤 96

唐圭璋 239,240
唐君毅 199
唐兰 210,232
唐文播 203,247
陶行知 237
陶亮生 198,200
陶然士 378
陶希圣 96
陶湘 230

滕固　238-240
滕圭　92
田洪都　267-268,272,274,298,322-324,326,336,340,347-348,381
田继综　46,282,283,285,286,296

田中重久　219
童书业　184,219
Tsai Te-shun　140
Tung Yun-Hui　115

V

Vernon Nash（聂士芬）　270

W

Wallace B. Donham（董纳姆）　8,17-19
Walter Caine Hillier（禧在明）　3
Waterhouse（沃特豪斯）　20
William Alexander Parsons Martin（丁韪良）　3
William Bacon Pettus（裴德士）　11,13
Willam.F.Poole（威廉·弗雷德里克·普尔）　252
William H. Adolph（窦维廉）　95,102
William M. Cooper（固威林）　3-4
Witold Jablonski（夏白龙）　266
万国鼎　237-239,303,364,383
万九和　185
万秋芳　125
万心蕙　124,125
汪孔祈　159
汪辟疆　159,303
汪荣宝　230
汪宗衍　243

汪祖辉　251
王柏年　303
王重民　230,238-240,303
王敦化　181-182,189
王佛崖　183
王古鲁　159
王国维　44,210,214,215
王季子　178
王静如（Wang Ching-ju）　66,104-106,209,230-231,233
王力　139,141,177-179,220,241,242
王沛　201
王审知　249
王绳祖　237-239
王世襄　102-103,122-124
王树民　183
王素意　63,81-82
王弢夫　230
王桐龄　79-80,148

王文才　247

王西徵　132,142,143,215

王锡昌　122,123

王宪臣　181

王献唐　180,182

王襄　215

王肖珠　369

王欣夫　336

王兴礼　202

王娇婷　277

王伊同　44,123-124,126,159,247

王鋘厂　235

王聿修　148

王育伊　183,218,223

王云峰　336

王云鹤　336

王云五　260,287,304,346,348

王芷章　231

王治心　195,196,249

王钟翰　101,109,122,123,126,218,221,231,247,283-284

王钟麟　159,238

王仲华　336

韦棣华　342

韦尔逊　63,81

韦卓民　335,336

魏尔　295

魏洪祯　183

魏建功　89-90,132,135,230

魏建猷　215

魏应麒　195

温澍梁　371

闻一多　132,137,138,140,141,220,239

闻宥　118,201,202,204,218,225,246-248

翁独健　40,44,66,76,103,105-107,109,110,112-118,124,126,148-149,154-155,209-210,231,283,295-296

吴白匋　159

吴丰培　333

吴晗　210,232

吴寄荃　336

吴金鼎　180,185,186,187,193,194,231

吴景超　48,159,237,238

吴雷川（Wu Lei-chuan）　30-31,62-63,130-132,134-135,137-138,142-143,209

吴梅　159

吴宓　40,241

吴鸣岗　185

吴其昌　231,239

吴其玉　109

吴尚时　242

吴世昌　115,116

吴文藻　89,95,102

吴希之　177

吴晓铃　277

吴徵铸　162

吴忠臣　185

吴重翰　166,167,175,178,179

伍德　68

伍锐麟 242

武树善 230

W. Band 83,85

Wang Chien-ying 114

Wang Hsiang-chen 186

Wang Tu-an 186

X

下店静市 219

夏承焘 233

夏关枝 336

夏萧 221

冼玉清 166,167,175,177,178,179,221,242,243

向达 213,230,233,239

向雷锋 201

向宗鲁 198

项铁元 336

萧公权 40,109

萧奚荦 162

萧一山 219

萧正谊 132,143,148

谢扶雅 178,241,243,244

谢国桢 238,239

谢廷式 336

谢婉莹 131,132,143,209

谢兴尧 338

谢志光 241

邢云林 314

熊佛西 131

徐炳昶 218

徐度 336

徐复 160,247

徐甘棠 371

徐锴 251

徐乃昌 230

徐庆誉 185

徐绍桢 371

徐淑希 63,81,89,95,102

徐松 231

徐天胎 249

徐信符 178-179

徐亚东 279

徐养秋 48,159

徐益棠 159,161-162,238,247

徐瀛从 318

徐中舒 109,160,203,247,248

徐宗元 218-219,225

徐祖正 131

许大龄 125,148,155,210,221,234

许地山 33,34,43-44,58,62,79,81-84,87-89,92-93,131-132,135,148,150,209,217,283,295-296

许国霖 231

许季莆 201

许衍梁 185

许毓峰 183,247

薛茂如 336

薛淑周(肇基) 289

Y

严耕望 183,244,247
严群 118
严叔夏 195-196
严文郁 324,335,336
阎简弼 123,124,132,146,218-220,226
颜惠庆(W. W. Yen) 29
杨滨 336
杨丙辰 221
杨大钰 220
杨汉先 247
杨联陞 44,126
杨敏如 123
杨明照 108,121,122,217,233,247,336
杨庆堃 177
杨汝信 336
杨寿昌 166,167,175,178,179
杨淑婉 202
杨树达 230,239,242,244
杨希闵 230
杨向奎 95,230,234
杨逸梅 177,179
杨荫浏(Ernest Y. L. Yang) 94,98,118,120
杨振声 81-84,131
姚名达 231,303
姚淑玉 336
姚奠 112,132,145

叶长春 378
叶德辉 289
叶季英 159
叶家璋 124
叶启勋 238,240
叶圣陶 196
叶玉甫 235
伊曾筠 336
殷孟伦 160
尹振雄 179
游寿 160
于道泉 66-67
于登 159,238
于冠英 336
于海晏 118
于式玉 132,138,140,267
于思泊 235
于省吾 132,146,230
余焕栋 122
余嘉锡 231
余绍宋 230
余逊 226
俞大猷 249
俞敏 132,218,220-221,226
俞平伯 44,131
袁守和 301
袁同礼 303,335
Yen Chün 105
Yung Shiu Tso 167

Z

曾克熙　195
曾问吾　230
曾毅公　181,182,189,221
曾钊　370,371
曾昭燏　160
张伯驹　132,146
张长弓　115,179,242
张陈卿　230
张诚孙　234
张传薪　177
张东荪　43,83,85-86,89,91-92,94,96-97,105,209-210,217,233
张尔田　43,89-90,92,96,99-101,103-107,131-135,137,220,230
张凤　230
张和　235
张家驹　119
张建菴　336
张九龄　243
张克刚　267
张立志　181-182,186,188-190,194
张孟劬　231
张明俊　201
张蓉初　247
张绍衡　336
张士德　283
张士佩　251
张守义　161,238
张寿林　115,132

张受骞　336
张松林　336
张维华　115-116,180,183,185,187-192,213,230,233,247
张维思　181-183,185,191-194,247-248
张玮瑛　119,121
张锡祜　249
张相文　58
张效斌　235
张星烺　33,34,43,57-58,62,79,81-84,87-89,92-94,96,99-101,103,106,132-133,148,150-153,209-210,212
张萱　235,236
张塓　235
张一麐　221
张荫麟　231
张悦邻　336
张兆统　336
张宗骞　210
章潢　318
章太炎　228,230,239
章学诚　251
赵方普　202
赵丰田　46,234,272,283,299
赵泉澄　184
赵少咸　198-200
赵卫邦　246,247

赵一清　230,318

赵元任　218,230,270,303

赵贞信　210,297,298,300

赵振之　189

赵紫宸　83,86,89,91,103,112,132,
　　138,140,142,143,145,146,209

甄尚灵　201,203,246-248

郑成功　249

郑德坤　44,45,109,115,116,126,
　　198,199,204,210,216,230,232,
　　233,268,296,301,380

郑鹤声　231

郑季铭　336

郑骞　132,144

郑健庵　336

郑侃巇　117

郑樵　249

郑庆瑞　195

郑师许　243

郑益士　195,249

郑振铎　43,89,117,131-135,137-
　　138,220,230,303,336

钟凤年　214,230,234

钟荣光　163,362,367

钟稚琚　198-201

周幹庭　181,182,188,189

周昊　119

周桓　218-220

周连宽　241-242,371

周明泰　230

周汝昌　210

周蜀南　201

周松蔼　318

周信铭　242

周秀木　235

周一良　44,66,110,112,113,120,
　　126,132,145,210,214-215,217,
　　232,296

周贻春（Y. T. Tsur）29

周荫棠　161,238

周钟岐　369

周子仪　336

周作人　81-82,131-132,144,298

朱宝昌　120-121,217

朱桂莘　218

朱锦江　238

朱少滨　198-199

朱师辙　220,242

朱士嘉　148,210,230,232,336,381

朱松子　336

朱希祖　210,232

朱熹　91,115,217,249,354

朱肇洛　336

朱自清　112,131,132,145

祝廉先　131-134,137-138

庄才伟　372

庄存与　353

庄泽宣　179,242

姊崎正治　321

邹豹君　177

Zia　167